दलित-विमर्श और हिन्दी साहित्य

सम्पादन

दीपक कुमार पाण्डेय

हिन्दी विभाग

इलाहाबाद विश्वविद्यालय, इलाहाबाद

भूमिका

प्रो. प्रणय कृष्ण

हिन्दी विभाग

इलाहाबाद विश्वविद्यालय, इलाहाबाद

लोकभारती प्रकाशन

लोकभारती प्रकाशन
पहली मंजिल, दरबारी बिल्डिंग, महात्मा गाँधी मार्ग
प्रयागराज-211 001
वेबसाइट : www.lokbhartiprakashan.com
ईमेल : info@lokbhartiprakashan.com
शाखाएँ : 1-बी, नेताजी सुभाष मार्ग, दरियागंज
नयी दिल्ली-110 002
अशोक राजपथ, साइंस कॉलेज के सामने
पटना-800 006
1, अनमोल सोराबजी संतुक लेन, मरीन लाइंस
मुम्बई-400002

मूल्य : ₹ 750

प्रथम संस्करण : 2017
द्वितीय संस्करण : 2024

आस्था पेपर कन्वर्टर
प्रयागराज द्वारा मुद्रित

DALIT VIMARSH AUR HINDI SAHITYA
by : Deepak Kumar Pandey

ISBN : 978-93-5221-121-0

समर्पण

"उस परमपिता परमेश्वर, माता-पिता जी
तथा परम श्रद्धेय गुरुवर प्रो. मुश्ताक़ अली
के श्री चरणों में समर्पित
जिनके होने से आज मैं हूँ।"

आभार

हिन्दी साहित्य, इतिहास, नाटक, आलोचना, निबन्ध, उपन्यास, आत्मकथा, जीवनी तथा कविता में दलित हाशिये पर रहा है और एक लम्बे समय तक उसका स्वर सुनायी नहीं पड़ता, किन्तु बीसवीं सदी के लोकतान्त्रिक उभारों ने हाशियेकृत बेज़ुबान मानव समुदायों को अपने अधिकारों और आत्मसम्मान के लिए आगे आने का अवसर प्रदान किया। इन उभारों ने न केवल समाज, धर्म, संस्कृति और राजनीति को प्रभावित किया, अपितु साहित्य और कला के पैराडाइम (विचार, केन्द्र) भी बदल डाले। इसके साथ-ही-साथ हिन्दी कविता और हिन्दी की अन्य गद्य विधाओं के समकालीन परिदृश्य में दलित धारा के आगमन ने हिन्दी आलोचना संस्थान में बेचैनी पैदा की जिसके फलस्वरूप हिन्दी साहित्य में दलित अन्वेषण की प्रक्रिया की शुरुआत हुई।

'दलित-विमर्श और हिन्दी साहित्य' शीर्षक से सम्पादित इस पुस्तक में कुल सोलह लेख संकलित हैं। इन लेखों द्वारा हिन्दी दलित साहित्य की विकास-यात्रा का केवल अन्दाज़ा-भर लगाया जा सकता है। दलित साहित्य की उपस्थिति कमोबेश आज हिन्दी साहित्य की सभी विधाओं में है। इसमें कविता, कहानी, उपन्यास, नाटक, निबन्ध, आत्मकथा और आलोचना लगभग सभी शामिल हैं।

इस सम्पादकीय दायित्व के निर्वहन हेतु मैं सर्वप्रथम अपने माता-पिता और परम श्रद्धेय गुरु प्रोफ़ेसर मुश्ताक़ अली के प्रति आभारी हूँ, जिन्होंने समय-समय पर मुझे मार्ग-दर्शन प्रदान किये। हिन्दी विभाग के आचार्य प्रो. प्रणय कृष्ण ने इस पुस्तक की बेहतरीन भूमिका लिखकर जो मेरा उत्साहवर्द्धन किया है, उसके लिए मैं उनका आजीवन ऋणी रहूँगा। इस सम्पादकीय कार्य में श्री कँवल भारती, प्रो. श्यौराज सिंह 'बेचैन', प्रो. कालीचरण 'स्नेही', प्रो. रामचन्द्र, डॉ. जय प्रकाश कर्दम, डॉ. बजरंगबिहारी तिवारी, डॉ. यशवन्त वीरोदय, डॉ. दिनेश राम, डॉ. रजतरानी 'मीनू', डॉ. प्रीति सागर जी का मुझे समय-समय पर जो मार्गदर्शन प्राप्त हुआ, उसके लिए मैं उन सभी का सदैव

ऋणी रहूँगा। मैं उन तमाम लेखकों, शिक्षकों, कवियों और आलोचकों के प्रति भी अपना विशेष आभार प्रकट करता हूँ, जिनके लेख इस पुस्तक में संकलित हैं।

अन्त में, मैं लोकभारती प्रकाशन, इलाहाबाद के प्रबन्ध निदेशक श्री आमोद महेश्वरी और कार्यकारी अधिकारी श्री रमेश ग्रोवर, कनिष्ठ शिवांक त्रिपाठी और अपनी गुरु बहन सुश्री रश्मि मिश्रा के प्रति भी कृतज्ञता व्यक्त करता हूँ, जिन्होंने इस पुस्तक के प्रकाशन में महती भूमिका अदा की। यह पुस्तक यदि दलित साहित्य के अध्येताओं, शोधार्थियों एवं सुधीजनों के लिए थोड़ी भी उपयोगी सिद्ध हुई, तो मैं अपना परिश्रम सफल मानूँगा।

दीपक कुमार पाण्डेय
108, सर पी. सी. वी. छात्रावास
इलाहाबाद विश्वविद्यालय, इलाहाबाद
मार्च, 2016

अनुक्रम

●

भूमिका

श्री दीपक कुमार पाण्डेय द्वारा सम्पादित पुस्तक 'दलित-विमर्श और हिन्दी साहित्य' एक ऐसे समय प्रकाशित हो रही है जब हिन्दी का दलित साहित्य हिन्दी की दुनिया में एक अहम् मुकाम हासिल कर चुका है। विश्वविद्यालयों की अकादमिक दुनिया में लगभग एक दशक पहले इलाहाबाद विश्वविद्यालय के हिन्दी विभाग द्वारा तत्कालीन विभागाध्यक्ष प्रोफ़ेसर सत्यप्रकाश मिश्र की पहल पर स्नातकोत्तर स्तर पर दलित-विमर्श और स्त्री-विमर्श के स्वतन्त्र पाठ्यक्रमों का निर्माण किया गया। इन वैकल्पिक प्रश्न-पत्रों के अध्ययन के लिए छात्र-छात्राओं का नामांकन बढ़ता ही चला गया और आज विद्यार्थियों में ये ही सबसे लोकप्रिय विषय हैं। हमारी जहाँ तक जानकारी है, स्वतन्त्र प्रश्न-पत्रों के रूप में स्नातकोत्तर कक्षाओं में इन विमर्शों के अध्ययन का आरम्भ इलाहाबाद विश्वविद्यालय के हिन्दी विभाग से ही हुआ जिसे बाद में दूसरे तमाम विश्वविद्यालयों ने भी शुरू किया। विभिन्न विश्वविद्यालयों में इन विमर्शों के स्वतन्त्र पाठ्यक्रमों में विद्यार्थियों का बढ़ता नामांकन ख़ुद में एक महत्त्वपूर्ण समाजशास्त्रीय अध्ययन का विषय है। प्रस्तुत संकलन में दलित कवि मलखान सिंह पर केन्द्रित अपने लेख में डॉ. बजरंगबिहारी तिवारी ने भी इससे मिलती-जुलती परिघटना को रेखांकित किया है। लेख का प्रारम्भ ही वे इन पंक्तियों से करते हैं, "ऐसा कोई सर्वेक्षण शायद नहीं हुआ है पर यह कहना ग़लत नहीं होगा कि इधर बीच दलित साहित्य के पाठकों की संख्या में पर्याप्त वृद्धि हुई है। इस संख्या वृद्धि में दलित समुदाय के पाठकों का मुख्य योगदान है। एक तो जागरूकता में बढ़ोतरी, दूसरे विश्वविद्यालयीय शिक्षा में दलित विद्यार्थियों का आरक्षण नियमों के किंचित् कड़ाई से लागू होने के कारण पहले से कहीं अधिक प्रवेश, तीसरे मानविकी के तमाम पाठ्यक्रमों में दलित साहित्य की उपस्थिति, और चौथे इन सब कारणों के सम्मिलित असर से प्रकाशन बाज़ार में दलित लेखन के प्रति चयनित-सीमित मगर विशेष झुकाव जाति-वर्ण से ग्रस्त अकादमिक दुनिया में उल्लेखनीय बदलाव ला रहे हैं।"

स्वतन्त्र रूप से दलित साहित्य के वैकल्पिक पाठ्यक्रम के अलावा इलाहाबाद विश्वविद्यालय के हिन्दी विभाग में स्नातकोत्तर स्तर पर 'समकालीन हिन्दी साहित्य', 'साहित्य और समाजशास्त्र', 'हिन्दी आलोचना' तथा 'विचारधारा और साहित्य' जैसे

अलग-अलग वैकल्पिक प्रश्न-पत्रों में भी .दलित-विमर्श का शुमार है। सच तो यह है कि स्नातक तृतीय वर्ष के दूसरे प्रश्न-पत्र 'भारतीय एवं पाश्चात्य काव्यशास्त्र और हिन्दी आलोचना' से ही 'विद्यार्थियों को दलित-विमर्श' का संक्षिप्त परिचय हो जाता है। श्री दीपक कुमार पाण्डेय हमारे विभाग के होनहार विद्यार्थी और शोधकर्त्ता हैं जिन्होंने यह पुस्तक सम्पादित करके अपने विभाग और विश्वविद्यालय के ही एक ज़रूरी काम को आगे बढ़ाया है, जिसका लाभ आम पाठकों, विद्यार्थियों और शोधार्थियों को बराबर मिलेगा, पहले भी हमारे विभाग के कुछ विद्यार्थियों ने दलित साहित्य और अन्य विमर्शों के साथ उसके रिश्तों पर महत्त्वपूर्ण कार्य किये हैं। श्री रामनरेश राम का काम अब प्रकाशित है और डॉ. रामायन राम का शोधपूर्ण कार्य प्रकाशनाधीन है। श्री दीपक कुमार पाण्डेय द्वारा सम्पादित प्रस्तुत संग्रह में हिन्दी दलित साहित्य के रचयिताओं और अध्येताओं की एकाधिक पीढ़ियों के लेख संकलित हैं जिनसे हिन्दी दलित साहित्य की अद्यतन विकास-यात्रा का एक अन्दाज़ा हो जाता है और उसके भीतर विद्यमान अनेक दृष्टियों का भी।

अम्बेडकरवाद दलित साहित्य का वैचारिक आधार है, यह निर्विवाद है। इस संग्रह में अपने लेख 'अम्बेडकरवादी साहित्य क्या, क्यों और कैसे' में तो श्री ईश कुमार गंगानिया यह प्रस्तावित ही करते हैं कि दलित साहित्य को वास्तव में 'अम्बेडकरवादी साहित्य' ही कहा जाना चाहिए। जिस वक़्त यह संग्रह प्रकाशित हो रहा है, डॉ. अम्बेडकर के विचारों और उनके जीवन-संघर्ष की सीखों ने आज के भारत में एक नया आवेग और उन्मेष प्राप्त कर लिया है। अम्बेडकर दलितों के मसीहा ही नहीं, एक समतापरक, वास्तविक लोकतान्त्रिक और वैकल्पिक भारतीयता के स्वप्नद्रष्टा और संग्रामी थे। उनके जीवन-संघर्ष के निष्कर्षों और विचारों की ज़रूरत सिर्फ़ दलितों को नहीं, बल्कि इस देश के हर उस नागरिक को है जिसे लोकतन्त्र, इन्साफ़ धर्मनिरपेक्षता और हर तरह के शोषण से आज़ादी चाहिए। दलित साहित्य इस सपने को साकार करनेवालों के हाथ में एक बेहद शक्तिशाली औज़ार है। इसी संग्रह में अपने लेख, 'प्रेमचन्द और दलित-विमर्श के प्रश्न' में जे.एन.यू. के प्रोफ़ेसर रामचन्द्र ने उचित ही लिखा है, "दलित साहित्य को मात्र अस्मिता-विमर्श के रूप में नहीं देखा जाना चाहिए। दलित-विमर्श के पास स्वप्न, दृष्टि और विकल्प भी है—समतापरक भारत का, ज़रूरत है अम्बेडकरवादी दृष्टि से देखने की।" बहुत सन्तोष की बात है कि आज डॉ. अम्बेडकर के विपुल लेखन के उन पक्षों पर लोगों का ध्यान जा रहा है, जो महज़ अस्मिता-विमर्श तक सीमित नहीं है। 'अछूत समस्या' और राष्ट्रवाद के अन्तर्विरोधों को लेकर भगतसिंह और डॉ. अम्बेडकर के विचारों में जो अद्भुत साम्य मिलता है, उस पर लोगों का ध्यान जा रहा है। साहित्य की दुनिया में इस साम्य की अभिव्यक्ति सर्वाधिक प्रेमचन्द के साहित्य में हुई है। डॉ. रामचन्द्र का लेख इस दृष्टि से भी महत्त्व रखता है, वर्ना तो अब तक बड़े पैमाने पर प्रेमचन्द को गाँधीवाद के खाते में डालकर,

वाद को प्रगतिशील कैनन में ही अवस्थित किया गया। प्रेमचन्द साहित्य का 'अम्बेडकर- भगतसिंह क्षण' अलक्षित ही रहा। इन पंक्तियों का लेखक व्याख्यानों में इसे रेखांकित करने की कोशिश काफ़ी समय से करता आया है, लेकिन आख़िरकार इतिहास की गतिकी तय करती है कि कौन-सी धारणाएँ और मान्यताएँ स्वीकार्य होनी हैं, कौन-सी नहीं। भगतसिंह की फाँसी पर पेरियार और अम्बेडकर दोनों ने लिखा, लेकिन यह समय का दबाव ही है कि उनके इन लेखों का सर्वाधिक प्रचार एकदम हाल के दिनों में हुआ है। डॉ. अम्बेडकर के उस मराठी लेखन का अनुवाद अब तेज़ी से हो रहा है, जो अब तक अनूदित नहीं था। अम्बेडकर ने 1947 में 'राज्य और अल्पसंख्यक' शीर्षक से जो दस्तावेज़ प्रकाशित किया, उसमें उनका समाजवादी आर्थिक दर्शन सामने आता है। इसमें उन्होंने सभी प्रमुख उद्योगों का राष्ट्रीयकरण प्रस्तावित किया। अम्बेडकर के आर्थिक दर्शन के ठीक विपरीत पिछले तीन दशकों से तमाम सत्ताधारियों ने राष्ट्रीय उद्योगों का निजीकरण ही किया है। रोज़गारविहीन, भविष्यहीन, करुणाविहीन पूँजीवादी विकास को ही आज का आदर्श घोषित किया जा रहा है, जिसे अम्बेडकर ने कभी स्वीकार नहीं किया। अम्बेडकर के अनुसार राज्य को खेती की सारी ज़मीन का राष्ट्रीयकरण कर, उत्पादकता के लिहाज़ से मानक जोतों में विभाजित करके गाँव के समस्त लोगों को सामूहिक खेती के लिए पट्टे पर दे देना चाहिए। क्या कोई भी सत्ताधारी यह हिम्मत कर सकेगा? यदि इस प्रस्ताव का आंशिक अमल भी हुआ होता तो भारत में तीन लाख से ज़्यादा किसान पिछले तीन दशकों में आत्महत्या नहीं कर चुके होते। किसानों से ज़मीन छीनकर उन्हें विकास के नाम पर पूँजीपतियों को सौंपनेवालों का अम्बेडकर के इस आर्थिक दर्शन से भला क्या लेना-देना हो सकता है? जिस दौर में 'श्रम सुधार' का एक ही मतलब रह गया है—श्रमिकों के अधिकारों में कटौती, उस समय यह याद कर लेना बहुत ज़रूरी है कि अम्बेडकर ने मज़दूर-विरोधी हर अंग्रेज़ी क़ानून का लगातार विरोध किया। प्रसंगवश यह भी याद किया जाना चाहिए कि 'सार्वजनिक सुरक्षा' और 'औद्योगिक विवाद' के मज़दूर-विरोधी दमनकारी अंग्रेज़ी क़ानूनों के ख़िलाफ़ ही भगतसिंह ने असेम्बली में 'बहरों को सुनाने के लिए' बम फेंका था। यह भी याद करना अप्रासंगिक न होगा कि अम्बेडकर ने मज़दूर हितों के लिए ही 1936 में 'इण्डिपेण्डेण्ट लेबर पार्टी' की स्थापना की थी, भले ही उस समय के वामपन्थियों से उनका विवाद रहा हो। मराठी में नारायण सुर्वे से लेकर दलित पैन्थर से जुड़े लेखकों तथा 'विद्रोही कविता' (सं. केशव मेश्राम) जैसे संकलनों में प्रकाशित कवि-कवयित्रियों का जो भौतिकवादी-समाजवादी रुझान आरम्भ से ही दिखता है (दूसरी भारतीय भाषाओं में भी), उसके केन्द्रीय स्रोतों में डॉ. अम्बेडकर का समाजवादी चिन्तन अवश्य है, भले ही प्रभाव चार्वाक, बुद्ध, फुले, अम्बेडकर, मार्क्स, लेनिन, नीग्रो कविता आदि एक पूरी रेंज का हो।

अकारण नहीं है कि दलित साहित्य ने अपनी विकास-यात्रा में तमाम समानधर्माओं की खोज की है, उनके साथ मोर्चे बनाये हैं और खुले दिल से एक नये भारत के निर्माण में साथ-साथ संघर्ष करने का आह्वान किया है। इस संग्रह में संकलित अपने लेख 'बाबासाहेब अम्बेडकर के वैचारिक संघर्ष की उपज है—दलित साहित्य' में लखनऊ विश्वविद्यालय के प्रो. कालीचरण 'स्नेही' लिखते हैं, ''इस समय जो भी लेखक भारत में आपसी भाईचारा बढ़ाने का साहित्य रच रहे हैं, (इन लेखकों में दलित-ग़ैर दलित दोनों ही सम्मिलित हो सकते हैं) जो शोषितों, मज़दूरों तथा दीन-दलितों की साहित्य के माध्यम से पैरवी कर रहे हैं। स्त्रियों को पितृसत्ता से मुक्त करने का उपक्रम चला रहे हैं, जाति-वर्ण का गढ़ तोड़ रहे हैं, साम्प्रदायिक कट्टरता के विरुद्ध संघर्ष कर रहे हैं, ये सब हमारे असली सहचर तथा मित्र हैं। मनुवादी मानसिकता के ख़िलाफ़, जिस किसी भी लेखक की लेखनी चल रही है, वह सब हमारे परम हितैषी तथा बन्धु हैं। देश में साम्प्रदायिक ताक़तों ने इस वक़्त दहशत का घुटनभरा माहौल बना रखा है, इसके विरुद्ध लेखकों और सामाजिक कार्यकर्त्ताओं को एकजुट होकर इस साम्प्रदायिक कट्टरता का मुक़ाबला करना होगा। भारतीय समाज में 'जातिवाद', सबसे बड़ा 'सामाजिक आतंकवाद' है। इन सामाजिक आतंकवादियों ने नरेन्द्र दाभोलकर, गोविन्द पानसरे और एम. एम. कलबुर्गी जैसे प्रख्यात विचारकों और साहित्यकारों की हत्या की है। राष्ट्र के अखण्ड ताने-बाने को ऐसे ही लोग नष्ट कर रहे हैं। राष्ट्र-विरोधी तथा निरंकुश हो चुके ऐसे ही आतंकवादियों को सद्मार्ग पर लाने का संकल्प लेते हुए सभी लेखकों को अपनी लेखनी को ही तोप-तलवार बनाना होगा, अन्यथा बेहद कठिनाइयों और अनेक बलिदानों के बाद जो आज़ादी हमें हासिल हुई है, वह बेमानी-बेमतलब हो जायगी, मतलबपरस्त जमातों से इस समय हमारा मुक़ाबला है।''

इस संग्रह के अनेक महत्त्वपूर्ण लेख बहुत बेधक ढंग से अम्बेडकरवादी वैचारिकी में रचे-पगे साहित्य के उदाहरणों से शासक वर्गों के षड्यन्त्र को सामने लाते हैं। अम्बेडकर निस्सन्देह एक राष्ट्र-निर्माता थे, लेकिन राष्ट्र की उनकी कल्पना किन्हीं सनातन धार्मिक प्रतीकों से नहीं बनी थी। वे उन अपवंचित तबक़ों की आवाज़ थे जिन्होंने अपनी जी-तोड़ मेहनत से राष्ट्र की सम्पदा का निर्माण किया था, लेकिन राष्ट्र की सत्ता और सम्पत्ति में जिन्हें कोई हिस्सा नहीं मिला। डॉ. अम्बेडकर ने लिखा, ''राष्ट्र स्वयं कुछ नहीं होता, उसे बनाया जाता है और मैं सोचता हूँ कि यह स्वीकार किया जायेगा कि एक समुदाय-विशेष का दमन और पृथक्करण राष्ट्र-निर्माण का कोई तरीक़ा नहीं है।'' (भारत सरकार द्वारा प्रकाशित डॉ. अम्बेडकर सम्पूर्ण वाङ्मय, हिन्दी संस्करण, खण्ड 17, पृष्ठ 13) सवाल है कि राष्ट्र बनाता कौन है और राष्ट्र पर अधिकार कौन जमाता है? प्रस्तुत संग्रह में जयप्रकाश कर्दम ने 'समकालीन कविता और दलित चेतना' शीर्षक लेख में ओमप्रकाश वाल्मीकि की कविता 'ठाकुर का कुआँ' को उद्धृत किया है, जो उपर्युक्त सवाल का सटीक जवाब है—

"चूल्हा मिट्टी का / मिट्टी तालाब की / तालाब ठाकुर का /
भूख रोटी की / रोटी बाजरे की / बाजरा खेत का / खेत ठाकुर का /
बैल ठाकुर के / हल ठाकुर का / हल की मूठ पर हथेली अपनी /
फ़सल ठाकुर की / कुआँ ठाकुर का / खेत-खलिहान ठाकुर के /
गली-मुहल्ले ठाकुर के / फिर अपना क्या? / गाँव / देश?"

सच है कि दलित और मेहनतकश लोगों के लिए गाँव और देश के वही मायने नहीं उभरते जो शासक जमातों के लिए होते हैं। आज़ादी के आन्दोलन के दौरान ही दो महापुरुषों ने राष्ट्रवाद की शासकवर्गीय परिभाषा पर सीधे सवाल उठाये। एक थे डॉ. अम्बेडकर और दूसरे थे भगतसिंह। दोनों ने वर्ण-व्यवस्था और जाति-प्रथा तथा साम्प्रदायिकता को राष्ट्र-निर्माण की सबसे बड़ी बाधाओं के रूप में चिह्नित किया। भगतसिंह ने महज़ 17 साल की उम्र में 1923 में 'अछूत समस्या' शीर्षक लेख लिखा जो आज भी उतना ही प्रासंगिक है जितना तब था। अभी इसी वर्ष यानी 2016 में एक महत्त्वपूर्ण दलित पत्रिका ने इसे पुनर्मुद्रित किया। 'धर्म और हमारा स्वतन्त्रता संग्राम' (1928) शीर्षक लेख में भगतसिंह ने लिखा था, "छूत-अछूत शब्दों को जड़ से निकालना होगा। जब तक हम अपनी तंगदिली छोड़कर एक न होंगे, तब तक हममें वास्तविक एकता नहीं हो सकती...हमारी आज़ादी का अर्थ केवल अंग्रेज़ी चंगुल से छुटकारा पाने का नाम नहीं, वह पूर्ण स्वतन्त्रता का नाम है, जब लोग परस्पर घुल-मिलकर रहेंगे और दिमाग़ी ग़ुलामी से भी आज़ाद हो जायेंगे।" अपने प्रसिद्ध लेख 'जाति-प्रथा उन्मूलन' में डॉ. अम्बेडकर ने लिखा, "मेरी राय में इसमें कोई सन्देह नहीं है कि जब तक आप अपनी सामाजिक व्यवस्था नहीं बदलेंगे, तब तक कोई प्रगति नहीं होगी। आप समाज को रक्षा या अपराध के लिए प्रेरित कर सकते हैं। लेकिन जाति-व्यवस्था की नींव पर आप कोई निर्माण नहीं कर सकते : आप राष्ट्र का निर्माण नहीं कर सकते। जाति-व्यवस्था की नींव पर आप कोई भी निर्माण करेंगे, वह चटक जायेगा और कभी भी पूरा नहीं होगा," (*महाराष्ट्र सरकार द्वारा प्रकाशित 'बाबासाहेब अम्बेडकर : राइटिंग्स ऐण्ड स्पीचेज़' सं. वसन्त मून, खण्ड 1, पृष्ठ 66 से हिन्दी अनुवाद)* इतिहास ने भारत के शासकवर्गीय राष्ट्रवाद को लेकर इन दोनों ही महापुरुषों की जो शंकाएँ थीं, उन्हें सही साबित किया है। आज़ादी के पहले और बाद के भी साहित्य ने भी उनकी इन चिन्ताओं को अभिव्यक्त किया। प्रेमचन्द के उपन्यास 'रंगभूमि' के राष्ट्रवादी राजा महेन्द्र प्रताप दलित और अन्धे स्वतन्त्रता संग्रामी सूरदास के संघर्ष को अशान्ति घोषित करते हैं। प्रेमचन्द का ही एक और दलित पात्र 'गबन' उपन्यास का देवीदीन खटिक, जो आज़ादी के आन्दोलन में अपने दो बेटों को गँवा चुका है, एक राष्ट्रवादी नेता से पूछता है—"साहब सच बताओ जब तुम सुराज का नाम लेते हो तो उसका कौन-सा रूप तुम्हारी आँखों के सामने आता है? तुम भी बड़ी-बड़ी तलब

लोगे, तुम भी अंग्रेज़ों की तरह बँगलों में रहोगे, पहाड़ों की हवा खाओगे, अंग्रेज़ी ठाट-बाट बनाये घूमोगे? इस सुराज से देश का क्या कल्याण होगा?'' समकालीन दलित साहित्य ने भी 'दलित और देश' के इस सवाल को बड़ी शिद्दत से उठाया है। प्रस्तुत पुस्तक में जयप्रकाश कर्दम ऊपर उद्धृत अपने लेख में कहते हैं, ''दलित देश के किसी भी कोने में रहता है वह जाति के साम्राज्य में रहता है। और जाति के साम्राज्य में दलित के लिए कुछ भी अपना नहीं है। इसीलिए एन. आर. सागर को अपनी कविता में यह कहना पड़ता है, ''मेरा जन्म हुआ भारत की पावन भूमि पर / लेकिन माटी की गन्ध मुझे अनजानी लगती है।'' दलित चिन्तक कँवल भारती ने ओमप्रकाश वाल्मीकि की कहानी 'घुसपैठिये' (हंस, मई, 2000) के शीर्षक को सवर्ण और दलित राष्ट्रों के विभेद के रूपक के बतौर परिभाषित करते हुए लिखा, ''शब्द घुसपैठिये बहुत ग़ौरतलब है। किसी के राष्ट्र में, किसी के भूभाग में, किसी के साम्राज्य में और किसी के विशेषाधिकार में जब कोई दूसरा प्रवेश करने का दुस्साहस करता है, तो उसे घुसपैठिया कहा जाता है। यह दो राष्ट्रों के बीच सीमांकन का शब्द है...क्या दलित भी इसीलिए मारा जाता है कि वह अलग राष्ट्र है और अपनी सीमा का अतिक्रमण करके हिन्दू राष्ट्र में प्रवेश करने का दुस्साहस करता है?...दलित-हिन्दू संघर्ष दो राष्ट्रों के संघर्ष हैं। एक ग़ुलाम क़ौम अपनी आज़ादी चाहती है, हिन्दुत्व से मुक्ति चाहती है और एक स्वतन्त्र क़ौम के रूप में विकसित होना चाहती है। दलित राष्ट्र के लिए यह स्वाधीनता संग्राम है। पर, हिन्दू राष्ट्र इसी को अपने साम्राज्य में घुसपैठ समझता है।'' *(कँवल भारती : दलित हिन्दू राष्ट्र नहीं हैं?, कथाक्रम, दलित विशेषांक, नवम्बर, 2000, पृ. 95)*

इस संग्रह में प्रो. श्यौराज सिंह 'बेचैन' ने अपने लेख 'अघोषित पाबन्दियों के बीच सत्ता-विमर्श और दलित' में आज़ादी के बाद से अब तक जीवन के हर क्षेत्र में दलितों की दशा का जो जायज़ा लिया है, उसे पढ़कर डॉ. अम्बेडकर की उस चेतावनी की बरबस ही याद आ जाती है, जिसे संविधान समर्पित करते हुए उन्होंने अभिव्यक्ति दी थी, ''26 जनवरी, 1950 को हम एक विरोधाभासी जीवन में प्रवेश करने जा रहे हैं, हमारी राजनीति में समानता होगी और हमारे सामाजिक और आर्थिक जीवन में असमानता, राजनीति में हम एक व्यक्ति एक वोट और हर वोट का समान मूल्य के सिद्धान्त पर चल रहे होंगे परन्तु अपने सामाजिक और आर्थिक जीवन में हमारे सामाजिक और आर्थिक ढाँचे के कारण एक व्यक्ति, एक मूल्य के सिद्धान्त को नकार रहे होंगे। इस विरोधाभासी जीवन को हम कब तक जीते रहेंगे? कब तक हम अपने सामाजिक और आर्थिक जीवन में समानता को नकारते रहेंगे? यदि हम इसे नकारना जारी रखते हैं तो हम केवल अपने राजनीतिक प्रजातन्त्र को संकट में डाल रहे होंगे। हमें जितनी जल्दी हो सके इस विरोधाभास को समाप्त करना होगा, अन्यथा जो लोग इस असमानता से पीड़ित हैं, वे उस राजनीतिक प्रजातन्त्र को उखाड़ फेंकेंगे, जिसे इस समाज ने इतने परिश्रम से खड़ा किया है।'' *(महाराष्ट्र सरकार द्वारा प्रकाशित*

बाबासाहेब अम्बेडकर : राइटिंग्स एण्ड स्पीचेज़' सं. वसन्त मून, खण्ड 13, पृष्ठ 1216 से हिन्दी अनुवाद) लोकतन्त्र यदि सामाजिक और आर्थिक समानता के बग़ैर सिर्फ़ 'एक व्यक्ति, एक वोट' तक सीमित रह जाता है, तो वह वैसा ही होगा जैसा प्रेमचन्द 'गोदान' (1936) के एक पात्र मिर्ज़ा ख़ुर्शेद के मुँह से कहलाते हैं, ''जिसे हम डेमोक्रेसी कहते हैं वह व्यवहार में बड़े-बड़े व्यापारियों और ज़मींदारों का राज है और कुछ नहीं। चुनाव में वही बाज़ी मार ले जाता है जिसके पास रुपये हैं।''

प्रस्तुत संकलन की एक बड़ी विशेषता यह है कि इसमें कहानी, उपन्यास, नाटक, आत्मकथा, आलोचना, साहित्येतिहास और कविता, लगभग सभी विधाओं में चल रहे हिन्दी-दलित-लेखन का एक परिचय मिल जाता है। श्री माता प्रसाद के पहले लेख से ही यह सिलसिला शुरू हो जाता है। इससे यह पूर्वग्रह निरस्त होता है कि दलित साहित्य का अर्थ सिर्फ़ दलित आत्मकथाएँ हैं। श्री जयप्रकाश कर्दम, श्रीमती रजतरानी 'मीनू' और श्री बजरंगबिहारी तिवारी के लेख दलित कविता के तेवर और प्रखरता को विशेष रूप से सामने लाते हैं। इस संकलन के लेखों में दलित-विमर्श के भीतर संचालित बहसों पर भी पर्याप्त प्रकाश पड़ता है। एक महत्त्वपूर्ण बहस बौद्ध-धर्म और दर्शन से दलित अस्मिता के रिश्ते को लेकर है। जहाँ श्री ईश कुमार गंगानिया तथा संकलन में अन्य अनेक विद्वानों के लेख दोनों के बीच रिश्ते को सर्वथा उचित और निरापद मानते हैं, वहीं श्री श्यौराज सिंह 'बेचैन' और श्री दिनेश राम के लेख इस रिश्ते को लेकर आश्वस्त नहीं हैं और उसे प्रश्नांकित करते हैं। डॉ. यशवन्त वीरोदय का लेख 'साहित्य में सद्गुरु रविदास का स्थान' तथा श्री सूरज बड़त्या का लेख 'दलित सन्त आन्दोलन की पगध्वनि' दलित साहित्य को हिन्दी के सन्त साहित्य की विरासत से जोड़ता है। यह दोनों ही लेख आलोचना और साहित्य के इतिहास के धरातल पर दलित-लेखन की परम्परा की खोज करते हैं। इन दोनों लेखों में अलग दलित कैनन प्रस्तावित नहीं है जैसा कि डॉ. धर्मवीर के कबीर सम्बन्धी लेखन में मिलता है। कबीर को ब्राह्मण-वैष्णव, हिन्दू, जैन, बौद्ध, नाथ-सिद्ध, प्रगतिशील-जनवादी आदि सभी परम्पराओं से मुक्त कर ठेठ दलित परम्परा में अवस्थित करते हुए एक अलग दलित कैनन के निर्माण के प्रयास का श्रेय निस्सन्देह डॉ. धर्मवीर को ही जाता है। उपर्युक्त दोनों लेखों के स्वर, पद्धति और उद्देश्य को डॉ. धर्मवीर की कबीर सम्बन्धी पुस्तकों के समानान्तर रखकर पढ़ने से पाठक अधिक समृद्ध हो सकेंगे। वास्तव में मध्यकाल के सन्त साहित्य की विरासत का दलित पक्ष आलोचना और इतिहास में पहले से ही रेखांकित है, अलग-अलग आलोचकों और साहित्य के इतिहासकारों के मान-मूल्य जो भी रहे हों। लेकिन आधुनिक काल में दलित लेखकों की उपस्थिति या अनुपस्थिति का प्रश्न आलोचना और इतिहास के धरातल पर ज़्यादा बड़ी चुनौती पेश करता है। श्री कँवल भारती ने इस संकलन के अपने लेख 'हिन्दी साहित्य और आलोचना' में इस सम्बन्ध में महत्त्वपूर्ण टिप्पणी की है। उनके अनुसार, ''हिन्दी साहित्य के इतिहास

से बाहर जाकर दलित आन्दोलनों के इतिहास में दलित लेखकों को देखना होगा।'' ऐसा उन्होंने अपने लेख में किया भी है। इस संकलन में हमारे विभाग के वरिष्ठ सहयोगी प्रो. मुश्ताक़ अली ने 'दलित साहित्य की अवधारणा और हिन्दी साहित्य' शीर्षक लेख में हिन्दी साहित्य के इतिहास में दलित साहित्य की अवस्थिति को लेकर विस्तारपूर्वक विचार करते हुए तमाम मतों की परीक्षा की है। संकलन के सम्पादक श्री दीपक कुमार पाण्डेय ने 'हिन्दी सिनेमा में दलित स्वर' शीर्षक से आज के सबसे लोकप्रिय संचार माध्यम के जातिगत-वर्गगत पूर्वग्रहों को उद्घाटित किया है।

दलित और स्त्री-लेखन के पारस्परिक सम्बन्ध पर संकलन के अनेक लेखों में चर्चा है। श्री दिनेश राम के लेख का शीर्षक ही है, 'बुद्ध का स्त्री-चिन्तन वेद और शास्त्रसम्मत है।' ज़ाहिर है कि लेखक स्त्री प्रश्न को लेकर बुद्ध के विचारों को प्रतिगामी साबित करता है और प्रकारान्तर से बौद्ध दर्शन से दलित-अस्मिता का विच्छेद प्रस्तावित करता है। दलित-स्त्री का जीवनानुभव और साहित्य किस हद तक ग़ैर-दलित-स्त्रियों से अलग है और किस हद तक 'दलित-स्त्री-लेखन' की आपेक्षिक स्वायत्तता है, श्रीमती रजतरानी 'मीनू' का लेख 'दलित स्त्री सवालों से टकराते हुए' इसी विषय पर केन्द्रित है। उन्हीं के शब्दों में, ''भारतीय सन्दर्भ में नारी-मुक्ति आन्दोलन को इसी नज़रिये से देखने की ज़रूरत है। द्विज स्त्रियों और दलित स्त्रियों की सामाजिक, आर्थिक, शैक्षिक और राजनैतिक स्थितियाँ भी अपने समाज जैसी ही हैं। माना कि दलित स्त्रियाँ भी अपने समाज में दोयम दर्जे का जीवन जीने को विवश हैं। उनकी वह लड़ाई अपने घर के भीतर जैसी ही है। उसके समाधान भी घर में ही मौजूद हैं। उसकी पुरुष से लड़ाई अलगाव की नहीं है बराबरी की है। पुरुष भी सिद्धान्ततः उतने संकुचित मानसिकता के नहीं हैं, जितने द्विज पुरुष, मगर अपने समाज से बाहर निकलते ही उनके शोषण बहुपरतीय होने लगते हैं। दलित स्त्रियों को अपने घर के भीतर पितृसत्ता के विरुद्ध संघर्ष करना है और साथ-ही-साथ उन्हें अपनी सामाजिक, शैक्षिक, आर्थिक, राजनीतिक, ज्ञान-विज्ञान के क्षेत्रों में अपने प्रतिनिधित्व की माँग भी उठानी होगी।'' यह दलित-स्त्री के सवालों को समझने और उसके समाधान का एक नज़रिया है। दलित-स्त्री-लेखन में इससे भिन्न नज़रिये भी मौज़ूद अवश्य हैं। डॉ. प्रीति सागर ने अपना लेख विशेषतः हिन्दी की दलित स्त्रियों की आत्मकथाएँ पर केन्द्रित किया है। 'दोहरा अभिशाप' की यशस्वी लेखिका डॉ. सुशीला टाकभौरे का लेख एक सर्वथा भिन्न विषय पर है। दलित साहित्य, आन्दोलन और संगठन की चुनौतियों पर विचार करते हुए वे लिखती हैं, ''सदियों से हिन्दू धर्म की परम्पराओं का शिकार दलित समाज की रूढ़िवादी मानसिकता को तोड़ना दलित साहित्यकार के समक्ष एक चुनौती है। दलित समाज का वह वर्ग जो आज भी हिन्दू धर्म से जुड़ा हुआ है वह अपनी दलित स्थिति से अनभिज्ञ है। वह दलित साहित्य से प्रेरणा व जागृति का सन्देश नहीं ले पाता है। दलित साहित्यकार उसको प्रभावित कर उसकी मानसिकता कैसे बदले? यह भी

एक चुनौती है कि उनके मन में धर्म और पौराणिक कथाओं के सम्बन्ध में, तर्कपूर्ण विश्लेषणवादी मान्यताओं पर विश्वास जगायें। इस क्षेत्र में विशेष रूप से चेतनाहीन वाल्मीकि समाज के लिए अधिक कार्य करने की आवश्यकता है।''

इस संकलन से जो बात निकलकर आती है, वह यह कि साहित्य एक निरन्तर विकासमान और परिवर्तनशील धारा है। उसकी धारणाएँ, पद्धतियाँ और मूल्य किसी एक ही बँधे-बँधाये साँचे में क़ैद नहीं हैं। पाठकों को अधिकार है कि वे इस संकलन के लेखों से सहमत हों या असहमत, लेकिन यह संकलन उन्हें निष्क्रिय पाठक नहीं रहने देगा, उन्हें सोचने और मनन करने को विवश ज़रूर करेगा। आज देशी-विदेशी पूँजीपति घरानों द्वारा भारत के आम जन की लूट पर आधारित 'विकास' के छद्म के साथ तमाम रूढ़िवादी और पुरातनपन्थी, अवैज्ञानिक मान्यताओं के पुनरुद्धार की भयावह कोशिशों के ख़िलाफ़, सारे दमन को झेलते हुए भी लोग खड़े हो रहे हैं। हमारा देश जातिदंश, पितृसत्ता और 'मनुष्य द्वारा मनुष्य के शोषण के हर रूप के अन्त' का अलमबरदार बनकर उभरने की प्रक्रिया में दुनिया में अपना स्थान बनाने के लिए संघर्षरत है। ऐसा ही भारत अम्बेडकर और भगतसिंह के सपनों का भारत होगा। इस संग्रह की भूमिका लिखने की कोई सलाहियत न होने के बावज़ूद इसे पाठकों को समर्पित करते हुए मैं यह उम्मीद ज़रूर करता हूँ कि हिन्दी का तमाम दलित, प्रगतिशील और लोकतान्त्रिक साहित्य इस सपने को साकार करने में महत्त्वपूर्ण भूमिका निभायेगा।

प्रो. प्रणय कृष्ण
हिन्दी विभाग
इलाहाबाद विश्वविद्यालय, इलाहाबाद

दलित साहित्य

माता प्रसाद, भूतपूर्व राज्यपाल

दलित साहित्य क्या है, इस सम्बन्ध में थोड़ी जानकारी देना चाहता हूँ। 'दलित' शब्द का अर्थ विभिन्न शब्दकोशों के आधार पर दबाया गया, दो फाड़ किया गया, गिराया गया, शोषित, उत्पीड़ित, अपमानित, वंचित, उपेक्षित, छलित, दमित, बहिष्कृत आदि है। अंग्रेज़ी में इसे डिप्रेस्ड कहते हैं। जब दलित के साथ साहित्य जुड़ जाता है तो वह अपमानितों, पीड़ितों, शोषितों व वंचितों का साहित्य हो जाता है इसमें जहाँ अनुसूचित जाति, अनुसूचित जनजाति, पिछड़ी जातियाँ सम्मिलित हैं वहीं पीड़ित स्त्रियाँ, विधवाएँ, वेश्याएँ, देवदासियाँ, बँधुआ मज़दूर, कूड़े के ढेर पर प्लास्टिक बीननेवाले और अनाथ भी सम्मिलित हैं। दलित साहित्य का उद्‌देश्य भेदभाव-भरी सामाजिक व्यवस्था को बदलने का एक तीव्र स्वर है। दलित साहित्य स्वर्ग, नरक, पुनर्जन्म, भाग्य, देवी, देवता, अवतारवाद को नकारता है। दलित साहित्य, दलितों की दर्द-भरी दास्तान और चीख़-भरी पुकार ही नहीं, बल्कि उसे दूर करने के लिए संघर्ष की एक तलवार भी है। यह उनकी दयनीय स्थिति के कारणों की खोजकर उसके निवारण के लिए भी प्रतिबद्ध है। दलित साहित्य, जाति, वर्ण, रंग, नस्ल, लिंग भेद से उठकर सभी की स्वतन्त्रता, समानता, न्याय और बन्धुता का पक्षधर है।

दलित साहित्य का आरम्भ 'हीरा डोम' की अछूत की शिकायत, भोजपुरी कविता से माना जाता है, जिसे महावीरप्रसाद द्विवेदी ने सन् 1914 की 'सरस्वती' पत्रिका में सम्पादित किया था, जिसके कुछ अंश इस प्रकार हैं–

हमनी के रातिदिन दुखवा भोगतबानी,
हमनी के सहिबे से मिनती सुनाइबि।
हमनी के दुख भगवनवौ न देखताजे,
हमनी के कबले कलेसवा उठाइबि।

× × ×

खम्भवा के फारि पहलाद के बचवले जा,
ग्राह के मुँहे से गजराज के बचवले।

कहवाँ सुतल बाटे, सुनत न बाटे अब,
डोम जानि हमनी के छुए से डेरइले।
हमनी के इनरा के निगिचे न जाये देले,
पांके में से भरि-भरि पियतानी पानी।
पनही से पीटि-पीटि हाथ-गोड़ तोरि देला,
हमनी के एतना काँहे के परेसानी।

पहली बार दलित का आक्रोश फूट पड़ता है। वह भगवान् को 'भगवनवा' कहता है, अपने साथ होनेवाले छुआछूत पर वह कहता है कि लगता है, आप भी छूत की डर से हमारी बात नहीं सुन रहे हैं। इस प्रकार दलित साहित्य की यह पहली कविता कही जा सकती है। इसी काल में स्वामी अछूतानन्द 'हरिहर' ने 'आदि हिन्दू' आन्दोलन चलाया, 'आदि हिन्दू' पत्रिका निकाली इससे सारे उत्तर भारत के दलितों में जागृति की लहर फैल गयी। स्वामी अछूतानन्द ने लिखा—

सभ्य थे हम हिन्द के प्राचीन हैं हक़दार हम।
था बनाया शूद्र हमको, थे कभी सरदार हम।।

इसके बाद बिहारीलाल 'हरित' (दिल्ली), शंकरानन्द शास्त्री (पंजाब), चन्द्रिका प्रसाद 'जिज्ञासु' (लखनऊ) और पश्चिमी उत्तर प्रदेश के बंशीराम 'बेधड़क' और बुद्धिसंघ प्रेमी ने दलित साहित्य को आगे बढ़ाया। जिस समय कवि बिहारीलाल 'हरित' जय भीम का नारा, कविता लिख रहे थे, उस समय कानपुर के रामचरण कुरील, सत्यनारायण व्रतकथा के विरोध में भगवान् रविदास सत्यकथा लिख रहे थे। इस प्रकार डॉ. बी. आर. अम्बेडकर की विचारधारा से प्रभावित होकर डॉ. गया प्रसाद 'प्रशान्त' ने 'भीम चेतावनी', 'भीम गीतावली', माता प्रसाद ने 'एकलव्य', 'भीम शतक काव्य', मोतीराम शास्त्री ने 'रावण नहीं तथागत है' रचनाएँ लिखीं। फिर राम भरोसे लाल का 'अभिशाप', चिंरजीलाल 'चंचल' का 'सूरज निकला नही', लक्ष्मी नारायण सुधाकर की 'उत्पीड़न की यात्रा', 'भीम सागर', बलवन्त राय की 'समय की शिला पर थिरकते लोक गीत', 'द्रोण दीक्षा', राजपाल राज की 'भीम भारती', नाथू राम सागर की 'भीम प्रशस्ति', नाथूराम ताम्रमैली का 'भारत के वीर', दिलीप सिंह 'अश्क' का 'सच खड़ा है सामने', नाथू राम पथिक का 'उठो रे जवानों' आदि कवियों ने रचनाएँ की हैं।

अस्सी के दशक के दलित साहित्यकारों में सदियों से पीड़ित, अपमानित, शोषित जनता की भावनाओं की अभिव्यक्ति, आक्रोश, रोष और विद्रोही स्वर का रूप लेने लगी, जिनमें एन. आर. सागर कहते हैं—

"जाति के, वर्ण के, भेद-उपभेद हैं, मनु जी के आदेश, अनुदेश में, आग लगा दूँगा मैं इस देश में।" मलखान सिंह कहते हैं—"हमारी दासता का सफ़र तुम्हारे जन्म से शुरू होता है और इसका अन्त भी तुम्हारे अन्त के साथ होगा।" जयप्रकाश कर्दम कहते हैं कि, "अपनी भूख और बेबसी को/कोसता है और/ईर्ष्या ग्लानि और क्षोभ से भरकर ब्राह्मणों की जातिवादी व्यवस्था के जूते में/आक्रोश की कील/ठोक देता है।"

दलित साहित्य में अस्सी के दशक और उसके बाद भी अनेक दलित रचनाएँ हुईं जिनमें कुछ विधाओं का विवरण नीचे दिया जा रहा है।

काव्य

निरंकार देव सेवक की 'चिनगारी', सुखवीर सिंह का 'बयान बाहर', मनसा राम 'विद्रोही' का, 'दलित पचासा', मोहनदास नैमिशराय की 'सफ़दर का बयान', 'आग और आन्दोलन', ओमप्रकाश वाल्मीकि का 'सदियों का सन्ताप' व 'बस्स! बहुत हो चुका', कँवल भारती की 'तब तुम्हारी निष्ठा क्या होती', डॉ. एन. सिंह की 'सतह से उठते हुए', दयानन्द बटोही की 'यातना की आँखें', डॉ. जयप्रकाश कर्दम का 'गूँगा नहीं था मैं', पुरुषोत्तम सत्य प्रेमी की 'द्वार पर दस्तक', डॉ. धर्मवीर की 'किनारे भी मँझधार', प्रो. श्यौराज सिंह 'बेचैन' की 'क्रौञ्च हूँ, मैं' डॉ. प्रेम शंकर की 'समिधा', डॉ. कुसुम वियोगी की 'व्यवस्था के विषधर', सी. बी. भारती का 'आक्रोश', मलखान सिंह का 'सुनो ब्राह्मण', एन. आर. सागर का 'हम आज़ाद', डॉ. सुशीला टाकभौरे का 'यह तुम भी जानो', डॉ. सोहन पाल सुमनाक्षर की 'सिन्धु घाटी बोल उठी', राम शिरोमणि होरिल की 'करील के काँटे', लालचन्द राही की 'मूक नहीं मेरी कविताएँ', पारसनाथ का 'चक्रव्यूह', लक्ष्मीनारायण 'सुधाकर' की 'उत्पीड़न की यात्रा', विपिन बिहारी की 'अनुभूति से अभिव्यक्ति तक' सुदेश तनवर का 'रात के इस शहर में', ईश कुमार गंगानिया की 'हार नहीं मानूँगा', चन्द्र कुमार बरठे की 'अधूरी चिट्ठी रोशनी की', शान्ति यादव की 'तोड़ूँगी मौन', सूरज पाल चौहान का 'प्रयास', कर्मशील भारती का 'क़लम को दर्द कहने दो', असंग घोष की, 'ख़ामोश नहीं हूँ', डॉ. नीरा परमार का, 'प्रतिवेशी', भास्कर सुमन का 'मोर्चा', रजनी तिलक का 'पदचाप' कृतियाँ आयी हैं। इनके अलावा डॉ. शत्रुघ्न कुमार, डॉ. हेमलता माहीश्वर, बुद्धशरण हंस, चन्द्रेश्वर कर्ण, देवेश कुमार चौधरी, उदय प्रकाश, शिव नाथ शील बोधि, राज वाल्मीकि, तेज पाल सिंह, 'तेज' भी अच्छी कविताएँ लिख रहे हैं।

दलित कहानियाँ

दूसरी दुनिया के यथार्थ में रमणिका गुप्ता द्वारा 20 दलित कहानियाँ संकलित हैं, डॉ. कुसुम वियोगी की दलित कहानियों में 16 कहानियाँ संगृहीत हैं। इनका दूसरा कहानी-संग्रह, 'चार इंच की क़लम' है, इनका तीसरा कहानी-संग्रह 'चर्चित दलित कहानियाँ' हैं। और चौथा कहानी-संग्रह महिला कथाकारों की चर्चित दलित कहानियाँ हैं, डॉ. सुशीला टाकभौरे का कहानी-संग्रह 'अनुभूति के घेरे में', डॉ. एन. सिंह द्वारा सम्पादित कहानी-संग्रह 'यातना की परछाइयाँ' हैं। ओमप्रकाश वाल्मीकि का कहानी-संग्रह 'सलाम' है। सत्य प्रकाश का कहानी-संग्रह 'चन्द्रमौलि' और सूरज पाल चौहान का कहानी-संग्रह 'हैरी कब आयेगा' है। जयप्रकाश कर्दम का कहानी-संग्रह 'नोबार',

और 'ज़रूरत' है, सत्य वीर की 'परिक्रमा' और 'नीलामी', कर्मशील भारती का 'और रास्ता खुल गया' उत्कृष्ट कहानियाँ हैं, इनके अतिरिक्त शत्रुघ्न कुमार, प्रेमचन्द कपाड़िया, तेजपाल सिंह 'तेज', श्रवण कुमार, विपिन बिहारी, पारसनाथ, डॉ. कुसुम मेघवाल, डॉ. नीरापरमार, जियालाल आर्य, टी. पी. राही, कालीचरण प्रेमी, डॉ. हेमलता माहीश्वर, दयानन्द बटोही और राजेश कुमार बौद्ध भी अच्छी कहानियाँ लिख रहे हैं।

उपन्यास

डॉ. राम जी लाल सहायक का 'बन्धन मुक्ति', डी. पी. वरुण का 'अमर ज्योति', डॉ. धर्मवीर का, 'पहला खत', प्रेम कपाड़िया का 'मिट्टी की सौगन्ध', डॉ. जयप्रकाश कर्दम का 'छप्पर', सत्यप्रकाश का 'जस तस भई सबेर', परदेशी लाल वर्मा का 'प्रख्यात', हरनाम का 'तीसरा सुहागिन', श्रवण कुमार की 'प्रेम यात्रा' तथा 'गणित', राणाप्रताप का 'भूमि पुत्र', 'यात्रा', 'नागपर्व', कावेरी की 'काली रेत', सुमन्त प्रसाद की 'आसपास की पगडण्डियाँ', मोहनदास नैमिशराय की 'रक्त का रिश्ता', 'क्या तुम मुझे खरीदोगे', 'मुक्ति पर्व', बाबूलाल मधुकर का 'पूर्णसत्य', हरिकिशन सन्तोषी का 'दूध का क़र्ज़', गुरुचरण सिंह का 'केयान की धार', अरुण कुमार का 'अरुण दीप', कर्मेन्दु शेखर का 'रमरतिया' उपन्यास उल्लेखनीय है।

उक्त के अलावा दलित साहित्य में नाटक, शोध ग्रन्थ, समीक्षा, आत्मकथाएँ, जीवन चरित्र, निबन्ध तथा पत्रकारिता पर भी विद्वानों के कई ग्रन्थ हैं, जिनका समयाभाव से उल्लेख नहीं किया जा रहा है।

वर्तमान दलित साहित्य डॉ. अम्बेडकर के विचारों से प्रेरित है। उसका स्वर तल्ख और कठोर है। उसकी वाणी में आक्रोश, रोष और कटुता भरी है। उसका तेवर तीखा है। वर्तमान व्यवस्था के प्रति वह विद्रोही स्वरूप में दिखायी पड़ता है, किन्तु उसकी दृष्टि रचनात्मक है। कुल मिलाकर दलित साहित्य, सामाजिक परिवर्तन की पुकार है और उनकी अपनी मुक्ति की ललकार है।

हिन्दी साहित्य और आलोचना

कँवल भारती

साहित्य की एक सर्वमान्य परिभाषा है कि साहित्य समाज का दर्पण होता है। मैं समझता हूँ कि यह परिभाषा सभी भाषाओं के साहित्य पर लागू होती है लेकिन जब हम 1900 से 1950 तक के हिन्दी साहित्य पर नज़र डालते हैं, तो उसमें प्रतिबिम्बित समाज सम्पूर्ण भारतीय समाज का प्रतिनिधित्व नहीं करता है। उसमें दलितों, आदिवासियों, घुमन्तू जातियों और यहाँ तक कि स्त्रियों का भी अक्स नज़र नहीं आता। यह स्थिति सिर्फ़ 1950 तक ही नहीं है, बल्कि 60 और 70 के दशक तक भी यही स्थिति दिखायी देती है। एक-दो लेखकों ने जैसे, नागार्जुन, धूमिल और अदम गोण्डवी ने दलितों को लेकर क़लम चलायी है, पर उन्हें हम अपवाद ही कह सकते हैं और दूसरे इस तरह की उनकी रचनाएँ भी एक-दो ही हैं।

इतिहास

यह साहित्य की बात हुई, जिस पर आगे चर्चा करने से पहले थोड़ा हिन्दी साहित्य के इतिहास का जायज़ा ले लिया जाय। हिन्दी साहित्य के संक्षिप्त इतिहास से लेकर वृहद् इतिहास तक सारे इतिहास आप देख लीजिये, किसी में भी दलित लेखक का ज़िक्र नहीं मिलेगा। इन इतिहासों में दलित वर्गों के लेखक ढूँढ़ने से भी नहीं मिलेंगे। क्यों? क्या कारण है? क्या उस दौर में दलित लेखन नहीं हो रहा था? क्या दलित वर्ग अभिव्यक्तिविहीन था? माना कि वह शिक्षित नहीं था, तो क्या संवेदनशील भी नहीं था, विचारशील भी नहीं था? क्या वे निर्जीव पाषाण की तरह संवेदना से शून्य थे? अपने शोषण, दमन और दासत्व के ख़िलाफ़ उनमें कोई विद्रोह नहीं था? समानता और स्वतन्त्रता की कोई चाह उनमें नहीं थी?

यहाँ एक बड़ा सवाल पैदा होता है। अगर उनमें विद्रोह की चेतना नहीं थी, स्वतन्त्रता और समानता की भी चाह नहीं थी, तो हिन्दू समाज उन पर अत्याचार क्यों कर रहा था? अगर ग़ुलाम ने ग़ुलामी को स्वीकार लिया है और कोई शिकायत उसे नहीं है, तो उस पर ज़ुल्म होने ही नहीं चाहिए। कोई ग़ुलामी छोड़कर भागने की कोशिश करता है, तभी उसे मारा-पीटा जाता है लेकिन इतिहास साक्षी है कि अंग्रेज़ों ने भारतीयों

पर उतने ज़ुल्म नहीं किये होंगे, जितने हिन्दुओं ने दलित जातियों पर किये थे। इसका मतलब है कि वे विद्रोह करते थे, ग़ुलामी से मुक्ति चाहते थे और शेष समाज की तरह समानता और स्वतन्त्रता चाहते थे। अगर वे मुक्ति, समानता और स्वतन्त्रता के आकांक्षी थे, तो क्या वे मूक रहे होंगे? चिल्लाये नहीं होंगे? उन्होंने अपनी मुट्ठियाँ नहीं तानी होंगी? फिर हिन्दी साहित्य के इतिहास में उनका चिल्लाना और मुट्ठियाँ तानना क्यों दर्ज नहीं है? यही तो साहित्य है। दलितों की यह अभिव्यक्ति सिर्फ़ साहित्य के इतिहास में ही नहीं, कॉलेजों में पढ़ाये जानेवाले भारतीय राजनीति के इतिहास में भी दर्ज नहीं है।

दलित अभिव्यक्ति

डॉ. मैनेजर पाण्डेय ने अपने एक व्याख्यान में एक महत्त्वपूर्ण सवाल उठाया है कि स्वाधीनता के बाद सारे विकास के बावज़ूद कोई दलित लेखक दिखायी क्यों नहीं देता? यह सवाल वह इसलिए करते हैं क्योंकि उन्होंने हिन्दी साहित्य के इतिहास में कबीर और रैदास का नाम तो आदिकाल में देखा है पर स्वाधीनता के बाद या उससे पहले के इतिहास में किसी दलित लेखक को नहीं देखा; और देखा इसलिए नहीं है, क्योंकि वह इतिहास में दर्ज ही नहीं किये गये हैं। दरअसल इसके पीछे यह विचार काम कर रहा था कि साहित्य का क्षेत्र द्विजों का और ख़ास तौर से ब्राह्मणों का क्षेत्र है और दलितों की गतिविधियाँ, चाहे राजनीतिक हों या साहित्यिक, वे उनकी नज़र में जातिवादी भी थीं। वे आज भी हमें जातिवादी कहते हैं। यही वजह है कि दलित लेखक इतिहास से बाहर ही रह गये। इसलिए मैनेजर पाण्डेय जैसे विद्वानों को हिन्दी साहित्य के इतिहास से बाहर जाकर दलित आन्दोलनों के इतिहास में दलित लेखकों को देखना होगा।

हिन्दी पत्रकारिता

यही स्थिति हिन्दी पत्रकारिता में भी रही। स्वाधीनता-पूर्व चलनेवाले दलित आन्दोलनों की कोई रिपोर्ट हिन्दी की तत्कालीन पत्र-पत्रिका में दिखायी नहीं देती। एक उदाहरण देता हूँ। जब 1930 के दशक में भारत में दलित आन्दोलनों ने स्वाधीनता की राजनीति को प्रभावित करना शुरू किया और गाँधी जी ने उसका नोटिस लिया, तो दलितों के हिन्दू फोल्ड में बनाये रखने के लिए हरिजन उद्धार आन्दोलन चलाया गया। तब हिन्दी साहित्य में रातोंरात एक गाँधीवादी युग ने अवतार ले लिया। इन गाँधीवादी लेखकों ने छुआछूत के विरोध में रचनाएँ लिखनी शुरू कर दीं। उन्होंने सिर्फ़ छुआछूत का विरोध किया, हिन्दू धर्म की वर्ण और जातिव्यवस्था पर कोई प्रहार नहीं किया। उन्होंने छुआछूत का विरोध करते हुए हिन्दुओं को चेताया कि अगर उन्होंने इन अछूतों को गले नहीं लगााया, तो ईसाई और इस्लाम धर्म के लोग उन्हें अपने धर्मों में ले लेंगे और हमारी आज़ादी ख़तरे में पड़ जायेगी तो उस दौर के गाँधीवादी लेखकों की दलितों के प्रति यह संवेदना थी। इसकी हिन्दी पत्रकारिता में ख़ूब चर्चा हुई। इलाहाबाद

से प्रकाशित होनेवाली 'चाँद' पत्रिका ने इसी गाँधीवादी आन्दोलन के समर्थन में 1927 में 'अछूत' अंक निकाला। इस अंक में दलितों के किसी भी साहित्य और आन्दोलन का ज़िक्र तक नहीं है। इस अंक में अछूतों के चार मसीहा दर्शाये गये हैं—पहला, सी. एफ. एण्ड्रूज, दूसरे, शहीद श्रद्धानन्द, तीसरे, योगेश्वर गाँधी और चौथे, देवी सरोजिनी। जिस समय यह 'अछूत' अंक निकला था, उस समय हिन्दी क्षेत्र में, ख़ास तौर से पूर्वी उत्तर प्रदेश में, स्वामी अछूतानन्द 'हरिहर' का ज़बरदस्त आदि हिन्दू आन्दोलन चल रहा था। वह इस आन्दोलन के प्रवर्तक के साथ-साथ कवि, नाटककार और सम्पादक-पत्रकार भी थी। उन्होंने 'आदि हिन्दू' अख़बार निकाला था और इसी नाम से कानपुर में अपना प्रेस लगाया था, जो पहला दलित प्रेस था। उनकी 1912 की छपी कविताएँ मिलती हैं। उन्होंने दो नाटक 'रामराज्य-न्याय' और 'मायानन्द बलिदान' लिखे थे। उन्होंने 1919 में ही ब्रिटिश सरकार को अछूतों की पृथक् शिक्षा, पृथक् निर्वाचन और नौकरियों में आरक्षण की माँग की थी। 14 फरवरी, 1922 को दिल्ली में 'प्रिन्स ऑफ़ वेल्स' ब्रिटेन के राजकुमार का स्वागत किया था और उन्हें 17 सूत्री माँगपत्र प्रस्तुत किया था, जिसमें उन्होंने बेगार प्रथा को समाप्त करने और अछूतों को पृथक् राजनीतिक प्रतिनिधित्व देने की माँग की थी। उनका आन्दोलन समानता, स्वतन्त्रता और मुक्ति का था, पर 'चाँद' के 'अछूत' अंक में न उनके आन्दोलन का ज़िक्र है और न उनके साहित्य का।

स्वाधीनता-पूर्व और बाद का दलित साहित्य

ठीक यही स्थिति हिन्दी साहित्य के इतिहास की है। मैं आज इस मंच से मैनेजर पाण्डेय को बताना चाहता हूँ कि स्वाधीनता के पूर्व भी और बाद भी हिन्दी में दलित साहित्य और विमर्श मौज़ूद था।

हिन्दी आलोचना

मराठी के प्रख्यात दलित लेखक शरणकुमार लिम्बाले ने अपनी चर्चित पुस्तक 'दलित साहित्य का सौन्दर्यशास्त्र' में आलोचना का एक मानदण्ड दिया है, जो बहुत महत्त्वपूर्ण है। वह लिखते हैं—"सत्यं, शिवं और सुन्दरम्' ये भेदभाव की कल्पनाएँ हैं, जिनके आधार पर आम आदमी का शोषण हुआ है।" उनका कहना है कि 'सत्यं, शिवं और सुन्दरम्' की धारणा सवर्ण समाज के स्वार्थ-साधन के लिए रची गयी साज़िश है। वह कहते हैं कि इसको बदला जाना चाहिए। उनका मत है और बिलकुल सही मत है कि सर्वप्रथम मनुष्य है, वही सत्य है, मनुष्य की स्वतन्त्रता शिव है और मनुष्य की मनुष्यता ही सौन्दर्य है। दरअसल साहित्य की आलोचना का सौन्दर्यशास्त्र यही होना चाहिए। साहित्य के केन्द्र में मनुष्य, उसकी स्वतन्त्रता और उसकी मनुष्यता होनी चाहिए।

लेकिन हिन्दी साहित्य के केन्द्र में इन्हीं तीन चीज़ों का अभाव मिलता है। उसमें सामन्तों की प्रशस्तियाँ हैं, राम हैं, उनकी विजयगाथा है, उनकी शक्तिपूजा है, कृष्ण हैं, उनकी रासलीला है, गोपी-उद्धव के संवाद हैं, ईश्वर का मानवीकरण है, मानव का ईश्वरीयकरण है, जिसे छायावाद और रहस्यवाद का नाम दिया गया है, मनु हैं, पाण्डव हैं, शिव हैं, उनका ताण्डव है और वह सब-कुछ है, जो हिन्दी साहित्य को हिन्दू साहित्य बनाता है। लेकिन उसमें मनुष्य, उनकी स्वतन्त्रता और मनुष्यता नहीं है, जो साहित्य को सार्वजनीन बनाता है।

हिन्दी साहित्य : संक्षिप्त परिचय

कबीर को भक्तिकाल का कवि माना जाता है, हालाँकि वह भक्त कवि नहीं हैं। पर उस सम्पूर्ण भक्तियुग में कबीर साहब ही एकमात्र कवि हैं, जिनके काव्य के केन्द्र में मनुष्य है—शोषित किसान, पीड़ित, दलित और ग़रीब-मज़दूर हैं। उनके विचारों की आँधी में उस युग का मनुष्य-विरोधी अध्यात्मवाद धराशायी हो गया था, जिसे एक शती बाद फिर से खड़ा करने की कोशिश तुलसीदास ने की थी। कबीर ने ब्राह्मण को जगद्गुरु मानने से इन्कार कर दिया था—"ब्राह्मण गुरु जगत का, साधु का गुरु नाहीं, उरझि पुरझि करि मरि रह्या, चारों वेदा माहीं।" वह ईश्वरवादी होकर भी यथार्थ से जुड़े थे, क्योंकि उनका ईश्वर परलोक में रहनेवाला नहीं था। इसलिए वह स्वर्ग-नरक, मोक्ष-मुक्ति और कर्मफल के भय से मुक्त थे। यह हिन्दी साहित्य का आदिकाल है, जिसमें कबीर और रैदास जैसे कुछ दलित कवि ही ज़मीन से जुड़े दिखायी देते हैं, बाक़ी सब गगनविहारी हैं। रैदास साहब ने भी जन्मना ब्राह्मण को पूज्य मानने से इन्कार किया था। उन्होंने कहा था—"ब्राह्मण को मत पूजिये, जो हो ज्ञानविहीन; पूजिये चरण चण्डाल के जो हो ज्ञानप्रवीन।" लेकिन तुलसीदास ने इसके विरुद्ध स्थापना दी। उन्होंने कहा—"पूजिये विप्र शील गुन हीना; नाहीं न शूद्र गुन ज्ञान प्रबीना।" तो हिन्दी के आदिकाल में ही हम साहित्य की दो धाराओं को साफ़-साफ़ देखते हैं। एक धारा विहारी दलित वर्गों की है, जो मनुष्य को, उसकी स्वतन्त्रता को और उसकी मनुष्यता को प्रतिष्ठित करती है और दूसरी धारा गगनविहारी कवियों की है, जिनके साहित्य के केन्द्र में वर्णव्यवस्था है, प्रभुलीला है, रासलीला है और राजा-रानियों की कहानियाँ हैं।

रीतिकाल और वीरगाथा काल को हम छोड़ देते हैं, जिसमें राजाओं और सामन्तों की शान में क़सीदे और नायिकाओं के नख-शिख वर्णन के सिवा कुछ नहीं है और नख-शिख वर्णन तो कहीं-कहीं पोर्नोग्राफ़ी तक चला गया है लेकिन आधुनिक काल पर आते हैं। छायावाद, रहस्यवाद, प्रयोगवाद सब-कुछ है, पर मनुष्यवाद नहीं है। महादेवी वर्मा के साहित्य में उनकी संवेदना स्त्री तक सीमित नहीं रही है, वह पशु-पक्षियों के प्रति भी दिखायी देती है। वह एक अपवाद है। दूसरे अपवाद प्रेमचन्द हैं। और प्रेमचन्द पूरे हिन्दी साहित्य में अकेले ऐसे लेखक हैं, जिन्होंने दलितों, मज़दूरों,

किसानों और स्त्री को केन्द्र में रखकर कहानियाँ लिखी थीं, जिन्होंने अपने उपन्यास में दलित समस्या को विषय बनाया था और उन्हें नायकत्व प्रदान किया था लेकिन उनका दलित चित्रण संवेदनात्मक है, यथार्थ के क़रीब नहीं है। उनके आदर्शवादी समाधान सामाजिक परिवर्तन की आधारशिला ज़रूर रखते हैं, इसलिए हम उन्हें ख़ारिज नहीं कर सकते। पर दलित चेतना की दृष्टि से उनके साहित्य का एक पुनर्पाठ दलित आलोचकों ने किया है।

हिन्दी के कुछ प्रगतिशील आलोचक सूर्यकान्त त्रिपाठी 'निराला' को भी प्रगतिशील लेखक के रूप में स्थापित कर रहे हैं। यहाँ तक कि उन्हें दलितों का पक्षकार भी बताया जा रहा है। यह हिन्दी में सबसे बड़ा झूठ है, जो बोला जा रहा है। उनकी एक लम्बी कहानी है 'चतुरी चमार'। इसमें चतुरी चमार कबीरपन्थी है, जो लेखक को मांस लाकर देता है, गाँजा-चरस पीता है और वह कबीर काव्य का मर्मज्ञ है। ये दोनों चीज़ें साथ-साथ नहीं चल सकतीं, चतुरी कबीरपन्थी भी है और मांस-नशे का सेवन भी करता है। कबीरपन्थ में मांस-नशे का सेवन वर्जित है। यह एक कबीरपन्थी का विकृतीकरण है। निराला की मूल वैचारिकी उनकी 'तुलसीदास' और 'राम की शक्ति-पूजा' कविताओं तथा उन लेखों में मिलती है, जो उनके 'चाबुक' संग्रह में संकलित हैं। 'तुलसीदास' में मुस्लिम शासन में हिन्दू संस्कृति के पतन की चिन्ता है। 'राम की शक्ति-पूजा' में दुर्गा महाशक्ति के द्वारा रावण पर राम की विजय का चित्रण है। इस कविता में 'निराला' ने राम को वर्णव्यवस्था, धर्म का रक्षक और रावण को अधर्म का प्रतीक दिखाया है। उनके लेखों में तो ब्राह्मण श्रेष्ठता और वर्णव्यवस्था का खुला समर्थन मिलता है। एक लेख में वह लिखते हैं कि ब्राह्मणों में चरसी-शराबी हैं, पर उनकी तुलना दलित जातियों के चरसी-शराबियों से नहीं की जा सकती। एक अन्य लेख में उन्होंने लिखा है कि शूद्रों के दूषित बीजाणु समाज के मंगलमय शरीर को अस्वस्थ करते थे, उससे मुक्तिपथ की ओर अग्रसर होनेवाले शुद्ध परमाणुकाय समाज को शूद्रों से कितना बड़ा नुक़सान पहुँचता था। उसके मुक़ाबले शूद्रों पर लगाये गये प्रतिबन्ध तो कुछ भी नहीं थे। क्या 'निराला' के इन विचारों को वैज्ञानिक कहा जा सकता है? हिन्दी का अधिकांश साहित्य इसी धारा का है, जिसमें ब्राह्मण, ब्राह्मण की स्वतन्त्रता और उसका ब्राह्मणत्व प्रतिष्ठित है।

हिन्दी साहित्य में एक धारा नयी कविता और नयी कहानी की चली। इन लेखकों को पुराने से असहमति थी, इसलिए उन्होंने अपनी रचना को नयी रचना कहा। किस मामले में यह नयी थी? यह इस मामले में नया लेखन था कि इसमें उन्होंने प्रेमचन्द की तरह समाज को केन्द्र में रखा था, इसमें व्यक्ति की अपेक्षा समाज का परिवेश था। पर इस नयी कविता और नयी कहानी में भी शोषित-पीड़ित-दलित समाज नहीं था। यह कमी हिन्दी में अवश्य ही दलित साहित्य ने पूरी की। हिन्दी में नवें दशक में आयी दलित कविता और कहानी ही नयी कविता और नयी कहानी थी।

समानान्तर दलित साहित्य

लेकिन दलितों का यह नव लेखन हमें बीसवीं सदी के आरम्भ के दशकों में ही मिलता है। सितम्बर, 1914 की 'सरस्वती' में प्रकाशित हीरा डोम की यह कविता ग़ौरतलब है—

हमनी के रातिदिन दुखवा भोगतबानी,
हमनी के सहिबे से मिनती सुनाइबि।
हमनी के दुख भगवनवौ न देखताजे,
हमनी के कबले कलेसवा उठाइबि।

× × ×

खम्भवा के फारि पहलाद के बचवले जा,
ग्राह के मुँहे से गजराज के बचवले।
धोती जुरजोधना के भइया छोरत रहै,
परगट होके तहाँ कपड़ा बढ़वले।
मरले रवनवा के पलले भभिखना के,
कानी अँगुरी पै धैके पथरा उठवले।
कहवाँ सुतल बाटे, सुनत न बाटे अब,
डोम जानि हमनी के छुए से डेरइले।

यह है नयी चेतना की कविता, जो अछूत माने जानेवाले मनुष्य और उसकी स्वतन्त्रता के लिए भगवान् को भी कठघरे में खड़ा करती है। मनुष्य और मनुष्यता को प्रतिष्ठित करनेवाली ऐसी अभिव्यक्ति उस दौर की किसी हिन्दी कविता में नहीं मिलती।

1912 और 1930 के बीच स्वामी अछूतानन्द 'हरिहर' की भी बहुत-सी कविताएँ और दो नाटक प्रकाशित हो चुके थे। उन्होंने शम्बूक वध को केन्द्र में रखकर 'रामराज्य न्याय' और गुजरात के अछूत सन्त मायानन्द को ब्राह्मणों के षड्यन्त्र से बलि चढ़ाये जाने को केन्द्र में रखकर 'मायानन्द बलिदान' नामक दो नाटक लिखे थे। यह वह क्रान्तिकारी साहित्य था, जिसकी कल्पना उस दौर के द्विज लेखक से नहीं की जा सकती थी। यह इतिहास और पौराणिक कथा का पुनर्पाठ था, जिसकी पहली कोशिश हिन्दी में एक दलित लेखक ने की थी। मैंने उनकी रचनावली का सम्पादन किया है, जिसे महात्मा गाँधी हिन्दी विश्वविद्यालय वर्धा ने प्रकाशित किया है।

'मनुस्मृति' पर सबसे पहली चोट हिन्दी में 'अछूतानन्द' जी की कविता में ही मिलती है—

निशिदिन मनुस्मृति ये हमको जला रही है।
ऊपर न उठने देती, नीचे गिरा रही है।।

ब्राह्मण व क्षत्रियों को सबका बनाया अफ़सर
हमको 'पुराने उतरन' पहनो बता रही है
हमको बिना मजूरी, बैलों के साथ जोतें
गाली व मार उस पर हमको दिला रही है
लेते बेग़ार, खाना तक पेट भर न देते
बच्चे तड़पते भूखों, क्या ज़ुल्म ढा रही है

गाँधी जी द्वारा किये गये 'हरिजन' नामकरण पर उनकी कविता आज भी विचारोत्तेजक है—

कियौ हरिजन पद हमैं प्रदान
अन्त्यज, पतित, बहिष्कृत, पादज, पंचम शूद्र महान्
थे पद रचे बहुत ऋषियन ने, हमरे हित धरि ध्यान
फिर 'हरिजन' पद दियौ हमैं क्यों, हे गाँधी भगवान्
हम हरिजन तौ तुमहूँ हरिजन, कस न कहौ श्रीमान
कि तुम हौ उनके जन, जिनको जगत् कहत शैतान

स्वामी अछूतानन्द की मृत्यु 1933 में हुई थी। उनकी मृत्यु पर हिन्दी के कांग्रेसी लेखक कन्हैयालाल मिश्र 'प्रभाकर' ने लिखा था कि स्वाधीनता-संग्राम के पथ का एक बड़ा पत्थर हट गया था। इससे अनुमान लगाया जा सकता है कि उनका आन्दोलन हिन्दू राजनीति के लिए कितना ख़तरनाक बन गया था।

इसी शृंखला में स्वतन्त्रता-पूर्व कवियों में मौजीलाल, शंकरानन्द, केवलानन्द, अयोध्यानाथ, रूपचन्द, बिहारीलाल 'हरित' आदि बहुत-से दलित कवि हुए हैं जिन सब पर चर्चा करना यहाँ सम्भव नहीं है। पर यहाँ मैं दो कवियों का ज़िक्र ज़रूर करना चाहूँगा। इनमें एक है केवलानन्द, जिनकी सुप्रसिद्ध कविता 'मनू जी तुमने वरण बना दिये चार' से प्रेरित होकर श्रीधर पाठक ने 1918 में 'मनू जी' कविता लिखी थी। केवलानन्द की कविता में वर्णव्यवस्था के खण्डन में ज़बरदस्त तर्क हैं—

मनू जी तुमने वरण बना दिये चार
जा दिन तुमने वरण बनाये, न्यारेऊ रंग बनाये क्यों ना?
गोरे ब्राह्मण, लाल क्षत्तरी, बनिया पीले बनाये क्यों ना?
शूद्र बनाते काले वरण के, पीछे को पैर लगाये क्यों ना?
कैसे हो पहिचान पोप जी, दो अच्छर डलवाये क्यों ना?

यह बहुत लम्बी कविता है। यह उसका एक बन्द है। बिहारीलाल 'हरित' क्रान्तिकारी कवि थे। उनकी कविता में दलित समाज की व्यथा की मार्मिक अभिव्यक्ति हुई है। कुछ पंक्तियाँ प्रस्तुत कर रहा हूँ—

दादा का करजा पोते से नाय उतरने पाया
तीन रुपये में ज़मींदार के सत्तर साल कमाया

यह कविता प्रेमचन्द की कहानी 'सवा सेर गहूँ' के शंकर की याद दिलाती है। एक अन्य कविता की ये पंक्तियाँ देखिये—

करके ख़ुदी को दूर ख़ुद मज़बूत बनके देख
दो चार दिन के वास्ते अछूत बनके देख
सिर पर जरा रख टोकरा मैले का टपकता
गन्दगी में गढ़ जरा, सपूत बनके देख
दो चार दिन के वास्ते अछूत बनके देख

स्वतन्त्रता-पूर्व और बाद के महत्त्वपूर्ण लेखकों में चन्द्रिकाप्रसाद 'जिज्ञासु' का नाम विशेष उल्लेखनीय है। उन्होंने हिन्दी में न केवल एक नये विमर्श की ज़मीन तैयार की, बल्कि दलित आलोचना की भी आधारशिला रखी। उन्होंने राष्ट्रीय चेतना पैदा करनेवाली कविताओं के पाँच दर्जन टेक्स्ट छापे थे। उनका पहला टेक्स्ट 'राष्ट्रीय डंका' नाम से 1930 में छपा था। इसकी कापियाँ छावनी में सिपाहियों की जेबों से निकली थीं। ब्रिटिश सरकार ने उनके 22 टेक्स्ट ज़ब्त किये थे और उन्हें विद्रोह के ज़ुर्म में 124ए के तहत गिरफ़्तार करके जेल भेज दिया गया था। उन्होंने विमर्श और आलोचना की सौ से भी ज़्यादा पुस्तकें लिखी थीं। सृष्टि का विकास, मूलनिवासियों की सभ्यता, लोकशाही बनाम ब्राह्मणशाही, ईश्वर और उनके गुड्डे, रावण और उसकी लंका, शिव तत्त्व प्रकाश, स्त्री की पराधीनता, हैहय वंश की श्रेष्ठता, सन्त रैदास—ये उनकी वे किताबें हैं जो उस समय की नयी पीढ़ी में ज्ञानोदय पैदा किया था। उनकी इन किताबों ने पहली दफ़ा हिन्दी क्षेत्र के दलितों में एक क्रान्तिकारी नास्तिक विचारधारा का सूत्रपात किया था। पहली दफ़ा उन्होंने ही अकाट्य तर्कों के साथ इस सत्य का उद्घाटन किया था कि कबीर और रैदास के गुरु रामानन्द नहीं थे।

इसी समय के एक और महत्त्वपूर्ण लेखक और आन्दोलनकर्त्ता ललई सिंह यादव थे, जिन्हें हिन्दी क्षेत्र का 'पेरियार' भी कहा जाता है। उन्होंने 'शम्बूक' और 'एकलव्य' पर नाटक लिखे, शोषितों पर धार्मिक डकैती, राजनीतिक डकैती, जैसी कई क़िताबें लिखीं। वह 'सच्ची रामायण' के अनुवाद और प्रकाशन से पूरे देश में चर्चा में आये थे। वह किताब ज़ब्त हुई थी और हाईकोर्ट में लम्बा मुक़दमा चला था, पर अन्त में वह विजयी हुए थे।

हिन्दी साहित्य के इतिहास में इनमें से किसी का भी नाम नहीं मिलता। तीन कहानियाँ और पाँच निबन्ध लिखनेवाले लेखक इतिहास में दर्ज किये गये पर दर्जनों क़िताबें लिखनेवाले आन्दोलनकारी दलित लेखकों को दर्ज करना हिन्दी के ब्राह्मणवादी इतिहासकारों ने उचित नहीं समझा। इसलिए हिन्दी साहित्य और उसका इतिहास और आलोचना तीनों जातिवादी हैं।

हिन्दी आलोचना : संक्षिप्त परिचय

हिन्दी आलोचना में मुख्य वैचारिक लड़ाई कबीर और तुलसी के बीच है। ये विचारधारा के दो स्कूल हैं। हिन्दी का आलोचक तुलसी के स्कूल का विद्यार्थी है। इसलिए वह जितनी सहजता से तुलसी, सूरदास, जायसी, गाँधी, टैगोर, लोहिया, विवेकानन्द, नेहरू पर लिख लेता है, उतना सहज लेखन वह कबीर, रैदास, अम्बेडकर और बुद्ध पर नहीं कर सकता। इन सबको तो उसने ठिकाने लगाने का काम किया है। उन्हें तुलसी-थाट में सौन्दर्य नज़र आता है औ कबीर-थाट में जातिवाद की गन्ध आती है। इसलिए वह कबीर को रामानन्दी बनाकर तुलसी के फोल्ड में फिट करने की कोशिश करते हैं, जो वह हो नहीं पाता।

(दिनाङ्क 7 अगस्त, 2015 को नागपुर विश्वविद्यालय, नागपुर में हिन्दी और अंग्रेज़ी विभाग द्वारा संयुक्त रूप से आयोजित संगोष्ठी में दिया गया व्याख्यान)

●

समकालीन हिन्दी कविता और दलित-चेतना

डॉ. जयप्रकाश कर्दम

दलित-चेतना या दलित-विमर्श समकालीन हिन्दी कविता का केन्द्रीय विषय है। केन्द्रीय न भी माना जाय तो भी सर्वाधिक महत्त्वपूर्ण विषय तो है ही। दलित कविता ने हिन्दी कविता को जहाँ एक नये साँचे में ढाला है, वहीं उसे नये मुहावरे और अर्थ प्रदान कर जीवन्त भी बनाया है। इस प्रकार दलित कविता ने विषय और विस्तार दोनों ही दृष्टि से हिन्दी कविता को समृद्ध किया है, जिससे हिन्दी कविता को नया आयाम मिला है। पहले समाज का केवल एक वर्ग ही कविता लिखता-पढ़ता और सुनता-सुनाता था। दलित कविता समाज के सबसे निचले और पिछड़े वर्गों तक पहुँची है तथा उसकी अस्मिता से परिचित कराकर उसमें परिवर्तनकामी चेतना का संचार किया है। दलित कविता ने समाज की जड़ चेतना के तालाब में कंकड़ की तरह गिरकर उसको तरंगित करने का काम किया है। यही वह बिन्दु है जिसे कभी भी समाज की चेतना में बदलाव का प्रस्थान बिन्दु कहा जा सकता है। इसलिए दलित-विमर्श समकालीन कविता में सार्थक और आवश्यक हस्तक्षेप है। दलित कविता के बिना समकालीन कविता पर कोई भी बात अधूरी होगी। इसलिए यह आलेख दलित कविता पर ही केन्द्रित है।

दलित को समझे बिना दलित-चेतना को नहीं समझा जा सकता। दलित को लेकर साहित्यकारों की अपनी-अपनी राय है। वामपन्थी साहित्यकारों की दृष्टि में दलित का अभिप्राय सर्वहारा है तो दक्षिणपन्थी साहित्यकारों की दृष्टि में भी दलित का अर्थ ग़रीब है। अर्थात् जो आर्थिक रूप से वंचित और शोषित है, वह दलित है। इन दोनों ही वर्गों के साहित्यकारों के दलित सम्बन्धी चिन्तन में जाति महत्त्वपूर्ण फ़ैक्टर नहीं है जबकि जाति के कारण ही समाज का एक बड़ा वर्ग सामाजिक, आर्थिक, शैक्षिक, राजनीतिक, धार्मिक-सांस्कृतिक सभी प्रकार से वंचित, उपेक्षित, शोषित, उत्पीड़ित और अस्पृश्य तथा दमन और दलन का शिकार रहा है। भारत एक जाति-समाज है। सामाजिक परिस्थिति में जो जातियाँ जितनी नीची हैं, वे उतनी ही वंचित, शोषित और दमित हैं। इन जातियों की आर्थिक स्थिति भी सामाजिक स्थिति से प्रभावित है। कहने की आवश्यकता नहीं

है कि जाति दलन और शोषण का सबसे बड़ा और प्रमुख आधार रहा है। जाति के इस यथार्थ को नकारकर या इसकी उपेक्षा करके दलित शब्द, उसके अर्थ और मर्म को नहीं समझा जा सकता। शायद यही कारण है कि समकालीन हिन्दी कविता में दलित चेतना का जो स्वर दलित कवियों की रचनाओं में ही देखने को मिलता है ग़ैर-दलित कवियों की रचनाओं में यह स्वर प्रायः उपेक्षित है।

साहित्य संवेदना का क्षेत्र है। 'वियोगी होगा पहला कवि, आह से उपजा होगा गान' सुमित्रानन्दन पन्त की कविता के ये शब्द संवेदना की ओर ही संकेत करते हैं। इस काव्य-पंक्ति के अनुसार कविता आह या दर्द से निकलती है। इससे यह आशय या अर्थ निकलता है कि अच्छी या सार्थक कविता वही होगी जो आहत मन या पीड़ा के गर्भ से निकलेगी और वही कविता जीवन्त होगी। दर्द की अनुभूति जितनी गहरी और तीव्र होगी कविता उतनी ही अच्छी या उत्कृष्ट होगी। कविता के सन्दर्भ में आह मुहावरा नहीं, सत्य है और दलित कविता पर एकदम सटीक बैठता है। दलित कविता दर्द से निकलती है, क्योंकि सदियों से दलितों ने दर्द ही सहा है, दर्द का ही अनुभव किया है। दर्द के अलावा उन्हें कुछ नहीं मिला है। दलित कविता में दर्द की अभिव्यक्ति प्रमुख है। दर्द के रूप में वस्तुतः दलित कवि की संवेदना ही अभिव्यक्त होती है जो पाठक को भी संवेदनशील बनाती है।

प्रत्येक दलित कवि ने अपने जीवन में कभी-न-कभी, किसी-न-किसी रूप में जातिगत अन्याय, अपमान और उपेक्षा का दंश झेला है। दर्द के साथ दलित का रिश्ता जन्म से है। जन्म से ही वे निम्नजातीय और हेय समझे जाते हैं। जातिगत भेदभाव, उपेक्षा और अस्पृश्यता का शिकार होते हैं। यह अन्याय और अमानवीयता का घृणिततम रूप है। दलित की अनुभूति दर्द की अनुभूति है। दर्द के अलावा उन्हें और कुछ नहीं मिला है। इसकी पीड़ा उसे निरन्तर व्यथित और विकल बनाती है। यह दर्द ही उनकी कविताओं में अभिव्यक्त हुआ है। इसलिए यह बहुत स्वाभाविक है कि दलित कवि का मन जाति के प्रति नकार और विद्रोह से भरा है। इसे यूँ भी कह सकते हैं कि जाति का विरोध दलित कविता का प्रमुख स्वर है। दलित कविता जाति के आधार पर किसी भी प्रकार के भेदभाव का तीव्र प्रतिकार करती है। जाति का प्रतिकार दलितों द्वारा प्रत्येक काल में किया गया है। यह अलग बात है कि समय के दबाव अथवा अन्य कारणों से जाति के प्रतिकार का यह स्वर मन्द अथवा तीव्र रहा है। मध्यकालीन सन्त काव्य में जाति-प्रतिकार के स्वर को बहुत स्पष्टता और प्रखरता से सुना जा सकता है।

कबीर और रैदास, मध्यकाल के दोनों महान् सन्त कवियों ने जाति को निस्सार बताते हुए उसका प्रबल प्रतिकार किया। कबीर ने कहा, 'सन्तन जात न पूछो निरगुनियाँ।' तो रैदास ने कहा, 'रैदास जन्म के कारणे होत न कोई नीच।' इन दोनों ही कवियों ने इस बात पर ज़ोर दिया कि जाति को नहीं मनुष्य के कर्म को महत्त्व दिया

जाना चाहिए। किन्तु भारतीय समाज की यह कड़वी सच्चाई है कि यहाँ जाति ही प्रमुख है, कर्म गौण रहता है। और जाति के आधार पर सुख और सम्मान प्राप्त करनेवाला वर्ग जाति का प्रतिकार करने की अपेक्षा जाति पर गर्व करता है और दलितों के साथ घृणा, उपेक्षा, अपमान और अस्पृश्यता का व्यवहार करता है। दलित कविता की यह अभिव्यक्ति इस तथ्य को पुष्ट करती है—"मैं इस देश में जहाँ भी रहता हूँ/आदमी मुझे नाम से नहीं जाति से पहचानता है/और जाति से सलूक करता है।"[1] जाति के दंश, दमन और उत्पीड़न को दलितों ने जितना अमानवीय रूप से भोगा है उससे जाति के प्रति उनके मन घृणा से भरे हैं। जाति के प्रति दलितों की घृणा को जयप्रकाश लीलवान की कविता में देखा जा सकता है, "वर्ण-धर्म की वैचारिकी के/सुडौल उरोजों का/जहरीला दूध पीकर/विखण्डन के खप्पर भरनेवाली डायन है/हमारे देश की जाति-प्रथा।"[2] ऐसा प्रतीत होता है कि जाति को गर्व के साथ जीनेवाले सवर्ण हिन्दू समाज द्वारा जाति के आधार पर स्वयं को श्रेष्ठ तथा दलितों को निम्न और हेय मानकर उनसे घृणा, उपेक्षा और अस्पृश्यता का व्यवहार करते रहने के कारण ही सन्त रैदास द्वारा अपनी बानी में स्थान-स्थान पर जो 'कहुँ रैदास चमार' या 'कह रैदास चमारा' का उल्लेख किया गया है उसके पीछे उनकी स्वाभिमान चेतना ही रही होगी। अपमान के लिए कोई अपनी जाति का उल्लेख नहीं करता है। ऐसा करने के पीछे रैदास का उद्देश्य दलितों को जातीय हीनता के बोध से ऊपर उठाना रहा होगा। सन्त रैदास के स्वाभिमान की एक झलक उनके इन शब्दों में देखी जा सकती है, यथाः "नागर जना मेरे जाति विखआत चमार।"[3]

शोषित-पीड़ित व्यक्ति के दुःख-दर्द और संघर्ष पर कई ग़ैर-दलित कवियों द्वारा भी लिखा गया है। किन्तु उनकी संवेदना और चेतना दलितों के प्रति दया, करुणा और सहानुभूति से आगे नहीं बढ़ पाती। वे दलितों के प्रति सहृदय हैं, किन्तु उनके पक्षधर नहीं हैं। एक ओर वे दलितों के प्रति दया और सहनुभूति दिखाते हैं और दूसरी ओर दलितों के दलन और दुर्दशा का मूल-आधार वर्ण-जाति व्यवस्था का किसी-न-किसी रूप में समर्थन करते हैं या उसके बारे में मौन रहते हैं। दलितों के प्रति उनकी चेतना उत्स, ऊर्जा, सक्रियता और परिवर्तनकामी चेतना से रहित है। वर्ण-जाति-व्यवस्था का समर्थन या उसके विरोध के प्रति उदासीनता और मौन कदापि दलितों की पक्षधरता नहीं हो सकती। वर्ण-जाति-व्यवस्था के प्रतिकार में बोलने की आवश्यकता के समय मौन रह जाना भी उतना ही बड़ा अन्याय है जितना उसका समर्थन या पोषण करना। दलित के प्रति ग़ैर-दलितों की सहानुभूति भी किसी काम की नहीं है यदि उन्हें दलित के दर्द की वैसी ही अनुभूति न हो जैसी दलित को होती है तथा उनको उस दर्द से मुक्ति दिलाने का प्रयास न हो। इसीलिए दलित कवि को दलितों के प्रति झूठी सहानुभूति रखनेवाले ग़ैर-दलितों से कहना पड़ता है 'दो-चार दिन के वास्ते अछूत बनके देख।'

दलितों की पक्षधरता में खड़ा हुए बिना दलितों की बात करना या उनके प्रति सहानुभूति व्यक्त करना बेमानी है।

सूर्यकान्त त्रिपाठी 'निराला' की प्रसिद्ध कविता 'वह तोड़ती पत्थर' श्रमिक जीवन की वेदना, संवेदना और संघर्ष की बेहतरीन अभिव्यक्ति है। किन्तु एक श्रमिक और दलित में अन्तर होता है। अधिकांश दलित, श्रमिक हैं। इसलिए दलित, श्रमिक हो सकता है, किन्तु श्रमिक, दलित हो यह आवश्यक नहीं है क्योंकि श्रमिकों के बीच भी वर्ण-जाति भेद होता है। सवर्ण जातियों के श्रमिक अवर्ण-अस्पृश्य जातियों के श्रमिकों के साथ जातिगत भेदभाव रखते हैं। श्रमिक होते हुए भी वे अपनी वर्ण-जातीय शुचिता के साथ जीते हैं। श्रम दलित जीवन का अर्द्ध-सत्य है, पूर्ण सत्य नहीं। दलित जीवन का पूर्ण सत्य है आर्थिक अभाव और शोषण के साथ-साथ वर्ण-जातिगत भेदभाव, उपेक्षा, अपमान और अस्पृश्यता। जाति दलितों की सर्व प्रमुख समस्या है। जाति के चलते ही कई बार उनको श्रमिक के रूप में भी काम नहीं मिलता है। कई जगहों पर उनको अन्य श्रमिकों की भाँति मशीनों पर उत्पादन सम्बन्धी कार्य से न जोड़कर सफ़ाई आदि जैसे गन्दे कार्यों पर ही लगाया जाता है। जाति की मोटी मज़बूत दीवार उनके मार्ग की सबसे अवरोधक है। यह न हो तो वे भी दूसरों की भाँति प्रगति और विकास के आयामों को पा सकते हैं। ग़ैर-दलित कवियों द्वारा जाति की सच्चाई को इस रूप में नहीं समझा गया है। उन्होंने वर्ण-जाति-व्यवस्था को धर्म की तरह मानने और मनवानेवाले सवर्ण हिन्दू समाज के प्रति न कोई गुस्सा व्यक्त किया है, न इस व्यवस्था का प्रतिकार या विरोध किया है और न ही इस व्यवस्था के आधार ब्रह्मा, ईश्वर या परमात्मा को नकारा है। अपितु वे दलितों को ईश्वर में विश्वास रखने या उसके प्रति आस्थावान् रहने की प्रेरणा और सीख ही देते हैं।

दलितों के जीवन में कैसे सुधार हो इस बारे में कोई ठोस विचार देने के बजाय वे केवल उनके प्रति दया, करुणा दिखाते हैं। 'दलित जन पर करो करुणा' कहना दलितों के प्रति सहानुभूति की अभिव्यक्ति है। यह सहानुभूति सच्चे हृदय से हो सकती है, किन्तु जब तक कोई कवि या कविता वर्ण-जाति-व्यवस्था और उसका समर्थन और पोषण करनेवाले व्यक्ति, समाज या तत्त्वों का प्रतिकार नहीं करती वह दलितों के किसी काम की नहीं है। वर्ण-जाति-व्यवस्था को बनाये रखकर दलितों पर किस प्रकार की करुणा की जा सकती है, यह अपने-आप में एक प्रश्न है। साहित्य में, वर्ण-जाति-व्यवस्था को ध्वस्त करने हेतु उस पर ज़बरदस्त प्रहार करने का काम दलित कविता ने किया है। दलित कविता ने वर्ण-जाति-व्यवस्था को ध्वस्त भले ही नहीं किया हो उसकी चूलों को हिला अवश्य दिया है। "दलित कविता में समाज की वर्ण-व्यवस्था को थर्रा देनेवाला कम्पन है, शोषण की बर्फ़ को पिघलाकर नदी बहा देनेवाली गर्मी है, और वर्ण और वर्ग की नींव को ध्वस्तकर एक समतामूलक समाज की एक नयी इमारत खड़ी करनेवाली वास्तुकला है।"[4]

सुमित्रानन्दन पन्त को गाँव बहुत अच्छे लगते हैं और वह ग्राम जीवन पर मुग्ध होकर लिखते हैं 'अहा, ग्राम्य जीवन भी क्या है' लेकिन एक दलित कवि के लिए गाँव के अन्दर ऐसा कुछ भी दिखायी नहीं देता जिसकी वह प्रशंसा कर सके। दलित के लिए गाँव दमन और शोषण के कारखाने हैं, जहाँ पर उसे क़दम-क़दम पर घृणा, अपमान, उत्पीड़न और अस्पृश्यता का दंश मिलता है। दलित निरन्तर आतंकित रहकर जीता है। कब, किस दिन, किस क्षण उस पर ज़ुल्म और ज़्यादती का कहर टूट पड़े निरन्तर इस आशंका से ग्रस्त रहता है, और यह आशंका उसे कभी सहज नहीं रहने देती। इसलिए दलित कवि यह कहता है, ''इस आदमखोर गाँव में मुझे डर लगता है/लगता है कि अभी बस अभी ठकुराइसी भेड़ चीखेगी/मैं अधशौच ही उठ जाऊँगा।/अभी बस अभी/हवेली घुड़केगी/मैं बेगार में पकड़ा जाऊँगा/कि अभी बस अभी बुलावा आयेगा/खुलकर खाँसने के अपराध में/प्रधान मुश्क बाँध मारेगा/लटकवायेगा डकैती में सींखचों के भीतर/उम्र भर सड़ायेगा।''[5]

दलित के पास गाँव में ऐसा कुछ भी नहीं है जिसे वह अपना कह सके, जिस पर गर्व कर सके। सड़कें, गलियाँ, श्मशान कहीं पर भी उनको अपनापन-सा महसूस या नहीं दिखायी देता। डॉ. सुखवीर सिंह ने अपनी प्रसिद्ध कविता 'बयान बाहर' में गाँवों में दलितों की स्थिति का चित्रण किया है, यथा ''ओ मेरे गाँव। तेरी ज़मीन पर/घुटी-घुटी साँसों के साथ/पलना पड़ता है अलग-अलग/लड़खड़ाते क़दमों से/चलना पड़ता है अलग-अलग/मरने के बाद भी/जलना पड़ता है अलग-अलग।''[6]

यह केवल गाँवों की स्थिति नहीं है, शहरों और महानगरों की बस्तियों में भी दलित पृथक् समाज के रूप में रहते हैं। दलित देश के किसी भी कोने में रहता है वह जाति के साम्राज्य में रहता है और जाति के साम्राज्य में दलित के लिए कुछ भी अपना नहीं है। इसीलिए एन. आर. सागर को यह अपनी कविता में कहना पड़ता है, ''मेरा जन्म हुआ भारत की पावन भूमि पर/लेकिन माटी की गन्ध मुझे अनजानी लगती है।''[7]

दलित स्त्रियों की कोई इज़्ज़त नहीं है, उनकी अस्मिता तार-तार की जाती है। देश के विभिन्न भागों में दलित स्त्रियों के साथ आये दिन होनेवाले बलात्कार/सामूहिक बलात्कार इसका ज्वलन्त प्रमाण हैं। गाँवों में दलितों के लिए कहीं किसी प्रकार का शकून नहीं है। या तो गाँव गिद्ध की तरह उसके कन्धे पर बैठा रहता है, जो कभी भी प्रहार कर उसे लहूलुहान बना सकता है। कवि सुखबीर सिंह के शब्दों में, ''एक गाँव है/ जो मेरे कन्धों पर बैठा है/पूरा पेड़ एक खूँटा है चोंचदार/जो गड़ जाता है/या फिर गाड़ दिया जाता है बलात्/इन्सानी जिस्म के ठीक बीच सुरंग में।''[8]

अस्पृश्यता और जातिगत भेदभाव के कारण अलगाव और अनजानेपन के दंश के साथ-साथ सामाजिक-आर्थिक शोषण और शारीरिक-मानसिक उत्पीड़न की मार ने

दलितों की निरन्तर और इतनी कमर तोड़ी है कि वे मनुष्य होने का अहसास तक नहीं कर पाते हैं। आजीविका से लेकर अपनी प्रत्येक ज़रूरत के लिए उसे दूसरों पर निर्भर रहना पड़ता है। ओमप्रकाश वाल्मीकि की कविता 'ठाकुर का कुआँ' में दलित की इस त्रासदी का चित्रण मिलता है, यथा–

''चूल्हा मिट्टी का/ मिट्टी तालाब की/ तालाब ठाकुर का/
भूख रोटी की/ रोटी बाजरे की/ बाजरा खेत का/ खेत ठाकुर का/
बैल ठाकुर के/ हल ठाकुर का/ हल की मूठ पर हथेली अपनी/
फ़सल ठाकुर की/ कुआँ ठाकुर का/ खेत-खलिहान ठाकुर के/
गली-मुहल्ले ठाकुर के/फिर अपना क्या?/गाँव/देश?''[9]

इसी तरह का प्रश्न सूरजपाल चौहान ने अपनी 'मेरा गाँव' नामक कविता में उठाया है–''मेरा गाँव, कैसा गाँव? ना कहीं ठौर ना कहीं ठाँव।''[10]

जाति के कारण ही समाज में दलितों को निम्न श्रेणी का मनुष्य माना जाता है। जाति-समाज में सामाजिक सम्मान की दृष्टि से उच्चजातीय व्यक्ति सदैव कम्फ़र्ट ज़ोन में और दलित अनकम्फ़र्ट ज़ोन में रहता है। ग़ैर-दलितों के बीच दलित को निरन्तर उपेक्षा और अपमान की आशंका बनी रहती है। वह इस आशंका से मुक्त नहीं हो पाता। जाति के कारण वह समाज में अनजान, अपरिचित और पराये की तरह जीता है। कवि एन. आर. सागर ने अपनी एक कविता में दलित जीवन के इस दर्द को इस प्रकार अभिव्यक्त किया है–

''गिनती में हम नहीं हैं तो वोट की खातिर
वरना तो जी रहे हैं सर्वनाम की तरह।''[11]

सौम्यता और आक्रोश दलित कविता में साथ-साथ चले हैं। मध्यकाल में रैदास की वाणी में सौम्यता थी तो कबीर की वाणी सामाजिक विसंगतियों के प्रति आक्रोश से युक्त थी हीरा डोम ईश्वर से विनम्र स्वर में अपनी पीड़ा और दुःख का बयान करके सवाल करते हैं तो उनके समकालीन स्वामी अछूतानन्द हिन्दू धर्म की विषमतामूलक प्रवृत्तियों और धर्मग्रन्थों की प्रखर आलोचना करते हैं। वर्तमान समय में माता प्रसाद, लक्ष्मीनारायण 'सुधाकर' आदि दलित कवि सौम्यता से अपनी बात कहते हैं तो एन. आर. सागर, ओमप्रकाश वाल्मीकि, मोहनदास नैमिशराय, मलखान सिंह और जयप्रकाश लीलवान आदि कवियों की कविता आक्रोशपूर्ण स्वर में सवाल करने के साथ-साथ ललकारती और चुनौती देती है। यह दलित चिन्तन की परिपक्वता का द्योतक है।

ग़ैर-दलित साहित्य में प्रकृति, प्रेम और युद्ध ये मूल विषय रहे हैं और प्रत्येक महाकाव्य या बड़ी कविता घूम-फिरकर रामायण, महाभारत के किसी-न-किसी क़िस्से-कहानी, वैदिक-पौराणिक आख्यान, विश्वास या किंवदन्तियों पर आधारित है। और उनके माध्यम से किसी-न-किसी रूप में वैदिक (या हिन्दू) धर्म और उसके मूल्यों

की स्थापना अथवा उनका गुणगान किया गया है। मनु-स्मृति वर्ण-व्यवस्था को पुख्ता आधार देनेवाला सर्वाधिक महत्त्वपूर्ण ग्रन्थ है। इसलिए वर्ण-व्यवस्था के ठोस प्रतिकार के लिए मनु-स्मृति का विरोध आवश्यक है। मनु-स्मृति दलितों को आग की तरह जलाती है। स्वामी अछूतानन्द ने कविता के माध्यम से मनु-स्मृति की तीखी आलोचना की है, यथा—

"निशिदिन मनुस्मृति ये हमको जला रही है।
ऊपर न उठने देती, नीचे गिरा रही है।।
ब्राह्मण व क्षत्रियों को सबका बनाया अफ़सर।
हमको 'पुराने उतरन' पहनो बता रही है।।
दौलत कभी न जोड़ें, गर हो तो छीन लें वह।
फिर नीच कह हमारा दिल भी दुखा रही है।।"[12]

सवर्ण कवियों द्वारा रचित हिन्दी काव्य राम के गुणगान से भरा पड़ा है। राम मर्यादा पुरुषोत्तम हैं। राम की नीति और कार्यों को आदर्श मानकर ही रामराज्य की कल्पना की गयी है। बहुत-से नेता, महात्मा और समाज-सुधारक राम के आदर्शों की दुहाई देते हुए रामराज्य की कल्पना करते हैं। राम के चिन्तन में मनुष्य या मनुष्यता का क्या स्थान है इसे शम्बूक-हत्या की घटना से सहज समझा जा सकता है। राम जब भी हुए हों, उस काल में वर्ण-व्यवस्था चरम पर थी और राजा राम उसके समर्थक और पोषक के रूप में ही हमारे सामने आते हैं। शूद्र ऋषि शम्बूक द्वारा तपस्या किये जाने को उनका धर्म (वर्ण-व्यवस्था)—विरुद्ध आचरण या कार्य मानकर ही राम द्वारा शम्बूक की हत्या की जाती है। दलित कविता में शम्बूक दलित चेतना के एक महानायक हैं। दलित कवि शम्बूक की हत्या को मात्र एक शूद्र ऋषि की हत्या नहीं अपितु दलित-चेतना की हत्या के रूप में देखता है। शम्बूक पर कई दलित कवियों ने कविताएँ लिखी हैं। कँवल भारती की 'शम्बूक' शीर्षक कविता में शम्बूक-हत्या को दलित-चेतना से जोड़कर इस प्रकार अभिव्यक्त किया गया हैः "शम्बूक...तुम्हारी हत्या/दलित-चेतना की हत्या थी/स्वतन्त्रता, समानता और न्याय-बोध की हत्या थी/किन्तु, शम्बूक/तुम आज भी सच हो/आज भी दे रहे हो शहादत/सामाजिक परिवर्तन के यज्ञ में।"[13]

वस्तुतः आज राम, कृष्ण ब्राह्मणवाद या हिन्दू संस्कृति के नायक हैं, जिसे सांस्कृतिक राष्ट्रवाद कहा जाता है। राम और कृष्ण का ज़िक्र होते ही दलित कवि को शम्बूक और एकलव्य याद आते हैं और हिन्दू संस्कृति का वह स्वर्णिम अतीत उसे गाली जैसा लगने लगता है। इसलिए दलित कवि हिन्दू संस्कृति के उस तथाकथित गौरवपूर्ण इतिहास और परम्परा को न केवल नकारता और धिक्कारता है अपितु उस पर थूकता है। बुद्धशरण हंस की एक कविता में दलित चेतना की इस खदबदाहट को बहुत

स्पष्टता से सुना और महसूस किया जा सकता है, और यह खदबदाहट राम को आदर्श माननेवाले हिन्दूवादियों के प्रति घृणा की हद तक है, यथाः

"जब तुम राम का नाम लेते हो/मुझे शम्बूक का/कटा सिर दिखने लगता है।

जब तुम हनुमान का नाम लेते हो/मुझे गुलामी का दर्द सताने लगता है तुम्हें अपने घृणित अतीत पर गर्व है/मैं तुम्हारे अतीत पर थूकता हूँ।"[14]

"रामराज्य में दूध मिला था, कृष्णराज्य में मिला था घी" यह एक जन-गीत की पंक्ति है, जो सत्तर के दशक में उत्तर भारत में राजनीतिक और सामाजिक मंचों से गाया जाता था। इस गीत के माध्यम से समाज में यह सन्देश दिया जाता था कि देश की सामाजिक-आर्थिक व्यवस्था ठीक नहीं है। जनता का जीवन, अभाव, कष्ट और संघर्षों से भरा है जबकि रामराज्य में जनता सुख और शान्ति के साथ जीती थी। जब-जब भी देश की सामाजिक आर्थिक स्थिति में सुधार की बात की जाती है हिन्दू नेताओं द्वारा रामराज्य की स्थापना की बात कही जाती है। इसके अलावा वे स्वयं के होने पर गर्व करते हैं अपितु दलितों का भी आह्वान करते हैं कि वे भी स्वयं को हिन्दू मानें तथा हिन्दू होने पर गर्व करें। जिस राम द्वारा अपने हाथों से शूद्र ऋषि शम्बूक की गर्दन काटी गयी हो, उस रामराज्य में दलितों के लिए क्या स्थान होगा यह एक बड़ा सवाल है। दलित कविता पूरी शिद्दत के साथ ऐसे प्रश्नों को उठाती है और इनके जवाब चाहती है। रामराज्य सवर्ण हिन्दुओं के लिए कल्याणकारी या स्वर्णिम हो सकता है दलितों के लिए यह एक मानवीय समानता और स्वतन्त्रता विरोधी, दमनकारी और कला युग है। इसकी एक बानगी जयप्रकाश कर्दम की कविता 'मेरे अधिकार कहाँ हैं?' शीर्षक कविता में देखी जा सकती है, यथा :

"तुम कहते हममें भेद नहीं/ तुम कहते हम सब भाई हैं
फिर क्यों ऊँचे तुम मैं नीचा/ क्यों जाति-वर्ण की खाई है।
तुम कहते हम सब हिन्दू हैं/ हिन्दू होने पर गर्व करो
हिन्दुत्व राज्य की नगरी में/ किन्तु मेरा घर-द्वार कहाँ है।
तुम चाहो रामराज्य आये/ तुम श्रेष्ठ, शूद्र मैं बना रहूँ
तुमको सारे अधिकार रहें/ मैं वर्जनाओं से लदा रहूँ।
सदियों से शम्बूकों की/ गर्दन कटने की परम्परा
इस देश-धरा से उठ जाये/ इस आशय का स्वीकार कहाँ है।"[15]

रामायण के राम की तरह महाभारत के द्रोणाचार्य भी दलितों के लिए खलनायक हैं जो छल-कपट से दलित धनुर्धर एकलव्य का अँगूठा काटने का अपराधी है। द्रोणाचार्य के इस अपराध के प्रति दलित कविता में ज़बरदस्त आक्रोश है। यह आक्रोश केवल द्रोणाचार्य के छल-कपटवाद का प्रतिकार मात्र नहीं करता अपितु इससे आगे बढ़कर

आह्वान करता है कि–"एकलव्य द्रोणाचार्य के ख़िलाफ़ मोर्चा खोलेगा।"[16] अन्याय के प्रति आक्रोश से कसमसाती दलित कविता ढोंगी, कपटी द्रोणाचार्य की ज़ुबान काटने तक के लिए तैयार है। अ. ला. ऊके की कविता 'काश, मैं एकलव्य होता' में इस आक्रोश की सशक्त अभिव्यक्ति हुई है। "मैं एकलव्य होता/तो गुरु दक्षिणा में/अँगूठा माँगनेवाले/गुरु की ज़ुबान काट लेता।"[17]

दलित कविता में द्रोणाचार्य और उसकी परम्परा के विरुद्ध दलित के लिए देश और आज़ादी का वही अर्थ नहीं है जो देश के अन्य नागरिकों के लिए है। जीवन में क़दम-क़दम पर जातिगत अपमान का ज़हर पीने को बाध्य होनेवाले दलित समाज के लिए देश का यदि कोई अर्थ है तो वह समानता पर आधारित जातिविहीन समाज है। जयप्रकाश लीलवान की कविता 'दमन की दैनिकी' में इसकी अभिव्यक्ति मिलती है, यथा : "हमारे लिये/देश का अर्थ/भाईचारे की कस्में निभाते हुए/जातियों के जंगल जला दिये जाने की मंज़िल पर/चाव-भरे क़दमों के साथ/चलने का सफ़र होता है।"[18]

स्वतन्त्रता वस्तुतः विचार से अधिक एक अनुभव है, जो उसे ही होता या हो सकता है जो स्वतन्त्र हो। देश और समाज की स्वतन्त्रता का भी अलग अर्थ और महत्त्व है। देश की स्वतन्त्रता का तात्पर्य है कि वह किसी विदेशी शक्ति की अधीनता में नहीं है। समाज की स्वतन्त्रता का अर्थ है कि समाज के सब लोग परस्पर समानता, स्वतन्त्रता और सद्भाव के साथ तथा सभी मानवीय अधिकारों का समान रूप से उपभोग करते हुए जीते हैं। स्वतन्त्र देश का नागरिक होते हुए भी दलित समानता और अनेक मानव-अधिकारों से वंचित हैं। उनको स्वतन्त्रता का अनुभव आज तक नहीं हुआ है। मराठी दलित कवि नामदेव ढसाल ने अपनी एक कविता में "स्वतन्त्रता किस गदही का नाम है/रामराज्य के कौन से घर में हम रहते हैं/उद्गम, विकास, ऊँचे संस्कार, संस्कृति कौन-सा मूलभूत अर्थ स्वतन्त्र का।"[19] कहकर स्वतन्त्रता के प्रति अनभिज्ञता व्यक्त करते हुए दलितों की स्वतन्त्रता को लेकर एक बड़ा सवाल उठाया था। स्वतन्त्रता हिन्दी दलित कवियों के लिए भी एक स्वप्न है या फिर, "आज़ादी पूँजीपतियों की ख़ूबसूरत रखैल है।"[20] दलित कवि आज भी यह अनुभव करता है :

"तुम कहते आज़ादी आयी/हमको न अभी तक पता चला।
आज़ाद हुआ बस लाल क़िला।"[21]

भारतीय संविधान में देश के समस्त नागरिकों को समान मौलिक अधिकार प्रदान किये गये हैं, किन्तु दलितों को उनके अधिकार अभी तक नहीं मिले हैं। इसीलिए दलित कवि पूछता है–'उत्पीड़न की ज़ंजीरों में/यूँ कसा-फँसा सदियों से मैं। न मुर्दा हूँ न ही जी सकता/मेरे मौलिक अधिकार कहाँ हैं?"[22]

अभी तक दलितों को छोटे-मोटे अधिकार या सुविधाएँ देकर उनकी संघर्ष-चेतना को शान्त करने की काशिशें होती रही हैं। किन्तु डॉ. अम्बेडकर के लम्बे संघर्ष और

प्रयासों से शिक्षित हुए दलितों में पैदा हुई अधिकार-चेतना अधिकारों के नाम पर झुनझुना थामने को तैयार नहीं है। गीता के निष्काम कर्मयोग को दलित अपने विरुद्ध एक षड्यन्त्र के रूप में देखता है। वह इस प्रकार का दर्शन विकसित करनेवाली व्यवस्था की क़ब्र खोदने के लिए तैयार है। यथाः "मेरे हाथ की कुदाल/धरती पर गड्ढे खोदने से पहले/क़ब्र खोदेगी/उस व्यवस्था की/जिसके संविधान में लिखा है/तेरा अधिकार सिर्फ़ कर्म में है/श्रम में है/फल पर तेरा अधिकार नहीं/"[23] दलित किसी भी रूप में अपने अधिकार छोड़ने के लिए तैयार नहीं है। अपने अधिकारों के लिए वह संघर्ष करने के लिए कमर कसे हुए है। अधिकार भी समग्रता में चाहिए, अनन्त की सम्भावनाओं के साथ। यथा : "छत का खुला आसमान नहीं/आसमान की खुली छत चाहिए/मुझे अनन्त आसमान चाहिए।"[24]

दलित कविता का मूल स्वर या चेतना मनुष्यता है। भारतीय (सवर्ण हिन्दू) समाज में मनुष्यता का सर्वथा अभाव है। यदि भारतीय समाज में मनुष्यता होती तो समाज न वर्ण और जातियों में विभक्त होता, न छोटे-बड़े, ऊँच-नीच का भेद होता और न अस्पृश्यता होती। जाति-प्रथा वर्ण-व्यवस्था की और अस्पृश्यता जाति-व्यवस्था की सन्तान है। यह सब ही ब्राह्मणवाद या मनुवाद है। जब तक मनुवाद अर्थात् वर्ण-जाति-व्यवस्था रहेगी तब तक अस्पृश्यता भी बनी रहेगी। तात्पर्य यह है कि मनुवाद के रहते मनुष्यता नहीं पनप सकती। कवि लक्ष्मीनारायण 'सुधाकर' ने इस तथ्य को कविता में अभिव्यक्त किया है, यथा :

"पूँजीवाद मिटा दो, समता तभी विश्व में होगी
मनुवाद मिटा दो दुनिया से तो मानवता पनपेगी।"[25]

मानवता पनपेगी तो दमन, शोषण, अत्याचार, अन्याय, उत्पीड़न ख़त्म होगा, वर्ण-जाति-व्यवस्था निष्प्रभावी होगी तथा अस्पृश्यता समाप्त होगी। समानता और लोकतन्त्र की स्थापना होगी। इसलिए दलित कविता को ईश्वर, धर्म, धर्माचार्य किसी की चाह नहीं है। क्योंकि ईश्वर, आत्मा आदि का कोई अस्तित्व नहीं है। ईश्वर, आत्मा आदि का अस्तित्व मनुवाद/ब्राह्मणवाद का प्रपंच है। यथा :

"आत्मा जिसे नहीं तुम जान सके हो, उसकी चर्चाएँ फ़ज़ूल हैं
झूठ इसी को तो कहते हैं, यह ही पंचों की बड़ी भूल है।"[26]

वेद ब्राह्मणवाद के प्रपंच का पुलिन्दा है। उनमें जो कुछ भी है वह ब्राह्मणों द्वारा ब्राह्मणों के लिए है। दलितों के हित, सम्मान या अधिकारों का वेदों में कोई संरक्षण नहीं है। यही कारण है कि सवर्ण कवि जहाँ वेदों को ज्ञान का स्रोत मानते हुए दुहाई देते हैं, वहीं दलित कवि को वेदों में अपने लिये कुछ दिखायी नहीं देता। इसलिए वेदों में जो नहीं है दलित कवि वह लिखता है। कवि स्वर्ण सिंह के शब्दों में, "मैं लिखना नहीं जानता, अलंकार के भेद/मैं वही लिखता हूँ जिसे लिख नहीं पाये वेद।"[27]

दलित कविता का स्पष्ट मत है कि, "हमें आदमी चाहिए/और आदमीयत चाहिए।"[28] मनुष्यता समाज में शान्ति, सद्भाव और सह-अस्तित्व का आधार है। मनुष्यता होगी तो दलितों के जीवन का अन्धकार मिटेगा, उनके अन्दर आत्म-विश्वास पैदा होगा। उनके जीवन में सवेरा होगा। दलित कविता को इस अन्धकार के मिटने और सुबह होने का पूरा भरोसा है। इसीलिए दलित कवि कहता है, "हम सुबह के वास्ते आये हैं/हम सुबह ज़रूर लेके आयेंगे।"[29] और सबसे बड़ी बात यह है कि अन्धकार से सवेरे की ओर जाने के लिए वह किसी से याचना नहीं करता और न किसी के भरोसे पर रहता है, अपितु वह 'अप्प दीपो भव' की चेतना, प्रेरणा और ऊर्जा से भरा है। दलित कविता की इस चेतना और आशावाद ने हिन्दी कविता को एक नयी दृष्टि दी है।

सन्दर्भ-सूची

1. सुनो ब्राह्मण : मलखान सिंह : पृष्ठ-20.
2. अब हमें ही चलना है : जयप्रकाश लीलवान : पृष्ठ-55.
3. सम्पादक–डॉ. शुकदेव सिंह : रैदास बानी : पृष्ठ-151.
4. बीसवीं सदी की हिन्दी दलित कविता : डॉ. रमेशचन्द्र चतुर्वेदी, प्राक्कथन ।
5. सुनो ब्राह्मण : मलखान सिंह : पृष्ठ-11.
6. सम्पादक–डॉ. एन. सिंह : दर्द के दस्तावेज़ : पृष्ठ-42.
7. आज़ाद हैं हम : एन. आर. सागर : पृष्ठ-16.
8. सम्पादक–डॉ. एन. सिंह : दर्द के दस्तावेज़ : पृष्ठ-33.
9. सदियों का सन्ताप : ओमप्रकाश वाल्मीकि : पृष्ठ-3.
10. क्यों विश्वास करूँ : सूरजपाल चौहान : पृष्ठ-22.
11. आज़ाद हैं हम : एन. आर. सागर : पृष्ठ-15.
12. स्वामी अछूतानन्द 'हरिहर' और हिन्दी नवजागरण, कँवल भारती : पृष्ठ-225.
13. तब तुम्हारी निष्ठा क्या होती : कँवल भारती : पृष्ठ-49.
14. सम्पादक–डॉ. तेजसिंह : आज का समय : पृष्ठ-45.
15. गूँगा नहीं था मैं : जयप्रकाश कर्दम : पृष्ठ-46-47.
16. शोषितनामा : मनोज सोनकर : पृष्ठ-80.
17. पत्थर उठाते हाथ : अला. ऊके : पृष्ठ-53.
18. नये क्षितिजों की ओर : जय प्रकाश लीलवान : पृष्ठ-72.
19. (हिन्दी अनुवाद डॉ. विमल थोराट : मराठी दलित कविता और साठोत्तरी हिन्दी कविता में सामाजिक और राजनीतिक चेतना : पृष्ठ-15) नामदेव ढसाल, गोलपीठा : पृष्ठ-62.

20. शोषितनामा : मनोज सोनकर : पृष्ठ-44.
21. उत्पीड़न की यात्रा : लक्ष्मीनारायण 'सुधाकर' : पृष्ठ-23.
22. गूँगा नहीं था मैं : जयप्रकाश कर्दम : पृष्ठ-47.
23. दर्द के दस्तावेज़ : डॉ. एन. सिंह : पृष्ठ-129.
24. स्वातिबूँद और खारे मोती : डॉ. सुशीला टाकभौरे : पृष्ठ-1.
25. उत्पीड़न की यात्रा : लक्ष्मीनारायण 'सुधाकर' : पृष्ठ-61.
26. अम्बेडकर : अग्नि किरण : रसिक बिहारी मंजुल : पृष्ठ-76.
27. हिन्दी दलित कविता : डॉ. रजतरानी 'मीनू' : पृष्ठ-94.
28. शोषितनामा : मनोज सोनकर : पृष्ठ-95.
29. नयी फ़सल : प्रो. श्यौराज सिंह 'बेचैन' पृष्ठ-3.

दलित साहित्यकार के समक्ष उत्पन्न चुनौतियाँ एवं सांगठनिक सुझाव

डॉ. सुशीला टाकभौरे

दलित साहित्य बहुत तेज़ी के साथ, शक्तिशाली रूप में उभरकर सामने आया है। भारतीय हिन्दी साहित्य के इतिहास में यह युगान्तरकारी घटना है। यद्यपि भारत की विषमतावादी समाज रचना में इसे बहुत पहले उभरना था। कहा जाता है कि सन्तों द्वारा भक्तिकाल से दलित साहित्य लिखा जा रहा है। जनवादी लेखक प्रेमचन्द को, उनकी दलित सम्बन्धी कुछ रचनाओं के कारण दलित लेखक मानने की भी चर्चा है—लेकिन दलित साहित्य की परिभाषा के अनुसार, प्रगतिशील चेतना और परिवर्तन के लिए क्रान्तिकारी सन्देश के अभाव में वह सब अधूरा ही लगता है।

सन्तों द्वारा एकता और ईश्वर के समक्ष समानता का सन्देश देते रहने के बाद भी, भारतीय समाज में वर्णव्यवस्था से जन्मी, ऊँच-नीच के भेदभाव पर आधारित जाति-व्यवस्था आज भी मौज़ूद है। हम इक्कीसवीं सदी में जी रहे हैं, फिर भी हमारे देश में प्रत्येक प्रान्त के, हर गाँव में सवर्ण और अछूत वर्ग में बँटे समाज के बीच भेदभाव का व्यवहार हर जगह मिलता है। "यह भेदभाव कब मिटेगा?—और कैसे मिटेगा?" आज का जागृत दलित समाज इस पर विचार करने लगा है। सदियों से किये गये अन्याय और अत्याचार के विरुद्ध 'दलित साहित्य' के रूप में वह अपनी आवाज़ उठा रहा है। दलित समाज के मसीहा डॉ. बाबासाहेब अम्बेडकर ने दलित समाज के लिए अपना पूरा जीवन न्योछावर कर दिया—उनके त्याग, तपस्या, लगन, परिश्रम और प्रयत्नों से दलित समाज में चेतना जागृत हुई। इसी दलित चेतना के फलस्वरूप विषमतावादी जातिवादी समाज रचना को परिवर्तित करने के लिए दलित साहित्य की रचना की जा रही है।

दलित साहित्य दलित समाज की स्थिति को प्रतिबिम्बित करता है, भविष्य में परिवर्तनवादी, समाज रचना के लिए अधिकारों की प्राप्ति का सन्देश और प्रेरणा देता

है। इस दृष्टि से दलित समाज के महत्त्व को समझते हुए उसके सृजन प्रचार-प्रसार की आवश्यकता को समझा जा रहा है। दलित साहित्य अपने कर्त्तव्य और उत्तरदायित्व को पूरा करते हुए विकास की ओर बढ़ रहा है। धर्म और कर्म के नाम पर सदियों से पंगु और ग़ुलाम बनाये गये दलित समाज को जागृत व चैतन्य करना ही दलित साहित्य का लक्ष्य है। जागृत समाज ही स्वतः प्रेरणा से आगे बढ़ सकता है। वह अपने विचार, तर्क, ज्ञान, चिन्तन और विवेचना से अपने समाज को कौन-सी दिशा दे रहा है—इसका बहुत महत्त्व है। इस हेतु समय-समय पर, अलग-अलग शहरों और गाँवों में, विभिन्न स्थानों पर 'दलित साहित्य-दिशा और दशा'—जैसे विषयों पर चर्चा और विचारों का आदान-प्रदान किया जाता है। इन कार्यक्रमों, सम्मेलनों, सेमिनारों और गोष्ठियों का उद्देश्य यह रहता है कि दलित साहित्यकार सही दिशा में, स्थिति और आवश्यकता को समझते हुए, दलित साहित्य का सृजन करें। साथ ही, वे अपने अनुभवों, परेशानियों, कठिनाइयों और समस्याओं को, एक-दूसरे को बताते रहें तथा उनके समाधान के लिए उचित दिशा व मार्ग खोजते रहें।

दलित साहित्यकार के जितने कर्त्तव्य, उत्तरदायित्त्व हैं, उतनी ही उसके समक्ष चुनौतियाँ भी हैं। अपने इतिहास और वर्तमान में अस्मिता की पहचान के साथ वह दलित साहित्य गढ़ रहा है—लेकिन क्या वह 'अपनी दिशा' कार्य और लक्ष्य प्राप्ति में पूरी तरह सफलता प्राप्त कर रहा है?—यह विवेचन का विषय है। सदियों से हिन्दू धर्म की परम्पराओं का शिकार दलित समाज की रूढ़िवादी मानसिकता को तोड़ना दलित साहित्यकार के समक्ष एक चुनौती है। दलित समाज का वह वर्ग जो आज भी हिन्दू धर्म से जुड़ा हुआ है वह अपनी दलित स्थिति से अनभिज्ञ है। वह दलित साहित्य से प्रेरणा व जागृति का सन्देश नहीं ले पाता है। दलित साहित्यकार उसको प्रभावित कर उसकी मानसिकता कैसे बदले? यह भी एक चुनौती है कि उनके मन में धर्म और पौराणिक कथाओं के सम्बन्ध में, तर्कपूर्ण विश्लेषणवादी मान्यताओं पर विश्वास जगायें। इस क्षेत्र में विशेष रूप से चेतनाहीन वाल्मीकि समाज के लिए अधिक कार्य करने की आवश्यकता है।

बाबासाहेब अम्बेडकर के विचारों से दलित समाज में जागृति आयी है, फिर भी नयी आस्था, नये विश्वास, नये धर्म और नये रीति-रिवाज़ों को मानते हुए, वह पुनः परम्परावादी बनने लगा है। इस विषय में दलित साहित्यकार को अधिक सचेत होकर दलित समाज को सदैव चैतन्य रहने का सन्देश देना है। शिक्षा, संगठन और संघर्ष का नारा मिलने के बाद भी दलित समाज पूर्णतः इस मार्ग पर नहीं चल रहा है। अशिक्षा के कारण दलित समाज को दलित साहित्य का पूरा लाभ नहीं मिल पाता है।

आपसी भेदभाव भी दलित समाज की एक समस्या है। दलित समाज में उन्नीस-बीस के फ़र्क़ पर अनेक जातियाँ हैं, जो कि स्वयं को दूसरे से बड़ा मानते हुए, आपसी भेदभाव

रखती हैं। दलित समाज को इस जातिवादी दलदल से बाहर निकालना होगा, तभी वह एकता के साथ एक आवाज़ में, एक नारे से सवर्ण-शूद्र के जातिवादी भेद को मिटा सकेगा। माँग, महार, मेहतर, चमार जैसी जातियों के नाम को मिटाकर सम्पूर्ण दलित समाज एक नाम, एक उद्देश्य के साथ मिलकर आगे बढ़ेगा तभी वह पूर्ण सफलता पा सकेगा।

महिलाओं में जागृति की कमी समाज की ज्वलन्त समस्या है। उन्हें समता, स्वतन्त्रता और सम्मान सही अर्थों और समान अनुपात में मिले—इस क्षेत्र में भी दलित साहित्यकार को ज़िम्मेदारी के साथ उत्तरदायित्व निभाना है।

किसी भी व्यक्ति या समाज की आर्थिक स्थिति उसकी रीढ़ की हड्डी के रूप में महत्त्व रखती है, शिक्षा की कमी, अच्छी नौकरियों की कमी, व्यावसायिक शिक्षा और अनुभवों की कमी के कारण आर्थिक दृष्टि से दलित समाज हमेशा पिछड़ा रहा है। समाज को प्रेरणा, प्रोत्साहन और जानकारी देना दलित साहित्यकार का कर्त्तव्य है। इस दृष्टि से दलित साहित्यकार स्वयं कितनी जानकारी रखता है और समाज को किस तरह लाभान्वित कर सकता है—यह भी उसके सामने एक चुनौती है। आर्थिक स्थिति लेखन-प्रकाशन को भी प्रभावित करती है। दलित साहित्य, ग़रीब दलित समाज तक पहुँच सके—इस हेतु कम क़ीमत में दलित साहित्य उपलब्ध होना चाहिए।

कठिन भाषा, लम्बे व्याख्यान और बड़ी-बड़ी उपदेशात्मक बातों के स्थान पर, जन-साधारण की भाषा में, समाज को, अपने अनुभवों से वह क्या और कैसे दे सकता है—यह भी एक कठिन स्थिति है। हुनरबाज़ कारीगर की तरह उसे अपने लक्ष्य की प्राप्ति करना है। बड़े-बड़े ग्रन्थों की अपेक्षा लघु पुस्तकों, पत्र और पत्रिकाओं के माध्यम से विचार और जानकारी समाज को मिलते रहें—यह व्यवस्था जागरूकता के साथ होना चाहिए। साप्ताहिक, पाक्षिक, मासिक और त्रैमासिक पत्र-पत्रिकाओं के माध्यम से, शृंखलाबद्ध तरीक़े से पाठक समाज से वह लगातार अपना सम्बन्ध बनाये रखे—तभी वह अपना प्रभाव समाज पर छोड़ सकेगा और समाज में अपने विचारों से चेतना व जाग्रति ला सकेगा।

दलित साहित्य जन-सुलभ हो, घर पहुँच सेवा के रूप में घर-घर पहुँचता रहे—तभी इसका लाभ अधिक मिल सकेगा। महिलाओं और बच्चों को केन्द्रित कर लिखा गया साहित्य उनमें पढ़ने और समझने की रुचि जागृत करेगा। इस तरह महिलाएँ भी दलित साहित्य से लाभान्वित हो सकेंगी और बच्चे भी बचपन से ही अपनी स्थिति और कर्त्तव्यों को समझते हुए, अपने समाज के जागृत, होनहार, समाज-सुधारक युवक-युवती बन सकेंगे।

साहित्यकार लेखन कार्य के साथ ही, समाज से जुड़कर प्रत्यक्ष रूप में सामाजिक कार्यकर्त्ता का काम करेंगे, तभी उन्हें अपने लक्ष्य प्राप्ति में पूरी सफलता मिल सकेगी।

समाज साहित्यकारों का सम्मान करता है, वह उनका साहित्य पढ़ता है। जब वही साहित्यकार समाज के बीच अपनी बात कहता है, तब उसका असर लाभ के रूप में अधिक होता है। साहित्यकार समाज से जुड़कर कितना काम करता है और अपना समय समाज को कितना दे पाता है, यह उसके लिए महत्त्वपूर्ण है। सामाजिक कार्यकर्त्ता के रूप में वह समाज को बहुत क़रीब से देखता है। समाज की मानसिकता, बदलते विचार और ज़रूरतों को वह अच्छी तरह समझ सकता है। इसी आधार पर वह अपने लेखन और कार्यों को सही दिशा दे सकता है। समाज से अलग रहकर लिखनेवाले साहित्यकारों का लेखन दूर की वस्तु प्रतीत होता है। अतः उसे समाज से जुड़कर ही अपने लक्ष्य की प्राप्ति करना चाहिए।

दलित साहित्यकार की अपनी अनेक कठिनाइयाँ और समस्याएँ हैं। दलित साहित्यकार अपने समाज का प्रतिनिधित्व करता है। इस रूप में उसे विस्तृत स्तर पर विचार करना चाहिए। दलित साहित्यकार सांगठनिक स्तर पर चुनौतियों का सामना करते हुए समाधान पा सकता है। वर्ग और जाति पर आधारित हिन्दू समाज व्यवस्था में दलित समाज को उसी समय से चुनौतियाँ मिलनी शुरू हो गयी थीं, जब उसने पहली बार अपनी अस्मिता को पहचानकर अन्याय के विरुद्ध आवाज़ उठायी थी। ये सारी चुनौतियाँ आज भी क़ायम हैं। इन्हें हम भीतरी-बाह्य दो रूपों में देख सकते हैं। आन्तरिक चुनौतियाँ प्रिण्ट मीडिया, संचार माध्यम, वितरण या प्रसार प्रकाशन दलित पाठक आदि के क्षेत्र में मौजूद हैं। इसके साथ ही प्रस्थापित सामन्ती साहित्य, हिन्दू समाज व्यवस्था, सवर्ण मनुवादी साहित्यकार व समीक्षक, पत्र-पत्रिकाएँ, प्रस्थापित साहित्यिक संस्थाएँ, शासकीय संस्थान और उनकी नीतियाँ—ये बहिर्गत चुनौतियाँ हैं। दोनों ही क्षेत्रों में दलित साहित्यकार को इन चुनौतियों का सामना करना है।

दलित साहित्य मनोरंजन का साहित्य नहीं है बल्कि यह एक आन्दोलन है, जो ग़ुलामगिरी से छुटकारा पाने का माध्यम है। दलित साहित्य के उद्‌देश्यों की प्राप्ति दलित साहित्यकारों के लिए एक चुनौती है। अतः दलित साहित्यकार लगातार आम आदमी की ज़िन्दगी से सम्पर्क रखे, यह ज़रूरी है। सफ़ेदशपोश या 'ह्वाइट कॉलर' बनने से उसे बचना होगा। अपनी जाति के प्रति हीन भावना से मुक्त होकर वह जाति की प्रगति और विकास के लिए यशाशक्ति प्रयत्न करे। आम आदमी के जीवन की छोटी-छोटी घटनाओं के माध्यम से, वह समाज को उसकी स्थिति का भान कराये। पैनी नज़र के साथ, पैनी क़लम से, समाज को जाग्रत करे। अध्ययन, चिन्तन, मनन दलित साहित्यकार को वर्तमान और भविष्य की सही दिशा बता सकेगा। क्या लिखा जा चुका है और क्या लिखना चाहिए—साहित्य की सभी विधाओं में, नियोजित रूप में वह निर्णय कर सकेगा।

प्रसार माध्यमों के क्षेत्र में अनेक चुनौतियाँ हैं–प्रस्थापित पत्र-पत्रिकाएँ, समाचार संस्थाएँ–इन सभी क्षेत्रों में दलित साहित्य को संघर्ष करना है। ये सभी प्रसार माध्यम सवर्ण समाज के हाथों में हैं। दलितों से सम्बन्धित समाचारों, रपटों को या तो छापा नहीं जाता है अथवा उन्हें विकृत रूप में छापते हैं, जिसमें दलित समाज को अपराधी-वृत्ति का बताया जाता है। ये समाचार और रिपोर्ट सत्य के विपरीत भी पेश किये जाते हैं।

विभिन्न प्रान्तों में–अनेक भाषाओं में अनेक पत्र-पत्रिकाएँ निकल रही हैं। इन पत्र-पत्रिकाओं का परस्पर नियोजित संवाद क़ायम करना है–तभी दलित साहित्य अन्दोलन अखिल भारतीय स्तर पर पूरी तरह से काम कर पायेगा।

संचार माध्यमों को भी दलितों के हित में सुचारु रूप से सुसंगठित करना होगा। यह संगठन क्षेत्रीय स्तर पर और भाषा सम्बन्धी स्तर पर संगठित किया जा सकता है। जैसे एक भाषा या एक प्रदेश की भाषा की पत्रिका, किसी दूसरे प्रान्त की दूसरी भाषा की पत्र-पत्रिकाओं का संगठन बनाकर परस्पर संवाद क़ायम किया जा सकता है। इसे अखिल भारतीय स्तर पर बड़ा रूप देकर पत्रिकाओं का आदान-प्रदान निःशुल्क किया जाना चाहिए।

अपने शहर-गाँव में शासकीय - ग़ैर शासकीय स्तर पर ग्रन्थालय होते हैं। स्कूल, कॉलेज में ग्रन्थालय होते हैं। इन ग्रन्थालयों में दलित साहित्य अनिवार्य रूप से ख़रीदे जाने के लिए शासन एवं स्वायत्तसेवी संस्थाओं को प्रयत्न करना चाहिए। इस दिशा में हमें स्वयं भी प्रयत्न करना चाहिए। सरकार को यह विश्वास दिलाने की ज़रूरत है कि–दलित साहित्य राष्ट्रीय उद्देश्य से परिपूर्ण एक ऐसा आन्दोलन है, जो दलित–वंचितों को राष्ट्र की मुख्य धारा से जोड़ने का प्रयत्न करता है। इसलिए आकाशवाणी, दूरदर्शन एवं इलेक्ट्रॉनिक मीडिया के परिप्रेक्ष्य में दलित साहित्य के प्रति एक राष्ट्रीय नीति बनाने की आवश्यकता है। कम-से-कम तीस प्रतिशत कार्यक्रमों का प्रसारण दलित समाज और दलित साहित्य को केन्द्रित करके करना चाहिए।

दलितों पर होनेवाले अत्याचार निरन्तर बढ़ रहे हैं। दलितों के पास प्रचार-प्रसार माध्यम का अभाव है, एकता का अभाव है–इन्हीं कारणों से दलित समाज की छवि को ग़लत रूप में प्रस्तुत किया जाता है। इस चुनौती का सामना करने के लिए हमारी ख़ुद की समाचार एजेन्सी होना ज़रूरी है। इस दिशा में संगठनात्मक रूप से विशिष्ट व सार्थक क़दम उठाये जाने चाहिए। दलित आम आदमी भी चुनौती का एक विशिष्ट मुद्दा है। दलित आम आदमी की भाषा में, उनकी शैली और मुहावरों में दलित साहित्य लिखा जाय, तभी दलित आम आदमी उसे कुछ समझ सकेगा।

प्रत्येक गाँव और शहर में दलित साहित्य अध्ययन मण्डल बनाये जायँ। इसी प्रकार बड़ी-बड़ी दलित बस्तियों में समस्याओं की जड़ तक पहुँचकर, ऐसी अभ्यास इकाइयाँ निर्माण की जायँ, जहाँ दलित साहित्य भरपूर मात्रा में उपलब्ध हो। इस प्रकार रुचि

निर्माण के साथ दलित पाठक वर्ग भी बढ़ेगा। पाठक वर्ग का प्रोत्साहन साहित्यकार को आगे बढ़ाता है।

पुस्तकों पत्र-पत्रिकाओं की क़ीमत कम कैसे की जाय—इस सम्बन्ध में यह सुझाव दिया जा सकता है कि सरकार दलित साहित्य के प्रकाशन के लिए काग़ज़ में छूट या सहूलियत दे। साथ ही सरकार स्वयं पचास प्रतिशत साहित्य ख़रीदकर वितरित करे। इसके साथ ही स्वयंसेवी सामाजिक संस्थाएँ भी दलित साहित्य ख़रीदने में सहायक हो सकती हैं। हर गाँव और शहर में दलित साहित्य एजेन्सियाँ बनें, दलित साहित्य संस्थाएँ भी इस काम में अपना सहयोग दे सकती हैं। छोटे-छोटे क्लब और ग्रन्थालय होने चाहिए जहाँ दलित साहित्य उपलब्ध हों।

एक लघु शोधकार्य योजना बनाकर 'दलित पाठक वर्ग एवं दलित साहित्य की प्रसार की समस्या' पर कार्य किया जा सकता है। इस प्रकार दलित साहित्यकार और पाठक के बीच साक्षात्कार, भेंटवार्त्ता जैसे कार्यक्रम रखे जायँ। यह साहित्यकार और पाठक-मिलन कार्यक्रम आम दलित बस्तियों में भी आयोजित किये जायँ—सभी असुविधाओं के बाद भी, लेखक-पाठक मिलन के ये कार्यक्रम अधिक प्रभावकारी सिद्ध होंगे।

कुछ प्रकाशक अपनी अधिक शर्तें साहित्यकारों पर लादते हैं और इस प्रकार साहित्यकारों का शोषण किया जाता है। वित्त सम्बन्धी अभाव में अनेक कवि, लेखक और उनका महत्त्वपूर्ण साहित्य समाज के समक्ष आने से वंचित रह जाता है—यह दलित साहित्यकारों के समक्ष एक चुनौती है कि साहित्यकारों पर होनेवाले इस अन्याय का सामना कैसे किया जाय। सहकारिता के आधार पर साहित्यकार एकत्रित होकर परस्पर एक समझ क़ायम करें और प्रकाशन की चुनौतियों का सामना करें।

बहिर्गत चुनौतियों के अन्तर्गत प्रस्थापित हिन्दी साहित्य में दलित साहित्य को समर्थन व सम्मान अभी कम है। हिन्दी दलित साहित्य के अनेक मूर्द्धन्य समीक्षक, दलित साहित्य को लेकर, इसके विरोध में आलोचना करनेवाले हर जगह मिलते हैं। दलित साहित्यकार के समक्ष यह बहुत बड़ी चुनौती है कि वह दलित साहित्य को स्थापित-प्रस्थापित साहित्य के समकक्ष कैसे ला सकेंगे। कभी इस प्रकार की चुनौतियाँ मराठी दलित साहित्य के सामने भी थीं, किन्तु मराठी दलित साहित्य की श्रेष्ठता ने सभी चुनौतियाँ का सामना कर, अपने महत्त्व की स्थापना की है। अब मराठी दलित साहित्य को, साहित्य का एक भाग मान लिया गया है। इसी प्रकार—हिन्दी दलित साहित्य को भी महत्त्व और सम्मान मिलना चाहिए—यह दलित साहित्यकारों के समक्ष चुनौती है।

प्रस्थापित साहित्य संस्थाएँ कहीं-कहीं दलित साहित्यकारों व दलित संस्थाओं से जुड़ रही हैं। इसी प्रकार कुछ हिन्दी पत्रिकाएँ दलित साहित्य को केन्द्रित कर दलित विशेषांक निकाल रही हैं—आगे इन प्रयासों में और भी वृद्धि होगी। अनेक राज्यों में

शासकीय नियन्त्रण में साहित्यक सांस्कृतिक समितियाँ हैं, दलित साहित्य समिति भी होनी चाहिए। साथ ही, यह भी देखा जाता है कि शासकीय नियन्त्रण में चलनेवाली साहित्य समितियाँ राजनीति से अधिक प्रभावित हो जाती हैं। ऐसी स्थिति में समितियाँ मुक्त रूप से कार्य नहीं कर पाती हैं। शासकीय अनुदान प्राप्त करनेवाली अनेक संस्थाएँ भी अपने मूल उद्देश्य से हट जाती हैं, उनमें 'दुकानदारी' की प्रवृत्ति दिखायी देने लगती है। अतः एक ओर जहाँ शासन मुक्त रूप से इन दलित साहित्य संस्थाओं को वित्तीय सहायता करे, वहीं इन्हें लोकतान्त्रिक ढंग से मुक्त रूप में काम करने दे। साहित्यकार इस दिशा में संगठित होकर, सरकार को विश्वास में लेकर, बात करें।

हर राज्य में स्वतन्त्र रूप से दलित साहित्य संस्थाओं के साहित्य के प्रचार-प्रसार के लिए वित्तीय संसाधन जुटाने के लिए शासन को आगे आना चाहिए। दलित साहित्य के लिए पुरस्कार योजना और प्रकाशन योजना बनाना चाहिए।

करोड़ों लोगों की स्थिति को समझने, उनके प्रति कर्त्तव्यबोध विकसित करने एवं उन्हें राष्ट्रीय धारा में आत्मसात् करने के लिए भी एक वृहत्तर उद्देश्य से प्रेरित होकर विलम्ब से ही सही, दलित साहित्य शिक्षा संस्था के पाठ्यक्रमों में आ रहा है। देश के सभी विश्वविद्यालयों के पाठ्यक्रमों में दलित साहित्य का अभ्यास हो, इस दिशा में संगठित होकर लगातार प्रयास किये जाना चाहिए।

प्रत्येक क्षेत्र में राष्ट्रीय स्तर पर, दलित साहित्य के सन्दर्भ में नीति-निर्धारण व कृति कार्यक्रम बनाने की आवश्यकता है। दलित साहित्य संस्थाएँ संगठित होकर आगे आयें-आगे भी कार्यशालाएँ लेकर एक सुनिश्चित कार्यक्रम तैयार करें। इस तरह दलित साहित्यकार अपने समक्ष चुनौतियों का सामना कर सकेगा और उनका समाधान भी प्रस्तुत किया जा सकेगा।

अम्बेडकरवादी साहित्य क्या, क्यों और कैसे

ईश कुमार गंगानिया

दलित साहित्य को परम्परागत साहित्य से अलग साहित्य के रूप में स्थापित करने या मान्यता-प्राप्ति के लिए लम्बे समय से चली आ रही बहस अब लगभग समाप्त हो गयी है लेकिन आज एक अलग बहस शुरू हो गयी है। इस बहस का मुख्य मुद्दा है, इस साहित्य के साथ 'दलित' के स्थान पर 'अम्बेडकरवादी' शब्द का प्रयोग किया जाना चाहिए यानी इस साहित्य को अम्बेडकरवादी साहित्य कहा जाना चाहिए। अब प्रश्न उठता है—क्या इस नये पद 'अम्बेडकरवादी साहित्य' की अवधारणा व सैद्धान्तिकी 'दलित साहित्य' की अवधारणा व सैद्धान्तिक से अलग है?

इस अन्तर को समझने के लिए पहले 'दलित' शब्द को समझना होगा। दलित शब्द एक विशेषण है। आज यह 'दलित' शब्द भारत के मूल निवासियों के हज़ारों वर्षों से निरन्तर चले आ रहे सामाजिक, आर्थिक व भावनात्मक शोषण-उत्पीड़न का परिचायक बन गया है। इस हक़ीक़त से इन्कार नहीं किया जा सकता कि जीवन के हर स्तर पर हो रहे शोषण-उत्पीड़न के चलते ही इस देश के मूल निवासियों को सैकड़ों अपमानजनक जातियों के साथ-साथ अस्पृश्य, अछूत, अन्त्यज, चाण्डाल जैसी विभिन्न संज्ञाओं से गुज़रना पड़ा है। इसलिए 'दलित' शब्द अस्मिता के सन्दर्भ में इस देश के मूल निवासियों के लिए अपमान का द्योतक है, सम्मान का नहीं।

आजकल 'दलित' शब्द को विशेषण की बजाय संज्ञा के रूप में प्रयोग किया जाता है। इसके चलते दलित समाज से जुड़े अधिकांश साहित्यकार 'दलित' शब्द को अपनी अस्मिता के रूप में अंगीकार ही नहीं करते बल्कि इसे महिमामण्डित करने की मुहिम जैसी चलाये हुए हैं। परिणामस्वरूप डॉ. धर्मवीर जैसे बड़े विद्वान् इसी तर्ज़ पर दलित धर्म की वकालत करते आ रहे हैं। कांचा इलैया इससे आगे बढ़कर दलित संस्कृति की बात करने लगे हैं, समाज के दलितीकरण की बात करने लगे हैं। यानी इनकी दुनिया 'दलित' तक सिमटकर रह गयी है। यह स्थिति गम्भीर चिन्ता को आमन्त्रित करती है क्योंकि इसने इस देश के मूल निवासियों को उनकी 'मूल अस्मिता की तलाश' यानी

अपनी गौरवमय अस्मिता की तलाश के सारे दरवाज़े बन्द कर दिये हैं। इसलिए 'दलित' शब्द के प्रयोग को विशेषण तक सीमित रखा जाना चाहिए। इसे संज्ञा के रूप में अंगीकार करना व अपनी अस्मिता के रूप में प्रचारित, प्रसारित व महिमामण्डित करना विवेकहीनता का परिचायक हो सकता है, बौद्धिकता का नहीं।

मैं इस देश के मूल निवासियों द्वारा लिखे जा रहे साहित्य को 'दलित साहित्य' के रूप में स्वीकार करने की अपेक्षा 'अम्बेडकरवादी साहित्य' के रूप में स्वीकार करता हूँ। इसे अम्बेडकरवादी साहित्य कहने से मेरा आशय उस साहित्य से है जो अम्बेडकरवादी चिन्तन-पद्धति पर आधारित है। इस साहित्य के केन्द्र में मुख्य रूप से वही शोषित-उत्पीड़ित यानी मूल निवासी समाज है, जिसे आज 'दलित' के रूप में जाना जाता है। तथाकथित दलित समाज को केन्द्र में रखने के साथ-साथ यह साहित्य इन्सानी मूल्यों का सबसे बड़ा हिमायती है और जाति की सीमाओं के पार भी इसका पर्याप्त दख़ल है। मैं इस साहित्य को तथाकथित दलित साहित्यकारों की संकीर्ण परिधि, जिसका प्रमुख लक्ष्य सामान्यतः वर्णवादी समाज को चुनौती देने या उनके दोष गिनाने तक सीमित रखने का पक्षधर नहीं हूँ। मैं इस साहित्य को जाति, वर्ण, धर्म और क्षेत्र की दीवारों से बाहर भी व्यक्ति व समाज के हितों के रक्षक के रूप में देखता हूँ। साहित्य की यह व्यापकता ही सच्चे व व्यावहारिक अर्थों में 'अम्बेडकरवादी साहित्य' को मुख्यधारा के साहित्य कहलाने का वारिस बनाती है।

जहाँ तक दलित साहित्य के प्रेरणास्रोत व अम्बेडकरवादी साहित्य के प्रेरणास्रोत का प्रश्न है, दोनों के प्रेरणास्रोत डॉ. अम्बेडकर ही हैं। इस सम्बन्ध में सन्त परम्परा से लकर ज्योतिबा फुले, डॉ. अम्बेडकर, स्वामी अछूतानन्द, बाबू मंगूराम, पेरियार जैसे महानायकों की एक बड़ी जमात का उल्लेख किया जा सकता है लेकिन इस हक़ीक़त से इन्कार नहीं किया जा सकता कि डॉ. अम्बेडकर ने जिस व्यवस्थित रूप व व्यापक अर्थों में हमारे सामने एक अद्भुत दर्शन प्रस्तुत किया है, उसका कोई दूसरा उदाहरण नहीं है, मैं तो यहाँ तक कहना चाहूँगा कि डॉ. अम्बेडकर की बदौलत ही हम अपने अन्य महानायकों का ठीक से मूल्यांकन कर पा रहे हैं और आगे भी करते रहेंगे। इसका श्रेय डॉ. अम्बेडकर को देने के लिए भी इस साहित्य को अम्बेडकरवादी साहित्य के रूप में अंगीकार किया जाना चाहिए, ऐसा मेरा निजी आग्रह है।

अम्बेडकरवादी साहित्य को व्यापक रूप में समझने के लिए यह जानना भी अनिवार्य महसूस हो रहा है कि भारतीय सन्दर्भ में साहित्य क्या है? उसका उद्देश्य और स्वरूप क्या है? इस साहित्य और भारतीय समाज के आपसी सम्बन्ध कैसे हैं? साहित्य को इस रूप में इसलिए समझना ज़रूरी है क्योंकि परम्परागत समाज और इसके साहित्य के ग़ैर-बराबरी, ग़ैर-ज़िम्मेदारी व तानाशाही रवैये की प्रतिक्रियास्वरूप ही अम्बेडकरवादी साहित्य अस्तित्व में आया है। साहित्य-जगत् में पहले से प्रचलित साहित्य को

मुख्यधारा का साहित्य कहा जाता है लेकिन मैं इस साहित्य को मुख्यधारा के साहित्य की अपेक्षा परम्परागत साहित्य के रूप में देखने का पक्षधर हूँ। इसका सीधा-सा कारण है कि यह साहित्य समाज के मुट्ठी-भर परम्परावादी लोगों का प्रतिनिधित्व करता है, समाज के बहुजन का नहीं।

अलग से उपजे 'प्रगतिशील साहित्य' की छाया में यह साहित्य कितना प्रगतिशील बन पड़ा है और यह समाज का कितना प्रतिनिधित्व करता है, यह अलग विचारणीय विषय हो सकता है। साहित्य के व्यापक स्वरूप को समझने के लिए पहले साहित्य से जुड़ी परिभाषाओं को देखा जा सकता है। रामविलास शर्मा के अनुसार साहित्य—"यह जनता की वाणी है, उसके जातीय चरित्र का दर्पण है। प्रगति पथ पर बढ़ने के लिए उसका मनोबल है। उसकी सौन्दर्य की चाह पूरी करनेवाला साधन है।"[1] रूसी लेखकों के अनुसार, "वे तमाम बौद्धिक गतिविधियाँ जो लेखनी द्वारा व्यक्त होती हैं, अपने समूचे विस्तार के साथ राष्ट्रीय साहित्य में समाविष्ट होती हैं।"[2] फ्रान्स के लोग साहित्य को अनेक सुन्दर या नफ़ासतों का संग्रह मानते हैं। समाज का दर्पण समझते हैं। बिस्सारियन गेरगोरियेविच बेलिंस्की इस साहित्य और समाज के सम्बन्ध को इस प्रकार व्यक्त करते हैं—"उनका साहित्य सदा समाज का प्रतिबिम्बि, उसका आईना रहा है। हमेशा उसके साथ क़दम-से-क़दम मिलाकर चला है, जाति के बहुल समूह से बेख़बर कारण कि उनका यह समाज उनकी यह सोसाइटी उनकी जातीय आत्मा और उनके जातीय जीवन की सर्वोच्च अभिव्यक्ति है। फ्रान्सीसी लोगों के लिए समाज एक शाला है, जिसमें वे भाषा सीखते हैं, मतों को ग्रहण करते हैं और उन्हें अपनी कृतियों में चित्रित करते हैं। अन्य जातियों में यह स्थिति सर्वथा भिन्न है।"[3] जर्मनी के सन्दर्भ में देखें तो वहाँ स्थिति अलग नज़र आती है—"जर्मनी की प्रतिभा ग़रीब लोगों के दड़बों, छात्रों के दयनीय वासों और चरवाहों की टूटी-फूटी झोंपड़ियों को अधिक पसन्द करती है। वहाँ का हर आदमी पढ़ता-लिखता है। वहाँ जनता की संख्या लाखों-लाख और लेखकों की हज़ारों-हज़ार। एक शब्द में यहाँ का साहित्य समाज का नहीं वरन् जनता का दर्पण है। इसी प्रकार भिन्न-भिन्न कारणों से अन्य जातियों का साहित्य भी समाज का नहीं वरन् जातीय आत्मा का दर्पण है।"[4]

साहित्य को समझने के लिए 'समाज' के सम्बन्ध में व्यक्त कुछ परिभाषाओं को भी देखा जा सकता है क्योंकि साहित्य और समाज का चोली-दामन का साथ होता है। 'समाज' के सन्दर्भ में द न्यू इण्टरनेशनल वेबस्टर्स कॉम्प्रिहेन्सिव डिक्शनरी देखें तो उनके अनुसार—"समाज सामुदायिक जीवन की एक व्यवस्था है जिसमें लोग साधारणतः किसी भू-भाग विशेष में आपसी हितों और सुरक्षा की दृष्टि से अनवरत व नियमित संगठन की स्थापना करते हैं।" इसे तिलकराज शर्मा के शब्दों में देखें तो यह, "मानव

प्राणियों की सामूहिक, सशक्त एवं गतिशीलता की प्रक्रिया के सामूहिक परिणामों का नाम समाज है।"

साहित्य व समाज की उपर्युक्त परिभाषाओं के विश्लेषण के आधार पर हम इस निष्कर्ष पर पहुँचते हैं कि साहित्य को जनता की वाणी, उसके जातीय चरित्र का दर्पण, सौन्दर्य व कला से परिपूर्ण, प्रगति-पथ पर मनोबल बढ़ानेवाला, जिसका समुचित विस्तार राष्ट्रीय साहित्य में समाविष्ट होना चाहिए और इसके सृजन में लोकहित की दृष्टि से जीवन की विविधताओं के निरूपण से अधिक-से-अधिक लोगों की भागीदारी होनी चाहिए लेकिन भारतीय समाज धर्म, वर्ण, जाति व वर्गों में बुरी तरह विभाजित ही नहीं बल्कि इनके संरक्षण में कट्टरता की सभी सीमाएँ लाँघ रहा है। भारतीय समाज गतिहीन व व्यावहारिक दृष्टि से अलोकतान्त्रिक समाज है, जिसमें व्यक्ति के साथ किये जानेवाला व्यवहार उसकी जाति, धर्म, वर्ण व वर्ग के आधार पर किया जाता है। यही नहीं निर्वाचन की लोकतान्त्रिक प्रक्रिया के दौरान उम्मीदवारों का चयन, प्रचार व निर्वाचन भी पूरे अलोकतान्त्रिक तरीक़े से जाति धर्म व वर्ग की कट्टरता के आधार पर पूरा किया जाता है। व्यक्ति के जीवन से जुड़े अन्य सामाजिक, आर्थिक व सांस्कृतिक क्षेत्रों में भी भारतीय समाज की दबंग जातियाँ संविधान व न्यायपालिका तक की धज्जियाँ उड़ाने में कोई कोरकसर नहीं छोड़तीं। इसलिए कहा जा सकता है कि सामुदायिक हित, सामुदायिक सुरक्षा, सामुदायिक प्रगति व राष्ट्रीय हित जैसी महत्त्वपूर्ण अवधारणाएँ इतनी अपाहिज हो गयी हैं कि वे किताब के पन्नों व लोगों के दिमाग़ों से समाज तक की दूरी तय करने में असमर्थ हो गयी हैं।

समाज को ऐसी अराजक स्थिति में पहुँचानेवाले व लोकतान्त्रिक मूल्यों की हत्या करनेवाले मुट्ठी-भर लोगों का प्रभाव साहित्य पर न पड़े, ऐसा कैसे हो सकता था। निस्सन्देह, इसका व्यापक प्रभाव साहित्य पर पड़ा है। इस प्रभाव को राजेन्द्र यादव के शब्दों में इस प्रकार देखा जा सकता है, "पहले एक ख़ास क़िस्म का, शास्त्रीय क़िस्म का साहित्य था, जो आज भी विश्वविद्यालयों में होता है, वह अतीत की तरफ़ देखता था जिसका समाज सुनिश्चित था, वह स्थिर व गतिहीन साहित्य था, वह अपने ही बनाये पाठों से बाहर नहीं देखता था।"[5] यहाँ 'पहले' शब्द का इस्तेमाल इसलिए किया गया है कि पहले इस साहित्य में नारी-विमर्श व दलित-शोषित यानी अम्बेडकरवादी विमर्श का हस्तक्षेप नहीं था। विश्वविद्यालयों में आज भी परम्परागत साहित्य पढ़ाया जाना इस बात का साफ़ संकेत देता है ये दोनों विमर्श अभी तक विश्वविद्यालयों के पाठ्यक्रम में पर्याप्त हिस्सेदारी नहीं कर पाये हैं। विश्वविद्यालयों में पढ़ाया जानेवाला साहित्य समाज का दर्पण नहीं, मुट्ठी-भर लोगों के हितों का पोषक है, दर्पण है।

इस टिप्पणी से एक बात और भी साफ़ हो जाती है कि इस मौजूदा साहित्य पर आज भी एक वर्चस्ववादी समाज का क़ब्ज़ा है। वह अतीत की तरफ़ देखता है यानी

वर्ण, जाति, लिंग व धर्म के सम्बन्ध में रूढ़िवादी शोषणकारी, उत्पीड़नकारी व वर्चस्ववादी स्थिति को आज भी बनाये रखने को वाजिद हैं। इसमें गतिशीलता व प्रगतिशीलता के लिए अवसरों का अभाव है। इस साहित्य में धर्म, जाति, वर्ण व लिंग आदि के आधार पर पौराणिक ग्रन्थों, मान्यताओं, परम्पराओं का महिमामण्डन व स्थापन है। इसमें चारण संस्कृति का महिमामण्डन है। यानी इस साहित्य में समाज के बहुजन व स्त्री के जीवन के यथार्थ, अन्तर्विरोधों, द्वन्द्वों व अस्मिता का नकार है। इन्हें जहाँ कहीं भी चित्रित किया गया है, व्यक्ति के रूप में नहीं, वस्तु के रूप में किया गया है यानी इनके जीवन को इकतरफ़ा, अपने हितों के अनुकूल चित्रित किया गया है। शिक्षा के अधिकार से वंचित दलित-शोषित समाज अब शिक्षित हो रहा है इसलिए जीवन के यथार्थ को वह अपनी अनुभूतियों व अपनी दृष्टि के आधार पर लिख रहा है। डॉ. अम्बेडकर द्वारा पैदा जाग्रति के परिणामस्वरूप मराठी में दलित साहित्य की शुरुआत काफ़ी पहले हुई लेकिन पिछले तीन दशक में अम्बेडकरवादी साहित्य हिन्दी प्रदेश में अपनी उपस्थिति ज़ोरदार तरीक़े से दर्ज करा चुका है।

ग़ौरतलब है कि पिछले तीन दशक से ही दलित (अम्बेडकरवादी) साहित्य को लेकर अनेक प्रश्न उछाले जा रहे हैं। मसलन 'दलित' कौन, दलित साहित्य कौन लिख सकता है, इसकी भाषा व सौन्दर्यशास्त्र क्या है? इसके अलग अस्तित्व के मायने क्या हैं? ऐसे अनेक प्रश्न हैं जिनकी परिभाषा व व्याख्या करने में दलित समाज से जुड़े साहित्यकारों की काफ़ी ऊर्जा का अपव्यय हो रहा है। विभिन्न परिभाषाओं और व्याख्याओं के चलते समाज ही नहीं साहित्यकारों में भी अनेक प्रकार की भ्रान्तियाँ पैदा होती रही हैं। इस बड़ी समस्या के निदान के लिए अम्बेडकरवादी साहित्य के मुखपत्र-अपेक्षा (त्रैमासिक), सम्पादक डॉ. तेजसिंह (इस दौरान में उप-सम्पादक के रूप में इस पत्रिका से जुड़ा था) ने 'दलित साहित्य' के नाम को 'अम्बेडकरवादी साहित्य' के रूप में अंगीकार कर इसका प्रचार-प्रसार प्रारम्भ कर दिया है ताकि अम्बेडकरवादियों की ऊर्जा का अपव्यय बन्द हो और साहित्य को एक निश्चित दिशा मिल सके।

जैसा कि नाम से स्पष्ट है, अम्बेडकरवादी साहित्य का मूलाधार है—डॉ. अम्बेडकर की विचारधारा जो यथार्थवादी है, समाजवादी है जिसे फुले, पेरियार, बुद्ध व सन्त कबीर जैसे दर्शन ने समृद्ध करके अम्बेडकरवाद के रूप में इसका विस्तार किया है। डॉ. अम्बेडकर समाज की उन्नति के लिए व्यक्ति और उसकी विचारधारा के महत्त्व पर प्रकाश डालते हुए कहते हैं—"कोई भी सुधार तब शुरू होता है, जब कोई व्यक्ति अपने समुदाय के मानकों, समुदाय की सत्ता और समुदाय के हित से ऊपर और उससे अलग विचारों, अपनी धारणाओं और स्वयं की स्वतन्त्रता और हित पर अधिक बल देता है। लेकिन यह सुधार आगे लगातार सम्पन्न होगा या नहीं, यह इस पर निर्भर करता है कि उस व्यक्ति का समुदाय उसके दृढ़ विचारों को किसी सीमा तक समर्थन देता

है।"[6] इसे एंगिल्स की व्यक्ति के टाप होने की परिभाषा के साथ जोड़कर देखें तो इसका भी स्पष्ट रूप से दुहरा इतिहास है। एक-सामाजिक इतिहास यानी उस समाज का इतिहास जिसमें व्यक्ति रहता है और दूसरा-व्यक्ति का निजी इतिहास यानी व्यक्ति के निजी अनुभव, विश्लेषण व निष्कर्ष।

स्पष्ट है कि अम्बेडकरवादी विचारधारा इन दोनों-सामाजिक व व्यक्तिगत इतिहास के वैज्ञानिक चिन्तन के आधार पर विकसित हुई है। इन दोनों आधारों पर निर्मित विचारधारा को इस प्रकार समझा जा सकता है—अम्बेडकरवादी साहित्य विचारधारा-सापेक्ष है और इस विचारधारा का अन्तिम लक्ष्य ऐसे यथार्थवादी लोकतान्त्रिक समाज का निर्माण करना है जिसमें समता, स्वतन्त्रता और बन्धुत्व के आधार पर सभी को अपनी प्रगति व ख़ुशहाली के लिए पर्याप्त अवसर उपलब्ध हों लेकिन मौजूदा विकास की प्रारम्भिक अवस्था में इस साहित्य की अवधारणा के विषय में इसके समाज-निरपेक्ष होने का भ्रम पैदा हो सकता है क्योंकि यह समाज की संरचनात्मकता, इसमें स्थापित मूल्यों, परम्पराओं व मान्यताओं को नकारता है। यह नकार ही इसकी केन्द्रीय विषयवस्तु समझा जा सकता है। इस गतिशील व भविष्योन्मुखी प्रवृत्ति को असामाजिकता, अलोकतान्त्रिकता व अलगाववाद के चश्मे से देखना तर्कसंगत नहीं होगा। इसलिए इसे सकारात्मकता व निष्पक्षता के चश्में से देखा जाना चाहिए।

वास्तव में अम्बेडकरवादी साहित्य उस दौर से गुज़र रहा है जिस दौर से वैज्ञानिक जगदीश चन्द्र बसु गुज़रे थे जब उन्होंने कहा था, "पेड़-पौधे साँस लेते हैं, वे महसूस करते हैं और टेलीफ़ोन का रिसीवर भी लम्बे व निरन्तर प्रयोग के उपरान्त थकान महसूस करता है। और कुछ समय के विश्राम के उपरान्त वह पुनः पहले की तरह काम करने लगता है। तब साधारणजन ने ही नहीं विज्ञान जगत् के लोगों ने भी उनका उपहास किया था। उन्हें पागल समझा था लेकिन जब बसु ने क्रेस्कोग्राफ मशीन की मदद से अपनी सत्यता को प्रमाणित कर दिया तब सभी ने उसे स्वीकार कर लिया। आज अम्बेडकरवादी साहित्य विमर्श द्वारा परम्परागत समाज व साहित्य के विकृत ताने-बाने की निर्ममता से काट-छाँट को परम्परावादी साहित्यकार जगदीश चन्द्र बसु जैस विरोध की तर्ज़ पर अम्बेडकरवादी साहित्य को अलगाववादी व समाज विरोधी गतिविधि के रूप में देखते हैं। लेकिन इतना तय है कि कालान्तर में अम्बेडकरवादी अपने साहित्य की विचार-सापेक्षता को समाज-सापेक्षता में निस्सन्देह रूपान्तरित कर देंगे। फिर अनोखे परिवर्तन की इस लम्बीं प्रक्रिया में अपनी सत्यता प्रमाणित करने की आवश्यकता ही नहीं रह जायगी। क्योंकि विचारधारा समाज-सापेक्ष और समाज विचारधारा-सापेक्ष हो जायगा।"

इस सम्बन्ध में एक प्रकार से मैनेजर पाण्डेय अम्बेडकरवादी साहित्य की स्वतन्त्रता को स्वीकारते हुए कहते हैं—"मुझे अब लगता है कि आनेवाले समय में भारतीय समाज

का प्रतिनिधित्व दलित (अम्बेडकरवादी) साहित्य करने लगे तो इसमें आश्चर्य की कोई बात नहीं होगी।"[7] कहने में संकोच नहीं कि भारत के भविष्य के साहित्य की अगवानी अम्बेडकरवादी साहित्य ही करेगा और समाज की टूट-फूट व उसके पुनर्निर्माण की ज़िम्मेदारी भी स्वाभाविक रूप से अम्बेडकरवादी साहित्य के कन्धों पर ही रहेगी। क्योंकि यही समाज को सही अर्थों में समझने व बदलने का वैज्ञानिक दर्शन उपलब्ध कराता है। एक ऐसे समय में उम्मीद करना कोई अतिशयोक्ति नहीं होगी जब समाज के यथार्थ और साहित्य की विभिन्न रूपों की अभिव्यक्ति में कोई अन्तर नहीं रह जायगा। परिणामस्वरूप, दोनों क़दम-से-क़दम मिलाकर विकास व प्रगति क मार्ग पर अग्रसर होते रहेंगे।

अम्बेडकरवादी साहित्य व्यक्ति को केन्द्रीयता प्रदान करने का पक्षधर है। इसको समझने के लिए पहले धर्म और व्यक्ति के आपसी सम्बन्धों की आदर्श स्थिति पर विचार करना ज़रूरी है। स्पष्ट है—"धर्म व्यक्ति के लिए है न कि व्यक्ति धर्म के लिए। लेकिन मौजूदा समाज में पुरोहित वर्ग व जातीय वर्चस्व के बीमार लोगों ने धर्म को किसी मन्दिर की मूर्ति की तरह केन्द्र में स्थापित कर दिया है और व्यक्ति मात्र बलि का बकरा बनकर रह गया है। यह स्थिति अमानवीय है, विनाशकारी भी है। ऐसी ही स्थिति परम्परागत साहित्य व समाज के आपसी सम्बन्धों के विषय में नज़र आती है। वहाँ समाज (सनातन परम्पराओं और रूढ़िवादी साहित्य के साथ) केन्द्र में है और उसके हितों की पूर्ति के लिए साहित्य का सृजन होता है। यहाँ व्यक्ति अपने सामाजिक, आर्थिक व सांस्कृतिक अभिव्यक्ति के अधिकार का दुरुपयोग करता है। इसके विपरीत अम्बेडकरवादी विमर्श व्यक्ति को केन्द्र में रखकर धर्म व समाज को व्यक्ति के कल्याण व सुरक्षा चक्र के रूप में उसके (व्यक्ति) चारों ओर परिक्रमा करनेवाले गतिशील आर्बिट मात्र समझता है। इनका लक्ष्य माँ के गर्भ में पल रहे शिशु की तरह व्यक्ति का भरण-पोषण व उसे सम्पूर्ण सुरक्षा प्रदान करना है।

यदि समाज (मुट्ठी-भर लोगों के वर्चस्व का पोषक) को केन्द्र में रखकर साहित्य सृजन होगा, जैसा आज भी हो रहा है तो तथाकथित बौद्धिक जगत् भी वर्णव्यवस्था यानी जाति प्रथा व इससे जुड़े सभी प्रकार के अन्धविश्वासों व रूढ़िवादियों व कर्मकाण्डों को समाज के लिए अनिवार्य बतायेगा। यह समाज में ऊँच-नीच, छोटे-बड़े की भावनाओं को ही प्रोत्साहित नहीं करता रहेगा बल्कि शोषण-उत्पीड़न से जुड़े तन्त्र को भी नीतिसंगत ठहराने की वकालत करेगा। अम्बेडकरवादी विमर्श ऐसे किसी भी भेदभावपूर्ण व शोषणमूलक प्रवृत्तियों के लिए कोई स्थान नहीं छोड़ता। उसके लिए व्यक्ति के हित सर्वोपरि हैं। परिणामस्वरूप, विभिन्न वर्गों, समुदायों व समाज के हित व प्रगति स्वतः सुनिश्चित होंगे। सामाजिक प्रगतिशीलता, विचारों की नवीनता व व्यक्ति सत्ता या व्यक्ति की केन्द्रीयता के पोषक अम्बेडकरवाद के साथ खड़े इण्डिविड्युअलिज़्म यानी

व्यक्तिवाद को भी समझना होगा। मिलर के अनुसार–"समाज की प्रगति नये विचारों और आविष्कारों से होती है और नये विचारों का उत्स समष्टि (सामूहिकता) में न होकर व्यक्ति में होता है।"[8] स्पष्ट है कि अम्बेडकरवादी विचारधारा नये विचारों व आविष्कारों की पोषक ही नहीं बल्कि व्यक्ति को उसके सर्वांगीण विकास के लिए समसामयिक परिस्थितियों के अनुकूलन के लिए पर्याप्त संशोधन की स्वतन्त्रता भी प्रदान करती है। यह स्वतन्त्रता निस्सन्देह व्यक्ति, साहित्य व समाज की गतिशीलता, प्रगतिशीलता व भविष्योन्मुखी हितों की पूर्ति में सहायक होगी, इस हक़ीक़त से इनकार नहीं किया जा सकता।

समाज के विकास और उसके परिवर्तन की दिशा निर्धारण के सम्बन्ध में मार्क्स ऐतिहासिक भौतिकवाद को आधार मानते हैं। वह समाज के इतिहास को आर्थिक सम्बन्धों पर आधारित वर्ग-संघर्ष की कथा मानते हैं। इसी का रिफ्लेक्शन मार्क्सवादी व प्रगतिशील साहित्य में दिखलायी पड़ता है लेकिन डॉ. अम्बेडकर मार्क्सवादियों के वर्ग-संघर्ष और समाज़वाद के आधार पर चुनौती देते हुए कहते हैं–"चाहे आप किसी भी दिशा में देखें, जाति का एक ऐसा दैत्य है, जो आपके मार्ग में खड़ा है। आप जब तक इस दैत्य को नहीं मारेंगे, आप न कोई राजनीतिक सुधार कर सकते हैं, न कोई आर्थिक।"[9] इसलिए अम्बेडकरवादी साहित्य-विमर्श मौजूदा समाज के क्रमिक विकास व आधार भौतिकवादी व अर्थवादी नहीं बल्कि वर्णवादी व जातिवादी मानता है। इस हक़ीक़त से भी इनकार नहीं किया जा सकता कि परम्परावादी समाज ने सदियों से वर्ण व जाति को शोषण-उत्पीड़न के हथियार के रूप में ही प्रयोग किया है। इसी वर्ण व जाति के हथियार से दलित शोषित समाज के आर्थिक, सामाजिक व बौद्धिक अधिकारों का ख़ून किया गया है।

वर्ण व जाति का सीधा सम्बन्ध रोज़ी-रोटी व आजीविका से भी है। दलितों की रोज़ी-रोटी को निम्नस्तर के कार्य (मरे पशुओं की खाल उतारना, पखाना उठाना आदि) का मोहताज बना दिया गया। परिणामस्वरूप, यह दलित समाज तो अस्पृश्य बन गये और इनके हिस्से से भौतिक संसाधनों पर क़ब्ज़ा करके व साथ में इनके ख़ून-पसीने की कमाई पर (दासप्रथा के कारण) डाका डालकर ये तथाकथित सवर्ण ब्राह्मण, क्षत्रिय, वैश्य यानी विद्वान्, शूरवीर व व्यापारी यानी वर्चस्ववादी बन गये। मार्क्स के समाज में शोषण का आधार पूँजीपति व कारखानें हैं लेकिन भारतीय समाज में शोषण-उत्पीड़न का आधार है जाति। जातिगत वर्जनाओं के कारण दलित समाज न शिक्षा ग्रहण कर सकता था, न स्वैच्छिक व्यवसाय को अपना सकता था क्योंकि जाति के आधार पर ही उनके व्यवसायों को तय किया जाता है और उनके प्रति व्यवहार के निर्धारण में भी जाति ही नकारात्मक केन्द्रीय भूमिका अदा करती थी।

जाति के आधार पर ही शोषक शक्तिशाली व निरंकुश बनता रहा है और जाति के आधार पर ही दलित समाज शोषण को स्वीकार करने के लिए बाध्य होता रहा है अर्थात्

जाति-विशेष के आधार पर कोई व्यक्ति सब-कुछ बन जाता था और जाति के आधार पर कोई व्यक्ति सारी वर्जनाओं से लदकर कुछ भी नहीं रह जाता था। भारतीय मार्क्सवादी भी इस जाति-आधारित सभी प्रकार के शोषण-उत्पीड़न में प्रत्यक्ष या परोक्ष किसी-न-किसी रूप से बराबर के भागीदार रहे हैं क्योंकि उन्होंने जाति-आधारित शोषण-उत्पीड़न के सम्बन्ध में 'जाति' की उपेक्षा की है। दूसरे, भारतीय मार्क्सवादी इतने नकलची रहे हैं कि उन्होंने मार्क्सवाद को भारतीय सन्दर्भ में ईमानदारीपूर्ण विश्लेषण की ज़रूरत ही नहीं समझी। इस सम्बन्ध में डॉ. अंम्बेडकर मार्क्सवादियों की वर्गों की अवधारणा पर प्रहार करते हुए टिप्पणी करते हैं—"समाज सर्वथा वर्गों से मिलकर बनता है, इसमें वर्ग-संघर्ष के सिद्धान्त पर बल देना अतिशयोक्ति हो सकती है, परन्तु यह सच है कि समाज में कुछ निश्चित वर्ग होते हैं। आधार भिन्न हो सकते हैं। वे वर्ग आर्थिक, आध्यात्मिक या सामाजिक हो सकते हैं।"[10]

इस टिप्पणी के द्वारा डॉ. अम्बेडकर साफ़-साफ़ कहना चाहते हैं कि वर्ग सिर्फ़ आर्थिक आधार पर ही नहीं होते, वर्ग अनेक आधार पर हो सकते हैं। उनके असली आधार को समझकर ही उनके चरित्र व मुखौटे के पीछे की हक़ीक़त को समझा जा सकता है। इस प्रकार अम्बेडकरवादी विमर्श बिलकुल आश्वस्त व स्पष्ट है कि भारत में शोषक वर्ग ब्राह्मणवादी है, जातिवादी है और इनके जातिगत शोषण-उत्पीड़न का शिकार रहा है—दलित समाज। इसी कारण अम्बेडकरवादी साहित्य आन्दोलन का आधार जाति उन्मूलन है, जातिगत व आर्थिक शोषण का निषेध है, अपनी अस्मिता की रक्षा है और समतामूलक समाज का निर्माण है। अर्थात् जो स्थिति मार्क्सवाद में सर्वहारा वर्ग की है कमोबेश वही स्थिति अम्बेडकरवाद में शोषित वर्ग के रूप में दलित समाज की है। यहाँ वर्ग शत्रु के रूप में सामन्तवाद का प्रतीक ब्राह्मणवाद है और पूँजीवाद भी उसी का पर्याय है। इसलिए कहा जा सकता है कि अम्बेडकरवादी आन्दोलन को सामन्तवाद व पूँजीवाद के साथ-साथ ब्राह्मणवाद से भी संघर्ष करना होगा। कहने में संकोच नहीं कि भूमण्डलीकरण लुभावना व आकर्षक मुखौटा लगाकर बाज़ारवाद के रूप में दलित-शोषित समाज के सामने के तीसरे बड़े शत्रु की तरह उपस्थित हो गया है। इसलिए अम्बेडकरवाद की लड़ाई अब दुहरी न रहकर तिहरी हो गयी है। ग़ौरतलब यह भी है कि इस संघर्ष का आधार समाज तोड़ना नहीं, समाज का पुनर्निर्माण करना है जिसमें राष्ट्रीयता अन्तरराष्ट्रीयता की भावना को प्राथमिकता के आधार पर स्वीकारा गया है।

अम्बेडकरवादी साहित्य आन्दोलन मानता है कि जब तक जाति, वर्ण की जन्मजात पहचान का सिलसिला समाप्त नहीं हो जाता तब तक न तो व्यक्ति को और न ही व्यक्तित्व को ही सम्मान मिलेगा। जातिविहीन व समतामूलक समाज का ही निर्माण दूर की कौड़ी बनकर रह जायेगा। लेकिन कुछ ग़ैर-दलित विद्वान् जातिविहीन व

समतामूलक समाज के निर्माण के लिए दो विकल्प सुझाते हैं। पहला-संस्कृतीकरण (अपवर्ड मोबिलिटी) और दूसरा अवजातीकरण यानी डाउनवर्ड मोबिलिटी। एम. एन. श्रीनिवास के अनुसार—"सांस्कृतीकरण ऐसी प्रक्रिया है जिसमें एक निम्न हिन्दू जाति (जनजाति अथवा दूसरे समूह) अपने रिवाज़ों, धार्मिक संस्कारों, विचारों और जीवन-पद्धति को उच्च और प्रायः द्विज जाति के अनुरूप बदल लेते हैं। ऐसा बदलाव जाति के पदानुक्रम में उच्चतर स्थिति पाने के लिए किया जाता है।"[11] अवजातीकरण की प्रक्रिया में व्यक्ति उच्च जाति से निम्न जाति की ओर गमन करता है।

अम्बेडकरवादी विमर्श दोनों ही प्रक्रियाओं को सिर्फ़ बौद्धिक कसरत के अतिरिक्त कुछ नहीं मानता क्योंकि दोनों का यथार्थ से कुछ लेना-देना नहीं है। संस्कृतीकरण यानी कि अपवर्ड मोबिलिटी का सीधा-सा अर्थ है सारे जातीय व धार्मिक पाखण्डों, अन्धविश्वासों और कर्मकाण्डों को स्वीकार कर अपनी प्रगति व ख़ुशहाली के रास्ते बन्द करना। दूसरा हिन्दूवादी समाजव्यवस्था एक अलोकतान्त्रिक, गतिहीन व मृतप्राय व्यवस्था है। जिस प्रकार मुस्लिम, ईसाई व बौद्ध धर्म-सम्प्रदायों के द्वार प्रत्येक व्यक्ति के लिए खुले हैं, ऐसा हिन्दू सम्प्रदाय के सम्बन्ध में नहीं कहा जा सकता। इसके विपरीत इस धर्म का हिस्सा रहा कोई भी व्यक्ति जब अन्य धर्म-सम्प्रदाय में जाता है तो उसकी जातियाँ उसके साथ जाती हैं। परिणामस्वरूप जातियों की छूत ऐसी समस्या है जो कभी भी व्यक्ति का पीछा नहीं छोड़ती। इसलिए अपवर्ड मोबिलिटी लोगों के विचारों में हो सकती है, लेखन में हो सकती है, व्यवहार में नहीं। जहाँ तक अवजातीकरण का सवाल है इसमें दलित समाज के पास करने को कुछ नहीं है। इस अवधारणा के तहत जो कुछ भी करना है, वह तथाकथित सवर्ण समाज को करना है। यह समाज जैसे पहले कहा जा चुका है, बीमार समाज है, इसलिए इससे किसी प्रकार की उम्मीद रखना मुँगेरी लाल के हसीन सपनों में रहने जैसा है। दलित समाज (भारतीय मूलनिवासी) को ऐसे किसी चमत्कार के इन्तजार में समय बरबाद करने की आवश्यकता नहीं है। इस प्रकार अपवर्ड मोबिलिटी व अवजातीकरण की दोनों अवधारणाएँ अम्बेडकरवादी अस्मिता विमर्श के विरुद्ध हैं।

आज दलित समाज से जुड़े डॉ. धर्मवीर जैसे साहित्यकारों की एक अलग प्रकार की जमात तैयार हो रही है। यह जमात इस देश के मूल निवासियों की गौरवमयी अस्मिता व जीवनशैली यानी आजीवक (चार्वाक/लोकायत का अनुगामीजन) को एक अलग धर्म के रूप में प्रचारित-प्रसारित करने में लगे हैं। दूसरी चिन्ता की बात है कि यह जमात अपनी-अपनी जातियों को मज़बूत करने की बात करती है। जातिवाद के पोषक ये लोग यह समझने के लिए तैयार नहीं हैं कि जिस समय आजीवक जीवनशैली अपने चरम पर थी, उस समय जातियों का कोई नामोनिशान नहीं था। दूसरे, जिन जातियों को ये मज़बूत करने की बात करते हैं ये जातियाँ समाज में बाद में आयीं। ये वर्ण और जातियाँ

बर्बर आर्यों द्वारा इस देश के मूल निवासियों पर थोपी गयी हैं। इसका सीधा-सा उद्देश्य इस समाज को वर्ण व जाति में बाँटकर अपने शोषणकारी तन्त्र को स्थापित करना था ताकि इस देश के मूल निवासियों के श्रम व अस्मिता के सतत दोहन को सुनिश्चित किया जा सके।

यह जाति मज़बूत करने की वकालत हिन्दूवाद को मज़बूत करने की वकालत है। यह इस देश के मूल निवासियों के लिए चिन्ता की बात है। इस जातिरूपी पिशाच से मुक्ति के लिए डॉ. अम्बेडकर ने एक ठोस विकल्प प्रस्तुत किया है, जिसे धम्म दीक्षा या बौद्ध धम्म के अंगीकार करने के रूप में समझा जा सकता है। डॉ. अम्बेडकर का बौद्ध धम्म की ओर आकर्षित होने का सीधा-सा कारण है इसका पंचशील, अष्टांगिकमार्ग, प्रतीत्यसमुत्पाद, अनित्यवाद और अनात्मवाद जैसे वैज्ञानिक दर्शन पर आधारित होना है। इस सम्बन्ध में ग़ौरतलब यह भी है कि बौद्ध धम्म की ये विशेषताएँ आजीवक (चार्वाक/लोकायत) रूपी जीवनशैली का पुनर्व्यवस्थित (रि-आर्गेनाइज़्ड) रूप है। यह व्यक्ति को धर्मान्धता, कर्मकाण्डों व अन्धविश्वासों से ही मुक्ति नहीं दिलाते बल्कि व्यक्ति के चिन्तन को वैज्ञानिक बनाकर उसकी प्रगति का मार्ग भी प्रशस्त करते हैं।

ग़ौरतलब है कि डॉ. अम्बेडकर द्वारा प्रदत्त यह 'धम्म' धर्म नहीं, एक जीवनशैली है जो पूरी तरह वैज्ञानिक, भविष्योन्मुखी व जनवादी भावनाओं के अनुरूप है। इसे नारद थेरा के शब्दों में इस प्रकार समझा जा सकता है–"कोई भी बौद्ध किसी पुस्तक या व्यक्ति का गुलाम नहीं है। भगवान् बुद्ध का अनुयायी बनकर वह अपनी वैचारिक स्वतन्त्रता की बलि नहीं देता। वह अपनी स्वतन्त्र इच्छाशक्ति का पालन कर सकता है और अपने ज्ञान को विकसित कर सकता है, यहाँ तक कि बुद्धत्व भी प्राप्त कर सकता है क्योंकि सभी में बुद्ध होने की सम्भावना है।"[12] अर्थात् धम्म किसी वेद, पुराण, ग्रन्थ, स्मृति व धर्मगुरु जैसी किसी पुस्तक या व्यक्ति का ग़ुलाम नहीं है बल्कि 'अप्प दीप भव' यानी अपना दीपक स्वयं बने के सिद्धान्त पर आधारित है। यहाँ 'व्यक्ति' शब्द के प्रयोग से सीधे-सीधे यह समझने की भी ज़रूरत है कि ख़ुद बुद्ध व अम्बेडकर भी व्यक्ति की इस परिधि से बाहर नहीं हैं। बुद्ध और अम्बेडकर को भी इस श्रेणी में रखकर ही हम दावा कर सकते हैं कि इसमें न किसी जाति की, न किसी वर्ण की और न किसी व्यक्ति या ग्रन्थ की ग़ुलामी है। 'अप्प दीप भव' ही इसका मूल मन्त्र है लेकिन एक हक़ीक़त यह भी है वास्तविक बुद्धिज़्म और अम्बेडकरिज़्म को व्यावहारिक रूप में जीने के मामले में इस देश का मूल निवासी यानी आज का दलित समाज बुरी तरह भटका हुआ है।

संस्कृतीकरण व अवजातीकरण के पैरोकारों को डॉ. अम्बेडकर द्वारा प्रदत्त धम्म जो विश्व में प्रचलित बौद्ध धम्म से थोड़ा अलग है, पर भी विचार करने की आवश्यकता है क्योंकि मौजूदा परिस्थिति में इससे बेहतर, तर्कयुक्त व वैज्ञानिक विकल्प दूसरा नज़र

नहीं आता। इसके दो प्रमुख लाभ हैं, पहला—जाति से मुक्ति और दूसरा इससे मस्तिष्क को स्वस्थ बनाये रखने की ख़ुराक मिलती है जो हमारे क्रिया-कलापों को सकारात्मक दिशा प्रदान करने के लिए आवश्यक है। इसे डॉ. अम्बेडकर के शब्दों में इस प्रकार समझा जा सकता है, ''आदमी केवल रोटी पर जीवित नहीं रह सकता। उसको मस्तिष्क भी मिला हुआ है जिसे विचारों की ख़ुराक चाहिए।'' ज़ाहिर है यह विचारों की ख़ुराक धम्म व साहित्य से उपलब्ध हो सकती है। कहना ज़रूरी है कि अम्बेडकरवादी साहित्य आन्दोलन में भी व्यक्ति अपनी वैचारिक स्वतन्त्रता की बलि नहीं लेता है बल्कि बुद्धि व तर्कशक्ति के आधार पर निर्मित वैचारिक प्रतिबद्धता के आधार पर साहित्य-सृजन को प्रोत्साहित करता है। यही व्यक्तिगत वैचारिक प्रतिबद्धता ही अपनी उपयोगिता व प्रामाणिकता के आधार पर स्वतः सामाजिक प्रतिबद्धता में परिवर्तित होती है और समाज का मार्गदर्शन करती है। जिस प्रकार मार्क्सवादी विचारधारा ने समाज को नयी दृष्टि प्रदान की उसी प्रकार अम्बेडकरवादी चिन्तन-दर्शन भी समाज के परम्परागत मूल्यों में उल्लेखनीय परिवर्तन का मार्ग प्रशस्त कर रहा है। यही समाज के पुनर्निर्माण की दिशा में सुखद संकेत भी है।

अम्बेडकरवादी साहित्य-विमर्श राजनीति और साहित्य की सीमाओं को साफ़तौर पर रेखांकित करता है। भारतीय समाज के लगभग सभी प्रकार के मुद्दों के राजनीतीकरण ने विभिन्न धार्मिक, जातीय व क्षेत्रीय समुदायों के आपसी सम्बन्धों में इतनी कड़वाहट भर दी है कि पूरा समाज राजनीति की विषाक्त ख़ेमाबन्दी का शिकार हो गया है। कहा जा सकता है कि साहित्य उद्देश्य-पूर्ति के अपने दोनों मोर्चों, यानी 'शक्ति का साहित्य' जिसमें कविता, कहानी, उपन्यास, नाटक आदि आते हैं और 'ज्ञान का साहित्य' जिसमें दर्शन, ज्ञान, विज्ञान, राजनीति, प्रचार साहित्य आदि आते हैं में असफल हो रहा है। कारण साफ़ है 'राजनीति' साहित्य का अनुसरण करने को तैयार नहीं है और सच्चे मायने में जो साहित्य है, उसका राजनीति का अनुसरण करने का सवाल ही पैदा नहीं होता। डॉ. अम्बेडकर जैसे गम्भीर समाजशास्त्री जिसे प्रसिद्ध कथाकर उदय प्रकाश विश्व राजनीति का ऐसा नेता मानते हैं जिसकी बराबरी मार्टिन लूथर किंग जूनियर ही कर सकते हैं यानी दूसरा कोई नहीं। यही नहीं कैम्ब्रिज यूनिवर्सिटी, लन्दन ने विश्व के सबसे प्रतिभाशाली 100 व्यक्तियों की सूची जारी की है, जिसमें डॉ. अम्बेडकर का स्थान प्रथम है। लेकिन डॉ. अम्बेडकर भारतीय राजनीति में एक प्रकार से फ़ेल हो जाते हैं।

डॉ. अम्बेडकर जैसे व्यक्तित्व का भारतीय राजनीति में असफल हो जाना, हमें इस असफलता के मूल्यांकन करने की माँग करता है। यह मूल्यांकन साफ़ संकेत देता है कि भारतीय राजनीति में जातिवाद व धर्मान्धता, बौद्धिकता व व्यक्ति की योग्यता पर भारी पड़ते हैं। भारतीय परिप्रेक्ष्य में समझना होगा कि राजनीति और साहित्य (बौद्धिकता के प्रतीक) दोनों के क्षेत्र अलग हैं। यह बिलकुल अलग बात है कि यह

अलगाव समाज व राष्ट्रीयता के लिए भयंकर ख़तरे का संकेत हैं। लोहिया धर्म व जाति का राजनीति के साथ सम्बन्ध कहते थे—"धर्म लम्बे समय की राजनीति है और राजनीति एक छोटे समय का धर्म।" लोहिया धर्म को कितने संकीर्ण व कितने व्यापक्र अर्थों में देख रहे थे, यह अलग से विचारणीय बिन्दु हो सकता है लेकिन अम्बेडकरवादी साहित्य-विमर्श राजनीति में किसी तरह के धर्म, जाति, वर्ग व क्षेत्र की घालमेल का विरोध करता है क्योंकि ये सभी समाज विनाशकारी विभाजन व आपसी टकराव के अवसर पैदा करते हैं जबकि अम्बेडकरवादी साहित्य संकीर्णता के पोषक सभी प्रकार के विभाजन को समाप्त करने का आन्दोलन है।

कहना ज़रूरी है सभी राजनीतिक पार्टियों का एकमात्र लक्ष्य होता है—'सत्ता हथियाना।' इसके लिए किसी भी जोड़-तोड़ किसी भी विचारधारा का खण्डन-मण्डन व किसी भी तरह की बयानबाज़ी उनके राजनीतिक चरित्र का हिस्सा होता है और उनके हर नैतिक-अनैतिक कार्य का अपना तर्कशास्त्र होता है। इसलिए किसी तथाकथित दलित पार्टी के आचरण के आधार पर अम्बेडकरवादी साहित्य का या अम्बेडकरवादी साहित्य के आधार पर किसी राजनीतिक पार्टी का मूल्यांकन करना तर्कसंगत नहीं है। डॉ. अम्बेडकर राजनीतिक सुधारों से पहले सामाजिक व धार्मिक सुधारों को प्राथमिकता प्रदान करते हैं। उनके शब्दों में इसे ऐसे समझा जा सकता है—"इतिहास सामान्यतः इस प्रस्ताव को बल देते हैं कि राजनीतिक क्रान्तियाँ हमेशा सामाजिक और धार्मिक क्रान्तियों के बाद हुई हैं।"[13] इसलिए अम्बेडकरवादी साहित्य की पहली प्राथमिकता समाज सुधार की है, न कि राजनीति में हस्तक्षेप की। इसलिए साहित्य अपनी जिम्मेदारी निभाता रहेगा और निभा भी रहा है। कोई राजनीतिक पार्टी इसका कितना अनुसरण करती है यह बिलकुल अलग बात है। वैसे भी सभी राजनीतिक पार्टियों की साहित्य के अनुसरण के सम्बन्ध में कमोबेश एक जैसी ही स्थिति है। अम्बेडकरवादी साहित्य-विमर्श समाज के पुनर्निर्माण पर अपनी ऊर्जा व्यय करने का पक्षधर है। यह समझता है कि यह पुनर्निर्मित प्रबुद्ध समाज ही आदर्श राजनीति के लिए स्पेस बनायेगा तभी साहित्य प्रत्यक्ष रूप से राजनीति का मार्गदर्शन कर पायेगा।

दलित स्त्री की स्थिति समाज में दलितों से भी अधिक पीड़ादायक है क्योंकि वे दलितों के साथ सभी प्रकार के उत्पीड़न को बराबर झेलती हैं और स्त्री होने के कारण उसे दलित पुरुष का अतिरिक्त उत्पीड़न भी झेलना पड़ता है। यहाँ दलित स्त्री की स्थिति श्रम प्रक्रिया में बराबर भागीदार होने के बावज़ूद भी शोषित व शासित जैसी है। डॉ. अम्बेडकर दलित समाज की प्रगति का मापदण्ड स्त्री समाज की प्रगति को मानते हैं। इसके लिए वे महिलाओं की शिक्षा, संगठन को अनिवार्य मानते हैं। साथ ही यह भी मानते हैं कि कोई भी आन्दोलन महिलाओं के सहयोग के बिना सम्भव नहीं है। अम्बेडकरवादी साहित्य आन्दोलन स्त्री को आन्दोलन के लिए अनिवार्य मानता है

लेकिन मौजूदा स्त्री-विमर्श अम्बेडकरवादी विमर्श के साथ कोई सम्बन्ध रखने का पक्षधर नहीं है क्योंकि स्त्री-विमर्श मूलतः ग़ैर-दलित स्त्रियाँ चला रही हैं और वे जातीय श्रेष्ठता, आत्मा-परमात्मा व धार्मिक काण्डों में प्रत्यक्ष व परोक्ष रूप से आस्था से भी मुक्त नहीं हो पा रही हैं।

कई बार ऐसा महसूस होता है जैसे ये महिलाएँ दलित समाज पर अपनी श्रेष्ठता दिखाकर कहीं-न-कहीं अपने स्त्री होने के कारण अहम् पर लगी चोट से राहत महसूस करती हैं। यह स्थिति ठीक वैसी है जैसे दलित पुरुष अपनी कुण्ठा से मुक्ति के लिए दलित स्त्री को आहत करता है। दोनों की स्थिति दुःखद और गम्भीर है। अम्बेडकरवादी विमर्श इस स्थिति से मुक्ति का पक्षधर है ताकि 'ब्रोडर यूनिटी' के आधार पर समाज में प्रचलित लिंग-भेद जैसी अमानवीय प्रथाओं और परम्पराओं को तोड़कर समतामूलक समाज का निर्माण किया जा सके लेकिन कहना ज़रूरी है कि दोनों के साहित्य (स्त्री जीवन से जुड़े साहित्य) में अपनी-अपनी सामाजिक स्थिति के कारण उपजे असन्तोष, आक्रोश व अनुभूति की अभिव्यक्ति अपनी निजी रहेगी 'शक्ति के साहित्य' पर इनका निजी एकाधिकार रहेगा लेकिन ज्ञान के साहित्य में पुरुष की भागीदारी स्वीकार्य रहेगी क्योंकि कोई दूसरा भले ही वह दलित पुरुष ही क्यों नहीं, कृत्रिमता व कल्पना के आधार पर इनके साथ न्याय नहीं कर सकता लेकिन दोनों का लक्ष्य वही व्यक्तियों का समूह रहेगा जो इन दोनों व सम्पूर्ण समाज की दुर्दशा के लिए ज़िम्मेदार है। इस दोहरे प्रहार से शोषणकारी प्रवृत्तियों पर निस्सन्देह प्रभावी अंकुश लगेगा, ऐसा अम्बेडकरवादी विमर्श का मानना है।

सबसे महत्त्वपूर्ण व सबसे विवादित सवाल जो दलित साहित्य के सामने सीना ताने खड़ा था, वही आज अम्बेडकरवादी साहित्य अन्दोलन के समक्ष उसी तेवर के साथ खड़ा है। यह सवाल है—''अम्बेडकरवादी साहित्य कौन लिख सकता है? यानी अम्बेडकरवादी साहित्य लेखन की पात्रता क्या है? निस्सन्देह यह सवाल गम्भीर है, इसलिए थोड़ी सकारात्मकता व धैर्य की माँग करता है। जैसा कि पहले कहा गया है प्रत्येक साहित्य की तरह अम्बेडकरवादी साहित्य को भी दो भागों में बाँटा जा सकता है। पहला—'ज्ञान का साहित्य' और दूसरा—'शक्ति का साहित्य।' अम्बेडकरवादी साहित्य आन्दोलन 'ज्ञान के साहित्य' जिसमें दर्शन, ज्ञान, राजनीति, प्रचार-साहित्य और आलोचना भी सम्मिलित हैं, में किसी भी जाति, लिंग, धर्म, नस्ल व वर्ग के व्यक्ति को अपनी लिखित व मौखिक अभिव्यक्ति की पूरी स्वतन्त्रता प्रदान करता है और पूरे सहयोग की अपेक्षा करता है लेकिन 'शक्ति के साहित्य' जिसमें कविता, कहानी, उपन्यास, नाटक आदि सम्मिलित हैं, को जातिगत उत्पीड़न के शिकार दलित समाज तक सीमित रखने का पक्षधर है क्योंकि 'शक्ति के साहित्य' का सृजन अनुभूति के यथार्थ और वैचारिक प्रतिबद्धता के आधार पर होता है जो जीवन के कटु अनुभवों से आते हैं, न कि कल्पना

और आदर्श की दुनिया से। इसे ज्योतिबा फुले के शब्दों में इस प्रकार समझा जा सकता है—"गुलामी की यातना जो सहता है वही जानता है, और जो जानता है वही पूरा सच कह सकता है। सचमुच राख ही जानती है जलने का अनुभव और कोई नहीं।"[14]

कहना ज़रूरी है कि अम्बेडकरवादी साहित्य आन्दोलन का यह प्रारम्भिक फ़ेज जाति-उन्मूलन को प्राथमिकता प्रदान करता है क्योंकि यह सबसे भयानक है और समाज के अन्य तबकों के दलन की तुलना में दलित समाज इस अतिरिक्त जातीय दलन को झेलने को मज़बूर हैं। यही उनकी सांस्कृतिक, बौद्धिक, सामाजिक व आर्थिक दुर्दशा के लिए भी ज़िम्मेदार हैं। इसलिए 'शक्ति के साहित्य' के माध्यम से जाति उन्मूलन की लड़ाई उन्हें स्वयं ही लड़नी है क्योंकि आज तक ग़ैर-दलित तो दूर खड़े होकर दलितों के सम्बन्ध में फ़तवे जारी करने तक ही अपनी ज़िम्मेदारी समझता रहा है। इसकी दूसरी वजह है ग़ैर-दलितों की सामाजिक गतिविधियों को देखने का एकपक्षीय (सामान्यतः दलित विरोधी) नज़रिया व सकारात्मकता वैचारिक प्रतिबद्धता का अभाव। उदाहरण के लिए द्रोणाचार्य द्वारा एकलव्य के अँगूठे लेने को परम्परागत साहित्यकार गुरु-शिष्य की गौरवमयी परम्परा के रूप में देखते हैं लेकिन अम्बेडकरवादी विमर्श इसे द्रोणाचार्य की साज़िश के रूप में देखता है। बिना शिक्षा दिये दक्षिणा माँगने को अनैतिक मानता है। गुरु दक्षिणा के बहाने किसी व्यक्ति को अपंग बनाये जाने को राक्षसी कृत्य मानता है। गुरु होकर शिष्य-शिष्य में भेद करने की अपराध मानता है। अपने वर्चस्व की स्थापना के लिए किसी के अस्तित्व को समाप्त करने को अमानवीय मानता है।

इनके अतिरिक्त इसे देखने के और भी अनेक डायमेन्शन हो सकते हैं जिनके आधार पर इस एपीसोड पर प्रश्न उठाये जा सकते हैं। ऐसी ही 'दृष्टिकोण की विभिन्नता' अम्बेडकरवादी विमर्श फूलन देवी के सन्दर्भ में रखता है। यह फूलन देवी के बलात्कार के दोषियों जिनका शासन-प्रशासन व न्यायपालिका कुछ न बिगाड़ सके, को दण्ड देने के साहस को नायकत्व की संज्ञा देता है। इसके विपरीत परम्परावादी साहित्य व मीडिया फूलन को दस्यु व अपराधी मानता है। ऐसे ही आधारों पर अमृतलाल नागर के उपन्यास 'नाच्यौ बहुत गोपाल' को नामवर भी दलितों पर लिखा गया झूठा और गढ़ा गया उपन्यास मानते हैं लेकिन ग़ैर-दलित साहित्यकारों की बड़ी जमात इसे अम्बेडकरवादी साहित्य का आदर्श, स्वीकार कराने के लिए कुतर्कों की मदद आज भी ले रही है। ग़ैर-दलितों द्वारा अम्बेडकरवादी साहित्य लिखे जाने के आग्रह के माकूल जवाब के रूप में मुद्राराक्षस द्वारा की गयी टिप्पणी और करने लायक़ है। इसके अनुसार—"भारतेन्दु हरिश्चन्द्र से लेकर आज तक किसी सवर्ण लेखक ने ख़ुद को दलित लेखक नहीं कहा। आज भी श्रीलाल शुक्ल या किसी अन्य सवर्ण लेखक की हिम्मत नहीं है कि वे दलित सवालों का सामना कर सकें। अगर कोई सवर्ण लेखक दलितों के बारे में लिख रहा है तो वह दलित राजनीति की सत्ता में अपनी जगह बनाना चाहता है।"[15]

इसे सुधीश पचौरी के शब्दों में देखें—"आज विमर्श का पॉजिटिव पक्ष है कि वह डिफरेन्स बताने की कोशिश कर रहा है। न्याय के रूप में देखो तब न्याय देना।"[16] यह डिफरेन्स दलित बेहतर बता सकता है किसी अन्य की अपेक्षा। ऐसी स्थिति में अम्बेडकरवादी विमर्श ग़ैर-दलित साहित्यकारों की सिर्फ़ 'ज्ञान के साहित्य' में भागीदारी आमन्त्रित करता है लेकिन 'शक्ति के साहित्य' में उसे उनकी भागीदारी स्वीकार नहीं। जाति उन्मूलन की उपलब्धि की दशा में चाहे यह धम्म धारण करने से हो या अम्बेडकरवादी साहित्य के निरन्तर दबाव व प्रभाव से हो या अन्य किसी और वजह से, इस उपलब्धि के उपरान्त 'शक्ति के साहित्य' पर भी किसी के विशेषाधिकार का कोई अर्थ ही नहीं रह जायगा। तब साहित्य फ्रान्स की तरह समाज का दर्पण और समाज साहित्य के दर्पण में एकाकार हो जायगा। इसे दलितों व ग़ैर-दलितों को समझने की ज़रूरत है।

अम्बेडकरवादी साहित्य से जुड़ा भाषा व सौन्दर्यशास्त्र का एक बड़ा सवाल है। परम्परावादी साहित्यकार सामान्यतः शिल्प, कला, भाषा व सौन्दर्यशास्त्र का सवाल उठाकर अम्बेडकरवादी साहित्य के विरुद्ध फ़तवे जारी किया करते हैं। परम्परागत साहित्य में जिस सौन्दर्यशास्त्र की बात होती है, वह हक़ीक़त पर झूठ का पर्दा डालने की सुनियोजित प्रक्रिया का हिस्सा होता है। इस पर्दे की भाषा का ताना-बाना संस्कृतनिष्ठता व कुलीनता की खड्डी पर बुना जाता है, काल्पनिक प्रतीकों और बिम्बों की चित्रकारी की जाती है और मिथकीय रंगों से सजाया जाता है। इस प्रकार के सौन्दर्य से लिपा-पुता साहित्य मनोरंजन का हो सकता है, ऐश्वर्य का हो सकता है, चाटुकारिता का हो सकता है, बौद्धिक ऐयाशी का भी हो सकता है, लेकिन यह समाज का दर्पण (रिफ्लेक्शन) नहीं हो सकता।

यह साहित्य उस वर्ग-विशेष जिसके द्वारा यह लिखा गया है, का भी साहित्य नहीं होता है क्योंकि इसका सम्बन्ध इस वर्ग-विशेष की आंशिक हक़ीक़त से तो हो सकता है लेकिन पूरी हक़ीक़त से नहीं होता। यह उसके जीवनरूपी पदार्थ की बाह्य सतह का सौन्दर्य यानी बाह्य अभिव्यक्ति होता है, पदार्थ (जीवन) के रिअल चरित्र का नहीं। इस 'रिअल चरित्र' को छिपाये रखने के लिए उन्होंने जाति, धर्म, वर्ग व वर्चस्वता की ऊँची-ऊँची दीवारें खड़ी की हैं। इन दीवारों की बदौलत इन्होंने एक और दलित-शोषित समाज को अलगाया है ताकि ये इनके 'रिअल चरित्र' को न जान सकें और 'बाहरी सतह' को ही इनके जीवन का यथार्थ व सौन्दर्य समझते रहें। दूसरी ओर यही वे दीवारें हैं जो इन्हें दलित-समाज की लूट-खसोट व उनकी अस्मिता पर डाका डालकर वापस लौटने पर शरण देती हैं।

इसके विपरीत अम्बेडकरवादी साहित्य किसी प्रकार के शिल्प, प्रतीक, बिम्ब व सौन्दर्यशास्त्र का ग़ुलाम नहीं है। वह अपनी भाषा के शब्द, मुहावरे और वाक्यों की

संरचना अपने सामाजिक परिवेश से ग्रहण करता है जो सक्षम ही नहीं होते बल्कि समाज के अन्तर्द्वन्द्वों को अभिव्यक्ति प्रदान करने की सामर्थ्य भी रखते हैं। अम्बेडकरवादी साहित्य आन्दोलन भाषा, प्रतीक, बिम्ब, मिथक व सौन्दर्यशास्त्र की क़िलेबन्दी को तोड़कर अपने परिवेश की भाषा, यानी लोक की भाषा में सामाजिक स्थितियों व अपने जीवन के 'रिअल चरित्र' जिसे परम्परागत साहित्यकारों ने अपने वर्चस्व की ख़ातिर अन्धकार में रखा, को ही सार्वजनिक नहीं करना चाहता। ये साहित्य के ठेकेदार 'वर्ग-विशेष' द्वारा स्थापित धर्म, जाति, वर्ग व वर्चस्व की क़िलेबन्दी करनेवाली दीवारों को गिराने को भी वचनबद्ध है क्योंकि अम्बेडकरवादी साहित्य जीवन, भाषा व साहित्य की पारदर्शिता को सौन्दर्य मानता है। इसलिए कहा जा सकता है कि यह समाज विभाजन की क़िलेबन्दी को तोड़ने की विचारधारा, व्यक्ति व समाज के 'रिअल चरित्र' से रू-ब-रू कराने की ज़द्दोजहद है। यह साहित्य के सौन्दर्यशास्त्र की अपेक्षा समाजशास्त्र के सृजन के ये अनिवार्य तत्त्व व्यक्ति की सामाजिक स्थितियों व आवश्यकताओं के अनुरूप भाषा व उसके तेवर के साथ अस्तित्व में आते रहेंगे, बदलते रहेंगे और अपने लिये स्पेस बनाते रहेंगे। इसके लिए किसी प्रकार की अलग से कार्यशाला, अकादमी व भाषाविज्ञान तन्त्र की स्थापना की आवश्यकता नहीं पड़नी चाहिए क्योंकि ये स्वाभाविक रूप से विकसित होते रहकर अम्बेडकरवादी साहित्य की शक्ति के रूप में रूपान्तरित होते जायेंगे, ऐसा मेरा मानना है।

अम्बेडकरवादी साहित्य पाप-पुण्य, आत्मा-परमात्मा, स्वर्ग-नरक, तीर्थ, पूजा-पद्धति आदि के साथ-साथ उन सभी प्रकार की शब्दावलियों से परहेज़ करता है जो उसकी विचारधारा व आन्दोलन का हिस्सा नहीं है या जो परम्पराओं, रीति-रिवाज़ों व अन्धविश्वासों, मान्यताओं के कारण अम्बेडकरवादी विमर्श के आधार तर्क-विवेक व चिन्तन की वैज्ञानिकता पर प्रतिकूल प्रभाव डालती है। यह साहित्य परम्परागत शब्दों को अपने अनुकूल बनाने व नये अर्थ प्रदान करने का पक्षधर है। उदहारण के लिए अम्बेडकरवादी विमर्श 'आत्मकथा' जिसका सम्बन्ध व्यक्ति के निजी-क्रियाकलापों व चरित्र से होता है, से असहमति रखता है। इसके विकल्प के रूप में वह 'आत्मवृत्ति' शब्द को स्वीकार करता है क्योंकि 'आत्मवृत्ति' व्यक्ति के निजी जीवन व इतिहास के साथ-साथ उसके समुदाय के सामाजिक परिवेश के यथार्थ व इतिहास के साथ भी जुड़ा रहता है। स्पष्ट है कि यहाँ 'आत्मवृत्ति' शब्द सरगर्भित है तथा रचनाकार व उसके परिवेश को समेटने व सम्हालने में सक्षम है। ऐसी अपेक्षा 'आत्मकथा' शब्द से नहीं की जा सकती।

भाषा के सम्बन्ध में अम्बेडकरवादी विमर्श मानता है कि समाज में शोषक और शोषित की एक-दूसरे को सम्बोधित करने की अलग तरह की प्रचलित भाषा है। जैसे शोषित अपने सम्बोधन में शोषक को माई-बाप, अन्नदाता, मालिक, सरकार, ऊँची

जात, बड़े लोग आदि शब्दों का प्रयोग करता है और अपने लिये स्वयं नीच, कमीन, गँवार, बे-अकल, अनपढ़ व चरणों की धूल जैसे शब्द प्रयोग करता है। इस प्रकार की शब्दावली हीनताबोध की परिचायक होती है। ऐसी शब्दावली एक ओर स्वयं को सारी निर्योग्यताओं से लादती है और उसे शक्तिहीन बनाती है। दूसरी ओर शोषक के वर्चस्व का महिमामण्डन कर उसे शक्तिशाली बनाती है। दोनों ही स्थिति में शोषित अपनी दासता का आत्मसात्करण करता नज़र आता है जो उससे उसके स्वाभिमान के प्रति चेतना को ही नष्ट नहीं करती बल्कि उसकी आनेवाली पीढ़ी की अस्मिता को भी गिरवी रख देती है। अम्बेडकरवादी विमर्श ऐसी हीनताबोध की शब्दावली को नकारकर समानता के आधार को पुख्ता करनेवाली शब्दावली का पक्षधर है, जो व्यक्ति को अपनी अस्मिता व मानवाधिकार के प्रति जागरूक रखती है। ग़ौरतलब है कि अनेक मामलों में सम्बोधन की शब्दावली ही शोषक व शोषित के आपसी व्यवहार को ही निर्धारित नहीं करती बल्कि सामाजिक व आर्थिक सम्बन्धों के बीच खड़ी शोषक और शोषित की दीवार को मज़बूती प्रदान करती है। अम्बेडकरवादी विमर्श इस असमानता की भाषा की दीवार को गिराने का पक्षधर है।

सामान्यतः ऐसा माना जाता है कि किसी भी साहित्य के सिद्धान्त तर्क व वैज्ञानिकता की कसौटी पर उतने खरे नहीं उतर सकते जितने विज्ञान के विषयों से जुड़े सिद्धान्तों पर उतरते हैं। दूसरे, अम्बेडकरवादी साहित्य अभी विकास की प्रारम्भिक अवस्था से गुज़र रहा है और इसके कोई ठोस व वैज्ञानिकता पर आधारित सिद्धान्तों के होने का दावा करना व्यावहारिक व तर्कसंगत नहीं होगा। हाँ, इस हक़ीक़त से इनकार नहीं किया जा सकता कि अम्बेडकरवादी विमर्श वैज्ञानिक विचारधारा पर आधारित है लेकिन विचारधारा को साहित्य की कसौटियों पर खरा उतरने व व्यवहार में आने में सदियों लग जाया करती हैं लेकिन यह भी तय है कि जब कोई सिद्धान्त अस्तित्व में आता है तो दृष्टिकोण को लेकर उसमें थोड़े-बहुत मतभेद उभरने स्वाभाविक होते हैं। ये मतभेद दो स्तर पर हो सकते हैं। पहला—पूर्वग्रह के आधार पर सिद्धान्तों व सैद्धान्तिक पक्ष को ख़ारिज करने के स्तर पर और दूसरा सिद्धान्त की बारीक़ियों व उनको निर्धारित करने व सत्यता प्रदान करनेवाले तथ्यों के प्रति जिज्ञासा का होना या उनकी व्यावहारिकता व उपयोगिता के प्रति आश्वस्त होने के स्तर पर। अम्बेडकरवादी साहित्य आन्दोलन आज इन्हीं दोनों प्रकार के मतभेदों को दूर करने के लिए संघर्षरत है।

अम्बेडकरवादी साहित्य के समक्ष ग़ैर-दलितों का पूर्वग्रह साफ़ है। ग़ैर-दलित समाज व रचनाकार 'जाति' व 'वर्ण' की समस्या को सिर्फ़ दलितों की समस्या मानकर चलता है। परिणामस्वरूप, प्रत्येक साहित्यकार, परम्परागत साहित्य-जगत् व अम्बेडकरवादी साहित्य-जगत् से अलग खड़ा होकर फ़तवेबाज़ी करता है, कभी सौन्दर्यशास्त्र की बात

करता है, कभी नैतिकता की बात करता है, कभी अपने को बड़ा हितैषी सिद्ध करने की कोशिश करता है तो कभी कट्टर शत्रु की तरह सब-कुछ ख़ारिज करने की मशक्कत करता है। यह सिक्के का एक पहलू है। इस पहलू पर ग़ैर-दलित समाज के साहित्यकारों की मोनोपली है।

सिक्के का एक दूसरा पहलू यह है कि हमें अपने आत्ममन्थन की ज़रूरत है। अम्बेडकरवादी साहित्य आन्दोलन की सफलता व गतिशीलता इस बात पर निर्भर करती है कि हम अपने आन्दोलन के प्रति कितने समर्पित हैं। मुझे ख़ेद के साथ कहना पड़ रहा है कि आज अम्बेडकरवादी साहित्यकारों की जमात में अवसरवाद अपने पाँव तेजी से पसार रहा है। परिणामस्वरूप, पुरस्कार पाने व पाठ्यक्रम में अपनी कृति को शामिल कराने व किसी प्रतिष्ठित पत्र-पत्रिकाओं में अपनी कहानी, कविता व निबन्ध आदि प्रकाशित कराने तक के लिए बड़ी शर्मनाक होड़ लगी है जिसके चलते समाज का सामूहिक हित पीछे छूटता जा रहा है और व्यक्ति के निजी व संकीर्ण हित पूरी चिन्तन-प्रक्रिया पर हावी होते जा रहे हैं। यह गम्भीर चिन्ता की बात है।

मुझे अम्बेडकरवादी साहित्य में एक और बड़ी दिक़्क़त नज़र आती है, वह है—आजकल लोग डॉ. अम्बेडकर के चिन्तन-लेखन से जुड़े कुछ विचारों को यादकर उनका बार-बार बखानकर अपने-आपको बाबासाहेब का पक्का अनुयायी, असली उत्तराधिकारी व सच्चा अम्बेडकरवादी सिद्ध करने का प्रयास करते हैं। ऐसा ही कुछ आज बुद्धिज़्म के साथ भी हो रहा है और इस विवेकहीनता ने बुद्धिज़्म का पुरोहितीकरण करके रख दिया है। यानी व्यक्ति को बुद्ध और बौद्ध साहित्य का विवेकहीन अनुसरणकर्त्ता (ग़ुलाम जैसा) बना दिया है। परिणामस्वरूप चिन्तन-मनन के अभाव व तोता-रटन्त की इस पूरी प्रक्रिया में अम्बेडकरवाद हिन्दूवाद का संस्करण यानी व्यक्ति के संकीर्ण हित साधने का साधन मात्र बनता जा रहा है और व्यापक हित पीछे छूटते जा रहे हैं। यह चिन्ता की बात है।

वास्तव में, बाबासाहेब की नक़ल करना एक बात है लेकिन उनके चिन्तन को समकालीन परिस्थितियों के अनुरूप जीवन में धारण करना और प्रचार-प्रसार करना दूसरी। यह दूसरी बात अम्बेडकरवादी साहित्य व दर्शन की रीढ़ है। यह करने की ज़िम्मेदारी इस देश के मूल निवासियों की है कि वे अपने साहित्य को स्पाइनलेस (बिना रीढ़वाला) बनाना चाहते हैं या मज़बूत स्पाइन (रीढ़) वाला। अन्त में मैं सभी से आह्वान करना चाहूँगा—आओ। मुख्यधारा के अम्बेडकरवादी साहित्य को समकालीन व अग्रगामी प्रवृत्तियों का सशक्त संवाहक बनायें।

सन्दर्भ

1. स्वाधीनता और राष्ट्रीय स्वतन्त्रता : डॉ. रामविलास शर्मा : पृ. 243.
2. दर्शन और साहित्य आलोचना—अनुवाद : नरोत्तम नागर, परिकल्पना प्रकाशन, लखनऊ, पृ. 22.

3. आधुनिक साहित्य निबन्ध : डॉ. राजेन्द्र मोहन भटनागर : परिकल्पना प्रकाशन, लखनऊ, पृ. 24.
4. दर्शन और साहित्य आलोचना : नरोत्तम नागर : परिकल्पना प्रकाशन, लखनऊ, पृ. 24.
5. समय माजरा—दिसम्बर, 2004, पृ. 6.
6. डॉ. अम्बेडकर : सम्पूर्ण वाङ्मय, खण्ड-1, पृ. 76.
7. अपेक्षा (त्रैमासिक) : अम्बेडकरवादी साहित्य विशेषांक, जुलाई-सितम्बर, 2004.
8. इण्डिविड्यूअलिज़्म, पर्सनल अचीवमेण्ट एण्ड द ओपन सोसाइटी : डेविड एस. मिलर, पृ. 80.
9. अम्बेडकर : सम्पूर्ण वाङ्मय, खण्ड-1, पृ. 66.
10. वही, पृ. 27.
11. सोशल चेंज इन मॉडर्न इण्डिया, एम. एन. श्रीनिवास, ओरियेण्ट लांगमैन, पृ. 67.
12. बुद्धा एण्ड हिज टीचिंग्स-बुद्धिस्ट मिशनरी सोसाइटी मलेशिया द्वारा प्रकाशित, पृ. 282.
13. डॉ. अम्बेडकर : सम्पूर्ण वाङ्मय, खण्ड-1, पृ. 61.
14. अनभै साँचा : मैनेजर पाण्डेय, पृ. 275.
15. जनसत्ता, 26 अक्टूबर, 2000.
16. हंस-अगस्त, 2004, पृ. 207.

अघोषित पाबन्दियों के बीच सत्ता-विमर्श और दलित

प्रो. श्यौराज सिंह 'बेचैन'

"भारत में ग़ुलाम प्रथा कभी नहीं रही, और यह कि अस्पृश्यता किसी भी दशा में उतनी बुरी नहीं रही है, जितनी कि ग़ुलाम प्रथा है," अनहैप्पी इण्डिया, लाला लाजपत राय।

"यह कहना सरासर झूठ बोलना है कि हिन्दुओं में ग़ुलाम प्रथा कभी थी ही नहीं। यह तो हिन्दुओं की एक अति-प्राचीन प्रथा है। इसे हिन्दुओं के विधि निर्माता मनु ने मान्यता प्रदान की और उनके बाद उनका अनुसरण करनेवाले अन्य स्मृतिकारों ने इसे व्यापक बनाया और व्यवस्थित रूप दिया। यह भारत के इतिहास में 1843 तक प्रचलित रही और अगर अंग्रेज़ सरकार इसे क़ानून बनाकर समाप्त न कर देती तो शायद यह आज भी प्रचलित होती। क्या भारत में अस्पृश्यों की स्थिति में कोई ऐसी बात है जिसकी रोमन ग़ुलामों और नीग्रो ग़ुलामों की स्थिति से तुलना की जा सके। आज कितनी संख्या में अस्पृश्य लाइब्रेरियन, स्टेनोग्राफ़र आदि जैसे व्यवसायों में लगे हुए हैं जितने कि इन व्यवसायों में रोम में ग़ुलाम नियुक्त थे।

"बैरी की पुस्तक स्लेवेरी इन रोमन अम्पायर में बताया गया है कि ग़ुलाम साहित्य और कला में दक्ष होते थे, गीत कण्ठस्थ कर लेते थे। शास्त्रकार, व्याकरणिक लाइब्रेरियन बल्कि दार्शनिक तक होते थे। वे विषय विशेषज्ञ भी होते थे। व्यापार और कारोबार कर सकते थे। जॉन चैविस नामक नीग्रो ने अपना स्कूल चलाया था। 1858 में अटलाण्टा में नीग्रो दन्त-चिकित्सक को डॉक्टरी करने पर आपत्ति की गयी थी। एक नीग्रो मोची के हाथ से बने जूते राष्ट्रपति मुनरो ने अपना पद ग्रहण करते समय पहने थे। भारत में अछूतों को ऐसे अवसर कब थे?"

—गुलामप्रथा और अस्पृश्यता, डॉ. भीमराव अम्बेडकर

तथ्य बोलते हैं कि प्रामाणिक सामाजिक अध्ययन अंग्रेज़ी राज में ही आरम्भ हुए। पहली आम जनगणना 1881 में जातियों और प्रजातियों की सूची बनी। 1891 में उच्च

और निम्न जाति के रूप में वर्गीकरण हुए। 1901 में उच्च जाति हिन्दुओं ने जाति उल्लेख का तीव्र विरोध किया। पूर्व 1911 की जनगणना में उन जातियों और उन क़बीलों की अलग-अलग गणना की, जो ब्राह्मणों की श्रेष्ठता और वेदों की सत्ता नहीं मानते, बड़े-बड़े हिन्दू देवी-देवताओं और गाय की पूजा नहीं करते, जो गोमांस खाते हैं।

दलित भारत का दुर्भाग्य है कि क़ानून बनने के बावजूद समाज, संस्कृति, शिक्षा, साहित्य और मीडिया में अस्पृश्यता अतीत की वस्तु नहीं बनी है। स्थिति में इज़ाफ़ा यह कि सुधरे हुए परिवर्तित रूप में अस्पृश्यता पहले शरीर से होती थी अब विचारों/हितों और हक़ों से होती है जो शरीर पर कम, मन-मस्तिष्क पर अधिक आघात पहुँचाती है। बौद्धिक क्षेत्रों से दलितों का बहिष्कार इसके ज्वलन्त उदाहरण हैं।

स्वतन्त्रता-पूर्व रचित उपन्यास 'बुधुआ की बेटी' का संशोधित चतुर्थ संस्करण 1964 में छपा, इस बार बुधुआ भंगी की बेटी रधिया को नायिका पद से हटाकर कृपाराम मनुष्यानन्द अघोड़ी एक गृहस्थ ब्राह्मण को नायक बनाया गया। भूमिका में पाण्डेय बेचन शर्मा 'उग्र' ने लिखा कि "मरने के कुछ दिनों पहले राजधानी के अछूतों की एक सभा में बोलते हुए दिवंगत प्रधानमन्त्री पं. जवाहरलाल नेहरू ने कहा था।"

"मुझे बहुत अफ़सोस है कि आप लोगों के हित में जितना कुछ होना चाहिए था अब तक नहीं हो पाया है।" तीन साल पूर्व 27 जून, 1961 को उन्हीं प्रगतिशील माने जानेवाले प्रधानमन्त्री पं. जवाहरलाल नेहरू ने राज्यों के मुख्यमन्त्रियों को पत्र में लिखा था कि, "यह सच है कि अनुसूचित जाति, अनुसूचित जनजाति जो मदद के लिए डिज़र्व करते हैं, की सहायता के सम्बन्ध में हम कुछ निश्चित नियम, क़ायदों से बँधे हुए हैं, लेकिन मैं ऐसे किसी प्रकार का आरक्षण पसन्द नहीं करता हूँ। It is true that we are tied up with certain rules and Conventions about helping the Schedule Castes and Tribes. They deserve help, but even so, I dislike any kind of reservation...(Jawaharlal Nehru, letters to Chief Ministers 1947 & 1964 Vol. 5 Oxford University Press 1989, p. 456-7)

ऐसे में प्रधानमन्त्री की मन्शा के विरुद्ध कौन माई का लाल मुख्यमन्त्री दलित समस्या के समाधान की बात सोचता? प्रधानमन्त्री की पसन्द के विरुद्ध आरक्षण पूरा होने का तो प्रश्न ही कहाँ उठता? क्या विगत भाजपा सरकार द्वारा संविधान समीक्षा कराने के पीछे क़ानूनी मज़बूरी से उन्मुक्त होने की यही भावना नहीं थी? क्या अरुण शौरी जी की नीतियों के तहत विगत 5-6 वर्षों में दलित हक़ों का बेमिसाल क़त्लेआम नहीं मचा था? क्या उसके पीछे कांग्रेस की उक्त असफलताओं की कोई भूमिका नहीं रही? क्या दलित-उपेक्षा की दृष्टि से कांग्रेस, भाजपा, वामपन्थ और दक्षिणपन्थ की दलित-विषयक नीतियों में साम्य नहीं है? क्या बार-बार दलित उत्थान का संकल्प

दोहरानेवाली कांग्रेस की कार्यशैली में दलितों के प्रति आज भी सकारात्मक चिन्ता दिखायी दे रही है? राजनैतिक सत्ता के मातहत काम करनेवाली सांस्कृतिक सत्ताएँ, साहित्य अकादमियाँ, कॉलेज, विश्वविद्यालय क्या आज तक दलितों के प्रति पूर्वग्रहों से युक्त बहिष्कार का रवैया नहीं अपना रहे? 1961 के नेहरू जी के पत्र से लेकर बजट 2004-05 तक क्या दलित उपेक्षा जारी नहीं है? वरन् क्या एस. सी. एस. टी. कल्याण के लिए मात्र 2,326 करोड़ का बजट प्रावधान करना भारत की एक चौथाई आबादी का विकास कर पायेगा? कथनी और करनी का भेद किसकी चिन्ता का विषय है?

बहुसंख्य भारत को निरक्षर रखकर भी जब हिन्दू स्वयं को विश्वगुरु कह सकता है और दलित आपत्ति नहीं कर सकता तो हर द्विज को हक़ है कि वह अपनी घटिया-से-घटिया कृति को नोबेल पुरस्कार के योग्य बताये। जन्मना मेरिट के ठेकेदार हिन्दू बेफ़िक्र हैं कि उन्होंने एक भी वैज्ञानिक उपलब्धि देश को नहीं दी। भारत में तो वह दलितों के हिस्सों के सारे पुरस्कार हड़प ही लेता है, अब दलित पर उसे अपना दावा छोड़ देना चाहिए, क्योंकि कबीर कह गये हैं कि *"बाभन गुरु है जगत का, साधो का गुरु नांय"* दलितों के आदर्श हर अँधेरे युग में अलग चमकते सितारों की भाँति रहे हैं। आधुनिक युग में भी छत्रपति शाहू जी महाराज अपने निजी संस्था में 102 साल पूर्व आरक्षण देने के लिए, अशिक्षा और अन्धविश्वास के विरोध के लिए महात्मा फूले और प्राकृतिक व संवैधानिक मानवाधिकार दिलाने के लिए दलित भारत में बाबासाहेब डॉ. भीमराव अम्बेडकर निरन्तर प्रासंगिक हो रहे हैं।

मुसलमानों को म्लेच्छ कहकर धर्म-भेद की दृष्टि से भेदभाव किया गया और अछूतों को शिक्षा देने के पक्ष में होने के कारण ईसाइयों पर हमले हुए। अब ये दोनों अल्पसंख्यक तबक़े अपनी-अपनी तुलना दलितों से करने लगे हैं। आज इन समुदायों के पास अपने शिक्षा संस्थान, कॉलेज, विश्वविद्यालय और कला-संस्कृति के केन्द्र हैं। दर्जनों महिला लेखिकाएँ हैं, अभिनेत्रियाँ, शायर, कुलपति, प्रोफ़ेसर, पत्रकार, साहित्यकार, सम्पादक इत्यादि सभी हैं जो अनुसूचित जातियों अनुसूचित जनजातियों के पास नहीं है। हालाँकि हिन्दुओं की तुलना और जनसंख्या की दृष्टि से अल्पसंख्यकों की संस्थाएँ नगण्य हैं, किन्तु दलित महिलाएँ तो किसी भी क्षेत्र में कहीं भी नहीं हैं। स्वामी अछूतानन्द ने 1927 में लिखा था, *"देखहु मुसलिम भाइन 'हरिहर' यूनिवर्सिटी खुलवाई। कालिजहू करत पढ़ाई, अछूतन देहु चेताई।।"*

स्मरण रहे पृथक् निर्वाचन की माँग छुड़वाकर ही 'पूना पैक्ट' कराया गया था। उस निर्णय का स्वागत करनेवाले सवर्णों के राष्ट्रीय नेतृत्व ने बाबा साहब का वह क़दम समाज की एकता और राष्ट्र की मज़बूती के लिए प्रशंसनीय माना था। पर क्या सवर्ण नेतृत्व ने बौद्धिक व आर्थिक क्षेत्रों में विविधता और स्पर्द्धा की स्थिति का विकास करने की पहल की? क्या वे आज भी अराजनैतिक सांस्कृतिक सत्ताओं को राष्ट्रीय स्तर की

लोकतान्त्रिक संस्थाएँ बनाने के पक्ष में हैं? क्या द्विज हिन्दू वर्ण-वर्चस्व छोड़कर समता, स्वतन्त्रता के मूल्यों को अपना सकते हैं? यदि व्यवहार में ऐसा होता तो वे दलितों से अलगाव की ऐसी बातें कभी नहीं करते कि दलित अलग से पत्र-पत्रिकाएँ निकाल लें, अलग टी. वी. चैनल शुरू करें, अलग स्कूल खोलें, अलग सिनेमा कला केन्द्र बना लें। बस एक बात कहने की कमी रह जाती है कि तुम्हारे देश पर तो हमने क़ब्ज़ा कर लिया अब तुम अपने लिये एक अलग देश बना लो। यदि अलग ही रखना था तो पहले ही उनका हिस्सा क्यों नहीं दिया गया? स्वतन्त्र निर्वाचन के विरुद्ध गाँधी जी का आमरण अनशन क्यों हुआ? भारत के जिस दलित साहित्य ने आज अमरीका, इंग्लैण्ड और कनाडा के शोधकर्त्ताओं का ध्यान खींचा है वहीं दलित साहित्य स्वदेश में और कब तक दबाकर रखा जा सकता है? इन दिनों साहित्य-संस्कृति के वर्चस्व की गेंद मोटे तौर पर दक्षिणपन्थी और वामपन्थी दो विचारधाराओं के बीच अदल-बदल हो रही है। एक पर मनुवादी सवर्णों का दबदबा है, दूसरी पर मार्क्सवादी सवर्णों का वर्चस्व। दलित मूकदर्शी बने इनका तमाशा देख रहे हैं। फिर भी वर्णगत व्यावहारिक बुराइयों के बावज़ूद वाम विचारधारा को दलित अपने नज़दीक पाते हैं, क्योंकि मार्क्सवाद बुनियादी तौर पर शोषणविहीन समाज का दर्शन है और दलित सब तरह से शोषित है।

दलित प्रतिनिधित्व देने की नैतिक इच्छा-शक्ति ईमानदारी से दोनों में नहीं है, बल्कि हरेक सवर्ण, दलितों का स्वयं भू प्रवक्ता बन रहा है। यही है कि ज्ञान-व्यवस्था को स्वस्थ करने के लिए शिक्षा-साहित्य के पाठयक्रमों को लोकतान्त्रिक बनाना ही आज का सबसे सही विकल्प है। लेकिन क्या यह आयोजन भी आबादी में चौथाई भारत यानी दलितों को प्रतिनिधित्व दिये बग़ैर ही कैसे सम्पन्न हो जाता है? हाँ समान्तर और जवाबी सांस्कृतिक सत्ता हाथ में होने के कारण थोड़ी-बहुत मुसलमानों की बात कर ली जाती है, क्योंकि धर्मभेद को जिस तरह सांस्कृतिक सत्ता को प्रभावित करनेवाला माना गया, उसी तरह जाति-भेद को समस्या की जड़ नहीं माना गया। अतः भारतीय समाज में आज़ादी के बाद से ही दलित प्रतिभागों की अदृश्य भ्रूण हत्याएँ हो रही हैं। क़ानून से केवल देह की अस्पृश्यता समाप्त हुई, वह भी देश के कुछ हिस्से में लेकिन जिस मानसिक अस्पृश्यता को अपनाकर दलितों का साहित्य, कला, संस्कृति, शिक्षा और मीडिया में बहिष्कार किया जा रहा है उसके लिए संसद् ने न तो कभी कोई क़ानून बनाया और न इस सन्दर्भ में कभी किसी दलित सांसद का मुँह खुला? हाँ, यह भी सम्भव है कि जैसे ही दलित मुँह खोलता हो तभी द्विज कैमरामैन रुख़ फेर लेता हो। ग़लती से कुछ आ भी गया तो क़साई के छुरे जैसी कैंची लिये बैठा द्विज सम्पादक उसे काट देता है।

स्वेच्छा से सामाजिक लोकतान्त्रिक होने का अभ्यास तो संवैधानिक क़ानून बना दिये जाने के बावज़ूद दलित सहभागिता अभी दूर का सपना है। राज्याधीन संस्थाओं में हुए आरक्षण के आंशिक अमल को अपवाद के लिए छोड़कर द्विज स्वामित्ववाली

संस्थाओं में दलितों का किस क़दर हिकारत-भरा बहिष्कार हुआ है, वह रहस्य किसी से छिपा नहीं है। आज़ादी ने दलितों का भविष्य जिन प्रभुवर्ग के हाथों में सौंपा उन्होंने आज तक मानकर नहीं दिया कि जन्म के आधार पर दलित भी पूरे मनुष्य हैं। सब जानते हैं कि शिक्षण-प्रशिक्षण की ख़ूबियाँ-ख़ामियाँ प्राकृतिक नहीं हैं। ये द्विज तत्त्वों की योजनाओं पर निर्भर करती हैं। ब्राह्मणवादी शिक्षा-व्यवस्था ने इस भ्रम की स्थापना की है कि अधिक पढ़-लिखकर द्विज लोग सुधर जाते हैं। यदि ऐसा होता तो कॉलेज विश्वविद्यालयों के नियुक्ति-तन्त्र में धर्मों और जातियों की विविधता विद्यमान होती, वे जातिभेद से ग्रस्त न होते, आरक्षित स्थानों को रिक्त रखकर उनकी भरपाई, तदर्थ या गेस्ट के नाम पर दशकों तक ग़ैर-दलितों से न करते रहते और इस तरह शिक्षा, साहित्य और मीडिया में दलित मत का बराबर तिरस्कार न हो रहा होता। लोकसेवा, संघसेवा, विधान सभा और लोकसभा के आरक्षित स्थानों को छोड़कर शेष सभी क्षेत्रों के करोड़ों स्थान जो भागीदारी के सिद्धान्त के तहत मिलने थे, वे जन्मना अयोग्यताएँ गिनाकर और साथ ही नयी पीढ़ी को क्वालिटी एजूकेशन, रोज़गार, प्रशिक्षण, तकनीकी, कला, संस्कृति के क्षेत्रों में प्रवेश रोककर अकुशल बनाने की साज़िशें जारी न रखते। येन-केन आज़ादी के सारे फ़ायदे द्विजों को और सारे नुक़सान दलितों के लिए आरक्षित हो गये हैं।

इस वक़्त देश के निजी क्षेत्रों में आरक्षण को लेकर विवाद/संवाद चल रहा है। सवर्ण वर्चस्व की यथास्थिति क़ायम रखने के लिए ग़ैर-दलित बौद्धिक अपने-अपने मंचों से कुतर्कों की बरसात कर रहे हैं। कुछ कह रहे हैं कि इससे गुणवत्ता कुप्रभावित होगी तो कुछ कह रहे कि ये अप्रशिक्षित हैं। कुछ का कहना है कि निजी क्षेत्र में आरक्षण तो दे दो पर उन्हीं कम्पनियों, संस्थाओं में दो जिनका सरकारों ने निजीकरण किया है या कर रही है। जो पहले से स्वायत्त या निजी हैं। उन्हें यथास्थिति में रहने दो। मतलब अलोकतान्त्रिक ढंग से मज़दूर के शोषण का विरोध भी करो और उनके रोज़गार की गारण्टी सेवा शर्तें आधुनिक मत बनाओ।

जनसत्ता में किन्ही नन्दकिशोर आचार्य जी ने निजी क्षेत्र में आरक्षण के सवाल पर दलितों का क्या ख़ूब समर्थन किया है? उन्होंने अपने वर्ग से सवाल किये हैं कि, "जब उच्च सेवाओं में ग़ैर-दलितों की अपेक्षा दलित अधिकारियों का अधिक भ्रष्ट होना सिद्ध नहीं हुआ है तो क्यों न निजी क्षेत्रों में चतुर्थ श्रेणी कर्मचारियों, सफ़ाईकर्मियों और क्लर्कों के लिए आरक्षण कर दिया जाय।" स्मरण रहे अपने शासनकाल में भारतीयों के लिए अंग्रेज़ी प्रशासक ऐसी ही व्यवस्था किया करते थे। क्या द्विज-तत्त्व दलितों के लिए आज के अंग्रेज़ हैं?

प्रश्न यह है कि उच्चस्तर पर दलितों की कार्यनिष्ठा, ईमानदारी, देश-सेवा और नैतिक दायित्वबोध की धाक जमी है तो निजी क्षेत्र में आरक्षण निचले पदों पर ही क्यों? 'नीचे' काम तो द्विज-तत्त्व वैसे ही दलितों से कराते रहे हैं। निजी क्षेत्र के हाथों में

अपरोक्ष रूप से आयी सम्पदा सार्वजनिक क्षेत्रों की है। यह दलितों के श्रम शोषण से अर्जित है। यह विदेशों से आया अतिरिक्त धन भी नहीं है। पूँजी देश की है और देश दलितों का भी है। निजी क्षेत्रों को यदि राष्ट्र के प्रति जिम्मेदार बनना है तो सामाजिक दायित्व का भार उठाना ही होगा। यदि यही बौद्धिक शातिरपने से शोषण अन्याय जारी रखा जायगा तो असन्तोष फूटेगा। ख़ून ख़राबा होगा। मरता क्या न करता की स्थिति में दलित, ग़रीब और पिछड़ा तबका देश हित में निजी क्षेत्रों से विद्रोह करेगा। शान्तिपूर्ण विकास ख़तरे में पड़ेगा और देश में गृह-युद्ध की स्थिति पैदा हो जायगी।

ऐसा क्यों है कि इस प्रश्न पर सामाजिक न्यायमन्त्री मीरा कुमार या उद्योगमन्त्री रामविलास पासवान ही चिन्तित हों और मायावती मौन हों? यह तो लालू यादव, मुलायमसिंह यादव और यहाँ तक कि द्विज-तत्त्वों की चिन्ता का भी विषय होना चाहिए।

भारत में आरक्षित स्थान आज़ादी के बाद से ही ख़ाली हैं, क्योंकि जब ग़ैर-दलितों को ही निर्णय करने का अधिकार सौंप दिया है तो वे स्पर्द्धा की स्थिति पैदा क्यों करेंगे? उनकी वर्ण दृष्टि से ग़ैर ब्राह्मणों में प्रतिभावान् मिल नहीं सकते, प्रतिभाहीनों को वे उनके हक़ नहीं दे सकते। किसी भी वस्तु का निरंकुश उपभोग स्वामित्व स्वार्थ पैदा करता है, यूँ लगने लगता है कि सब-कुछ उनके जन्म के आधार पर प्राप्त हुई उनकी बपौती है। अगर वंचितों में अधिकार-बोध जागता तो विद्रोह होते, इसीलिए दूरद्रष्टा संविधान-निर्माताओं ने हिंसा की सम्भावनाएँ टालने के लिए शान्तिपूर्ण विकास और लोकतन्त्र का संवैधानिक रास्ता निकाला था।

अगर उनके कला, संस्कृति, शिक्षा और मीडिया के तमाम क्षेत्र दलितों की अनुपस्थिति के साथ ही लोकतान्त्रिक बने हुए हैं तो वे किसी की सदेह भागीदारी क्यों पसन्द करे? क्या कारण है 25 करोड़ की आबादीवाले 'दलित भारत' में एक भी दलित-स्त्री राष्ट्रीय स्तर की किसी पत्र-पत्रिका में सम्पादक होना तो दूर एंकर ब्यूरो प्रमुख या रिपोर्टर तक नहीं है? टी. वी. चैनलों के तो केबिन तक में वे प्रवेश नहीं कर सकी है जबकि ब्राह्मणवादी व्यवस्था के सवर्ण प्रवक्ता दलित स्त्री के परम हितैषी बने फिरते हैं। वे जैसे महारों से माँगों को और भंगियों से चमारों को लड़ाते हैं, उसी तरह दलित स्त्रियों को उनके पुरुषों से लड़ने की सलाहें देते हैं केवल स्वजाति केन्द्रित सम्पादक स्वयं भू लोकतान्त्रिक प्राणी हैं। कला, संस्कृति के क्षेत्र में कोई आम चुनाव तो होते नहीं हैं, जो दलित जनता कला मीडिया के वाजपेयी को अलविदा करके सम्भावनाओं की सोनिया जी का स्वागत करे। यहाँ तो ख़ास चुनावों में ख़ास जातियों के लोगों की मनमानी होती है। इन क्षेत्रों में घोर जातिवादी सामन्तवाद का बोलबाला है। कोई भी ब्राह्मण सम्पादक इस प्रश्न पर बोलने को तैयार नहीं है। विदेशी पत्रकार 'राबिन जेफ्री' ने अपनी पुस्तक 'भारत की समाचार-पत्र क्रान्ति' में इस तथ्य को दर्ज

किया है कि, ''भारत के किसी भी समाचार-पत्र में एक भी दलित संवाददाता और उपसम्पादक नहीं है।''

बाबासाहेब डॉ. भीमराव अम्बेडकर द्वारा धर्म-परिवर्तन कर लेने के कारण दलित साहित्य का काफ़ी हिस्सा बुद्ध धम्म से प्रेरित है परन्तु मेरे मन में आज भी द्वन्द्व बरक़रार है कि क्या अपने समय के समृद्ध/सम्पन्न और शायद क्षत्रिय राजघराने में पैदा हुए भगवान् बुद्ध को अस्पृश्यता/बहिष्कार का अनुभव हुआ होगा? क्या संघ में निम्न जातियों को समान प्रवेश देनेवाले महामानव बुद्ध ने समान हैसियत भी दी होगी। क्या राहुल सांकृत्यायन ने सही नहीं खोजा था कि संघ में भिक्षु बनकर आये दासों/क़र्ज़दारों को बुद्ध ने उऋण होकर या अपने स्वामियों की इजाज़त से आने की अनुज्ञा देकर उन्हें वापस दासत्व के गर्त में नहीं धकेल दिया था? वरिष्ठ चिन्तक डॉ. धर्मवीर का वह वाक्य कि, ''बुद्ध के युग में भी कोई दलित चिन्तक दलित हक़ों के लिए अवश्य लड़ रहा होगा।'' उन्हीं का दूसरा अवदान मक्खली गौशाला का दिशाचार-धर्म क्या बिलकुल विचारणीय नहीं है?

द्विज लेखकों की भाँति दलित लेखकों ने भी बाबासाहेब के प्रति भावनात्मक अभिव्यक्ति के रूप में उन्हें आराध्य मानकर बड़ी मात्रा में प्रचारवादी लोक-साहित्य रचा है। यदि दलितों को शोध क्षेत्र में आने के अवसर दिये गये होते तो यह अमूल्य दस्तावेज़ भी हमारे आधार बन गये होते। दलित लेखकों में भी द्विजों की भाँति नायक पूजा की प्रवृत्ति रही है। यही कारण है कि हिन्दी में लघु और वृहद् क़रीब सौ काव्य बाबासाहेब के व्यक्तित्व-कृतित्व पर केन्द्रित मिल जायेंगे। भीमायण (बिहारीलाल 'हरित'), भीमसागर (लक्ष्मीनारायण सुधाकर), भीमकथामृतम (रामदास निमेष) ऐसे ही महाकाव्य हैं। आरम्भ में इनकी विशेष आवश्यकता थी। पर आज साहित्य के माध्यम से सम्पूर्ण दलित समाज की मुक्ति चेतना में वृद्धि करना ही मेरी चिन्ता और चिन्तन की प्राथमिकता में है। मेरी यह धारणा है कि सामाजिक दासत्व कम होगा तब दलितों के भी सपनों का नया भारत बनेगा।

पिछले कुछ वर्षों में दलितों को उपजातियों में बाँटकर वर्ण-विभाजन का विस्तार कर इन्हें आपस में बाँटो राज करो की राजनीति साहित्य क्षेत्र में भी की गयी। तर्क दिये गये कि ग़रीब दलित को नौकरी में आरक्षण मिलना चाहिए। इसलिए जिन्हें मिल चुका है पहले उनका आरक्षण समाप्त किया जाय। अभियान छूटे हुए को शामिल करने के लिए नहीं। आरक्षण समाप्त करने के लिए चलाया जाय। चाल यह कि पहले समर्थों से छीनो फिर असमर्थों को अयोग्य और अनुपयुक्त कहकर जान छुड़ाओ। एक तीर से दो शिकार करो। पूछा जाय कि क्यों लाखों पद खाली पड़े हैं? जहाँ तक विपन्न के लिए सम्पन्न वर्ग को सेवाओं से बाहर करने का प्रश्न है तो ऐसी कोई नीति हमारे देश में सामान्य वर्ग के लिए भी नहीं बनी है, जिसके तहत सम्पन्न/समृद्ध सवर्णों को सेवाओं

में आने से रोककर ग़रीब सवर्णों को आने दिया जाता। आरक्षण में प्राथमिकता ग़रीब दलित को दी जानी है तो बनाओ साहित्य अकादमियों के अध्यक्ष दलित लेखकों को राष्ट्रीय अख़बारों के सम्पादक बनाओ, एन. सी. ई. आर. टी. के पाठयक्रम के सुधार के लिए निदेशक नियुक्त कराओ दलित लेखकों को, पर नहीं, आपका मन्शा नेक नहीं है आप फूट डालकर दलितों के संगठित प्रयास को रोकना चाहते हैं। फिर भी यदि दलित उपजातियों में बँटकर अपना सामुदायिक विकास कर सकते हैं तो जनसंख्या के अनुपात में उन्हें शौक से अपना-अपना आरक्षण अलग करवा लेना चाहिए। पर क्या संसद् में ऐसा संविधान संशोधन होगा? और माननीय सुप्रीम कोर्ट इसकी इजाज़त देगी। कहीं ऐसा तो नहीं है कि सवर्णों को ख़ुश करने के लिए उनके टुच्चे पुरस्कार पाने या सतही चर्चा में ला देने के लालच में हम उनके 'बग़ल बच्चे' बनकर आन्दोलन की नाव में छेद कर रहे हैं? विविधता लाने, स्पर्द्धा पैदा करने और यूँ संस्थाओं को सामाजिक दृष्टि से लोकतान्त्रिक बनाने का एकमात्र माध्यम आरक्षण ही तो है, परन्तु सवर्ण बुद्धिजीवियों ने इसे रिआयत के रूप में ही लिया, भागीदारी के प्रति उनका व्यवहार ऐसे किया जाता है। जैसे वे अपने पैतृक श्रम से अर्जित सम्पदा में से कोई टैक्स दे रहे हों। आरक्षण दलित पुरखों की बड़ी अमानत का छोटा अंश है। पर दुःखद है कि द्विज बुद्धिजीवियों ने नयी पीढ़ी को ऐसा न्यायप्रिय, नैतिक और डेमोक्रेटिक इच्छा-शक्तिवाला मानस बनने ही नहीं दिया स्वयं द्विज साहित्य में अपार अनुदारता का भाव विद्यमान है। यहाँ तक कि 'साहित्य में आरक्षण नहीं हो सकता' इस तरह के बयान तो घोषित वामपन्थी समीक्षकों ने ही दिये हैं।

1947 में देश की स्वतन्त्रता को लक्ष्य करके लिखनेवालों के सामने जैसे हालात थे। समाज से वंचित के सामने भी आज वैसे ही हालात हैं। अंग्रेज़ों ने स्वतन्त्रता-कामी दलितों, ग़ैर-दलितों को जेलों में बन्द किया था, परन्तु पढ़ने-लिखने और बोलने के साधन-स्वतन्त्रता तब भी दे दी थी। लेकिन आज 25 करोड़ दलित भारत को खुले में बन्दी बना दिया गया है, अवसर छीन लिये गये हैं और सामाजिक स्वतन्त्रता के सेनानी दलित-लेखक समता, स्वतन्त्रता और बन्धुता के लिए ग्रास रूट, गाँव शहर से लेकर सब प्रान्तों और सभी भाषाओं में पूरी शक्ति और ज़िम्मेदारी के साथ लिख रहे हैं।

हिन्दी का दलित-साहित्य सामाजिक न्याय, इन्सानियत, भाईचारा, समता और स्वतन्त्रता की ज़ोरदार वकालत कर रहा है। धार्मिक, सांस्कृतिक, सामाजिक मौलिकता और पृथक्ता के साथ-साथ भारतीय ज्ञान-विज्ञान, कला-संस्कृति की समृद्ध और विनष्ट कर दी गयी परम्परा को युग-युगान्तरों से जोड़ता है। ग़ैर-दलित विचार, साहित्य, कला, संस्कृति भारतीयता को व्यक्त करनेवाला केवल एक विपक्षी मंच है। यह हज़ारों सालों से सांस्कृतिक सत्ता में बने रहनेवालों का मत है। जो आज भी अशरीरी अस्पृश्यता के शस्त्र से परे भारतीय साहित्य व्यवस्था में दलितों को रोके बैठा है।

राष्ट्रीय दैनिकों ने दलितों के कला, संस्कृति, शिक्षा और साहित्य-सम्बन्धी प्रश्नों पर अघोषित सेन्सरशिप लगा रखी है? हिन्दुस्तान के लखनऊ से संवाददाता सन्तोष वाल्मीकि के अलावा किसी भी अख़बार या टी. वी. चैनल के पास आज की तारीख़ में एक भी मान्यता प्राप्त दलित पत्रकार नहीं है? 25 करोड़ की आबादी में प्रतिभा का ऐसा अकाल जन्मना यदि नहीं है तो दलित पत्रकार की तलाश कौन करेगा? क्या उनकी नस्ल ही लापता है? नहीं तो उन्हें पैदा करने का नैतिक दायित्व किसका है? सभी अख़बारों की पृष्ठ संख्याओं में लगातार वृद्धि हो रही है, रोज़ नित रंग-बिरंगे काग़ज़ी फूल खिल रहे हैं, परन्तु दलितों के लिए उतनी ही जगह कम होती जा रही है। दलितों को लेकर नीति-निर्देशन सम्पादकों को न मिलने के कारण वे अपने जन्मना दलित विरोधी स्वभावों और संस्कारों से संचालित हैं। सवर्ण मीडिया की यह घोषणा एकतरफ़ा है कि वह विश्व में उन्नत और लोकतान्त्रिक है, उसकी स्पर्द्धा के लिए न तो यहाँ विदेशी मीडिया है और न वैकल्पिक समकक्ष दलित मीडिया।

मेरा मत है कि दलित लेखकों को जाति तोड़ने के प्रश्न पर अभी अधिक ऊर्जा नहीं खपानी चाहिए। बल्कि उन्हें स्वायत्त/निजी संस्थाओं में प्रतिनिधित्व के लिए संघर्ष करना चाहिए। जातिवार प्रतिनिधित्व की संख्या बढ़ने पर केवल ब्राह्मणों के लिए ही जाति लाभकारी व्यवस्था नहीं रहेगी।

किसी भी द्विज लेखक के दलित साहित्य लिखने के दावे झूठे हैं। मैला उठाने, चमड़ा पकाने का जूता बनाने या हिकारत-भरे सम्बोधन झेल पाने का अनुभव किसी ब्राह्मण को न तो विरासत में मिला है न उसने अर्जित किया है। जहाँ तक दलित शब्द के प्रयोग का सवाल है, तो स्वामी अछूतानन्द ने इसे 1910 में ही इस्तेमाल कर लिया था।

जहाँ तक पुरस्कारों का सवाल है वे निष्पक्ष भी होते हैं और चमचों-चाटुकारों या ख़ुद चमचों-चमचियों द्वारा दिये जाते हैं। ज़्यादातर वे व्यवस्था के पोषकों और यथास्थिति के समर्थकों को मिलते हैं, क्रान्तिकारियों को जेलें, सजाएँ, बहिष्कार और देश निकाल दिये जाते हैं। मेरे ख़याल से 'दलित पैन्थर' से लेकर दलित राइटर फोरम, 'दलित लेखक संघ' दलित मंच तक का संयोजक अध्यक्ष लेखक लेखन के लिए कभी जेल नहीं गया होगा। कई तो सारी उम्र नौकरियाँ कर समाज के बारे में लिखने सोचने का काम ही रिटायरमेण्ट के बाद शुरू करते हैं, और फिर रचनात्मक योगदान के बजाय अपनी बड़ी उम्र या छोड़कर आये पद के हिसाब से वरिष्ठता घोषित करते हैं। ज़ाहिर है समाज उनकी प्राथमिकता में नहीं रहा होता है। वे वैयक्तिक चिन्ताएँ लेकर जीते-मरते हैं। परिणामतः दलितों के लिए माहौल आज़ादी की लड़ाई जैसा बना हुआ है।

संविधान लागू होने से आज तक दलित साहित्य की क्षति किस सीमा तक हुई है। डेढ़ सौ साल पूर्व वे ख़रीदकर मॉरिशस और सूरीनाम ले जाये गये उनसे काम लेने के साथ-साथ उन्हें स्वस्थ रखना और कुशल बनाने हेतु प्रशिक्षित करना उनके मालिकों

का जिम्मा था परन्तु भारत में रह रहे अछूतों को बेमौत मरते रहने से किसी का कोई नुक़सान नहीं। इसलिए उनके जीवन के प्रति किसी की कोई ज़िम्मेदारी नहीं? वे आज भी मामूली बातों पर मार दिये जाते हैं। दलित लेखक उन्हीं में से आते हैं।

आज़ादी के पूर्व 'बुधुआ समाज' जिस निचले संस्तरण पर रखा था आज़ादी के बाद उसी संस्तरण से अनेक आत्मकथाएँ आयी हैं। मराठी अक्करमाशी का अंग्रेज़ी अनुवाद आउटकास्ट हाल में प्रकाशित हुआ है, जबकि हिन्दी क्षेत्र (हसनपुर) में जन्मे इतवारी उर्फ़ हजारी की आत्मकथा ए आउट कास्ट इण्डिन 1950-52 में आ गयी थी। 1990 के दशक में जूठन, के अंग्रेज़ी पंजाबी अनुवाद पहले ही आ चुके हैं। अपने-अपने पिंजरे और उसके बाद तिरस्कृत (आत्मकथा) चर्चा में है।

शिक्षा का भगवाकरण या पाठ्यक्रम का विकृतीकरण चिन्ता का विषय है। यह दक्षिणपन्थी सवर्णों का वर्चस्व ज्ञान व्यवस्था के लोकतान्त्रिक स्वरूप के अनुकूल नहीं था। अब इसे वामपन्थी और कांग्रेसी दुरुस्त कर हैं। देखना यह है कि ये अपने सवर्णों का वर्चस्व स्थापित कर रहे हैं। यह दलितों सहित देश के अन्य अल्पसंख्यक समूहों की साहित्यिक शैक्षिक हिस्सेदारी को ही स्वीकार कर रहे हैं। यदि एन.सी.ई.आर. टी., डी.यू., जे.एन.यू., इग्नू, ए.एम.यू. आदि का पाठ्यक्रम दलित साहित्य का बहिष्कार करके बन रहा है, तो यह अगवाकरण, भगवाकरण से भी अधिक अलोकतान्त्रिक होगा।

पाठ्यक्रम की साहित्य सत्ता का निर्धारण किन तार्किक कसौटियों के आधार पर किया जाना चाहिए। आज प्रचलन में जो विचार-आधार है हमें हिन्दू सूचना माध्यमों का वर्ण-चरित्र भी समझना चाहिए। हिन्दू पत्रकार इस बात के लिए अतिरिक्त सचेत रहता है कि कहीं दलितों को उनके वाज़िब हक़ न मिल जायँ। इसका एक उदाहरण देकर बात स्पष्ट करूँगा। सन् 1998 में एस. सी., एस. टी. कमीशन और संसद् की ओर से राष्ट्रीय आरक्षण नीति पर अमल किये जाने का दबाव बना था। यू. जी. सी. ने घोषणा की थी कि जो कॉलेज/विश्वविद्यालय शिक्षकों को नियुक्तियों में राष्ट्रीय आरक्षण नीति को मान्य नहीं करेंगे, उनका अनुदान रोक दिया जायगा और नियमानुसार कार्यवाही की जायगी। राष्ट्रीय सहारा के सम्पादकीय पृष्ठ पर अगले ही दिन जाने-माने हिन्दू स्तम्भकार लेख आया 'ऐसा उदारवाद नहीं चाहिए।' आप देख सकते हैं, हिन्दू पत्रकार को दलितों के प्रति उदारवाद नहीं चाहिए था तो वह नहीं चल सका और अनुदारता की पराकाष्ठा देखें कि आज 2004 में भी कहीं से भी शिक्षा/उच्च शिक्षा में पिछले की भरपाई भरने का कोई सामान्य अभियान भी चलता दिखायी नहीं पड़ रहा। यह है मीडिया का दलित विरोधी रूप और संस्थाओं पर उसका प्रभाव ऐसे अधिकारहन्ता अन्यायी तन्त्र को कौन लोकतान्त्रिक कहेगा? जब शिक्षा में वे नहीं होंगे तो साहित्य, कला, मीडिया आदि सांस्कृतिक क्षेत्रों में कहाँ से आयेंगे?

●

बाबासाहेब डॉ. भीमराव अम्बेडकर के वैचारिक संघर्ष की उपज है-दलित साहित्य

प्रो. कालीचरण 'स्नेही'

हमारे लोकतन्त्र को मज़बूती प्रदान करने में भारतीय दलित साहित्य का महत्त्वपूर्ण योगदान है। यह साहित्य, समय और संविधान की कसौटी पर शत-प्रतिशत खरा उतरा है। पण्डिताऊ क़िस्म के हिन्दी आलोचकों और मनुवादी ढर्रे के तथाकथित वरिष्ठ साहित्यकारों ने दलित साहित्य को आरम्भ से ही ख़ारिज करने की भरपूर कोशिश की है तथापि समता और सौहार्द बढ़ानेवाले दलित साहित्य ने तथागत गौतम बुद्ध की पावन धरती पर अपने पैर जमा लिये या यों कहें कि अपने पैर ही नहीं जमाये अपितु बड़े-बड़े साहित्य मठाधीश-पण्डितों के सदियों से जमे हुए पैर उखाड़ दिये और अपने पैरों के बल पर महँगी कारों में घूमनेवाले सवर्ण साहित्यकारों को उनकी औक़ात दिखा दी। इस समय सारे देश में दलित साहित्य की दुन्दुभी बज रही है। अब तो आलम यह है कि कुछ तथाकथित प्रगतिशील मनुवादी अपना पुरातन खोल उतारकर दलित साहित्यकारों की टीम में खड़े दिखायी देने लगे हैं।

इस देश की दलित साहित्यिक जमात ने भी इन अवसरवादियों पर लगातार कड़ी नज़र रखी है। दलित साहित्यकारों के शिविर में आ चुके यह तथाकथित अवसरवादी, अन्दर से नाक-भौं सिकोड़ते हुए हमारी हाँ-में-हाँ मिलाने को मज़बूर हुए हैं। इन साहित्यकारों से हमारा विनम्र अनुरोध है कि वे भारतीय संविधान के अनुरूप अपने आचरण को ढालते हुए डॉ. भीमराव अम्बेडकर के विचारों को आगे बढ़ाने में मददगार हों। अन्यथा वे हमारी टीम में शरीक होकर भी मनुवादी ही नज़र आयेंगे जो कि उनके लिए लाभ का सौदा नहीं होगा।

हिन्दू धर्मशास्त्रों और शास्त्रियों ने भारतीय जनमानस को हज़ारों वर्ष तक गुमराह और पथभ्रष्ट किया है। मानवता की राह में शास्त्र और शास्त्री तथा पण्डित और उसका पाखण्ड, दोनों ने ही हमेशा मानवता की राह में काँटे बिछाये हैं। इन्होंने पाखण्ड की

बड़ी-बड़ी चट्टानें खड़ी कर दी हैं। इन पाखण्डी चट्टानों पर सबसे बड़ा प्रहार, तथागत गौतम बुद्ध, ज्योतिबा फुले, सतगुरु कबीर तथा बोधिसत्त्व बाबासाहेब डॉ. भीमराव अम्बेडकर जी के विचारों और उनके चिन्तनरूपी हथौड़े का हुआ है। भारतीय संविधान के लागू हो जाने पर यह पाखण्डी चट्टान टुकड़े-टुकड़े हो चुकी है। इन्हीं पाखण्डी चट्टानों के टुकड़ों को दलित साहित्यकार चकनाचूर करने में जुटे हुए हैं।

इस समय मनु द्वारा स्थापित वर्ण-व्यवस्था की सबसे बड़ी चट्टान अभी भी समता की राह का सबसे बड़ा रोड़ा बनी हुई है। ऊँच-नीच की भावना को यही वर्ण-व्यवस्था आश्रय देती है। कुछ व्यक्ति जन्म से ही उच्च तथा कुछ व्यक्ति जन्म से ही नीच-अन्त्यज समझ लिये जाते हैं। इस नासमझी से हम सभी को मिलकर लड़ना है। जब तक भारत में आपसी सौहार्द तथा समता और बन्धुता स्थापित नहीं हो जाती है, तब तक दलित साहित्यकारों का समता लेखन जारी रहेगा।

प्रख्यात विधिवेत्ता, मूक मानवता के प्रवक्ता, दलित-शोषित पीड़ित जनों के उद्धारक, महिलाओं के हक़ और हुकूक के लिए समर्पित कालजयी व्यक्तित्व बाबासाहेब डॉ. भीमराव अम्बेडकर विश्व की महानतम विभूतियों में समाविष्ट हैं। भारत ही नहीं अपितु सम्पूर्ण विश्व में उनके ज्ञान का कीर्ति ध्वज लहरा रहा है। भारत में बौद्धधर्म की पुनर्प्रतिष्ठा का श्रेय भी बाबासाहेब को ही जाता है। भारत के संविधान निर्माता तथा आधुनिक भारत के निर्माण में उनकी अग्रगण्य भूमिका रही है। बाबासाहेब ने दलितों तथा स्त्रियों को मानवीय अधिकार दिलाकर विश्व इतिहास में महानतम कार्य किया है। उनकी जीवनी अत्यन्त प्रेरक है।

भारतीय भाषाओं में 'दलित साहित्य' की अवधारणा, बुद्ध और बाबासाहेब के विचारों और जीवन-दर्शन से ही प्रेरित होकर बनी है। मराठी तथा हिन्दी में 'दलित साहित्य' की शुरुआत बाबासाहेब के संघर्ष की उपज है। चौबदार तालाब से दलितों को पानी पीने का हक़, उन्हीं के संघर्ष का परिणाम है। दलित साहित्य, ब्राह्मणवाद के विरुद्ध दलित लेखकों की स्वानुभूतिपरक अभिव्यक्ति का परिणाम है। दलन और उत्पीड़न की कोख से ही दलित साहित्य का जन्म हुआ है। हिन्दी दलित साहित्य की शुरुआत कविता से होती है। इसके बीज हमें कबीर की साखियों के साथ ही अन्य निर्गुण सन्तों के काव्य में मिलते हैं। स्वामी अछूतानन्द भी काव्य और नाटक के माध्यम से उत्तर भारत के दलितों में स्वाभिमान की चेतना का संचार करते हैं। बीसवीं सदी के उत्तरार्द्ध में ओमप्रकाश वाल्मीकि, कँवल भारती, डॉ. एस. पी. सुमनाक्षर, डॉ. एन. सिंह जैसे दर्जनों साहित्यकार सबसे पहले कविता के माध्यम से ही दलित साहित्य सृजन का आरम्भ करते हैं। 1983 से मैंने भी 'दलित-चेतना' तथा 'दलित-अस्मिता' विषयक कविताएँ लिखना आरम्भ किया था। रैदास रामायण, भीमचरित तथा भीमायन जैसे काव्य भी आरम्भ में दलित कवियों द्वारा लिखे जा रहे थे। मराठी में काव्य के पहले

आत्मकथा की ज़ोरदार ढंग से शुरुआत हुई थी। जिसके कारण समूची भारतीय भाषाओं के लेखकों को आत्मकथा-लेखन की प्रेरणा मिली। इस समय हिन्दी तथा अन्य भारतीय भाषाओं की दलित आत्मकथाओं ने ही सर्वाधिक प्रसिद्धि पायी है।

भारत के भूखण्ड पर सबसे पहले 'कविता' के ही बीज पड़े थे। आदिकवि वाल्मीकि कविता के जनक कहे जाते हैं। संस्कृत तथा हिन्दी, दोनों भाषाओं में शुरुआती दौर में कविता का ही वर्चस्व रहा है। आरम्भ से ही साहित्यकार, सबसे पहले कविता में ही अपने मनोभाव व्यक्त करता रहा है। हिन्दी के आदिकाल से लेकर 1850 तक, काव्य का ही प्राधान्य रहा है। आदिकवि वाल्मीकि से लेकर ओमप्रकाश वाल्मीकि तक, कविता अन्य गद्यविधाओं की तुलना में लोकप्रियता में पहले स्थान पर रही है। हिन्दी में गद्यविधाओं की शुरुआत बहुत बाद में हुई। हिन्दी में आत्मकथाओं को लोकप्रिय विधा के रूप में कभी प्रसिद्धि नहीं मिली क्योंकि द्विज लेखकों ने अपनी आत्मकथाओं में निज का महिमामण्डन ही अधिक किया है। उनकी आत्मकथाओं में अपने वंश तथा पुरुषों का गुणगान करने की परम्परा रही है। अपने गुणों को हज़ारगुना बढ़ा-चढ़ाकर प्रस्तुत करने तथा अवगुणों का छिपाने की परम्परा रही है। उग्र जी की 'अपनी ख़बर' तथा ऐसी ही किसी एक-दो लेखकों की आत्मकथाओं को अपवादस्वरूप छोड़ दें, तो सभी सवर्ण लेखकों की आत्मकथाएँ, उनकी गौरव गाथाएँ या विजयी जीवन की संस्मरणात्मक स्मृतियाँ भर ही हैं। यही कारण है कि हिन्दी साहित्य में आत्मकथा विधा को वह महत्त्व नहीं मिल सका जो कि दलित लेखकों की आत्मकथाओं को मिल रहा है। सवर्ण लेखकों में केवल उन्हीं लेखकों ने आत्मकथाएँ लिखी हैं, जो कि जीवन में सफलतम व्यक्ति रहे हैं या कि जिन्हें तथाकथित महापुरुष राजनेता आदि कहा गया है। कारण कुछ भी रहा हो, पर इतना सच है कि हिन्दी गद्यविधाओं में आत्मकथा को हिन्दी के द्विज आलोचकों के शिखर पुरुषों ने हाशिये पर रख छोड़ा था। कल्पनालोक में विचरण करनेवाले अधिकांश हिन्दी साहित्यकारों ने यथार्थ से लगभग मुँह मोड़ रखा था। रहस्यवादी, मायावादी, छायावादी, हालावादी, लालावादी, मनुवादी, ब्राह्मणवादी और बकवादी क़िस्म के पण्डिताऊ साहित्यकारों ने हिन्दी साहित्य में घोर अँधेरे को उजाले का छद्म नाम देकर सैकड़ों वर्षों तक अपना साहित्यिक साम्राज्य क़ायम रखा। यदि इस देश में मुग़ल साम्राज्य को हटाकर बाद में अंग्रेज़ों का शासन स्थापित नहीं हुआ होता ता निश्चय जानिये कि हमारा देश अभी भी घोर कूपमण्डूक बना रहता। अंग्रेज़ों ने इस देश में विश्वविद्यालय स्थापित कर ज्ञान-विज्ञान का प्रकाश फैलाया अन्यथा ब्राह्मणों के गुरुकुलों में अब भी केवल राजपुत्रों को ही शिक्षा-दीक्षा दी जा रही होती। हिन्दी साहित्य में संस्कृत काव्यों की पुराण परम्परा तथा दरबारी-चारण साहित्य में नख-शिख वर्णन का ही बोलबाला होता। हिन्दी में नवजागरण जैसी परिस्थिति आज भी न बनती। अंग्रेज़ों ने हमें बहुत-कुछ नष्ट-भ्रष्ट किया तथापि उनकी जागरूकता से

हमारे यहाँ भी शिक्षा और साहित्य का मानवीय चेहरा उभर सका, अन्यथा उपन्यास, कहानी, निबन्ध, जीवनी, आत्मकथा तथा आलोचना साहित्य की यहाँ कोई परम्परा ही नहीं थी। ईश्वर, देवी-देवता, राजा-महाराजा ही साहित्य के मूल विषय बने हुए थे। हिन्दी साहित्य में मनुष्य पूरी तरह से ग़ायब था, या यों कहें कि यहाँ पर मनुष्य-केन्द्रित, साहित्य की परम्परा ही नहीं थी। अंग्रेज़ों ने हमें ग़ुलाम बनाया था, यह सही है पर वे हमें आज़ादी का मर्म भी अनजाने में ही सिखा गये और अन्ततः हमें आज़ाद भी कर गये अब हम एक आज़ाद मुल्क हैं। हमारा अपना संविधान और हमारी अपनी चुनी हुई सरकार है। आज हम ख़ुद ही अपने उद्धारकर्त्ता बने हुए हैं। साहित्य, कला, संस्कृति और ज्ञान-विज्ञान के क्षेत्र में हमारे देशवासियों ने आशातीत सफलता प्राप्त कर ली है। इस समय हमारा देश, विकासशील देशों की श्रेणी में सबसे ताक़तवर होकर उभर रहा है।

हिन्दी साहित्य में भी 1850 के बाद अंग्रेज़ी साहित्य तथा अन्य यूरोपियन साहित्य की रोशनी में नवजागरण का मार्ग प्रशस्त हुआ। हमारे देश के साहित्यकार जागे और सदियों से सोये हुए देशवासियों को भी जगाने में सफल हुए। भारतेन्दु, महावीरप्रसाद द्विवेदी, प्रेमचन्द, निराला, रामधारीसिंह 'दिनकर', हजारीप्रसाद द्विवेदी, अज्ञेय तथा अन्य प्रगतिशील मार्क्सवादी साहित्यकारों ने अपने तेवर बदले तथा मानवोत्थान के नये मिथक गढ़े। अन्ततः हमारे हिन्दी साहित्यकार, यहाँ भी मनुष्य-केन्द्रित, ख़ासकर हाशिये पर पड़े हुए मनुष्य को साहित्य के केन्द्र में ले आये। साहित्य के माध्यम से मूकमानवता को ज़ुबान मिली। हिन्दी साहित्य अपनी नयी ऊर्जा के साथ परम्परा तथा रूढ़ियों को तोड़ता-फोड़ता आगे बढ़ता रहा।

आज़ादी के बाद बदले हुए मौहाल में हाशिये पर पड़े लोग आज़ादी का असली आस्वाद जान गये। बहुजन जागे, स्त्रियाँ घूँघट हटाकर घर की चौखट से बाहर निकलने को बेचैन हो उठीं। तमाम विरोध-अवरोध के बाद आख़िरकार अधिकांश स्त्रियाँ घर की चहारदीवारी से बाहर निकलने में क़ामयाब हुईं। दलित-आदिवासी, पिछड़े बहुजन समाज के लोग, विश्वरत्न बाबासाहेब डॉ. भीमराव अम्बेडकर की प्रेरणा और पहल से सामाजिक ग़ुलामी से मुक्त होने के लिए छटपटाने लगे और अन्ततः एक वक़्त ऐसा आया कि हम सब अब स्वाभिमान के साथ अपनी प्रतिभा, वाग्मिता तथा जागरूकता के बल पर जीवन के प्रायः हर क्षेत्र में, जैसे कि राजनीति, साहित्य तथा ज्ञान-विज्ञान के अन्य केन्द्रों पर धीरे-धीरे प्रवेश पाने में सफल हुए। संवैधानिक सुरक्षा तथा बाबासाहेब के विवेकसम्मत बताये सन्मार्ग पर चलकर, आज इस देश के दलित, आदिवासी और स्त्रियाँ, मानवीय गरिमा के साथ स्वाभिमानपूर्वक जीवन जीने का हक़ पाने में सफल रहे हैं।

हिन्दी साहित्य में बीसवीं सदी के अन्त के उत्तरार्द्ध में राष्ट्रपिता, ज्योतिबा फुले, महामानव बाबासाहेब डॉ. अम्बेडकर के चिन्तन और साहित्य से ऊर्जा ग्रहणकर, हमारे

देश में दलित साहित्य का प्रादुर्भाव हुआ। सबसे पहले मराठी में दलित साहित्य की शुरुआत हुई। वहाँ दलितों के बीच पश्चिम के 'ब्लैक लिट्रेचर' से 'दलित पेन्थर' जैसा संगठन खड़ा हुआ और इसी की अगुआई में मराठी में 'दलित साहित्य' का सृजन अत्यन्त उत्तेजक ढंग से आरम्भ हुआ। सामाजिक परिवर्तन की कामना के साथ ही मराठी दलित साहित्यकारों ने अपनी आवाज़ साहित्य के माध्यम से बुलन्द की। यह आवाज़ इतनी तेज़ थी कि इसकी अनुगूँज अन्य भारतीय भाषाओं में भी सुनायी देने लगी। मराठी के पद्मश्री दया पवार, नामदेव ढसाल तथा डॉ. पानतावड़े जैसे दलित साहित्यकार हमारे प्रेरक बने।

हिन्दी पट्टी में स्वामी अछूतानन्द 'हरिहर', बाबासाहेब डॉ. भीमराव अम्बेडकर के समय में ही हिन्दी साहित्य में दलित जागरण के लिए विपुल साहित्य रच रहे थे। बाद में, बहुत बाद में, गुरु जी गोवर्द्धनदास तथा बिहारीलाल 'हरित', हरदेव सिंह, नाथूराम ताम्बे, हरिकिशन सन्तोषी, लक्ष्मीनारायण सुधाकर, मानसिंह 'मान' जैसे दलित लेखकों ने हिन्दी साहित्य की नींव पुख़्ता की। दलित राजनेता बाबू जगजीवनराम की प्रेरणा से 1984 में डॉ. सोहनपाल 'सुमनाक्षर' के नेतृत्व में 'भारतीय दलित साहित्य अकादमी' का नयी दिल्ली में गठन हुआ। इसके बाद हिन्दी पट्टी में हिन्दी दलित लेखकों की एक मज़बूत साहित्यिक टीम बनी। इस टीम ने धारदार साहित्य का सृजन किया।

इस टीम में हिन्दी दलित साहित्य के जुझारू तथा तेजस्वी लेखकों में ओमप्रकाश वाल्मीकि, डॉ. माता प्रसाद जी, मोहनदास नैमिशराय, डॉ. एन. सिंह, डॉ. जयप्रकाश कर्दम, डॉ. धर्मवीर, प्रो. श्यौराज सिंह 'बेचैन', सूरजपाल चौहान, मलखान सिंह, बुद्धशरण हंस, रत्नकुमार साँभरिया, कँवल भारती, रूपनारायण सोनकर, डॉ. कैलाश दहिया, डॉ. दिनेश राम, डॉ. दयानन्द बटोही, डॉ. पुरुषोत्तम 'सत्यप्रेमी', अवन्तिका प्रसाद मरमट, डॉ. कुसुम वियोगी, नवल वियोगी, जसराम हरनोटिया, यादकरण याद, डॉ. राजपाल सिंह राज, डॉ. कालीचरण 'स्नेही', डॉ. टी. पी. राही जैसे दर्जनों दलित लेखक पूरी शिद्दत के साथ दलित साहित्य के सृजन में मिशनरी भावना से जुटे हुए हैं। महिला लेखिकाओं में डॉ. कुसुम मेघवाल, रजनी तिलक, अनीता भारती, डॉ. सुशीला टाकभौरे, डॉ. रजतरानी 'मीनू', डॉ. रजनी अनुरागी आदि के सम्मिलित प्रयास से हिन्दी साहित्य में दलित साहित्य, एक सशक्त विधा के रूप में स्थापित हो सका।

दलित साहित्यकार, अपने आक्रामक-विद्रोही तेवरों के कारण हिन्दी तथा अन्य भारतीय भाषाओं के द्विज साहित्यकारों की आँख की किरकिरी बने हुए हैं। सवर्ण लेखक, यह भूल जाते हैं कि किसी भी भाषा का साहित्यकार, स्वभावतः सत्ता का प्रतिपक्ष हुआ करता है, साथ ही वह विद्रोह तथा परिवर्तन का हिमायती होता है। यथास्थितिवादी लेखकों का लेखन, एक तरह से जड़ता को बढ़ावा देनेवाला होता है, वह हमारे लिये अनुपयोगी ही है।

प्रो. तुलसीराम जैसे मार्क्सवादी चिन्तक भी इसके बाद दलित-लेखन के क्षेत्र में प्रविष्ट हुए। 1986 के शुरुआती दौर में द्विज जातियों में जन्मे मार्क्सवादी साहित्यकारों ने दलित साहित्य की पैरवी करते हुए हिन्दी 'दलित साहित्य' को 'दलित-विमर्श' विधा के रूप में स्वीकार किया, इनमें 'हंस' के सम्पादक राजेन्द्र यादव, कमलेश्वर, नामवर सिंह, वीरभारत तलवार, रमणिका गुप्ता, मैनेजर पाण्डेय जैसे मार्क्सवादी आलोचक तथा लेखक मुख्य रूप से उद्धृत किये जा सकते हैं। दलित साहित्य के नेतृत्व को लेकर कुछ मार्क्सवादी साहित्यकारों ने 21वीं सदी के आरम्भ में ही दलित साहित्य को नकारने की मुहिम आरम्भ कर दी थी, लेकन बाबासाहेब डॉ. भीमराव अम्बेडकर की संचेतना से ऊर्जा ग्रहण करनेवाले दलित साहित्यकारों ने इन मार्क्सवादी तथा अन्य यथास्थितिवादी, पुरोहित क़िस्म के पण्डा साहित्यकारों के कुतर्कों तथा दुष्प्रेरित आलोचनाओं का कड़ा प्रतिरोध करते हुए दलित साहित्य के रचनात्मक आन्दोलन को और अधिक दृढ़ता तथा मज़बूती प्रदान की। दरअसल, मार्क्सवादी सवर्ण साहित्यकार यह चाहते थे कि दलित साहित्य का नेतृत्व उनके हाथों में रहे, वे दलित लेखकों को अपने शिविर में दोयम दर्जे के लेखक के रूप में अपने आश्रित रखना चाहते थे, जिसे 'दलित-अस्मिता' से लबरेज़, दलित लेखकों ने नकार दिया और मार्क्सवादी आलोचकों के आराध्य प्रेमचन्द तथा आचार्य रामचन्द्र शुक्ल के साथ ही दूसरी परम्परा के प्रवर्तक कहे जानेवाले आचार्य हजारीप्रसाद द्विवेदी तथा कबीर के द्विज आलोचकों पर ज़ोरदार आक्रमण कर दिया, जिससे चिढ़कर रसवादी आलोचकों के साथ ही मार्क्सवादी आलोचकों ने दलित लेखकों में फूट डालने का प्रयास करते हुए दलित लेखकों की घोर उपेक्षा आरम्भ कर दी। इसका परिणाम यह हुआ है कि 'स्वानुभूति' की पक्षधरता लेते हुए दलित लेखकों ने 'सहानुभूतिपरक' साहित्य लेखन का 'दलित साहित्य' की परिधि से बाहर कर दिया, इससे बौखलाकर मार्क्सवादी आलोचकों के मुँह बिदक गये, भौंहें तन गयीं और उनके तन-बदन में आग लग गयी। वे दलित लेखकों पर घृणास्पद टिप्पणियाँ करने लगे। डॉ. धर्मवीर जैसे प्रख्यात दलित चिन्तक और लेखक को मार्क्सवादी लेखक और आलोचक, नफ़रत की नज़र से देखने लगे, राष्ट्रीय मंचों, सेमिनारों और संगोष्ठियों में डॉ. धर्मवीर पर यथास्थितिवादियों, सवर्ण साहित्यकारों की कूटनीतिक पहल से प्रो. तुलसीराम को अतिरिक्त महत्त्व और सम्मान दिया जाने लगा, उन्हें अपना हथियार बनाकर मार्क्सवादियों द्वारा इस लड़ाई को 'डॉ. धर्मवीर बनाम प्रो. तुलसीराम' करने की पुरजोर कोशिश की गयी, पर अच्छा यह हुआ कि अपने जीवन के अन्तिम चार-पाँच वर्षों में प्रो. तुलसीराम सँभल गये और उन्होंने 'मुर्दहिया' तथा 'मणिकर्णिका' जैसी दलित आत्मकथा लिखकर मार्क्सवादियों को उनका असली चेहरा दिखा दिया। प्रो. तुलसीराम आज हमारे बीच नहीं हैं, पर उनकी आत्मकथाओं से हमारी भावी पीढ़ियों को नवीन चेतना तथा सामाजिक परिवर्तन के लिए प्रेरणा मिलती रहेगी। डॉ. धर्मवीर

को इन मार्क्सवादी लेखकों ने बाद में षड्यन्त्र रचकर दलितों के बीच में भी विवादास्पद और अम्बेडकर विरोधी लेखक के रूप में दुष्प्रचारित कर दिया। इतना ही नहीं, इसी बीच कँवल भारती और डॉ. धर्मवीर को आपस में भिड़ा दिया, इससे दलित साहित्य के रचनात्मक आन्दोलन को हलका अवरोध झेलना पड़ा। इस विवाद में न पड़कर अधिकांश दलित लेखक और बुद्धिजीवी, अत्यन्त लगन के साथ साहित्य सृजन में और अधिक समर्पण के साथ लग गये।

ओमप्रकाश वाल्मीकि जैसे सशक्त दलित साहित्यकार, कम्युनिस्टों की कूटनीतिक मानसिकता का खुलकर विरोध करते रहे। उन्होंने निर्गुण सन्तों तक के साहित्य को दलितों के लिए अनुपयुक्त बताया। वाल्मीकि जी की आत्मकथा 'जूठन' हिन्दी साहित्य में अब भी पहले पायदान पर बनी हुई है।

प्रख्यात दलित लेखकों ने दलित साहित्य सृजन के साथ ही दलित साहित्य को एक आन्दोलन का रूप देने के निमित्त कुछ पत्रिकाओं का अपनी निजी पहल से प्रकाशन आरम्भ कर दिया, इन पत्रिकाओं में डॉ. सोहनपाल सुमनाक्षर द्वारा सम्पादित 'हिमायती' (पाक्षिक), मोहनदास नैमिशराय द्वारा सम्पादित 'बयान' (मासिक), दयानाथ निगम द्वारा सम्पादित 'अम्बेडकर इन इण्डिया', डॉ. कालीचरण 'स्नेही' द्वारा सम्पादित 'अम्बेडकर कल्चर' (त्रैमासिक), डॉ. टी. पी. राही द्वारा 'दलित संवेग' (त्रैमासिक) डॉ. तेजसिंह द्वारा सम्पादित 'अपेक्षा' (मासिक) डॉ. अम्बेडकर प्रतिष्ठान द्वारा प्रकाशित और सुधीर हिलसायन द्वारा सम्पादित 'सामाजिक न्याय सन्देश' (मासिक), के. पी. मौर्य द्वारा सम्पादित 'सम्यक् भारत', म. प्र. दलित साहित्य अकादमी उज्जैन द्वारा प्रकाशित 'अपूर्व देवा' तथा श्रीमती कला मरमट द्वारा सम्पादित 'नागमय संस्कृति', बुद्धशरण हंस द्वारा सम्पादित 'अम्बेडकर मिशन, पत्रिका' (मासिक) मुख्य रूप से उद्धृत की जा सकती हैं। इन दलित पत्रिकाओं ने समूचे उत्तर भारत में डॉ. अम्बेडकर की विचारधारा एवं बौद्ध धम्म के प्रचार-प्रसार में अभूतपूर्व योगदान देते हुए जन जागृति का प्रेरक एवं सराहनीय कार्य किया है। दलित पत्रिकाओं तथा दलित साहित्य के इस परिवर्तनकामी अहिंसक, रचनात्मक आन्दोलन ने उत्तर भारत में दलित-बहुजन एवं आदिवासी समुदायों में राजनीतिक चेतना तथा स्वाभिमान की भावना के साथ ही मानवीय अधिकार चेतना का तीव्र प्रसार हुआ है। इसी बीच पिछड़े समाज के बुद्धिजीवी लेखकों की ओर से श्री आयवन कोस्का के मुख्य सम्पादकत्व में 'फ़ारवर्ड प्रेस' जैसी हिन्दी-अंग्रेज़ी (द्विभाषिक मासिक) पत्रिका के प्रकाशन ने सामाजिक परिवर्तन की गति को और अधिक गतिमान् कर दिया। इसी अवधि में आदिवासियों की ओर से भी कुछ महत्त्वपूर्ण पत्रिकाओं का प्रकाशन हुआ है, जिससे आदिवासी लेखकों के विचारकों का भी भारतीय समाज में प्रचार-प्रसार हुआ है। आदिवासी लेखकों में पूर्वोत्तर के लेखकों के साथ ही राजस्थान के मीणा समाज के कुछ अत्यन्त महत्त्वपूर्ण लेखक हमारे बीच

लगातार सक्रिय हैं, इनमें हरिराम मीणा तथा डॉ. गंगासहाय मीणा प्रमुख हैं। रमणिका गुप्ता द्वारा सम्पादित 'युद्धरत आम आदमी' पत्रिका के 'दलित-आदिवासी' तथा 'स्त्री-विमर्श' विशेषांक भी हमारे साहित्यिक आन्दोलन को उसी तरह प्रेरित और प्रभावित कर रहे हैं, जिस तरह आरम्भ में राजेन्द्र यादव द्वारा सम्पादित 'हंस' और कमलेश्वर द्वारा सम्पादित 'सारिका' तथा डॉ. महीप सिंह द्वारा सम्पादित 'संचेतना' ने दलित साहित्य को स्थापित करने तथा दलितों में 'अस्मितामूलक' 'दलित-चेतना' जागरण का कार्य किया था। लखनऊ के विद्रोही लेखंक, मुद्राराक्षस ने अपने लेखन के माध्यम से दलितों तथा शोषितों में स्वाभिमान-चेतना का संचार किया। आपके लेखन से ब्राह्मणवाद की चूलें हिल गयीं। उत्तर भारत में मुद्राराक्षस जैसे प्रखर साहित्यकार ने मनुवाद पर ज़ोरदार हमला बोला था। वे इस समय दिवंगत हो चुके हैं।

इस समय भारतीय भाषाओं में 'दलित साहित्य' और 'स्त्री-विमर्श' विषयक साहित्य का परचम लहरा रहा है। वे द्विज लेखक भी इस समय 'दलित साहित्य' लिखने में जुट गये हैं, जिनके पूर्वजों ने हमारी क़ौम को ग़ुलाम बनाने की आचार संहिताएँ रची थीं। मनुस्मृति और अन्य पुराण साहित्य के पूजक अधिकांश हिन्दू लेखक, हिन्दी क्षेत्र में दलित साहित्य के नाम पर कई भ्रान्तियाँ फैला रहे हैं। एक ओर वे दलित साहित्य लेखन के क्षेत्र में घुसपैठ कर बैठे हैं, तो वहीं दूसरी ओर उनके द्वारा पुरातनपन्थी-रामानन्दी साहित्य को भी दलित साहित्य की परिधि में लाने का असफल प्रयास हो रहा है। द्विज लेखक तुलसी की 'रामचरितमानस' तथा 'हनुमान चालीसा' से विमुक्त हुए बिना ही दलित साहित्य में प्रसिद्धि पाने के लिए लालायित हैं, जबकि हिन्दी दलित आलोचकों द्वारा उन्हें बार-बार यह बताया जा चुका है कि दलित साहित्य, केवल दलित जीवन की त्रासद पीड़ा भोग रहे दलित जाति में जन्मे 'दलित लेखक' ही दलित साहित्य को निजी संवेदना के साथ साधिकार लिख सकते हैं। हिन्दू मन्दिरों, देवी-देवताओं तथा वेद-स्मृतियों में आस्था रखनेवाले दलित भी, दलित जाति में पैदा होकर भी, दलित साहित्य के अधिकारी लेखक नहीं हो सकते हैं।

हाँ, ऐसा कोई भी, किसी भी जाति का साहित्यकार, 'दलित साहित्य' को साधिकार लिख सकता है, जो वेद-पुराण तथा स्मृतियों को पूरी तरह नकारता हो, मन्दिरों-तीर्थों-हिन्दू व्रत आदि में जिसकी तनिक भी आस्था न हो और जो भाग्य-भगवान्, पुनर्जन्म, ज्योतिष, वर्ण-जाति आदि में बिलकुल ही विश्वास न करता हो, जो हर क्षेत्र में स्त्री-स्वातन्त्र्य का हिमायती होने के साथ ही 'स्त्री-अस्मिता और सभी स्त्रियों को जीवन के हर क्षेत्र में अवसर की समानता' का पक्षधर हो तथा पुरुष वर्चस्व से स्त्री को मुक्त कराने के लिए संघर्षरत हो, जिसका ज्ञान-विज्ञान से गहरा नाता हो और जो भारतीय संविधान की मूल भावना का आदर करते हुए मानवीय गरिमा के लिए संघर्षरत हो। जिसकी अन्तर्जातीय विवाह करने में रुचि हो, हर प्रकार के पाखण्ड तथा भेद-भाव से परे हो,

वैज्ञानिक तथा समता-ममता के साथ ही बुद्ध, फुले और अम्बेडकर साहेब की विचारधारा में अटूट आस्था रखता हो।

इसके उलट जो उक्त परिधि से बाहर खड़ा है, जो वेद-पुराण और वर्ण-जाति में आस्था रखते हुए हिन्दू धर्म के ऊँच-नीच के कुसंस्कारों से ग्रस्त हो, देवी-देवताओं पर रचे गये कपोल-कल्पित गीत-संगीत पर पागलों की तरह झूम-झूमकर नाचता-थिरकता हो, मन्दिरों में जाकर घण्टा बजाते हुए मूर्ति के समक्ष सपत्नीक लेटकर नतमस्तक होकर समर्पण करते हुए अपना माथा ज़मीन पर बार-बार टेकता हो। वह भले ही दलित जाति में जन्मा हो, ऐसा व्यक्ति भी दलित साहित्य नहीं लिख सकता है, यदि लिखता है, तो वह सबसे बड़ा ढोंगी, पाखण्डी और दिग्भ्रमित लेखक है।

दलित साहित्य लेखन का सम्बन्ध, जन्मना जाति के साथ ही डॉ. भीमराव अम्बेडकर की वैचारिक प्रतिबद्धता पर अवलम्बित है। दलित साहित्य, वैचारिक साहित्य है, अम्बेडकर विचारधारा से प्रभावित और प्रेरित, साहित्यकार ही 'दलित साहित्य' के लेखन के असली हक़दार हैं। दलित साहित्य, सामाजिक परिवर्तन की आकांक्षा से निर्मित 'अस्मितामूलक' साहित्य है। दलित साहित्य, सही अर्थों में दलित मुक्ति, रूढ़ियों से ग्रस्त व्यक्ति को मुक्ति का मार्ग दिखानेवाला तथा भारतीय संविधान की पक्षधरता का द्योतक है। दलित साहित्य, समता-ममता तथा बुद्ध की करुण-मैत्री की भावना को मज़बूती प्रदान करनेवाला सामाजिक बदलाव का आन्दोलनपरक साहित्य है।

"वे धन्य हैं, जो अनुभव करते हैं कि जिन लोगों में हमारा जन्म हुआ है, उनका उद्धार करना हमारा कर्त्तव्य है। धन्य हैं वे, जो ग़ुलामी का ख़ात्मा करने के लिए सब-कुछ न्योछावर करते हैं, और धन्य हैं वे, जो सुख और दुःख, मान-सम्मान, कष्ट और कठिनाइयों, आँधी और तूफान की परवाह किये बिना, तब तक संघर्ष करते रहेंगे, जब तक कि अस्पृश्यों को उनके मानवीय जन्मसिद्ध अधिकार न मिल जायँ।" *(बाबासाहेब अम्बेडकर सम्पूर्ण वाङ्मय, खण्ड-12, पृ. 116)* बीसवीं शताब्दी में सक्रिय और संघर्षरत, हमारे युग-पुरुष डॉ. अम्बेडकर जी के उक्त विचार, उनके व्यक्तित्व की विशालता और हार्दिक उदारता को प्रकट करते हैं। उनका यह कथन भी कितना प्रेरक, मार्मिक और स्फूर्तिवर्द्धक है कि, "दुःखियों के आँसू पोंछने के लिए तुम्हारे नयन तरसने चाहिए। दीन-दलित की सेवा के लिए तुम्हारा हृदय पसीजना चाहिए। संकटग्रस्त लोगों की सुरक्षा के लिए तुम्हारी भुजाएँ फड़कनी चाहिए।"

उक्त वाक्यांश, कितना काव्यात्मक और कारुणिक है, यह सहज ही समझा जा सकता है। बाबासाहेब डॉ. भीमराव अम्बेडकर के इस तरह के विचारों से प्रेरित और प्रभावित होकर ही दलित लेखकों ने अपनी आपबीती को साहित्य के माध्यम से प्रकट किया है। कविता, कहानी, उपन्यास तथा नाटकों के माध्यम से दलित लेखकों ने अपने

समाज का ऑपरेशन किया है। दलितों द्वारा लिखी कहानियाँ एक तरह से उनके अपने आत्मकथात्मक संस्मरण ही हैं। आत्मकथाओं में हिन्दी लेखकों ने अपने भारतीय समाज की वह चीर-फाड़ की है, जो कि अब तक किसी सवर्ण लेखक ने नहीं की थी। दलितों तथा ग़ैरदलितों के बीच जाति तथा वर्ण के आधार पर जो सामाजिक विभाजन है, उसका यथार्थ चित्रण इन आत्मकथाओं में यथावत् हुआ है। दलित लेखकों द्वारा लिखी जा रही कहानियों और उपन्यासों में भी आत्मकथात्मक सच्ची घटनाएँ ही उजागर हुई हैं। उनकी कहानियाँ, कहने भर को कहानियाँ हैं, वस्तुतः वे कहानियाँ सच्ची घटनाओं पर ही आधारित हैं।

इस समय सभी भारतीय भाषाओं में बहुत बड़े पैमाने पर दलित लेखक, अपने समाज को उत्साहित करने, उसे ग़ुलामी से मुक्त कराने, अन्याय-अत्याचार तथा ग़ैर बराबरी के विरुद्ध सचेत करने का सराहनीय कार्य कर रहे हैं। अब दलित लेखकों ने रोने-धोने का साहित्य लिखना छोड़ दिया है। वे अब अपनी क़लम से अपने समाज को स्वाभिमानपूर्वक जीवन जीने के लिए प्रेरित कर रहे हैं। जनजागरण का कार्य साहित्य के माध्यम से इस समय जारी है। भारतीय संविधान द्वारा दलितों, शोषितों तथा स्त्रियों को जो मानवीय अधिकार दिये गये हैं, उनको प्राप्त करने के लिए साहित्य के माध्यम से दलित लेखक उनकी पैरवीकार रहे हैं।

दलित साहित्यकारों द्वारा दलित साहित्य के माध्यम से समाज में एकता-समरसता तथा बन्धुता का भाव जगाने का महत्त्वपूर्ण कार्य किया जा रहा है। समाज में जातीय उत्पीड़न की समाप्ति तथा आपसी सौहार्द बढ़ाना ही दलित साहित्यकारों का मिशन है। इस समय जो भी लेखक भारत में आपसी भाईचारा बढ़ाने का साहित्य रच रहे हैं, (इन लेखकों में दलित-ग़ैर दलित दोनों ही सम्मिलित हो सकते हैं) जो शोषितों, मज़दूरों तथा दीन-दलितों की साहित्य के माध्यम से पैरवी कर रहे हैं, स्त्रियों का पितृसत्ता से मुक्त करने का उपक्रम चला रहे हैं, जाति-वर्ण का गढ़ तोड़ रहे हैं, साम्प्रदायिक कट्टरता के विरुद्ध संघर्ष कर रहे हैं, वे सब हमारे असली सहचर तथा मित्र हैं। मनुवादी मानसिकता के ख़िलाफ़, जिस किसी की भी लेखक की लेखनी चल रही है, वह सब हमारे परम हितैषी तथा बन्धु हैं। देश में साम्प्रदायिक ताक़तों ने इस वक़्त दहशत का घुटन-भरा माहौल बना रखा है, इसके विरुद्ध लेखकों और सामाजिक कार्यकर्त्ताओं को एकजुट होकर इस साम्प्रदायिक कट्टरता का मुक़ाबला करना होगा।

भारतीय समाज में 'जातिवाद', सबसे बड़ा 'सामाजिक आतंकवाद' है। इन सामाजिक आतंकवादियों ने नरेन्द्र दाभोलकर, गोविन्द पानसरे और एम. एम. कलबुर्गी जैसे प्रख्यात विचारकों और साहित्यकारों की हत्या की है। राष्ट्र के अखण्ड ताने-बाने को ऐसे ही लोग नष्ट कर रहे हैं। राष्ट्र विरोधी तथा निरंकुश हो चुके ऐसे ही आतंकवादियों को सद्मार्ग पर लाने का संकल्प लेते हुए सभी लेखकों को अपनी लेखनी को ही

तोप-तलवार बनाना होगा, अन्यथा बेहद कठिनाइयों और अनेक बलिदानों के बाद जो आज़ादी हमें हासिल हुई है, वह बेमानी-बेमतलब हो जायगी। मतलबपरस्त जमातों से इस समय हमारा मुक़ाबला है। इस संघर्ष में जीत हमारी ही होगी, क्योंकि संविधान हमारा सम्बल है। संविधान ने ही हमें मनुष्य के रूप में प्रतिष्ठित किया है, संविधान ने ही हमें 'क़लम' और 'कण्ठ' की आज़ादी दी है। हम उस आज़ादी का एक आज़ाद मुल्क में इस समय भरपूर इस्तेमाल कर रहे हैं। यदि हम, अपने समाज से जातिवाद का अन्त नहीं कर सके, तो हमारा अस्तित्व सुरक्षित नहीं रहा पायेगा। भावी पीढ़ियों को हमें एक जातिविहीन समाज-व्यवस्था में विश्वास और आचरण करनेवाला भारत सौंपना होगा, अन्यथा भावी पीढ़ियाँ हमें अपना पूर्वज कहने में शर्म महसूस करेंगी। हमें अपने सुकृत और साहित्य से समृद्ध और गौरवशाली भारत का निर्माण करके देना होगा। दलित साहित्यकार, अधुनातान भारत निर्माण की इसी मुहिम में लगे हुए हैं। भारत देश के प्रत्येक नागरिक को सुरक्षा और स्वाभिमानपूर्वक जीवन जीने का हक़ मिले, यही हमारा संकल्प है।

●

प्रेमचन्द और दलित-विमर्श के प्रश्न

प्रो. रामचन्द्र

प्रेमचन्द की लेखकीय प्रतिबद्धता और उनकी कथा-संवेदना की प्रासंगिकता आज भी समसामयिक बहसों के केन्द्र में है। उनका साहित्य आज भी पठनीय और प्रश्नानुकूल है। उनके साहित्यिक सरोकार अभी भी पूरे नहीं किये जा सके हैं। 21वीं सदी में भी वे और उनकी साहित्यिक संवेदना समकालीन एवं समसामयिक क्यों है? प्रेमचन्दयुगीन और 21वीं सदी के भारत में काफ़ी अन्तर आ चुका है, फिर भी प्रेमचन्द विवेच्य विषय क्यों बने हुए हैं? गुलाम बनाम आज़ाद भारत के मध्य प्रेमचन्द को कैसे पढ़ा जाय? उनके साहित्य को जाँचने-परखने का नज़रिया क्या हो? प्रत्येक सजग एवं संजीदा पाठक और आलोचक के लिए यह प्रश्न महत्त्वपूर्ण है। आज़ादी-पूर्व और आज़ादी के बाद की रणनीतियाँ, आवश्यकताएँ और सरोकार एक नहीं हो सकते। यह पक्ष ध्यान में रखना ज़रूरी है। प्रेमचन्द की पक्षधरता किसके साथ थी—महात्मा गाँधी के साथ या डॉ. अम्बेडकर के साथ? यह प्रश्न दलित प्रश्न के रूप में इतने दिनों बाद क्यों पैदा हुआ? इसकी वजह स्वयं प्रेमचन्द हैं या तत्कालीन-समकालीन-सामाजिक-सांस्कृतिक-राजनीतिक-ऐतिहासिक परिस्थितियाँ? प्रेमचन्द की पक्षधरता शोषकों के साथ थी या शोषितों के साथ, इससे सभी वाक़िफ़ हैं; फिर भी प्रेमचन्द की दलित संवेदना पर इतना सन्देह क्यों? प्रेमचन्द और उनके साहित्य से इतनी ढेर-सारी उम्मीदें और इतने प्रश्न क्यों? आज के पाठक-आलोचक अपने समकालीन लेखक से और अपने-आप में यह सवाल क्यों नहीं पूछते? ज़ाहिर है कि प्रेमचन्द की साहित्यिक संवेदना बहुत व्यापक और सार्वजनीन है, इसीलिए प्रेमचन्द और उनके साहित्य की प्रासंगिकता एवं सामयिकता बनी हुई है। विगत दो-ढाई दशक से प्रेमचन्द मुख्य रूप से दलित प्रश्नों की वजह से बहस के केन्द्र में हैं। यह प्रश्न दलित साहित्य के उद्भव और उसके विकास के क्रम में दलित-विमर्श के रूप में किया गया। प्रेमचन्द और उनके लेखन में दलित जीवन-दृष्टि, वैचारिकी और संवेदना पर कुछ दलित लेखकों-आलोचकों की ओर से विवेचना के क्रम में प्रश्न किये जाते रहे हैं। प्रेमचन्द साहित्य का दलित

दृष्टि से पुनर्विवेचन करना अनुचित नहीं है, परन्तु पाठ से बाहर जाकर परिकल्पित या प्रक्षेपित विवेचन अनुचित ही नहीं अपितु साहित्य एवं साहित्यकार के मर्म की हत्या करना जैसा है। प्रेमचन्द-युग में भी ज्योतिप्रसाद मिश्र 'निर्मल' और ठाकुर श्रीनाथ सिंह ने प्रेमचन्द को 'घृणा का प्रचारक' कहकर उनका और उनके साहित्य का तीखा विरोध इसलिए किया था, क्योंकि प्रेमचन्द वर्ण-व्यवस्था, जाति-पाँति, पाखण्ड, कर्मकाण्ड, अन्धविश्वास और शोषण के विविध रूपों के प्रतिरोध को साहित्यिक दायरे में लाकर ब्राह्मणवाद को चुनौती दे रहे थे। आज़ाद भारत की 21वीं सदी में कुछेक दलित लेखक-आलोचक द्वारा 'रंगभूमि' दहन और प्रेमचन्द को 'सामन्त का मुन्शी' कहकर कुछ वैसा ही कृत्य किया गया। इससे दलित-विमर्श के प्रति सन्देह और नकारात्मक छवि का भाव पैदा हुआ। दलित साहित्य आन्दोलन में अन्तर्विरोधी स्वर उभरने शुरू हो गये। इन्हीं वजहों से दलित साहित्य को नकारनेवालों को भी मौक़ा मिला। जो पाठक-समीक्षक दलित-लेखन के उभार से असहज थे, वे दलित-विमर्श को विकृत करके पेश करने लगे। बहुजन राजनीति को आधार बनाकर दलित-विमर्श को ख़ारिज करने के प्रयास तो पहले से चल ही रहे थे, इन अन्तर्विरोधी स्वरों और प्रश्नों से दलित-विरोधी नकार की राजनीति को बल मिला। परन्तु दलित साहित्य आन्दोलन की अम्बेडकरवादी वैचारिकी को इससे निखरने का मौक़ा भी मिला। 'रंगभूमि' दहन और 'सामन्त का मुन्शी' प्रकरण की भर्त्सना कर अपना पक्ष रखते हुए दलित साहित्य-लेखन और आन्दोलन से जुड़े लेखकों तथा कार्यकर्त्ताओं ने विमर्श की तमाम अन्तर्धाराओं को स्पष्ट किया। इससे एक बात तो स्पष्ट हो गयी कि प्रेमचन्द को पढ़ने और समझने की दृष्टियों में दलित साहित्य आन्दोलन के भीतर भी भिन्नताएँ हैं। इन भिन्नताओं की पहचान न होने के कारण हिन्दी के कुछ आलोचकों ने प्रेमचन्द विवाद के सन्दर्भ में दलित साहित्य आन्दोलन पर ही प्रहार करना शुरू कर दिया, जिससे वाद-प्रतिवाद काफ़ी बढ़ गया था; परन्तु स्थितियाँ अब काफ़ी सुस्पष्ट हो चुकी हैं। हिन्दी के ग़ैर-दलित आलोचकों और पाठकों के दृष्टिकोण में अब काफ़ी फ़र्क़ आया है। दलित साहित्य आन्दोलन और विमर्श की विविधताओं तथा उसकी वैचारिकी को समझने की सकारात्मक पहल हुई है। परन्तु पूर्वग्रह के बादल को पूरी तरह छँटने में वक़्त लगेगा।

ग़ौरतलब यह है कि प्रेमचन्द को कैसे पढ़ें और समझें? प्रेमचन्द साहित्य को समझने और विवेचित करने का दृष्टिकोण क्या हो? साहित्य में जब तक दलित दृष्टि का हस्तक्षेप नहीं था, तब तक प्रेमचन्द को समझने, परखने और विश्लेषण करने की मोटे तौर पर दो ही मुख्य दृष्टियाँ दिखायी देती हैं—एक मार्क्सवादी और दूसरी ग़ैर-मार्क्सवादी या परम्परावादी दृष्टि। अम्बेडकरवादी दलित दृष्टि ने प्रेमचन्द ही नहीं, अपितु सम्पूर्ण हिन्दी साहित्य और साहित्यिक प्रतिमानों को चुनौती देते हुए कठघरे में खड़ा किया। यह प्रश्न था दलित संवेदना का; दलित-चेतना और वैचारिकी का; स्वयं

के वजूद का; सहभागिता, सरोकार और दृष्टि का; हिन्दू धर्म की असमानतापरक व्यवस्था के ख़ात्मे की पहल का; अपमान, अनादर, अन्याय, घृणा, उत्पीड़न, हिंसा और शोषण एवं दमन से मुक्ति का। मोटे तौर पर यही मुख्य दलित प्रश्न हैं। इन्हीं प्रश्नों की खोज में दलित-विमर्श ने प्रेमचन्द को भी बहसतलब बनाया। परन्तु अम्बेडकरवादी दलित लेखकों और आलोचकों द्वारा प्रेमचन्द पर की गयी टिप्पणियों, समीक्षकों और आलोचकों के सन्दर्भ में हिन्दी के कुछ ग़ैर-दलित आलोचकों-समीक्षकों-विश्लेषकों की तीखी प्रतिक्रियाओं के कारण प्रेमचन्द बहस की बजाय विवाद के केन्द्र में आ गये। इससे दलित साहित्यकारों की प्रतिक्रियाओं में भी बढ़ोतरी हुई। ग़ैर-दलित आलोचकों ने दलित साहित्य आन्दोलन की वैचारिक अन्तर्धाराओं को समझने में देरी की, इसीलिए दलित प्रश्न के प्रति सकारात्मक और संवेदनशील सोच विकसित होने में वक़्त लग रहा है। जबकि ज़रूरत है संजीदा ढंग से उन दलित प्रश्नों को सुनने की, जो दलित साहित्य आन्दोलन की वैचारिकी और आत्मानुभव से पैदा हुए हैं। दलित साहित्य को मात्र अस्मिता-विमर्श के रूप में नहीं देखा जाना चाहिए। दलित-विमर्श के पास स्वप्न, दृष्टि और विकल्प भी है—समतापरक भारत का, ज़रूरत है अम्बेडकरवादी दृष्टि से देखने की।

दलित लेखकों-आलोचकों में आक्रोश और तीखी टिप्पणी की वजह क्या है? एक, हिन्दू-व्यवस्था के वर्ण-व्यवस्थापरक जाति की जन्मजात पहचान और उसके फलस्वरूप अपमान एवं अन्याय के दंश का आत्मानुभव। दो, 'रंगभूमि' दहन और 'सामन्त का मुन्शी' की प्रतिक्रियाओं के फलस्वरूप सम्पूर्ण दलित साहित्य आन्दोलन को कमतर साबित करने के लिए ग़ैर-दलितों द्वारा प्रेमचन्द साहित्य को मानदण्ड-मानक मानते हुए दलित रचनाओं को शिल्पहीन साबित करते हुए गाली-गलौज की भाषा का आरोप मढ़ना। तीन, दलित-लेखन के उभार से कुछ प्रगतिशील-मार्क्सवादी पाठकों-आलोचकों द्वारा दलित साहित्य का नकार। मोटे तौर पर इन्हीं कारणों और टकराहटों से दलित साहित्य को जगह बनाने में इतना लम्बा वक़्त लगा। दलित साहित्य-लेखन हिन्दी साहित्य के विकास में योगदान के रूप में कभी नहीं देखा गया। असमानतापरक और भेदभावजनित व्यवस्था के अधिसंख्य लाभान्वित वर्ग को ब्राह्मणवाद के वर्चस्व, शोषण, दमन, घृणा और हिंसा के परिणामों से क्या वास्ता? यह जानते हुए भी दलित साहित्य आन्दोलन ने लोकतान्त्रिक ढंग से तार्किक प्रश्नों को सामने रखा। दलित साहित्य आन्दोलन या सम्पूर्ण दलित-विमर्श में अलगाव के स्वर नहीं सुने जा सकते। अखण्ड भारत अक्षुण्ण रखते हुए अम्बेडकरवादी वैचारिकी ने धर्म, संस्कृति, इतिहास और सामाजिक व्यवस्था की समीक्षा करते हुए दलित प्रश्नों के आलोक में साहित्य की समीक्षा की। चूँकि प्रेमचन्द ने दलित जीवन-सन्दर्भ की रचनाएँ कीं, इसीलिए उन पर प्रश्न उठना एक स्वाभाविक प्रक्रिया है। परन्तु प्रेमचन्द पर तीखे दलित प्रश्न तब सामने

आये जब प्रेमचन्द को दलित विषयक रचनाओं को मानक मानकर कुछ ग़ैर-दलित आलोचकों द्वारा दलित रचनाएँ ख़ारिज या कमतर करने की कोशिशें तेज़ हो गयीं। अन्यथा अधिकांश दलित लेखक प्रेमचन्द को अपना प्रेरणास्रोत मानते रहे हैं। इन तीखे संवादों के पीछे मुख्य रूप से उक्त तीन कारण रहे हैं, जिन्हें ठीक से समझा जाना चाहिए।

अम्बेडकरवादी दलित-चेतना की दृष्टि से मुख्यतः तीन कारणों से प्रेमचन्द बहस या विवाद के केन्द्र में हैं—एक, प्रेमचन्द की वैचारिक पक्षधरता, दूसरा, 'कफ़न' कहानी दलित-चेतना की कहानी है या दलित-विरोधी और तीसरा, प्रेमचन्द की विरासत के विकास का प्रश्न। इस तीनों प्रश्नों को संवेदनशीलता से समझने और ऐतिहासिक तथ्यों की छानबीन करने की अवश्यकता है। इन प्रश्नों को समझने के लिए 'दलित' शब्द का आशय, इसकी ऐतिहासिकता, दलित-चेतना से अभिप्राय, दलित साहित्य की वैचारिकी तथा दलित साहित आन्दोलन की पृष्ठभूमि को समझना ज़रूरी है, जिसको ज़्यादातर ग़ैर-दलित आलोचकों-पाठकों ने ज़रूरी नहीं समझा। बल्कि दलित साहित्य-लेखन को हिन्दी साहित्य की परम्परागत सैद्धान्तिकी या मार्क्सवादी वैचारिकी की नज़र से देखा गया। जबकि दलित साहित्य आन्दोलन के इतिहास या भुक्तभोगियों के यातनादायी इतिहास से गुज़रते हुए विवेचना करने की ज़रूरत थी। 'दलित' और 'दलित-चेतना' का आशय निश्चित करते हुए साहित्य की वैचारिकी विकसित हुई है, जबकि प्रेमचन्द के यहाँ लेखन से पूर्व ऐसा कोई निर्धारण नहीं है। दलित साहित्य लेखन की पृष्ठभूमि में बुद्ध, फुले और डॉ. अम्बेडकर की वैचारिकी तथा मराठी का 'दलित पैन्थर आन्दोलन' की महत्त्वपूर्ण भूमिका रही है। इसका आशय यह है कि दलित-लेखन आन्दोलन की उपज है और 'दलित साहित्य' नाम से इसका विकास आज़ादी के बाद और डॉ. अम्बेडकर के परिनिर्वाण के बाद हुआ है। इसीलिए आज़ादी पूर्व और पश्चात् का विवेक ध्यान में होना चाहिए। यह विवेक दलित और ग़ैर-दलित दोनों में होना चाहिए। हिन्दी के सुपरिचित अम्बेडकरवादी वैचारिकी के मूर्द्धन्य दलित लेखकों-आलोचकों के माध्यम से 'प्रेमचन्द और दलित-विर्मश के प्रश्न' विषय पर विवेचन-विश्लेषण करना अपेक्षित है।

प्रेमचन्द की वैचारिक पक्षधरता पर विचार करते हुए ओमप्रकाश वाल्मीकि ने जो प्रश्न किया है, उस पर संयत ढंग से मन्थन किया जाय। 'प्रेमचन्द और दलित-विमर्श' नामक लेख में वाल्मीकि जी ने अपनी दृष्टि स्पष्ट की है, "एक सम्पादक की हैसियत से प्रेमचन्द ने अपने पत्र मासिक 'हंस', साप्ताहिक 'जागरण' में दलित समस्याओं पर अनेक टिप्पणियाँ लिखीं। पृथक् निर्वाचन के प्रश्न पर जब गाँधी जी ने यरवदा जेल में आमरण अनशन किया, तब भी प्रेमचन्द ने लगातार लिखा लेकिन वे भी इन समस्याओं को गाँधी जी के ही दृष्टिकोण से देख रहे थे। उनकी दृष्टि में भी वे ही तत्त्व मौजूद थे, जो किसी भी हिन्दू रचनाकार, राजनीतिज्ञ और सम्पादक की सोच और

चिन्तन का हिस्सा थे। वे भी दलितों को नारकीय जीवन जीते हुए, प्रताड़ना सहते हुए, अपमान की हीनता से भरी ज़िन्दगी को 'राष्ट्रीय धर्म' के प्रति आस्था रखने का उपदेश दे रहे थे। जबकि दलितों के पास न रहने को घर था, न ज़मीन, न धर्म ही उनका था। दलित आन्दोलन को वे साम्प्रदायिक कह रहे थे।''[1] डॉ. अम्बेडकर के पृथक् निर्वाचन पर 22 अगस्त, 1932 'जागरण' में प्रेमचन्द की सम्पादकीय टिप्पणी की ओर वाल्मीकि जी ध्यान ले जाते हैं—''साम्प्रदायिक भेद की नीति ही आपत्तिजनक है। गवर्नमेण्ट भारत को राष्ट्र नहीं समझती है। हम अपने व्यवहार में उसे ऐसा समझने का अवसर ही नहीं देते, वह तो भारत को सम्प्रदायों की दृष्टि से देखती है। अतएव साम्प्रदायिक मताधिकार के लिए हम इतने इच्छुक हों, यह तो गवर्नमेण्ट की दृष्टि का समर्थन है।''[2] वाल्मीकि जी इसे और स्पष्ट करते हैं—''ऐसा लिखते समय प्रेमचन्द की दृष्टि में दलित-समस्या मात्र एक साम्प्रदायिक समस्या थी। यह दृष्टि वे सीधे गाँधीवादी विचार से ग्रहण कर रहे थे। गाँधी जी ने इन शब्दों में दलितों के पृथक् निर्वाचन का विरोध किया था—''अल्पसंख्यक लोग यदि पृथक् निर्वाचन की माँग करें तो मैं कुछ हद तक उनकी बात समझ सकता हूँ पर अछूतों की ओर से यह माँग की जा रही है, उसका मुझे दुःख है। मैं इस बात को यहाँ स्पष्ट रूप से कह देना चाहता हूँ कि यदि और लोग मेरी सहायता न करें तो भी मैं अकेला अछूतों के पृथक् निर्वाचन क्षेत्र का जी-जान से विरोध करूँगा।''[3] हिन्दी के दलित आलोचकों का मानना है कि प्रेमचन्द और गाँधी अपनी सामाजिक-धार्मिक पहचान को अक्षुण्ण रखते हुए सुधार चाहते थे, जबकि समकालीन दलित-चिन्तन अपमान, घृणा, दमन, यातना, अन्याय और हिन्दू व्यवस्था द्वारा प्रतिपादित शोषण के विविध रूपों से वह मुक्ति चाहता है, इसलिए उसकी आकांक्षा सामाजिक परिवर्तन की आकांक्षा है। वह हिन्दू व्यवस्था को मानसिक ग़ुलामी से मुक्ति चाहता है, जहाँ व्यक्ति की पहचान जन्म से लेकर मृत्यु तक 'जाति' से है। इस धर्म में सामाजिक श्रेणीबद्धता के अन्तर्गत हर जाति अपने से छोटी जाति ढूँढ़ लेती है और उसके साथ अपमान और अनादर का व्यवहार करती है। आर्थिक रूप से सम्पन्न होने के बावज़ूद भुक्तभोगी वर्ग की जातिगत पीड़ा समाप्त नहीं होती। इन्हीं कारणों से वह बौद्धधम्म के सन्निकट है, क्योंकि बौद्धधम्म ने वर्ण-व्यवस्था, कर्मकाण्ड और ब्राह्मणवाद को चुनौती दी थी। दलित आम्दोलन अपने साहित्य, इतिहास, संस्कृति, धर्म, दर्शन और ज्ञान की विरासत की खोज में वैकल्पिक व्यवस्था की ओर अग्रसर है। इसीलिए समूचा दलित आन्दोलन एक सांस्कृतिक आन्दोलन है, जो सत्ता तन्त्र के हर मोर्चे पर अपनी पहचान और अधिकार क़ायम करना चाहता है। सदियों से समाज, साहित्य और राजनीति के हाशिये पर धकेल दिया गया दलित प्रेमचन्द के यहाँ भी स्वयं को समग्रता में नहीं पाता। ओमप्रकाश वाल्मीकि महसूस करते हैं कि प्रेमचन्द और अन्य ग़ैर-दलित रचनाकारों के यहाँ उत्पीड़कों, शोषकों और ब्राह्मणवादियों का हृदय बदलने पर ज़्यादा ज़ोर है; फिर भी इतने अर्से बाद भी शोषण और दमन बढ़ता ही जा

रहा है। दलितों, स्त्रियों, आदिवासियों पर सदियों से हो रहे अत्याचार कम नहीं हुए। इसीलिए प्रेमचन्द साहित्य के माध्यम से दलित प्रश्नों से संवाद करना अनिवार्य हो जाता है। वाल्मीकि जी का मानना है कि दलित समस्या को ठीक से समझने की क़वायद या हुई ही नहीं या फिर दलित नज़रिये से कोशिश ही नहीं की गयी। वे स्पष्ट करते हैं—"प्रेमचन्द ही नहीं हिन्दी के अनेक रचनाकार, आलोचक, बुद्धिजीवी, किसान, मज़दूर, दलित को एक ही खाँचे में रखकर सोचते-विचारते हैं। ऐसे तथ्यों पर किये जानेवाले विमर्श में वे वर्ण-व्यवस्था से उपजी अमानवीय यन्त्रणाओं के परिणामों को अनदेखा कर देते हैं। दलित की समस्या सीधे-सीधे धार्मिक और सामाजिक समस्या है। प्रेमचन्द की रचनाओं में यह बिन्दु भ्रम की स्थिति पैदा करता है। वे आदर्शवादी सुधारवादी पद्धति से इस समस्या को देखते हैं।"[4] पुनः वे लिखते हैं कि, "प्रेमचन्द की संवेदना और सहानुभूति जितनी शिद्दत से किसान के साथ थी, उतनी दलित के साथ नहीं थी। अपने आदर्शवादी कला रुझान में प्रेमचन्द पर गाँधी जी का पूरा प्रभाव था। 'प्रेमाश्रम' से लेकर 'गोदान' तक की सृजन-यात्रा में, उनकी विचारधारा में, रचना-दृष्टि में जो भी परिवर्तन दिखायी पड़ते हैं, वे सहसा घटित नहीं हुए हैं। उनकी रचनाशीलता उन्हें वर्ग-विषमता की इच्छापूर्तिवाले आदर्श समाधान के त्याग और सत्य के साक्षात्कार की ओर अभिमुख कर रही थी। 'पूस की रात', 'सद्गति', इसी आदर्शोन्मुखी यथार्थ की कहानियाँ हैं।"[5]

वर्ण-व्यवस्था से उपजी पीड़ा को दलितों ने सदियों से झेला है। इसीलिए उसकी यातनादायी चीख़ें व्यवस्था के समूल बदलाव की माँग करती हैं। असमानता को ख़त्म किये बिना वह वर्गीय अवधारणा में विश्वास नहीं कर सकता। वर्ग का वह हिस्सा तभी बन पायेगा जब जातिगत और धार्मिक आधार पर खींच दी गयी अपमान, दमन, शोषण और असमानता की रेखाएँ मिटा दी जायेंगी। प्रेमचन्द के यहाँ डॉ. अम्बेडकर का समता, स्वतन्त्रता और बन्धुत्व का वैचारिक आन्दोलन समग्रता में न पाकर ही दलित-विमर्शकार-आलोचक अपना विचार बनाते हैं। डॉ. जयप्रकाश कर्दम के शब्दों में, "वस्तुतः दलितों की समस्या केवल पेट भरने की नहीं है। इससे कहीं बढ़कर उनकी समस्या सम्मानजनक जीवन की है। वे चाहते हैं कि दूसरों की तरह उनको भी बराबर का मनुष्य माना जाय तथा जातिगत ऊँच-नीच और छुआछूत की बजाय उनके साथ बराबरी का सम्मानजनक व्यवहार किया जाय। दलितों के सामाजिक दलन और शोषण का आधार धर्म है। चूँकि हिन्दू धर्म का समाज में वर्चस्व है जिसमें ब्रह्म, ब्राह्मण और वेद सर्वोपरि हैं। दलित इन सबसे मुक्ति चाहता है इसलिए वह समानता की तलाश में हिन्दू धर्म को छोड़कर अन्य धर्मों को अपनाने के प्रति क्रियाशील है। प्रेमचन्द के उपन्यास और कहानियों में यह विषय उपेक्षित रहा है जबकि फर्रूखाबाद, कानपुर से लेकर इलाहाबाद तक के क्षेत्र में प्रेमचन्द के समय में स्वामी अछूतानन्द 'आदि-धर्म' का आन्दोलन चला रहे थे तो पंजाब में चौधरी मंगूराम भी दलितों को हिन्दू धर्म छोड़कर

अपना धर्म बनाने का आह्वान कर रहे थे। वस्तुतः प्रेमचन्द, गाँधी जी की तर्ज़ पर अछूत समस्या का हृदय परिवर्तन के ज़रिये समाधान कर दलितों को हिन्दू धर्म का अंग बनाये रखने के पक्षधर और प्रयासरत थे। सम्भवतः गाँधीवाद के अत्यधिक प्रभाव के चलते ही प्रेमचन्द भी दलितों की धार्मिक चेतना को ठीक से नहीं समझ सके।''[6]

प्रेमचन्द की वैचारिक प्रतिबद्धता पर ओमप्रकाश वाल्मीकि प्रश्न करते हुए सम्पादक प्रेमचन्द और कथाकार प्रेमचन्द में अन्तर भी करते हैं। वे गाँधीवादी राजनैतिक पक्षधरता और एक रचनाकार की कथा-संवेदना में फ़र्क़ की समझ भी रखते हैं। वाल्मीकि जी यदि 'कफ़न' कहानी को दलित-चेतना की कहानी नहीं मानते हैं तो इसके तर्क भी उनके पास हैं जो एक भुक्तभोगी या स्वानुभव के साथ-साथ दलित-चेतना के इतिहास से अर्जित किया गया है। 'कफ़न' कहानी के सन्दर्भ में उनका मत विचारणीय है—'''कफ़न' कहानी एक अस्वाभाविक घटना पर आधारित है, जिसे चित्रित करने में प्रेमचन्द ने सनसनी पैदा करने की तकनीक का इस्तेमाल किया। प्रगतिशील और जनवादी आलोचकों ने अपने सांस्कारिक पूर्वग्रहों के कारण इस कहानी की आन्तरिकता को समझने के बजाय इसकी कलात्मकता, शब्द चातुर्य, व्यंग्यात्मक शैली की अभिव्यंजना को ही तरजीह देते हुए इसे सर्वश्रेष्ठ कहानी के सिंहासन पर बैठा दिया। साथ ही पाठ्यक्रमों में भी अन्य श्रेष्ठ कहानियों, जैसे 'ठाकुर का कुआँ' आदि को अनदेखा कर दिया। एक दलित के लिए यह सिर्फ़ शंकाएँ ही पैदा नहीं करते, उसके सीने में शूल की तरह चुभते हैं। उसे सोचने के लिए बाध्य करते हैं। क्योंकि ऐसा सोचने के लिए उसके पास ऐतिहासिक कारण मौजूद है। इन कारणों को जाने बग़ैर 'कफ़न' के 'आशय' को समझना कठिन है।''[7] वे प्रेमचन्द की दलित विषयक अन्य कहानियों पर इससे भिन्न राय भी व्यक्त करते हैं, ''प्रेमचन्द की तीन कहानियों का यहाँ उल्लेख ज़रूरी है—''ठाकुर का कुआँ', 'दूध का दाम', 'सद्गति'। 'ठाकुर का कुआँ' और 'दूध का दाम' कहानियों पर डॉ. अम्बेडकर का प्रभाव दिखायी पड़ता है। ये दोनों कहानियाँ दलित-विमर्श और दलित-चेतना के प्रभाव की कहानियाँ हैं। यहाँ वे आदर्शवादी समाज-सुधार के हृदय-परिवर्तन से मुक्त होने की कोशिश करते हैं। ये दोनों कहानियाँ 'पूना-पैक्ट' के बाद की कहानियाँ है। 'ठाकुर का कुआँ' सन् 1932 और 'दूध का दाम' सन् 1934 में प्रकाशित हुई थी। डॉ. अम्बेडकर के महाड़ आन्दोलन और कालाराम मन्दिर आन्दोलन की वैचारिक छाप इन कहानियों की अन्तर्वस्तु में गुँथी हुई है, जिस पर हिन्दी आलोचक का ध्यान ही नहीं जाता है।''[8]

ओमप्रकाश वाल्मीकि के उपर्युक्त वक्तव्यों को नज़रअन्दाज़ करके दलित प्रश्न को नहीं समझा जा सकता। सदियों से छले गये दलितों के मन में जो संशय, पीड़ा और दंश है, उसे समझने का माध्यम क्या हो सकता है? इसे हिन्दी की परम्परागत साहित्यिक दृष्टि, मार्क्सवादी दृष्टि, अस्तित्ववादी या अन्य पाश्चात्यवादी दृष्टि से नहीं

समझा जा सकता। समकालीन दलित प्रश्न को भुक्तिभोगियों के यातनादायी और चेतनाशील इतिहास तथा फुले-अम्बेडकरवादी दृष्टि से देखने की कोशिश होनी चाहिए। इससे साहित्य और समाज दोनों का हित होगा और सामाजिक परिवर्तन की प्रक्रिया तेज़ होगी। ओमप्रकाश वाल्मीकि अन्ततः प्रेमचन्द पर अपनी राय क्या रखते है, वह भी उल्लेखनीय है—"लेकिन तमाम सहमतियों, असहमतियों के बावजूद प्रेमचन्द अपने समय के एक ऐसे रचनाकार हैं, जिन्होंने हिन्दी साहित्य में यथार्थ को स्वीकार्य बनाया, पाठकों की रुचि विकसित की। साहित्य को प्रासंगिक बनाया। किसान, मज़दूर, दलित को साहित्य का अंग बनाया। प्रेमचन्द प्रामाणिक, अनुभवजनित यथार्थ के लेखक हैं। दलित रचनाकार उनकी साहित्य-यात्रा से प्रेरणा लेता है। प्रेमचन्द के समकालीन छायावादी रचनाकारों के साथ जब प्रेमचन्द का मूल्यांकन करते हैं तो अन्तर दिखायी पड़ता है। छायावादी युग का अमूर्त स्वप्निल यथार्थ प्रेमचन्द के इर्द-गिर्द कहीं दिखायी नहीं देता। वे अपना रचना-संसार रचते हैं, जहाँ जनमानस के सरोकार विद्यमान होते हैं।"[9]

कँवल भारती ने भी अपनी विचार-यात्रा में प्रेमचन्द साहित्य पर दलित यूनिट से विचार करते हुए कहा है, "क्या प्रेमचन्द वास्तव में दलित-विरोधी थे? दस साल पहले उनकी 'कफ़न' कहानी को लेकर मैं इसी धारणा का हो गया था। पर, जैसे-जैसे मैं उनकी अन्य कहानियाँ, उपन्यास और लेख पढ़ता गया, मैं अपनी धारणा से बाहर आने लगा। मैंने अनुभव किया कि 1936 तक के काल-खण्ड में प्रेमचन्द अकेले लेखक हैं, जिनसे साहित्य में दलित-विमर्श की शुरुआत होती है। हम अक्सर सहानुभूति और स्व-अनुभूति की बात करते हैं और बड़ी आसानी से दलितों के बारे में ग़ैर-दलित लेखकों के साहित्य को सहानुभूतिपरक कहकर ख़ारिज कर देते हैं। लेकिन प्रेमचन्द को पढ़ते समय मैंने अनुभव किया कि यदि सहानुभूति न हो तो समस्या को समझना भी मुश्किल होता है। प्रेमचन्द की कहानियों और उपन्यासों में दलितों के प्रति सहानुभूति का स्तर सिर्फ़ दया-भाव पर आधारित नहीं है। दया-भाव समस्या को नहीं उठाता, बल्कि उसमें बनाये रखने का यत्न होता है। प्रेमचन्द का दलित-विमर्श इस यत्न से मुक्त है। वे दलित-समस्या की मुक्ति में दलितों के पक्ष में खड़े नज़र आते हैं। वे उनकी समस्या को राष्ट्र की समस्या मानते हैं और उनके उत्थान को राष्ट्र का उत्थान।"[10]

ओमप्रकाश वाल्मीकि, डॉ. जयप्रकाश कर्दम और कँवल भारती के कथनों से यह बात स्पष्ट होती है कि प्रेचमन्द या प्रेमचन्द साहित्य को ख़ारिज करने के उद्देश्य से विचार नहीं किया गया है, अपितु प्रेमचन्द के माध्यम से व्यवस्था की विद्रूपताओं को चिह्नित करते हुए प्रेमचन्द की सीमाओं, सरोकारों और सफलताओं पर वैचारिक दृष्टि से विमर्श किया गया है। वैचारिक पक्षधरता या प्रतिबद्धता पर प्रश्न करते हुए प्रेमचन्द के बाद के साहित्यिक सरोकारों के अधूरेपन से भी यह प्रश्न जन्म लेता है कि प्रेमचन्द के बाद

के लेखन में दलित जीवन के चित्रण और उनकी पीड़ा अनुपस्थित क्यों है? यह प्रश्न दलित साहित्य को हिन्दी के आलोचकों द्वारा नकारे जाने के बाद दलित रचनाकारों ने अपने समकालीन सृजन को प्रश्नांकित करने के सन्दर्भ में किया। इन प्रश्नों से रचनात्मक तेवरों में बदलाव आया है। हिन्दी साहित्य के विकास में गति आयी है। विमर्श से उठे प्रश्नों को यदि इस आलोक में देखा जाय तो न तो वैचारिकता का सवाल अनुचित लगेगा और न ही 'कफ़न' के पुनर्मूल्यांकन का सवाल। प्रेमचन्द के बाद की परम्परा क्यों विकसित नहीं हो सकी? यह चिन्ता तो सभी की चिन्ता होनी चाहिए। संवेदना और सरोकारों का ठहर जाना किसी भी भाषा साहित्य का अवरुद्ध हो जाना है। भाषा और साहित्य की विकास-प्रक्रिया के आलोक में दलित प्रश्नों को सुना और समझा जायगा तभी कोई सकारात्मक उत्तर मिल पायेगा। इस बात पर संजीदगी से ग़ौर करना ज़रूरी है कि ओमप्रकाश वाल्मीकि वैचारिक बहस करते हुए प्रेमचन्द पर अन्ततः अन्तिम राय क्या व्यक्त करते हैं। ओमप्रकाश वाल्मीकि के ही शब्दों में, "प्रेमचन्द की रचनाएँ जितनी सहज और सरल हैं, उतना ही उनका प्रभाव गहरा है। यह सहजता जीवन की जटिलताओं से उभरी है। इसीलिए उसका सीधा सम्बन्ध जीवन की जिजीविषा से जुड़ता है। इसीलिए दलित रचनाकर प्रेमचन्द को अपने क़रीब पाता है। विरोध सिर्फ़ वहाँ है, जब हिन्दी आलोचक 'कफ़न' जैसी कहानी को दलित-चेतना की कहानी कहते हैं, जिससे एक दिशाहीन भ्रम पौदा होता है, जिसके पीछे दलित-चेतना को ख़ारिज करने या नकारने की मन्शा अधिक होती है। प्रेमचन्द का अध्ययन करना दलित ही नहीं, बल्कि प्रत्येक उस व्यक्ति के लिए ज़रूरी है, जो साहित्य को मनुष्य की चिन्ताओं के लिए ज़रूरी मानता है। समाज के विकास में साहित्य की भूमिका कितनी महत्त्वपूर्ण है, यह प्रेमचन्द को पढ़ने के बाद ही समझ में आता है। प्रेमचन्द जितने प्रासंगिक अपने समय में थे, उससे ज्यादा आज हैं। यही उनकी विशिष्टता भी है और पहचान भी।"[11]

इन वक्तव्यों से दलित साहित्य आन्दोलन और अम्बेडकरवादी वैचारिकी की पक्षधरता को भी समझा जा सकता है। निश्चित तौर पर प्रेमचन्द का युग और आज के भारत का सन्दर्भ एक ही नहीं है। ग़ुलाम भारत में स्वराज की आकांक्षा और राष्ट्रीयता की भावना विकसित करने के बीच ब्राह्मणवाद, जातिवाद, छुआछूत और सामन्तवाद पर लिखने की प्रेमचन्द की आकांक्षा का बोध अलग था। 21वीं सदी के आज़ाद भारत का सन्दर्भ भिन्न है। चिन्ता और दुःखद स्थिति यह है कि ग़ुलाम भारत की मुक्ति के राष्ट्रीय एजेण्डे में दलित शोषण और दमन के प्रश्न तो थे, परन्तु 21वीं सदी के आज़ाद भारत में यह प्रश्न राष्ट्रीय मुद्दा क्यों नहीं बन पा रहा है? अम्बेडकरवादी वैचारिकी का मूल प्रश्न यही है।

यदि दलित विमर्शकारों को 'कफ़न' कहानी दलित-चेतना की कहानी नहीं लगती तो इसका यह आशय तो नहीं निकाला जाना चाहिए कि वे प्रेमचन्द को ही दलित

विरोधी कह रहे हैं। प्रेमचन्द कहीं भी यह दावा नहीं करते कि वे हिन्दू नहीं हैं, यदि हिन्दू रहकर भी दलित जीवन पर वे लिख रहे थे और ब्राह्मणवाद की आलोचना कर रहे थे तो प्रश्न तो यह होना चाहिए कि बाद में इसका विकास क्यों नहीं हुआ? दलित-विमर्शकारों द्वारा बार-बार कहा जाना कि केवल दलित ही दलित साहित्य लिख सकता है, को चुनौती के रूप में स्वीकार किया जाना चाहिए। दलित वैचारिकी से उभरा प्रश्न ज़िम्मेदारी और जवाबदेही का अहसास कराता है। यदि समतापरक समाज बनाने में साहित्य की कोई भूमिका हो सकती है तो यह ज़िम्मेदारी सामूहिक रूप से सभी की है। प्रेमचन्द के बहाने किया गया दलित प्रश्न सम्पूर्ण हिन्दी साहित्य और हिन्दू सामाजिक व्यवस्था पर प्रश्न है। प्रसंगवश हिन्दू सभ्यता और संस्कृति पर डॉ. अम्बेडकर द्वारा की गयी टिप्पणी उल्लेखनीय है—"कुछ लोग कहते हैं कि हिन्दू-सभ्यता छह हज़ार वर्ष पुरानी है, कुछ लोगों को इतने से भी सन्तोष नहीं होता, वे उसे उससे भी पुराना सिद्ध करना चाहते हैं। मुझे इस बात का अफ़सोस है कि इस पुरानी सभ्यता ने पाँच करोड़ अस्पृश्य, दो करोड़ आदिवासी और लगभग पचास लाख अपराधी जातियों को जन्म दिया है। यह कैसी सभ्यता है जिसके परिणाम इतने शोचनीय हैं? कहीं बुनियादी ख़राबी है। मैं समझता हूँ, हिन्दुओं को अब इस दृष्टि से इस बात पर सोचना चाहिए। क्या इस तरह की सभ्यता गर्व करने योग्य है? उन्हें इस पर दो बार, दो बार नहीं सौ बार सोचना चाहिए कि इस तरह के परिणामों के बावज़ूद उन्हें सभ्य कहा जा सकता है?"[12]

सन्दर्भ-सूची

1. दलित साहित्य : अनुभव, संघर्ष एवं यथार्थ : ओमप्रकाश वाल्मीकि : राधाकृष्ण प्रकाशन, नयी दिल्ली, 2013, पृ. 130.
2. प्रेमचन्द विविध प्रसंग—2: संकलन—अमृतराय, हंस प्रकाशन, इलाहाबाद, 1980, पृ. 380.
3. दलित साहित्य : अनुभव, संघर्ष एवं यथार्थ : ओमप्रकाश वाल्मीकि, राधाकृष्ण प्रकाशन, नयी दिल्ली, 2013, पृ. 131.
4. वही, पृ. 133.
5. वही. पृ. 134.
6. अनुभव, संघर्ष एवं यथार्थ : डॉ. जयप्रकाश कर्दम, सं. डॉ. नामदेव, आलोचना की तीसरी परम्परा और डॉ. जयप्रकाश कर्दम, अमन प्रकाशन कानपुर, 2014, पृ. 150.
7. दलित साहित्य : अनुभव, संघर्ष एवं यथार्थ : ओमप्रकाश वाल्मीकि : राधाकृष्ण प्रकाशन, नयी दिल्ली, 2013, पृ. 135.
8. वही. पृ. 117.
9. वही, पृ. 137.

10. दलित विमर्श : एक पुनर्पाठ (लेख) : कँवल भारती, सं. सुधीर प्रताप सिंह, प्रेमचंद और दलित विवाद : श्री नटराज प्रकाशन, दिल्ली, 2013, पृ. 68.
11. दलित साहित्य : अनुभव, संघर्ष एवं यथार्थ, ओमप्रकाश वाल्मीकि, राधाकृष्ण प्रकाशन, नयी दिल्ली, 2013, पृ. 137.
12. डॉ. अम्बेडकर सम्पूर्ण वाङ्मयः समाज कल्याण मन्त्रालयः भारत सरकार, 1995.

रुधिर का तापमान
दलित कविता और मलखान सिंह

डॉ. बजरंगबिहारी तिवारी

ऐसा कोई सर्वेक्षण शायद नहीं हुआ है पर यह कहना ग़लत नहीं होगा कि इधर बीच दलित साहित्य के पाठकों की संख्या में पर्याप्त वृद्धि हुई है। इस संख्या वृद्धि में दलित समुदाय के पाठकों का मुख्य योगदान है। एक तो जागरूकता में बढ़ोतरी, दूसरे विश्वविद्यालयीय शिक्षा में दलित विद्यार्थियों का आरक्षण नियमों के किंचित् कड़ाई से लागू होने के कारण पहले से कहीं अधिक प्रवेश, तीसरे मानविकी के तमाम पाठ्यक्रमों में दलित साहित्य की उपस्थिति, और चौथे इन सब कारणों के सम्मिलित असर से प्रकाशन बाज़ार में दलित लेखन के प्रति चयनित-सीमित मगर विशेष झुकाव जाति-वर्ण से ग्रस्त अकादमिक दुनिया में उल्लेखनीय बदलाव ला रहे हैं। इस परिवर्तित माहौल के मद्देनज़र दलित रचनाकारों की पहली पीढ़ी के संघर्ष का कृतज्ञता के साथ स्मरण करना उचित है और ज़रूरी भी। मलखान सिंह उसी पीढ़ी से ताल्लुक़ रखते हैं। पिछली शताब्दी के अन्तिम दशक में उनकी कविताएँ प्रकाशित होनी शुरू हुईं। पहला कविता-संग्रह 1997 में आया। इस संग्रह ने अपने प्रकाशन के साथ जैसी लोकप्रियता अर्जित की वैसी किसी अन्य समकालीन कवि या कविता पुस्तक को नहीं मिली। एकबारगी सोचकर आश्चर्य होता है कि अत्यन्त चुभनेवाली भाषा, तिलमिला देनेवाले तेवर और बेचैन कर देनेवाले कथ्य को कैसे स्वीकार कर लिया गया।

मलखान सिंह की कविताओं में व्याप्त तल्ख़ी दायित्वबोध से उपजी है। वे जानते हैं कि उनकी आवाज़ उत्पीड़ित समाज की वाणी है। उनके व्यथापूरित अनुभव निरे वैयक्तिक नहीं हैं। वे दलित समाज की संचित पूँजी हैं। इतिहास के लम्बे दौर में हिंसक व्यवस्था का 'प्रदेय'। 'स्वानुभव' के प्रति उनकी भिन्न दृष्टि का यही कारण है। वे इसके प्रति ख़ासे चौकन्ने हैं कि स्वानुभव का दावा उनकी वैयक्तिक छवि को चमकाने का ज़रिया न बन जाय। समूचे उत्पीड़ित समुदाय से 'स्व' की अकृत्रिम सम्बद्धता उनके स्वत्व का निर्माण करती है। उनका अस्मिताबोध इसीलिए अनुदार और संकीर्ण नहीं हो सकता। वह 'अस्मि' का विस्तार करता चलता है। अस्मितावाद में ढल

जाने का रास्ता नहीं अपनाता। यह विशेषता ही उनकी कविताओं को स्वीकार्य बनाती है। 'ओषधीय' गुणों के चलते ही उनकी कड़वी अभिव्यक्तियाँ ग़ैर-दलितों के लिए भी वांछित और सह्य हो जाती हैं। दलित पाठक वर्ग के निर्माण की पूर्वपीठिका में इस साहित्य की सामान्य चर्चा से लेकर सभा-संगोष्ठियों, विद्यापीठों आदि में मलखान सिंह का अनिवार्य सन्दर्भ इसी परिप्रेक्ष्य में समझा जा सकता है। इससे यह भरोसा भी मज़बूत होता है। व्यापक पाठक समुदाय वास्तविक और मौसमी प्रतिबद्धता के बीच अन्तर करना जानता है। ग्रेशम का नियम साहित्य पर भी लागू होता है। अस्मितावादी लेखन पर विशेष रूप से। मलखान सिंह को नेपथ्य में डालने, विस्मृत करने की कोशिशें होती रही हैं। मुद्राओं का कारोबार करनेवाले कलदार कविताओं को चलन में क्यों रहने देंगे।

मलखान सिंह संवादी कवि हैं। एकालाप या आत्मालाप में उनका यक़ीन नहीं। उनकी कविताएँ बातचीत के लिए आमन्त्रित करती हैं। बेशक, अपने अन्दाज़ में। यह अन्दाज़ धमकानेवाला तो नहीं, पर चुनौती देनेवाला है। उनके संग्रह का शीर्षक 'सुनो ब्राह्मण' इसकी ताईद करता है। यह शीर्षक एकबारगी हमें कबीर शैली की याद दिलाता है—'सुनो भाई साधो' या 'सुनो हो सन्तो'। लेकिन थोड़ा और ध्यान दें तो पायेंगे यह शैली बुद्ध की है। महात्मा बुद्ध के कई उपदेश 'भो ब्राह्मण'—हे ब्राह्मण से प्रारम्भ होते हैं जो सबका शिक्षक होने का दम्भ पाले हुए हैं उसे समझाना, रास्ता दिखाना और मार्गदर्शक की भूमिका से उतारकर हमराही या अनुयायी की स्थिति में ले आना। मलखान सिंह की सम्बोधन शैली बुद्ध और कबीर की याद कराकर भी उनसे अलग है। उनके सम्बोधन में विनम्रता नहीं, तंज़ नहीं ललकार है। इस ललकार में उठते-उमड़ते आत्मगौरव के भाव को रेखांकित करते दलित समुदाय की तेजस्विता है। यह तेजस्विता वर्णवाद को हतप्रभ करती है, जातिवाद का सत्य सुखाती है और अवमानना के भारवाहकों को चौंधियाती है। जाति के प्रपंच से अवगत 'देव विधान' को बेपर्दा करता चलता है—''उफ, तुम्हारा न्याय/महाछल महाघात/ज्ञात को अज्ञात के/पेट में घुसेड़कर/ठगता पसीने को/हमारी फटेहाली को नियति ठहराता है।'' ज़ाहिर है कि मलखान सिंह के सम्बोधन में उद्बोधन मुख्य है। यह उद्बोधन उनके लिए है जो अज्ञात और नियति के व्यूह से बाहर आना चाहते हैं। व्यूह के निर्माताओं को कवि पहचानता है। वह चाहता है कि बाक़ी लोग भी इसे पहचानें। यह बोधन ही उद्बोधन का आधार है। सम्बोधन की प्रक्रिया भिन्न धरातल पर घटित होती है। जिसे सम्बोधित किया जा रहा है वह तल के उस बिन्दु पर अवस्थित है जहाँ से दासता का सोता फूटता है। स्रोत को निःशेष करना कवि का अभीष्ट है—''इस विष वृक्ष को/जड़ से उखाड़ फेंकने में/हमारी आज़ादी है।'' जाति एक शृंखला है। समान रूप से इस शृंखला से सब आबद्ध हैं। समान रूप से। कोई एक जाति समूह अलग से मुक्त नहीं हो सकता। सबकी मुक्ति साथ-साथ होनी है। कवि इसमें एक पूर्वापर सम्बन्ध बनाता है। दलितत्व के विलोप की पूर्वशर्त है ब्राह्मणत्व का विलय। ब्राह्मण का अन्त ही दलितपन का

समापन सम्भव करेगा। यह बात कहने-सुनने में भले ही क्रूर लगती हो लेकिन है सौ फ़ीसद सच—"सुनो ब्राह्मण/हमारी दासता का सफ़र/तुम्हारे जन्म से शुरू होता है/और इसका अन्त भी/तुम्हारे अन्त के साथ होगा।"

दलित कवि कथाकाव्य रचने में बहुत कम रुचि लेते हैं। उनकी कविता में कथातत्त्व मुख्यतः आत्मकथा के सन्दर्भों से आता है। हो सकता है अनुभव की प्रामाणिकता के अतिरिक्त आग्रह से ऐसा होता हो। मलखान सिंह ने भी कथा-कविता में प्रयोग लगभग नहीं किये हैं। हाँ, उनकी 'यह कैसा महा आख्यान' कविता कथाकाव्य के उदाहरण के रूप में देखी जा सकती है। इस कविता में झीना-सा कथा-तत्त्व है। सर्दी की एक सुबह के दृश्य को प्लाट के तौर पर रखा गया है। यहाँ ठण्ड समाज-निरपेक्ष प्राकृतिक अवस्था नहीं है। वह जाति और वर्ग के आधार पर असर करती है। खेत में अलसुबह 'कमीन क़ौम' से काम कराती 'ठकुराइसी मूँछें' ठण्ड की पहुँच से बाहर हैं, वहीं फावड़ा चलाता दलित पात्र पहले अपनी अन्यमनस्कता से और फिर दूर नीले आकाश में लहराते झण्डे में बने धम्मचक्र से हाड़-तोड़ ठण्ड का मुक़ाबला करता है। कविता में आया दलित बस्ती का ब्योरा सर्दी के समाजशास्त्रीय भाष्य की ज़मीन तैयार करता है। मन्दिर से उठती आवाज़ प्रकृति पर धर्म-संस्कृति की पकड़ का प्रमाण प्रस्तुत करती है। मनुष्य की आद्य स्मृतियों में से एक है शीत की स्मृति। मलखान सिंह उसके आधार पर कथा-तत्त्व बुनते हैं। कविता की अपील इस तरह सार्वजनीन होती है। मौसम उनकी कविताओं को बार-बार रूपाकार देता दिखता है। इसी स्रोत से उन्होंने कुछ आद्य बिम्बों का चयन किया है। 'अन्धड़' उनमें से एक है। यह आद्य स्मृति है और आद्य बिम्ब भी। एक घोर नास्तिक कवि का ईश्वर के विभिन्न सम्बोधनों/नामों का सार्थक विनियोग रचना कौशल का उत्कृष्ट नमूना पेश करता है।

मलखान सिंह अपने सरोकारों की व्यापकता के लिए ख्यात हैं। शुद्ध अस्मितावादी धारा बेहद चयनधर्मी है। वह मुद्दों को फैलाने से बचती है। मसलन अगर दलित मुक्ति का आशय वर्ण-जाति से निजात पाना है तो आर्थिक प्रश्नों पर ध्यान देना ग़ैर ज़रूरी माना जाता है। इसी मुद्दे पर दलित पैन्थर में फूट पड़ी थी। मलखान सिंह दलितों की सांस्कृतिक ग़ुलामी को आर्थिक पराधीनता या शोषण से अलग नहीं करते। समकालीन राष्ट्रवाद की छानबीन करते हुए वे वैश्वीकरण की जकड़न तक पहुँचते हैं। उस उलटवाँसी को वे अपनी कविता का विषय बनाते हैं जहाँ एक तरफ़ श्वेत कपोत उड़ाया जा रहा होता है दूसरी तरफ़ हथियारों की खेप भेजी या मँगायी जाती है। हिंसक निर्ममीकरण की शक्तियाँ ख़ुद को उदारीकरण के पैरोकार के रूप में सफलतापूर्वक प्रचारित कर देती है।

अट्ठारह बरस बाद कवि के दूसरे संग्रह 'ज्वालामुखी के मुहाने' का प्रकाशन इस अर्थ में 'सुखद' नहीं है कि हिंसाग्रस्त समाज सचमुच ज्वालामुखी के मुहाने पर है।

●

दलित स्त्री सवालों से टकराते हुए

डॉ. रजतरानी 'मीनू'

8 मार्च महिला-दिवस के रूप में पूरे विश्व में मनाया जाता है। यह स्त्री पर्व है। यह स्त्री-चेतना और उसकी जाग्रति का प्रतीक भी है। इस दिन की शुरुआत 1857 को न्यूयार्क में कपड़े की मिलों की कामगार स्त्रियों ने की थी। उन्होंने अपने वेतन व काम के घण्टे 15-16 से घटाकर 10 घण्टे करने की माँग को लेकर एक प्रदर्शन किया था। विश्व में स्त्रियों का यह प्रथम प्रदर्शन था, जिसमें अपने समान अधिकार की बात उठायी गयी थी। यह दिन स्त्रियों के अधिकार-चेतना का पहला दिवस था। उनके उठाये गये इस क़दम को उस समय की ट्रेड यूनियनों ने भी पसन्द नहीं किया था। इस दिन की एक ख़ास बात यह भी है कि यह ऐसी ट्रेड से जुड़ी श्रमिकाएँ थीं जो न तो फ़ैशन से जुड़ी थीं और न ही उनकी माँग देह मुक्ति की थी। नैसर्गिक रूप से लिंग आधारित विषमतावादी श्रम और उससे जुड़े ग़ैर-बराबरी पारिश्रमिक के विरोध में यह तर्कसंगत आवाज़ थी। हालाँकि 19वीं सदी से पूर्व भी स्त्री से जुड़ी कुछ आवाज़ें मुखर हुई थीं।

स्त्रियों की आज़ादी का पहला पाठ संयुक्त राज्य अमेरिका के मैसाच्यूटेस राज्य में 1611 ई. में वोट देने के अधिकार से शुरू हुआ। इसके लिए भी उन्हें संघर्ष करना पड़ा था। मगर दुर्भाग्य यह रहा कि कुछ स्त्री-विरोधी विचारकों की वजह से उनका यह मताधिकार इसी राज्य में 1780 ई. में वापस ले लिया गया था। इन निर्णयों से दुनिया में स्त्रियों के समर्थन और विरोध के स्वर एक साथ गूँजने लगे थे। जहाँ उदारवादी पुरुष समुदाय स्त्रियों की स्थितियाँ सुधारने का प्रयास कर रहा था तो अनुदारवादी वर्ग उनके क़दमों को पीछे खींच रहा था। स्त्रियों के अधिकार, मताधिकार, शिक्षा जैसे बुनियादी मुद्दों की शुरुआत से उन्हें संगठित करने की माँग उठी। किसी भी संगठन और संघर्ष का मूर्त रूप शिक्षा के पाठ से प्रारम्भ होता है। यह बात भारत में डॉ. भीमराव अम्बेडकर ने दलितों के विकास के लिए तीन सूत्र देकर कही थी। शिक्षित हो, संगठित हो और संघर्ष करो। उन्होंने शिक्षित होने की बात पहले की थी। स्त्री-मुक्ति के बारे में भी यही फ़ार्मूला लागू होता है। वे शिक्षित होंगी तो संगठित भी होंगी और अपने हक़ों के लिए

संघर्ष भी कर सकती हैं। जब 1788 ई. में फ्रान्स के राजनीतिज्ञ काण्डसैण्ड ने महिलाओं को शिक्षा देने और नौकरी प्रदान करने के साथ ही राजनीति में भाग लेने की माँग की थी। उसका असर अन्य देशों में भी दिखायी देने लगा था। यही कारण है कि पुनः संयुक्त राज्य अमेरिका ने 1840 ई. में दुक्रीशिया के नेतृत्व में 'ईक्वल राइट' यानी समान अधिकार संगठन की स्थापना करके श्वेत महिलाओं की तरह अश्वेत महिलाओं के लिए समान अधिकारों की ज़ोरदार माँग की थी।

नारीमुक्ति या नारीवादी चिन्तन पश्चिमी विचारधारा के शब्द भले हों मगर पूरी दुनिया की स्त्रियाँ दोयम दर्जे का जीवन जीती रही हैं। अशिक्षा की मार सही, घरेलू हिंसा की शिकार रहीं। आर्थिक रूप से पराधीन रहीं। यह सत्य है जिसे नकारा नहीं जा सकता। आज भी स्त्रियों की बड़ी आबादी ख़ासकर दलित, आदिवासी और पिछड़े वर्ग की स्त्रियाँ परिवार, समाज में सबसे निचली सीढ़ी पर खड़ी हैं। यह बोध जिन स्त्री वर्ग ने पहले किया या उन्हें उनके समाज और देश ने कराया उनमें ही पहले ग़ुलामी से मुक्ति की छटपटाहट पैदा हुई और उन्हें आज़ादी भी मिली।

आज नारीमुक्ति से आशय एक वर्ग देहमुक्ति से जोड़कर देखता है न सिर्फ़ पुरुष बल्कि स्वयं एक समूह स्त्रियों का भी इस शब्द से अपने को दूर रखता है। बीसवीं सदी के लगभग मध्य में सीमोन द बोउवार स्त्रीमुक्ति की मुख्य पैरोकार के रूप में उभरी थीं। दुनिया में उन्होंने अपना मुक़ाम बनाया था। उनकी महत्त्वपूर्ण पुस्तक 'द सेकेण्ड सेक्स' में 'स्त्री उपेक्षिता' ने स्त्रीमुक्ति को कई नये आयामों से जोड़ा, जिसकी दुनिया की उन सभी चेतनशील स्त्रियों पर प्रभाव पड़ा जो शिक्षित थीं और जो मुक्ति के सपने देखती थीं। भारत की कुछ जागी हुई शिक्षित स्त्रियाँ उनके सिद्धान्त को अतिवादिता से भी जोड़ती थीं। सीमोन दुनिया की औरतों से कहती थीं कि, "स्त्री पैदा नहीं होती स्त्री बना दी जाती है।" यह वह विचार था जो स्त्रीत्व के बोध से मुक्ति चाहता था लेकिन इनके चिन्तन में स्त्री को आत्मनिर्भर बनाना पहली शर्त थी। तभी वह अपनी मुक्ति की वास्तविक लड़ाई लड़ सकती हैं। उन्होंने एक बात स्त्री के बारे में कही थी जो सीधे-सीधे दलित-आदिवासी और पिछड़े वर्ग की स्त्रियों से जुड़ती है। वे कहती हैं, "स्त्री अधीनस्थ जाति है। जाति का अर्थ है कि कोई उस जाति में उत्पन्न हुआ है और उससे बाहर नहीं जा सकता जबकि सिद्धान्ततः एक व्यक्ति एक वर्ग से दूसरे वर्ग में स्थानान्तरित हो सकता है लेकिन यदि आप औरत हैं तो कभी पुरुष नहीं बन सकतीं। औरत विशुद्ध रूप से एक जाति है, वर्ग नहीं। आर्थिक और सामाजिक दृष्टि से औरतों के साथ होनेवाला व्यवहार उन्हें एक अधीनस्थ जाति के रूप में निर्मित करता है।" भीमराव अम्बेडकर ने भी भारतीय हिन्दू समाज के बारे में कहा था, "हिन्दू समाज एक मीनार है। एक-एक जाति इस मीनार का एक-एक तल है और एक दूसरे तल में जाने का कोई मार्ग नहीं है जिस तल में जन्मा है उसी तल (जाति) में मरता है।"

भारतीय सन्दर्भ में नारीमुक्ति आन्दोलन को इसी नज़रिये से देखने की ज़रूरत है। द्विज स्त्रियों और दलित स्त्रियों की सामाजिक, आर्थिक, शैक्षिक और राजनैतिक स्थितियाँ भी अपने समाज जैसी ही हैं। माना कि दलित स्त्रियाँ भी अपने समाज में दोयम दर्जे का जीवन जीने को विवश हैं। उनकी वह लड़ाई अपने घर के भीतर जैसी ही है। उसके समाधान भी घर में ही मौज़ूद हैं। उसकी पुरुष से लड़ाई अलगाव की नहीं है, बराबरी की है। पुरुष भी सिद्धान्ततः उतने संकुचित मानसिकता के नहीं हैं, जितने द्विज पुरुष, मगर अपने समाज से बाहर निकलते ही उनके शोषण बहुपरतीय होने लगते है। दलित स्त्रियों को अपने घर के भीतर पितृसत्ता के विरुद्ध संघर्ष करना है और साथ-ही-साथ उन्हें अपनी सामाजिक, शैक्षिक, आर्थिक, राजनीतिक, ज्ञान, विज्ञान के क्षेत्रों में अपने प्रतिनिधित्व की माँग भी उठानी होगी। अभी भी देश के विकसित क्षेत्रों में उनकी उपस्थिति नगण्य बनी हुई है। दलित-आदिवासी स्त्रियाँ जीवन जीने के मूलभूत साधनों—घर, पानी, बिजली, रोज़गार इत्यादि को भी प्राप्त नहीं कर पायी हैं।

यही कारण है कि दलित स्त्रियाँ अपनी जड़ें ज्योतिबा फुले और उनकी पत्नी सावित्री फुले से जोड़कर देखती हैं। उनके जन्म-दिवस 10 जनवरी को 'दलित स्त्री' मुक्ति-दिवस के रूप में मनाना पसन्द करती हैं।

हिन्दुस्तान की अधिकांश बुद्धिजीवी स्त्रियाँ जातियों में बँटी हैं। जातियों से जुड़कर उनकी मुक्ति के द्वार खुलते हैं। दोनों की स्थितियाँ तभी तक समान हैं जब तक वे प्राकृतिक रूप से स्त्री हैं वर्णीय और जातिप्रधान समाज उन्हें जातियों में बाँट देता है। भारत में स्त्रीमुक्ति आन्दोलन के बारे में प्रसिद्ध कवयित्री अनामिका लिखती हैं—

"भारत में स्त्रीवादी आन्दोलन के तीन चरण थे। उन्नीसवीं शताब्दी में पण्डिता रमाबाई, ज्योतिबा फुले, सावित्री फुले, राजा राममोहन राय, ईश्वरचन्द्र विद्यासागर आदि ने स्त्री-शिक्षा और स्वावलम्बन की मुहिम का मार्ग प्रशस्त किया। कई ऐसी रूढ़ियाँ तोड़ते हुए जो स्त्री-जीवन, ख़ासकर विधवाओं और अन्य एकाकी स्त्रियों का अन्तरंग जीवन क्षत-विक्षत रखती थी।"

अनामिका जी ने स्त्री आन्दोलन के तीन चरण बताये। इन्हीं में चौथा चरण बीसवीं शताब्दी में स्वामी अछूतानन्द और पत्नी दुर्गाबाई और डॉ. अम्बेडकर का हिन्दू कोड बिल के योगदान को जोड़ा जाना अनिवार्य है। इसी समय 1884 में 'सीमन्तनी उपदेश' की अज्ञात एक हिन्दू लेखिका ने हिन्दू स्त्रियों की मुक्ति की लड़ाई उक्त पुस्तक के द्वारा लड़ी थी। इस पुस्तक की गम्भीरता इस बात से समझी जा सकती है कि लेखिका को अपना नाम तक छिपाना पड़ा था। आज भी वह गुमनामी के अन्धकार में है। मगर उसकी लेखनी अभी भी प्रासंगिक बनी हुई है। इस पुस्तक के खोजने का श्रेय डॉ. धर्मवीर को जाता है, मगर उसमें दलित स्त्रियों का कुछ भी नहीं है।

दलित स्त्रियों की प्रेरणास्रोत अछूतानन्द और उनकी पत्नी दुर्गाबाई हैं। उन्होंने दलित स्त्री-शिक्षा के क्षेत्र में अभूतपूर्व कार्य किये थे। प्रो. श्यौराज सिंह 'बेचैन' के

अनुसार, "यहाँ मुझे बताना है कि अछूत शिक्षिका दुर्गाबाई—अछूतानन्द हिन्दी क्षेत्र की सावित्री बाई थीं। महात्मा ज्योतिबा फुले की पत्नी सावित्री बाई महाराष्ट्र में पहली स्त्री शिक्षिका मानी जाती हैं परन्तु हिन्दी क्षेत्र में दलितों में भी वैसा त्याग सेवा करनेवाली दलित महिलाओं की खोज की जानी चाहिए। दुर्गाबाई ने स्वामी अछूतानन्द की सहायता से सिरसागंज में 1915-1922 में जो विद्यालय का संचालन किया था उसका आर्थिक आधार कोई एन.जी.ओ. या विदेशी अनुदान नहीं था। केवल समाज से लिया जानेवाला चन्दा था। दुर्गाबाई ने अपने सभी गहनें बेचकर विद्यालय में लगा दिया था। शूद्रों की सावित्री बाई और अछूतों की दुर्गाबाई की स्मृति तब प्रतीक मात्र बनकर रह जाती है जब दलित और पिछड़े वर्गों की महिलाएँ शिक्षा क्षेत्र में कोई ख़ास योगदान नहीं कर पाती हैं।"

भारत में सभी वर्णों की स्त्रियों की मुक्ति की व्यवस्थित और क़ानूनी लड़ाई डॉ. भीमराव अम्बेडकर ने 'हिन्दू कोड बिल' देकर लड़ी थी। इस बिल के तहत पुत्र के समान पुत्री को भी पिता की सम्पत्ति में अधिकार देने की बात कही गयी थी। विवाह और तलाक़ के अधिकारों की माँग भी थी, जिससे तत्कालीन संसद् ने यह बिल पास नहीं होने दिया था। जिससे निराश होकर डॉ. अम्बेडकर ने क़ानून मन्त्री पद से 10 अक्टूबर, 1951 को इस्तीफ़ा दे दिया था। इससे उन्हें बहुत दुःख पहुँचा था। इस बिल का विरोध करनेवाले नहीं चाहते थे कि उनकी बेटियों को आर्थिक रूप से पिता की सम्पत्ति में से क़ानूनी हक़ मिले और उनकी स्थिति सुधरे। वे आज़ाद भारत में भी स्त्रियों पर हिन्दू वर्ण-व्यवस्था के क़ानून को लादना चाहते थे। बाद में 'हिन्दू कोड बिल' टुकड़ों में पास हुआ था। व्यावहारिक रूप से स्त्रियों को आज भी उनका हक़ नहीं मिलता है। अछूत स्त्रियों पर भी वही क़ानून लागू होता है। डॉ. धर्मवीर ने 'मेरी पत्नी और भेड़िया' पुस्तक के द्वारा हिन्दू विवाह अधिनियम के विरोध की लड़ाई लड़ी है। वे दलित स्त्रियों सहित दलितों को इस अधिनियम से अलग रखने की पहल कर रहे हैं।

दलित स्त्रियों के बारे में एक बात कही जाती है कि उन्हें सवर्ण समाज की स्त्रियों की अपेक्षा अधिक स्वतन्त्रता मिली होती है। इस प्रश्न में यदि सच्चाई है तो इतनी-सी है कि दलित समाज अपनी विधवाओं के साथ उतनी क्रूरता से पेश नहीं आता है जितना अन्य समाज आता है। दलित समाज में विधवा विवाह के बन्धन भी नहीं थे। तलाक़ की सुविधा भी थी। उनकी अपनी जातीय पंचायत में पति-पत्नी के झगड़े हल हो जाते थे। हिन्दू की तरह दलित स्त्रियों के समक्ष धर्म के नाम पर उन जैसी अनेक पाबन्दियाँ नहीं थीं। इन ख़ूबियों को स्वीकारते हुए एक सन्देश यह जाता है कि ऐसी स्थिति में दलित लड़कियों को द्विज समाज से विवाह एकदम नहीं करने चाहिए क्योंकि जिस समाज में स्त्री ग़ुलामी-भरा जीवन जीने के लिए विवश हो तब वहाँ दलित लड़कियाँ विवाह करके क्या प्राप्त करेंगी? दूसरी बात यहाँ यह भी उल्लेखनीय है कि जब दलित

विधवा पुनर्विवाह करती है तब वह अपनी स्वतन्त्रता प्राप्त करने के लिए यह क़दम नहीं उठाती है। वह उस विवाह के माध्यम से अपने जीवन जीने के विकल्प देखती है। उसका समाज इतना साधनसम्पन्न नहीं है कि आजीवन बेटी को घर बैठाकर पाल सके और न ही उसके समाज के पास शिक्षा के उन्नत साधन थे जिससे वह अपनी बेटी को उसके पैरों पर खड़ा कर सकता था। दलित समाज में अभी भी यही संस्कृति व्यवहृत है। हिन्दू समाज से अलग वातावरण में इस पुनर्विवाह में यदि सुख के कुछ क्षण दलित स्त्री को मिलते हैं तो दुःखों का पहाड़ भी कम नहीं होता है।

एक प्रश्न पितृसत्ता से जुड़ा हुआ अक्सर उठाया जाता है कि दलित समाज में पितृसत्तात्मकता के लक्षण पाये जाते हैं। इसके उदाहरण के तौर पर कौसल्या बैसन्त्री की आत्मकथा 'दोहरा अभिशाप' और सुशीला टाकभौरे की आत्मकथा 'शिकंजे का दर्द' में अनेक स्थान में दर्ज हुआ है कि लेखिका सुशीला टाकभौरे पति द्वारा बार-बार पीटी जाती हैं। उनके पति बहुत दिनों तक उनकी तनख़्वाह अपने हाथ में रखते थे। हर वक़्त उन पर किसी पराये व्यक्ति जैसा व्यवहार करते थे या अपराधी की तरह नियन्त्रण में रखते थे। मकान ख़रीदना है तो अपने नाम से लेना इत्यादि तमाम ऐसे प्रसंग यह साबित कर ही देते हैं कि उनके पति की मानसिकता पितृसत्तात्मकता से मुक्त नहीं है। इस तरह के अनेक प्रसंग 'दोहरा अभिशाप' में भी आये हैं। इसी समस्या को रजनी तिलक ने अपनी आत्मकथात्मक कहानी 'बेस्ट ऑफ़ करवा चौथ' और 'समरगाथा' में उठाया है। श्यौराज सिंह 'बेचैन' की माँ 'अस्थियों के अक्षर' में यदि पति और देवर की क्रूरता से मार खाती हैं और वे पुरुष उसको पीटते हैं तो उनको पत्नी को पीटने की ताक़त कहाँ से मिलती है? यह पितृसत्तात्मक समाज उन्हें यह अधिकार देता है कि पत्नी को नियन्त्रण में रखने का अधिकार पति को मिला हुआ है। यह दलित स्त्री के दमन शोषण का एक पक्ष है। वर्ण-जातिप्रधान समाज भी उसके प्रति संवेदनशील नहीं हैं। घर से ज़्यादा सवर्ण उसे दोहरे तरह से नियन्त्रण में रखना चाहता है। उस पर दलित जाति का ठप्पा लगा है। इसलिए वह ग़ुलाम यानी कमज़ोर जाति की स्त्री है। उस पर नियन्त्रण पाना पूरे दलित समाज पर नियन्त्रण रखने के समान है। आर्थिक शक्तियों को अपने नियन्त्रण में करके धर्म और पुनर्जन्म का भय दिखाकर दलित समाज और दलित स्त्रियों का दमन जारी है। यह सिलसिला थमा नहीं है। दलित साहित्य की सभी विधाओं में स्त्रियों से जुड़ी ये समस्याएँ चित्रित हुई हैं। इसलिए कहा जा सकता है कि दलित स्त्री के समक्ष मात्र पितृसत्तात्मक सामाजिक व्यवस्था की ही समस्या नहीं है। उसकी मूल समस्या वर्ण-जाति-व्यवस्था भी है। कौसल्या बैसन्त्री हों, सुशीला टाकभौरे हों, रजनी तिलक हों या फिर श्यौराज सिंह 'बेचैन' की माँ सूरजमुखी हों। उन सब और उन जैसी अनेक स्त्रियाँ, शैक्षिक, सामाजिक, आर्थिक और राजनीतिक, ज्ञान-विज्ञान मीडिया में पिछड़ी हैं तो मात्र जाति-व्यवस्था इसकी ज़िम्मेदार पहले हैं।

मोहनदास नैमिशराय की कहानी 'अपना गाँव' की छमिया उर्फ कबूतरी हो, या फिर कुसुम वियोगी की कहानी 'अन्तिम बयान' की अतरो हो, या ओम प्रकाश वाल्मीकि की कहानी 'जंगल की रानी' की कमली हो या फिर 'यह अन्त नहीं' की बिरमा हो, कुसुम मेघवाल की कहानी 'मंगली' की मंगली हो, जयप्रकाश कर्दम की 'सांग' की चम्पा हो, सूरजपाल चौहान की 'आज की अंगूरी' हो, या फिर नैमिशराय की 'रीत' और उमेशकुमार की 'यह अन्त नहीं' जैसी कहानियाँ हमारे समाज की हक़ीक़त हैं। हमें मालूम है पर सच्चाई को स्वीकार करने की आदत नहीं है।

अमर उजाला दैनिक में 30 जनवरी, 2014 ई. को यूनेस्को की एक रिपोर्ट प्रकाशित हुई है। उसमें कहा गया है कि, "भारत में सबसे अमीर युवतियों ने पहले ही वैश्विक स्तर की साक्षरता हासिल कर ली है, लेकिन सबसे ग़रीब युवतियों के लिए ऐसा कर पाना 2080 ई. तक ही सम्भव हो सकता है।" यूनेस्को की यह रिपोर्ट बतलाती है कि भारत में ग़रीब और अमीर स्त्रियाँ दो बड़े ख़ेमों में रहती हैं, जिनमें ग़रीब स्त्रियों की शैक्षिक स्थिति अत्यन्त चिन्ताजनक है। रिपोर्ट में कहा गया है कि यह स्थिति 2080 ई. तक सुधरेगी। इसकी भी क्या गारण्टी है? क्योंकि आज़ादी के 66 साल बीत गये। 66 साल और इन्तज़ार करने की बात रिपोर्ट में की गयी है। इसकी क्या तैयारियाँ हैं? यह सवाल बना हुआ है।

इस सम्बन्ध में प्रधान न्यायाधीश अल्तमस कबीर की उस टिप्पणी का सन्दर्भ लिया जा सकता है जो उन्होंने 2013 ई. को अन्तरराष्ट्रीय महिला-दिवस के अवसर पर कलकत्ता उच्च न्यायालय द्वारा आयोजित एक कार्यक्रम में कही थी–

"दिल्ली में 16 दिसम्बर, 2013 ई. को जो भी कुछ हुआ वह दुःखद व ग़लत था लेकिन साथ वह एकमात्र घटना नहीं थी। इसे एक रूप में विशिष्ट स्थिति बना दिया गया।

उन्होंने कहा, निर्भया या दामिनी नाम की लड़की जिसकी बर्बर हमले में मृत्यु हो गयी एकमात्र धटना नहीं थी। अगले दिन समाचार-पत्रों ने घटना के ख़िलाफ़ आक्रोश में चीख़-पुकार मचायी लेकिन उसी दिन 10 वर्षीय दलित लड़की से सामूहिक बलात्कार और उसके बाद उसे जला दिये जाने की घटना को अन्दर के पन्ने पर सिर्फ़ पाँच से दस लाइनों में जगह दी गयी। उन्होंने आश्चर्य के साथ कहा, दिल्ली सामूहिक बलात्कार पीड़िता के परिवार को सरकारों और विभिन्न निकायों ने भारी मुआवज़ा दिया। लेकिन उस छोटी दलित लड़की का क्या हुआ। क्या उसके परिवार को कुछ मिला। सी. जे. आई. ने कहा, हमें इन लोगों को पूर्ण नियन्त्रण में लेने की आवश्यकता है ताकि वह दर्शाया जा सके कि महिलाओं से निपटने का यह तरीक़ा नहीं है। अल्तमस कबीर ने कहा कि समाज को आदर्श बनाने की आदत है।" *(10 मार्च 2013, राष्ट्रीय सहारा, नयी दिल्ली)*

अब एक सवाल यह है कि जिनको अमीर युवतियों में गिना गया वे किस जाति-वर्ण की हैं और जिन्हें ग़रीब गिना गया वे किस जाति-वर्ण की हैं? समाज में विकसित

जातियों के चेहरों को देखकर इतना तो कहा ही जा सकता है कि जिन्हें अमीर युवतियाँ कहा गया है वे दलित, आदिवासी और पिछड़े वर्ग की तो नहीं ही हैं क्योंकि जातियों के विकास यह दर्शा ही देते हैं। दूसरी तरफ़ जिन्हें ग़रीब कहा गया है। उनमें बड़ी आबादी दलित, आदिवासी और पिछड़े वर्ग की स्त्रियों की ही अधिक है। व्यावहारिक सच हम सबके सामने है। दलित साहित्य की रचनाओं में भी यही सच आ रहा है। हम यहाँ उदाहरण के लिए कुछ रचनाओं पर चर्चा करेंगे।

हिन्दी दलित साहित्य में स्त्रीमुक्ति और शिक्षा से जुड़े प्रश्न भी उभरते रहे हैं। हम यहाँ उदाहरण के लिए कुछ रचनाओं की चर्चा करेंगे।

श्यौराज सिंह 'बेचैन' की एक कहानी 'शीतल के सपने' का उदाहरण दिया जा सकता है। कहानी की मुख्य पात्र शीतल दलित चमार जाति की लड़की है जो पढ़ना चाहती है मगर उसके पिता की मौत हो चुकी है। माँ निरक्षर और अल्पविकसित मस्तिष्क की है। उसके परिवार में आर्थिक उपार्जन का कोई निश्चित साधन नहीं है। उसके एक चचेरे चाचा जो दिल्ली में मास्टर हैं, कुछ दिन के लिए वे उसे अपने पास ले आते हैं। मगर वह भी ज़्यादा दिन उसे अपने पास रख नहीं पाते। बच्ची शीतल पढ़ाई के प्रति रुचि रखती है। कुछ अक्षर सीखती है। वापस गाँव पहुँचकर वह छोटे बहन-भाइयों को पालने के लिए स्कूल न जाकर बूढ़ी दादी के साथ मज़दूरी करने जाती है। ऐसी स्थिति में उसकी पढ़ाई छूट जाती है। एक बूढ़ी दादी उसका सहारा थी। वह भी चल बसी है। लेखक ने समाज से प्रश्न किया है कि ऐसी स्थिति में शीतल ने पढ़ाई के लिए जो सपने देखे थे उनका क्या होगा? या उस जैसी बच्चियों को शिक्षा कैसे मिलेगी? इसी तरह स्त्री-शिक्षा से जुड़ी एक कहानी सुशीला टाकभौरे की 'सिलिया' है। उसकी मुख्य पात्र सिलिया है। वह भंगी समाज की बच्ची है। जाति विषमतावादी समाज में पढ़ाई करने के लिए उसे अनेक विषम परिस्थितियों से गुज़रना पड़ता है। मगर वह जैस-तैसे हाईस्कूल की परीक्षा पास करती है और आगे की पढ़ाई करना चाहती है। मगर उसका परिवार विवाह कर देना चाहता है क्योंकि उसके परिवार की आर्थिक स्थिति ऐसी नहीं है उसकी पढ़ाई जारी रखी जाय और न समाज में ऐसा वातावरण है कि वह भंगी जाति की बच्ची को पढ़ते देख सके। सिलिया अपने समाज के प्रति बचपन से ही गम्भीर है। वह समाज में फैली जाति-व्यवस्था को समाप्त करने के स्वप्न देखती है। मन-ही-मन दृढ़ निश्चय करती है।

दलित साहित्य की अन्य विधाओं में भी दलित लड़कियों की शैक्षिक, जातीय स्थिति चिन्ताजनक है। कवि श्यामलाल शमी 'घृणित सोच' शीर्षक कविता में लिखते हैं—

"घीसू की बेटी को पढ़ने/नगर, गाँव से जाना/बनूँ शिक्षिका, उसने अपने/मन में था यह ठाना/नगर, गाँव से दूर/पिता ने साइकिल/लेकर दी थी/उस पर चढ़कर चली/बालिका, नव उमंग उपजी थी/गुज़री गली 'बड़ों' की सबने/बड़ा बुरा था माना मिलकर

'घीसू'/को धमकाया/भयवश लड़ न सका/उनसे तो बेटी/को समझाया, "उतर साइकिल अब पैदल/"उनके द्वारे तक आना।" परम्पराओं/का, कब पहुँचे लोग चाँद, ओढ़े हम जाति। यहाँ एक दलित स्कूल जानेवाली बच्ची की समस्याओं का ख़ुलासा हुआ है।

ओमप्रकाश वाल्मीकि की कविता 'बिटिया का बस्ता' में एक दलित छात्रा का संवेदनशील बिम्ब उभरा है—"लगा जैसे एक भीड़ है/आसपास, बेदख़ल होती बदहवास/चारों ओर जलते घरों से उठता धुआँ।

जलते दरवाज़े, खिड़कियाँ जिसे सहेजकर रखती थी क़रीने से।

"मैं न पढ़ी/मेरे बालका शोषन करें है मिल मालिक।"

कवि श्यौराज सिंह 'बेचैन' ने उक्त पंक्तियों में अशिक्षित स्त्री की पीड़ा को शब्दबद्ध किया है। शिक्षा के अभाव में हर जगह उसका शोषण होता है। चाहे जहाँ काम करती है वहाँ मिल-मालिक हो, वैद्य, पुलिस, वकील, ससुराल, मायके हर जगह पर। वह मछली की तरह तड़पती रहती है। 'मैं तो हूँ जैसे मछली जाल में' रूपक बाँधकर परम्परागत काव्य-सौन्दर्य और स्वाभाविक अर्थबोध की वृद्धि हुई है। कैलाश दहिया की कविता 'घर बुहारती स्त्री' की सामाजिक और पारिवारिक स्थिति का प्रकटन इस प्रकार हुआ है—

"घर बुहारती औरत/झाड़ती है कपड़े अपने/बुहारती है ख़ुद को/अपने सपनों को/औरत घर बुहारती है।"

कविता में ऐसे वर्ग की स्त्री को चित्रित किया गया है जो अपना घर स्वयं बुहारती है। उसके टूटते सपनों, अस्तित्वहीन व्यक्तित्व की ओर इशारा किया है। स्त्री का यह समर्पण रूप व्यक्तित्वहीन रूप की ऐसी कड़ियाँ बनी हुई हैं जिससे वह मुक्त नहीं हो पा रही है।

इस तरह हिन्दी दलित साहित्य में स्त्रीमुक्ति के विभिन्न प्रश्न उसके जीवन से जुड़कर आ रहे हैं।

बुद्ध का स्त्री-चिन्तन वेद और शास्त्रसम्मत है

डॉ. दिनेश राम

प्रव्रज्या ग्रहण करने से पहले गौतम बुद्ध कुल तेरह साल तक गृहस्थ जीवन में रहे। उम्र के सोलहवें साल[1] में यशोधरा से उनकी शादी हुई और उनतीसवें साल[2] में ब्रह्मचर्य का व्रत ले प्रव्रजित हुए। जिस बड़े उद्‌देश्य के लिए वे प्रव्रजित हुए थे उसमें स्त्री संसर्ग क्या—स्त्रियों से दूर रहना ही एक शर्त थी। बावज़ूद इसके, स्त्रियों से उनका पीछा नहीं छूटा था। न चाहते हुए भी उन्हें स्त्रियों को अपने भिक्षु संघ में शामिल करना पड़ा और उपासकों के यहाँ भोजन करते समय उन गृहस्थ स्त्रियों से दो-चार होना पड़ा जो परिवार के लिए समस्या बनी हुई थीं। भिक्षाटन की ऐसी मज़बूरी कि वे स्त्री उपासिकाओं से दूर नहीं जा सके थे। ऐसे में जाना जाय कि बुद्ध स्त्रियों को लेकर कैसे चले थे। सबसे बड़ी बात कि उनका स्त्री-चिन्तन द्विज स्त्री-चिन्तन को लेकर कैसे चला था।

बुद्ध ने अपने स्त्री-चिन्तन की शुरुआत मानव स्वभाव को दायरे में लेकर की थी। वे यह मानकर चले थे कि स्त्रियाँ स्वभावतः बुरी होती हैं। बुद्ध ने उनके इसी मूल स्वभाव को केन्द्र में रखकर उन पर चिन्तन-मनन किया था। इससे वे कहीं रत्ती-भर भी डिगे नहीं थे। चाहे गृहस्थ स्त्रियों के लिए कर्त्तव्य निर्धारित करने की बात हो या फिर भिक्षुणियों के लिए विनय तय करने की, उनके इसी मूल स्वभाव को ध्यान में रखकर निर्धारित है। प्रव्रज्या ग्रहण करना उनके जीवन की एक बड़ी घटना थी। बिना इसके ब्रह्मचर्य का पालन सम्भव नहीं था।

'असातमन्त जातक' में एक तरुण ब्राह्मण ने अपने संन्यास लेने की वजह को बताते हुए कहा—"लोक में स्त्रियाँ असाध्वी होती हैं। उनका कोई समय नहीं होता। जैसे दीपक की शिखा सबको जला देने (खा लेने) वाली होती है, उसी प्रकार वह रागानुरक्त तथा प्रगल्भ होती हैं। मैं उन्हें छोड़, अपनी शान्ति (= विवेक) की वृद्धि करता हुआ प्रव्रजित होऊँगा।"[3] आगे, बुद्ध ने अपनी बात को और स्पष्ट किया है जब उन्होंने उसी माणवक के माध्यम से कहा—"अम्म! जैसे ज्वाला—शिखा अथवा 'शिखी' कहलानेवाली अग्नि, विष्ठा—गोबर आदि गन्दगी भी, घी, शहद, शक्कर आदि शुद्ध वस्तु

भी, इष्ट तथा अनिष्ट भी, जो-जो पाती है, सभी खा लेती है; और इसलिए सब्बघसो (सबको खानेवाली) कहलाती है, उसी प्रकार यह स्त्रियाँ भी, चाहे हथवान्, ग्वाले आदि हीन जाति, हीन व्यवसाय के लोग हों, चाहे क्षत्रिय आदि उत्तम कर्मवाले लोग हों, ऊँच-नीच का विचार किये बिना, सांसारिक आनन्द, उस कामाचार की इच्छा होने पर, जिस किसी को पाती हैं, उसी का सेवन करती हैं;..."[4] अन्त में, उन्होंने स्त्रियों के स्वभाव के बारे में अपनी अन्तिम राय रखते हुए कहा—"इस प्रकार वह सर्वभक्षक अग्नि-शिखा के समान होती हैं, इसलिए जैसे सर्वभक्षक अग्नि-शिखा है, तथैव इन्हें जानना चाहिए।"[5] ऐसे में, बुद्ध नहीं चाहते कि कोई पुरुष स्त्री पर विश्वास करे और जो करे उनके लिए वह अधम नर है। इसलिए, स्त्रियों के साथ कुछ और अवगुणों को जोड़ते हुए उन्होंने कहा—"वे माया हैं, मरीचि हैं, शोक हैं, रोग हैं, उपद्रव हैं, कठोर हैं, बन्धन हैं, मृत्यु-पाश हैं, गुह्य-आशय हैं। जो मनुष्य उनका विश्वास करे, वह नरों में अधम नर है।"[6] बुद्ध हरगिज़ नहीं चाहते कि कोई पुरुष स्त्री के साथ रहे—मतलब वही कि सभी उन्हें छोड़ प्रव्रजित हो संन्यासी बनें।

जाना जाय कि कथा का प्रसंग क्या है। प्रसंग यह है कि एक भिक्षु किसी स्त्री में आसक्त हो गया। उसका यह आचरण विनय के विरुद्ध था। इसलिए बुद्ध ने उससे अपनी नाराज़गी प्रकट करते हुए कहा—"हे भिक्षु! स्त्रियाँ असाध्वी, असती, पापी, निकृष्ट होती हैं, तू इस प्रकार की पापी स्त्री (—जाति) के प्रति क्यों आसक्त हुआ है?"[7] स्त्रियों के इन्हीं अवगुणों को विस्तार से बताने के लिए उन्होंने 'असातमन्त जातक' नाम से पूर्वजन्म की एक कथा कही जिसमें एक अस्सी वर्ष की बूढ़ी स्त्री अपनी काम वासना की पूर्ति में बेटे के आड़े आने पर उसकी हत्या पर उतर आयी।

एक ब्राह्मण परिवार है जिसके घर एक पुत्र का जन्म हुआ। उसके माता-पिता चाहते थे कि वह प्रव्रजित हो संन्यासी बने, लेकिन ऐसा नहीं हुआ। बड़े होने पर उसने प्रव्रजित होने की बजाय, गृहस्थ होना पसन्द किया। लिहाज़ा, बिना किसी विरोध के माता-पिता ने उसे शिल्प सीखने के लिए तक्षशिला भेज दिया। शिल्प सीखकर जब वह वापस आया तो उसकी माँ ख़ुश नहीं थी। वह चाहती थी कि उसका पुत्र हर हाल में संन्यासी बने। इसलिए एक रणनीति के तहत उसने अपने पुत्र से पूछा कि क्या वह अपने आचार्य से 'असातमन्त' सीखा। पुत्र के नहीं कहने पर उसकी माँ ने उसे पुनः आचार्य से यह कथित मन्त्र सीखकर आने को कहा। जाकर, जब उसने अपने आचार्य से यह सब बात बतायी तो उन्होंने आश्चर्य व्यक्त किया, क्योंकि इस नाम का कोई मन्त्र होता ही नहीं था लेकिन अपने शिष्य की माँ की बात वे समझ गये। इसलिए उन्होंने अपने शिष्य से अपनी अस्सी साल की बूढ़ी माँ की सेवा करने को कहा जिसकी सेवा वे पिछले कई वर्षों से करते आ रहे थे। साथ ही, शिष्य से उन्होंने यह बात भी कही कि सेवा करते समय वह उनकी माँ के सौन्दर्य की प्रशंसा भी करता जाय।

इसके बाद उनकी माँ उससे जो कुछ भी कहे वह ईमानदारी से उन्हें बताये। शिष्य के ऐसा करने पर उस अस्सी साल की बूढ़ी स्त्री में काम भावना जाग गयी और वह अपने बेटे के शिष्य से सम्भोग करने का आग्रह कर बैठी। लेकिन, शिष्य ने ऐसा करने से यह कहते हुए मना कर दिया कि वह अपने आचार्य के रहते ऐसा नहीं कर सकता। तब, उस बूढ़ी औरत ने उससे कहा कि वह अपने आचार्य को जान से मार दे। शिष्य ने ऐसा करने से भी मना कर दिया। तब, उस बूढ़ी औरत ने कहा कि अगर वह उसका साथ न छोड़े तो वह ख़ुद ही अपने बेटे को मार देगी। शिष्य ने कहा ठीक है। शिष्य ने यह सब बात अपने आचार्य से बता दी। आचार्य ने कहा ठीक है, तुम मेरा एक लकड़ी का पुतला बनाकर उस पर चद्दर डाल देना और मेरी माँ के हाथ में एक कुल्हाड़ी देकर कहना कि यही आपका बेटा सोया हुआ है, इसे मार दें। शिष्य ने ऐसा ही किया लेकिन, जब बुढ़िया ने अपना बेटा समझकर उस पुतले की गरदन पर कुल्हाड़ी चलायी तो किसी तरह की चीख़ निकलने की बजाय, 'टन्न' की आवाज़ आयी तो वह तत्काल समझ गयी कि उसके साथ धोखा हो गया। फलस्वरूप, इस सदमे को वह सहन नहीं कर पायी और वहीं गिरकर तुरन्त मर गयी।[8]

जाना जाय, पूर्वजन्म की इस कथा में शिष्य के रूप में आनन्द और आचार्य के रूप में स्वयं बुद्ध थे। इस पूरी कथा के बारे में क्या कहा जाय! दिमाग़ पर ज़ोर पड़ता है। चाहे किसी भी रूप में हो—पारिवारिक और सामाजिक रिश्तों में यौन मर्यादाओं का सबसे ज़्यादा ध्यान पिता-पुत्री और माँ-बेटे के रिश्तों में ही रखा जाता है। इसके बाद शिष्य और गुरुमाता का ही रिश्ता आता है। लेकिन, स्त्री जाति की चरित्रहीनता को दिखाने के लिए बुद्ध ने इन्हीं रिश्तों को प्रसंग बनाकर अपनी बात कही है। इसके लिए उनके मन में तनिक भी झिझक पैदा नहीं हुई। ऐसा इसलिए हो गया कि बुद्ध स्त्रियों के चरित्र को लेकर रत्ती-भर विश्वास करने को तैयार नहीं थे।

बूढ़ी स्त्री के उदाहरण से बुद्ध की बात पूरी नहीं होती थी, इसलिए अपनी बात पूरी करने के लिए उन्होंने एक जवान स्त्री को भी अपने उदाहरण के दायरे में लिया है। स्त्रियों की चरित्रहीनता को दिखाने के लिए एक अन्य जातक 'अण्डभूत' में बुद्ध ने कहा—"जिसके कारण ब्राह्मण ने मुँह पर पट्टी बाँधकर, वीणा बजायी, वह गर्भ से (आरम्भ करके) पाली गयी भार्या थी। ऐसी स्त्रियों का कौन विश्वास करे।"[9] आगे, बुद्ध ने स्त्रियों के बारे में अपने घोषित निष्कर्ष पर आते हुए कहा..."सभी नदियाँ टेढ़ी हैं, सभी वनों में लकड़ी है। अवसर मिलने पर सभी स्त्रियाँ पाप-कर्म करती हैं।"[10] इस एक कथा में स्त्री पर उसके जन्म से ही पति का सख़्त पहरा रहता है। बावज़ूद इसके, वह दुराचार कर बैठती है।

एक राज्य के राजा और पुरोहित जुआ खेलते हैं। पासा फेंकते हुए राजा कहता है कि सभी नदियाँ टेढ़ी हैं, सभी वनों में लकड़ी है। अवसर मिलने पर सभी स्त्रियाँ

पाप-कर्म करती हैं। लेकिन, पुरोहित राजा की इस बात से सहमत नहीं था। उसने एक ऐसी स्त्री से शादी की जिसे वह जन्म से ही अपनी देख-रेख में रखा था। शादी करने के बाद भी उसने पत्नी को पूरी तरह से पहरे में रख रहा था। शादी के बाद जब पुरोहित राजा के साथ जुआ खेलने बैठा तो राजा ने अपनी वही पुरानी बात कि सभी नदियाँ टेढ़ी हैं, सभी वनों में लकड़ी है। अवसर मिलने पर सभी स्त्रियाँ पाप-कर्म करती हैं, दुहरायी तो पुरोहित ने उसमें एक लाइन और जोड़ते हुए कहा कि मेरी पत्नी माणविका को छोड़कर। राजा पुरोहित की इस बात को सुनकर सोच में पड़ गया। इसलिए षड्यन्त्र करके उसने एक जार से उसकी पत्नी का शील भंग करवा दिया। शीलभंग-तो-शीलभंग, राजा ने धोखे से पत्नी के प्यार में पड़े पुरोहित को उसकी पत्नी के जार से पिटवा भी दिया।[11]

बताया जाय, पूर्वजन्म की इस कथा में राजा स्वयं बुद्ध थे। इन दो जातक कथाओं से पता चलता है कि समाज की ऐसी कोई बुराई नहीं जिसे बुद्ध स्त्रियों में न दिखा देना चाहते हों। यह सब दिखाने के पीछे उनका एक ही मक़सद था, यह बताना कि स्त्रियाँ स्वभावतः व्यभिचारिणी होती हैं, इसलिए बुरी होती हैं। ऐसे में, ये विश्वास करने के योग्य नहीं। स्त्रियों के मूल स्वभाव के बारे में बुद्ध का यही अन्तिम निष्कर्ष था। इसलिए बुद्ध का सारा स्त्री-चिन्तन इसी को केन्द्र में रखकर चला है।

स्त्रियों के मूल स्वभाव को निर्धारित करने के बाद फिर बुद्ध उसी तरह चले हैं जिस तरह उन्हें अपनी स्त्री-विरोधी परम्परा में चलना था। भिक्षुणियों के लिए नियम-क़ानून बनाने की बात हो या फिर गृहस्थ स्त्रियों के लिए कर्त्तव्य निर्धारण की बात–उन सब में उनका स्त्री को स्वभावतः बुरी मानकर चलने का दृष्टिकोण ही झलकता है। इसलिए देखा जाय कि पत्नियों के बारे में उनकी क्या सोच थी।

अच्छी बात है कि बुद्ध ने पत्नियों के बारे में अपनी राय रखी है। इस निम्न प्रसंग में उन्होंने ख़ासमख़ास पत्नियों पर ही बोला है।

एक बार पाँच सौ भिक्षुओं के साथ बुद्ध अनाथपिण्डक के घर भोजन के लिए आमन्त्रित थे। वहाँ बुद्ध ने एक स्त्री के ज़ोर-ज़ोर से झगड़ा करने की आवाज़ सुनी। पूछने पर लोगों ने बताया कि वह अनाथपिण्डक की पुत्र-वधू सुजाता है और यह कि वह परिवार में किसी का आदर नहीं करती। अपने नौकरों से लड़ती-झगड़ती है और स्वभाव से अत्यन्त दुष्ट है। इस पर बुद्ध ने उसे बुलाया और पूछा कि क्या वह जानती है कि पत्नियाँ सात प्रकार की होती हैं। उसके नहीं कहने पर बुद्ध ने क्रम से उन सात प्रकार की भार्याओं, यानी पत्नियों के बारे में बताते हुए कहा :

1. "क्रोधी, अहित करनेवाली, अनुकम्पारहित, दूसरे को चाहनेवाली और अपने पति की अवहेलना करनेवाली, जो धन से ख़रीदे गये हैं (अर्थात् दास-दासी), उनको मारने के लिए उत्सुक; पुरुष की जो ऐसी भार्या है उसे बाधक भार्या कहते हैं।

2. "स्त्री के लिए स्वामी जिस धन को अर्जित करता है, चाहे शिल्प से, चाहे वाणिज्य से, या कृषि से; यदि वह उसमें से अल्पांश भी चुराने की इच्छा करती है तो चोर भार्या कहलाती है।

3. "काम न करनेवाली, आलसी, ज़्यादा खानेवाली, कठोर, चण्ड स्वभाववाली, कटु (बुरा) बोलनेवाली, सेवकों को त्रस्तकर रखनेवाली, इस प्रकार की जो स्त्री है उसे 'आर्या' भार्या कहते हैं।

4. "सर्वदा हित और अनुकम्पा करनेवाली माता पुत्र की जैसे रक्षा करती है, उसी प्रकार जो पति की रक्षा करती है, उसके (पति) द्वारा अर्जित धन की रक्षा करती है, वह भार्या 'माता' भार्या कहलाती है।

5. "जैसे छोटी बहन बड़ी बहन के प्रति गौरव सहित रहती है, उसी प्रकार जो पति के प्रति गौरवशीला, लज्जाशीला है, पति के वश में रहनेवाली है, वह 'भगिनी' भार्या कहलाती है।

6. "जो पति को देखकर इस प्रकार प्रसन्न होती है जैसी चिरकाल पश्चात् आये सखा को देखकर सखी। जो कुलीन, शीलवती तथा पतिव्रता है, वह 'सखी' भार्या कहलाती है।

7. "क्रोध करने पर जो शान्त रहती है, मार दण्ड से भयाक्रान्त रहनेवाली होती है, उत्तम (निर्मल) चित्तवाली होती है, पति की सहनेवाली होती है, क्रोध नहीं करती, पति के वश में रहती है। इस प्रकार की जो भार्या है वह 'दासी' भार्या कहलाती है।"[12]

अन्त में भार्या की जानकारी देते हुए बुद्ध ने कहा—"जो ये 'बाधक', 'चोर' और 'आर्या' दुःशील, कठोर, अनादरयुक्त भार्या हैं, वे मरने पर नरक जाती हैं। जो ये 'माता', 'भगिनी', 'सखी' और 'दासी' शील में स्थित, चिरकाल तक संयत रहनेवाली भार्या हैं, वे मरणोपरान्त सुगति को प्राप्त होती हैं।"[13] इस कथा को सुनने के बाद सुजाता शान्त हो गयी और अपने-आपको दासी भार्या बताते हुए बुद्ध से क्षमा माँगी। फिर, बुद्ध ने भिक्षुओं को यह बताते हुए कहा कि उन्होंने सुजाता को इसी जन्म में नहीं, इसके पूर्वजन्म में भी इसी तरह शान्त किया था।

बड़ी बात है कि बुद्ध ने अच्छी और बुरी पत्नियों में भेद किया है। इसलिए उनके अच्छी और बुरी पत्नियों के कान्सेप्ट को अलग-अलग और सम्पूर्णता में समझा जाय। सबसे पहले उनके अच्छी पत्नी के कान्सेप्ट को लिया जाय और देखा जाय कि बुद्ध ने अच्छी पत्नियों के मुख्य निम्न गुण बताये हैं—

1. "पति और उसके धन की रक्षा करनेवाली
2. "पति के वश में रहनेवाली
3. "पति के प्रति लज्जाशीला और गौरवशीला
4. "उत्तम चित्तवाली

5. "शीलवती और पतिव्रता
6. "पति को देखकर ख़ुश रहनेवाली
7. "मार और दण्ड से भयाक्रान्त रहनेवाली
8. "क्रोध करने पर शान्त रहनेवाली
9. "पति को सहनेवाली।"[14]

अच्छी पत्नी के इन्हीं गुणों को बुद्ध ने 'माता भार्या', 'भगिनी भार्या', 'सखी भार्या' और 'दासी भार्या' के खानों में समेटा है। इतना हीं नहीं, बुद्ध अच्छी पत्नियों के सम्मान को उस समय चरम पर ले गये जब उन्हें एक जगह स्त्री रत्न की संज्ञा दी। चक्रवर्ती सम्राट् के सात रत्नों में स्त्री को एक रत्न मानते हुए उन्होंने कहा—"आनन्द! वह स्त्री राजा महासुदर्शन से पहले उठ जाती थी और उनके बाद सोती थी। राजा की प्रत्येक आज्ञा को सुनने के लिए प्रतिक्षण सन्नद्ध रहती थी। राजा के मनोनुकूल आचरण करनेवाली तथा प्रियवादिनी थी। उस श्रेष्ठ स्त्री ने मन से भी राजा को कभी नहीं (अन्य पुरुष के प्रति राग प्रकट करते हुए) छोड़ा, शरीर से छोड़ने की तो बात ही क्या कही जाय! आनन्द...!"[15]

समझा जा सकता है कि इसमें अच्छी पत्नी के रूप में एक स्त्री से अपने कर्त्तव्यों के पालन के साथ-साथ पति के लिए अपने सम्मान और अधिकारों को त्याग और समर्पण की माँग की गयी है। सवाल है, ऐसी ही माँग अगर पत्नी अपने पति से कर बैठे तो क्या हो—क्या तब भी वह अच्छी पत्नी बनी रहेगी? 'पति की सहनेवाली' और 'उसके वश में रहनेवाली' की माँग में इसकी कोई सम्भावना नहीं। बुद्ध ने कहा—"भिक्षुओ! ये तीनों धर्म गुप्त रखने पर ही शुभ फल देते हैं, स्वतन्त्र (खुला) रहने पर नहीं। कौन से तीन? (1) स्त्रियाँ गुप्त रखने पर शुभ फल देती हैं, उन्हें स्वतन्त्र रखने पर नहीं। (2) ब्राह्मणों के मन्त्र गुप्त रखने पर ही शुभ फल देते हैं प्रकट करने पर फल नहीं देते। (3) मिथ्यादृष्टि (अशुभ विचार) भी गुप्त रहने पर ही यथेष्ट फल देती है प्रकट करने पर नहीं। भिक्षुओ! ये तीन धर्म गुप्त रखने पर ही शुभ फल देते हैं।"[16] यहाँ बुद्ध की सोच मनुस्मृति के बिलकुल अनुरूप चली है। बुद्ध के पत्नी को 'पति की सहनेवाली' और 'उसके वश में रहनेवाली' होनी चाहिए के अनुरूप मनु के व्यवस्था दी है—"स्त्री को बचपन में अपने पिता, युवावस्था में अपने पति और जब उसका पति मर जाय तब अपने पुत्रों के अधीन रहना चाहिए, स्त्री को कभी भी स्वतन्त्र नहीं रहना चाहिए।"[17] यहाँ भी स्त्रियों के अधिकारों और स्वतन्त्रता की रक्षा की बात नहीं, बल्कि पुरुष के पक्ष में उसके त्याग और समर्पण की बात कही गयी है। स्त्रियों के पक्ष में न्याय और बराबरी की बात तभी है जब ऐसी ही माँग पतियों से भी की जाय लेकिन यहाँ ऐसा कुछ भी नहीं है। त्याग और समर्पण अच्छे गुण हैं। ये हर मनुष्य में होने चाहिए, लेकिन पत्नी के रूप में स्त्रियों के त्याग और समर्पण की बात तभी जँचती है जब पर्सनल क़ानूनों में उनके समानता और स्वतन्त्रता के अधिकारों की गारण्टी दी गयी हो। अगर ऐसा नहीं है तो फिर पत्नी पति की ग़ुलाम ही है।

इसी तरह, बुद्ध की अच्छी पत्नियों और अच्छे पतियों की बात तभी जँचती है जब बुरे पतियों और बुरी पत्नियों को दण्डित किया जाय लेकिन बुराई की प्रतीक एक जारिणी स्त्री और उसके जार पुरुषों को बुद्ध ने बिना दण्ड के यूँ ही जाने दिया है।

बन्धनमोक्ख जातक[18] की एक कथा में एक राजा के युद्ध में कहीं दूर चले जाने पर रानी ने उसकी अनुपस्थिति का लाभ उठाकर चौंसठ लोगों से सम्भोग किया। रानी यही काम अपने ब्राह्मण पुरोहित से भी करना चाहती थी लेकिन उसने मना कर दिया। इसी पर रानी ने पुरोहित पर झूठा आरोप लगाकर उसे फँसा दिया और राजा ने उसे फाँसी की सजा सुनवा दी। पर, किसी तरह उस ब्राह्मण पुरोहित ने रानी की असलियत बताकर ख़ुद तो बचा ही, रानी को भी बचाया और साथ में उन चौंसठ लोगों को भी बचाया जिन्होंने रानी के साथ सम्भोग किया था। इन सभी अपराधियों के पक्ष में दलील देते हुए उस पुरोहित ने कहा—"महाराज! दोष इनका नहीं। रानी से स्वेच्छा की पूर्ति करवायी। यह निरपराध हैं इसलिए इन्हें क्षमा करें। उसका भी दोष नहीं। स्त्रियाँ मैथुन-अतृप्ता होती हैं, यह इनका जातीय स्वभाव है, भवितव्यता अतिलंघ्य है। इसलिए इसे भी क्षमा करें, इस प्रकार राजा को अनेकशः समझाकर उन चौंसठ जनों तथा उस मूर्खा को मुक्त करा, उनको उन-उन का पद दिलवा दिया। इस प्रकार उन सबको मुक्त तथा (उनको) यथास्थान प्रतिष्ठित करवाया।"[19] आगे, बुद्ध ने बताया है कि पूर्वजन्म की इस कथा में ब्राह्मण पुरोहित के रूप में स्वयं वे ही थे और राजा के रूप में आनन्द।

बुद्ध ने यहाँ जारों को छुड़वा लिया है। उस जारिणी स्त्री को बुद्ध मूर्खा बता रहे हैं। यहाँ लगता नहीं कि कोई दार्शनिक और धर्मगुरु बोल रहा है। क्या किया जाय—एक द्विज आदमी की समझ ही तो है? संन्यासी बुद्ध उसे मूर्खा बता लें, पर एक गृहस्थ उसे मूर्खा कैसे कह सकता है? इसमें तो उसका परिवार दाँव पर है। राजा को पता नहीं, पर उसका राज्य भी दाँव पर है। यहाँ जारों को बचाने में बुद्ध के द्वारा परिभाषित अच्छे पतियों और अच्छी पत्नियों का मान कहाँ रहा? उनका मान तभी है जब बुरे पतियों और पत्नियों की निन्दाकर उन्हें दण्डित किया जाय। यहाँ, बुद्ध के विचारों में कोई तार्किक संगति नहीं दीखती। उनकी शीलसम्पन्न स्त्री की माँग में जार और जारिणी क्षम्य और अदण्डित कैसे रह जायँगे?

इसी तरह, एक उपासक एक हफ़्ते तक बुद्ध के पास नहीं आया। पूछने पर पता चला कि वह अपनी पत्नी को लेकर परेशान था इसलिए नहीं आया। उसने बुद्ध से बताया कि उसकी पत्नी दुःशीला है। इस पर बुद्ध ने उसे समझाते हुए कहा—"जैसे नदी, महामार्ग, शराबख़ाने, धर्मशालाएँ तथा प्याऊ (जलशाला) सबके लिए, सार्वजनिक होते हैं, उसी प्रकार लोक में स्त्रियाँ सार्वजनिक होती हैं। पण्डित (बुद्धिमान् जन, उनके विषय में क्रोध नहीं करते।"[20] बताइये, अपने सार्वजनिक होने की बात कोई स्त्री कैसे मान लेगी? तब, उसमें और एक वेश्या में फ़र्क़ ही क्या रह जायेगा? और फिर, जब

स्त्रियाँ सार्वजनिक हैं तो घर-गृहस्थी का क्या किया जाय? फिर, अच्छे पतियों और अच्छी पत्नियों का भी क्या किया जाय? ऐसे में, धर्म और दर्शन भी किस काम के? स्त्रियों के सार्वजनिक होने की बात शक्तिशाली क़ौम क्षत्रियों के लिए तो ठीक हो सकती है, पर यह कमज़ोर क़ौमवाले दलितों के लिए ठीक कैसे हो सकती? ऐसी बात कोई सामन्त कहे तो कहे, कोई किसान और मज़दूर कैसे कह देगा? लेकिन इसमें शिकायत भी क्या की जाय! इसके अलावा एक संन्यासी कह भी क्या सकता है?

अब बुद्ध के बुरी पत्नियों के कान्सेप्ट को लिया जाय और देखा जाय, उन्होंने ऐसी पत्नियों की निम्न पाँच विशेषताएँ बतायी हैं—

1. ‘‘दूसरे को चाहनेवाली और अपने पति की अवहेलना करनवाली।
2. ‘‘क्रोधी, अहित करनेवाली और अनुकम्पारहित।
3. ‘‘स्वामी के धन को चुरानेवाली और सेवकों को त्रस्तकर रखनेवाली।
4. ‘‘ज़्यादा खानेवाली।’’[21]

देखा जाय तो समस्या उन पत्नियों को लेकर नहीं है जिन्हें बुद्ध अच्छी पत्नियाँ बता रहे हैं। समस्या उन पत्नियों को लेकर हैं जिन्हें वे बुरी बता रहे हैं—अर्थात् जो, ‘बाधक’, ‘चोर’ और ‘आर्या’ भार्या हैं। समाज में ऐसी पत्नियाँ एक स्वस्थ परिवार के लिए समस्या बनी हुई हैं। इसका समाधान ढूँढ़ा जाना है। वैसे, समाज बिना समाधान के नहीं है। अपने-अपने ढंग से हर क़ौमों ने इसका समाधान ढूँढ़ा है। सवाल है, बुद्ध के पास इसका समाधान क्या है? बुद्ध कह रहे हैं कि ये मरने के बाद नरक में जायेंगी। चलो ठीक है, थोड़ी देर के लिए उनकी बात ली कि वे नरक में जायेंगी। हो सकता है, इससे कुछ स्त्रियाँ बुरे काम करने से डरें भी। लेकिन ऐसा भी हो सकता है कि कोई स्त्री नरक जाने से न डरे—तब क्या किया जाय? क्या तब तक के लिए परिवार को समस्याग्रस्त छोड़ दिया जाय? अगर नहीं, तो समस्या का अलौकिक नहीं, लौकिक समाधान चाहिए। गृहस्थों के लिए सवाल परिवार को बचाने का है। वह कैसे बचे इसका बुद्ध के पास कोई क़ानूनी समाधान नहीं। इसके लिए उन्होंने अलग से कोई विनय पिटक तैयार नहीं किया। इसको लेकर बाबासाहेब डॉ. अम्बेडकर ने बुद्ध का सही आकलन किया है। बौद्ध धर्म पर बोलते हुए उन्होंने कहा—‘‘बुद्ध का वैदिक ब्राह्मणों से मतभेद पन्थगत मामलों तक सीमित था। बुद्ध ने अपने अनुयायियों के लिए कोई पृथक् क़ानूनी व्यवस्था खड़ी नहीं की थी; उन्होंने क़ानूनी व्यवस्था को ज्यों-की-त्यों छोड़ दिया था।’’[22] सामाजिक क़ानूनों के अभाव में लोग समस्या का समाधान अपने ढंग से ढूँढ़ते हैं। बुद्ध ने भी वही किया है। लेकिन, इस ढूँढ़ने में वे उसी तरफ़ गये हैं जिधर क़ानूनों के अभाव में आम लोग जाया करते हैं—अर्थात्, बुरी पत्नियों को पीटकर ठीक करने की तरफ़। प्रसंग आगे दिया जा रहा है।

कथा कोसिय जातक[23] की है। एक ब्राह्मण उपासक जो पिछले कई दिनों से बुद्ध से नहीं मिला था। एक दिन मिलने पर बुद्ध ने उसके इतने दिनों बाद मिलने का कारण पूछा तो उसने बताया कि उसकी पत्नी बदचलन है। उसके घर से बाहर जाने पर वह अपने कई जारों के साथ रँगरेलियाँ मनाती है। जब वह शाम को घर वापस आता है तो वह बीमारी का बहाना बनाकर सो जाती है और घर का कोई काम नहीं करती। उससे वह अच्छा-अच्छ खाना माँगती है और वह लाकर देता भी है। लेकिन, उसे पता है कि वह उसे धोखा दे रही है, इसलिए वह बहुत परेशान है। इस पर उसे सलाह देते हुए बुद्ध ने कहा—"तात! अब तुम उसे दूध, घी, रस आदि मत दो। गोमूत्र में त्रिफला आदि और पाँच प्रकार के पत्तों को रख उनका काढ़ा बनाकर, ओषधि में ताँबे की गन्ध आने तक ताँबे के नये बर्तन में रख, रस्सी, जोत या किसी वृक्ष की ही लता ले—यह तुम्हारे रोग के लिए उपयुक्त ओषधि है इसी को पी; अथवा उठकर जो भोजन तू करती है उसके अनुसार काम कर...।"[24] बुद्ध यहीं नहीं रुकते। उन्हें पता था कि वह इस विशेष प्रकार के काढ़े से भी नहीं मान सकती। इसलिए, उन्होंने बिलकुल कारगर और अन्तिम समय बताते हुए कहा—"यदि ओषधि न पीये तो उसे रस्सी से या जोत से अथवा लता से कुछ प्रहार लगाकर केशों से पकड़, खींचकर कोहनी से पीटना। उसी समय उठकर वह काम करने लगेगी।[25] यहाँ, बुद्ध ने मनुस्मृति के बिलकुल अनुरूप बात कही है। ऐसी पत्नियों को पीटकर ठीक करने की व्यवस्था मनु ने भी दे रखी है। बाबासाहेब डॉ. अम्बेडकर ने अपनी पुस्तक 'प्राचीन भारत में क्रान्ति और प्रतिक्रान्ति' में पुत्र, दास, शिष्य और छोटा भाई यदि अपराध करे तो उसे रस्सी से या लाठी से पीटना चाहिए।"[26] (यहाँ संस्कृत के 'भार्या' का अनुवाद 'स्त्री' किया गया है जो सही नहीं है। इसकी जगह 'पत्नी' होना चाहिए।) देखा जा सकता है कि यहाँ मनु ने स्त्री को सिर्फ़ पीटने की बात की है, लेकिन बुद्ध ने पीटने के साथ-साथ वह तरीक़ा भी बताया है कि कैसे उसे पीटा जाय। स्त्रियों के पीटे जाने की व्यवस्था में उनकी हत्या की पूरी सम्भावना छिपी हुई है। इसलिए, बुद्ध स्त्रियों को मारपीट से भयभीत रहने की बात कहते हैं। स्वाभाविक है, अगर मारपीट से स्त्री नहीं सुधरती है तो बात हत्या तक भी जायगी। समस्या का सही समाधान नहीं दिया जायगा तो हत्या तो होनी है। तब, यहाँ बुद्ध के द्वारा प्रचारित अहिंसा का क्या हिंसा किया जाय? उनके दार्शनिक योगदानों से न तो हिंसा के मूल सामाजिक कारणों का पता चलता है और न उसके समाधान का।

अच्छी बात है, बुद्ध ने अपने चिन्तन को एकपक्षीय नहीं रखा। उन्होंने दूसरे पक्ष यानी पतियों के कर्त्तव्य को भी निर्धारित किया है। एक गृहस्थ पति को उपदेश देते हुए उन्होंने कहा—"गृहपति-पुत्र! पाँच प्रकार से पति (स्वामी) को भार्या (स्त्री) रूपी पश्चिम दिशा की सेवा करनी चाहिए—(1) सम्मान से। (2) अपमान न करने से। (3) अतिचार (पर-स्त्रीगमन आदि) न करने से। (4) ऐश्वर्य (धन) प्रदान करने से।

(5) अलंकार प्रदान (आभूषण देने) आदि से।"[27] यहाँ, ऐसा लगता है कि पत्नियों के प्रति पति के कर्त्तव्यों को निर्धारित कर बुद्ध ने इनके बीच किसी तरह की बराबरी की बात की है। लेकिन ऐसा है नहीं। बुद्ध ने पत्नियों के पतियों के पक्ष में अपने अधिकारों के त्याग और समर्पण की बात की है, जब कि पतियों से पत्नियों के प्रति मात्रा कर्त्तव्यों की। सवाल है–पति-पत्नी के प्रति अपने कर्त्तव्यों का पालन न करें तो क्या किया जाय? इसका बुद्ध के पास कोई जवाब नहीं। लेकिन, पत्नी अपने कर्त्तव्यों का पालन न करे तो उसे नरक निर्धारित है। बुद्ध ने कहा–"जो ये 'बाधक', 'चोर', और 'आर्या' 'दुःशील', कठोर, अनादरयुक्त भार्या हैं, वे मरने पर नरक जाती हैं...।"[28] यहाँ पति अपने कर्त्तव्यों का पालन करे या न करे, बुद्ध ने उसकी इच्छा पर छोड़ दिया है। करे तो भी ठीक है और न करे तो भी ठीक है। उन्होंने पत्नी को कोई अधिकार नहीं दिया कि अगर उसका पति अपने कर्त्तव्यों का पालन करे तो वह उसे तलाक़ दे दे, या पति के द्वारा बुरी पत्नी को पीटकर ठीक करने की तरह वह बुरे पति को पीटकर ठीक कर दे। इसमें पति और पत्नी के बीच किसी तरह की बराबरी और स्वतन्त्रता की बात नहीं। बस, पतियों के लिए मात्र उपदेश भर है। क़ानूनों के अभाव में ऐसे उपदेशों की क्या उपयोगिता? घर के बड़े-बूढ़े पति-पत्नी को ऐसे उपदेश तो दिया ही करते हैं। लेकिन समान अधिकारों की बात आने पर ऐसे उपदेश कहीं नहीं टिकते। उलटे, तर्क-वितर्क में ये विरोधियों के हथियार बन जाते हैं। काश! बुद्ध पत्नियों की तरह पतियों की भी कैटेगरी बना जाते–सात नहीं तो दो-चार ही बना जाते!

बाबासाहेब डॉ. अम्बेडकर की वजह से यह कहने में बेहद दुःख हो रहा है कि गौतम बुद्ध का स्त्री-चिन्तन अपने समय के द्विज-चिन्तन से अलग होकर नहीं चला है। स्त्रियों को लेकर बुद्ध मनुस्मृति की मान्यताओं के बिलकुल अनुरूप चले हैं। स्त्रियों के मूल स्वभाव को लेकर दोनों के मत एक हैं। स्त्रियों से सम्बन्धित मनु के विचारकों को बाबासाहेब डॉ. अम्बेडकर ने अपनी पुस्तक 'प्राचीन भारत में क्रान्ति और प्रतिक्रान्ति' में इस प्रकार उद्धृत किया है–"स्त्रियाँ रूप की अपेक्षा नहीं करतीं और न ही उनका ध्यान आयु पर रहता है। वे यह सोचकर कि यह ही पर्याप्त है कि वह पुरुष है, सुन्दर या कुरूप के साथ भी सम्भोग कर बैठती है।"[29] आगे, बाबासाहेब ने मनुस्मृति से दूसरा श्लोक भी उद्धृत किया है–"चाहे इस संसार में महिलाओं को कितना भी बचाकर रखा जाय, वे पुरुषों के प्रति अपनी काम-भावना, अपनी चंचल प्रकृति और अपनी स्वाभाविक हृदयहीनता के कारण अपने पति के प्रति निष्ठारहित हो जाती हैं।"[30] 'असातमन्त जातक' में अस्सी वर्ष की एक बूढ़ी स्त्री, बिना उम्र और रिश्ते का ध्यान रखे, एक युवा लड़के से सम्भोग के लिए उद्धत हो जाती है। उसकी हृदयहीनता ऐसी कि इसके लिए वह अपने बेटे को भी जान से मारने पर उतर आयी। इस कथा में एक स्त्री के चरित्रहीन और निर्दयी होने की इन्तहा है। इससे बड़ी न कोई

चरित्रहीनता हो सकती है और न ही कोई निर्दयता। दूसरी तरफ़, अण्डभूत जातक में सख़्त पहरे में रहने के बावजूद, पुरोहित की जवान पत्नी व्यभिचार कर बैठती है। बेइन्तहा प्यार करने के बावजूद, वह पति के प्रति निष्ठारहित हो जाती है। देखा जा सकता है कि स्त्री की योनि निष्ठा पर बुद्ध और मनु दोनों को विश्वास नहीं। एक स्त्री चरित्रवान् भी होगी—दोनों ही इसको मानने के लिए तैयार नहीं। सोचकर परेशानी होती है कि दोनों किसी एक स्त्री या कुछ स्त्रियों को बुरी मानकर नहीं चल रहे, बल्कि समूची स्त्री जाति को ही बुरी मानकर चल रहे हैं।

बुद्ध ऊँची जाति की स्त्रियों के नीची जाति के ग्वाले और हथवानों से योनि सम्बन्ध बनाने के विरुद्ध थे। असातमन्त जातक के उद्धरण को यहाँ दोबारा लिया जाय। बुद्ध ने कहा... "...उसी प्रकार यह स्त्रियाँ भी, चाहे हथवान्, ग्वाले आदि हीनजाति, हीनव्यवसाय के लोग हों, चाहे क्षत्रिय आदि उत्तम कर्मवाले हों, ऊँच-नीच का विचार किये बिना, सांसारिक आनन्द, उस कामाचार की इच्छा होने पर, जिस किसी को पाती हैं, उसी का सेवन करती हैं...।"[31] बुद्ध चाहते हैं कि स्त्रियाँ यौन सम्बन्ध बनाते समय ऊँच-नीच का पूरा ध्यान रखें। यहाँ, उनकी सोच वर्ण-व्यवस्था के बिलकुल अनुरूप है। ब्राह्मणों के सामाजिक क़ानूनों में ऐसे सम्बन्ध वर्जित हैं। इनमें ऊँच-नीच का पूरा ध्यान रखा जाता है। निम्न जाति के पुरुष के किसी ऊँची जाति की स्त्री के साथ सम्भोग करने पर उसे कड़ा-से-कड़ा दण्ड देने का प्रावधान है। मनु ने लिखा—"जो द्विजाति (ब्राह्मण, क्षत्रिय और वैश्य) की स्त्री स्वामी आदि अभिभावक से रक्षित न हो, यदि शूद्र उसके साथ व्यभिचार करे तो राजा उसका लिङ्गच्छेदनपूर्वक सर्वस्व हरण कर ले, और रक्षित स्त्री के साथ व्यभिचार करे तो सर्वस्व हरण के साथ उसे प्राणदण्ड दे।"[32] देखा जाय, यहाँ उच्च जाति की स्त्री के साथ सम्भोग करने पर निम्न जाति के पुरुष को सबसे बड़ा दण्ड—मृत्युदण्ड है।

बुद्ध अपनी क़ौम की स्त्रियों को दूसरी क़ौम में न जाने दें, यह बात समझ में आती है। लेकिन दूसरी क़ौम के पुरुषों को नीच और उनके व्यवसाय को हीन कहें, यह बात समझ में नहीं आती। जन्म से कोई पुरुष नीच कैसे हो सकता है और कोई सामाजिक व्यवसाय हीन कैसे हो सकता है? बुद्ध क्या कह रहे हैं—कमाकर खानेवाला नीच और माँगकर खानेवाला ऊँच? यह उनके किस बुद्धत्व की प्राप्ति है? सवाल है, कोई महापुरुष ऐसा कैसे कह सकता है? और, ऐसा कहकर कोई पुरुष महापुरुष कैसे बना रह सकता है? इतिहास में लोग इसका विरोध करके ही महान् बने हैं। बाबासाहेब डॉ. अम्बेडकर ऊँच-नीच का विरोध करके ही महापुरुष बने हैं। अगर, ऊँच-नीच का समर्थन कर बुद्ध महान् हैं तो इसका मतलब है कि उनकी क़ौम नीच कहे जानेवालों से बिलकुल अलग और बुद्ध में हैं। बाबासाहेब और उनकी क़ौम से उनका कुछ लेना-देना नहीं। यहाँ बुद्ध और अम्बेडकर दो अलग और विरोधी क़ौम हैं, जिनके दार्शनिक और धार्मिक मत एक-दूसरे के विपरीत हैं।

जारकर्म परिवार की समस्या थी। इससे हर गृहस्थ परेशान था। बुद्ध को इसका गृहस्थों के अनुरूप कोई क़ानूनी समाधान देना चाहिए था लेकिन उन्होंने नहीं दिया। बाबासाहेब डॉ. अम्बेडकर ने बुद्ध की इस कमी को पकड़ा था। 6 फरवरी, 1951 को संसद् में बोलते हुए उन्होंने कहा था—''बुद्ध का वैदिक ब्राह्मणों से मतभेद पन्थगत मामलों तक सीमित था। बुद्ध ने अपने अनुयायियों के लिए कोई पृथक् क़ानूनी व्यवस्था खड़ी नहीं की थी; उन्होंने क़ानूनी व्यवस्था को ज्यों-को-त्यों छोड़ दिया था।''[33] गृहस्थ बाबासाहेब की यह बात मानकर बुद्ध ने गृहस्थों के लिए कोई क़ानूनी व्यवस्था नहीं खड़ी की, इस लेख को यहीं समाप्त किया जा सकता था। इसलिए कि संन्यासी बुद्ध का ऐसा कोई उद्देश्य भी नहीं था लेकिन उन्होंने ऐसा कोई मौक़ा नहीं दिया जब बुद्ध का बचाव करते हुए आगे कहा—''हो सकता है कि उस समय जो क़ानूनी व्यवस्था लागू थी वह अच्छी रही हो, कि उसमें कोई दोष या कमियाँ न रही हों। इसलिए, उन्होंने कुछ धार्मिक मामलों में जो बदलाव किये, उनके परिणामस्वरूप अपना ध्यान क़ानूनी व्यवस्था में बदलाव लाने की तरफ़ नहीं लगाया।''[34] बाबासाहेब के द्वारा किये गये बुद्ध के इस बचाव को डॉ. धर्मवीर ने ग़ैरज़रूरी बताया है। अपनी पुस्तक 'थेरीगाथा की स्त्रियाँ और डॉ. अम्बेडकर' में उन्होंने एक छोटे-से वाक्य में बड़े अदब से लिखा—''इसकी ज़रूरत नहीं थी।''[35] डॉ. धर्मवीर ने सही लिखा है। यहाँ अवसर है कि उनकी बात को खोला जाय। बुद्ध के बचाव में बाबासाहेब ने दलितों और द्विजों की कानूनी व्यवस्था को एक मान लिया है, जब कि ये दोनों अलग-अलग हैं। बाबासाहेब जिस क़ानूनी व्यवस्था के अच्छी होने का अनुमान लगा रहे हैं, वह दलितों की थी द्विजों की नहीं। जब बुद्ध ने व्यभिचारिणी स्त्री को पीटकर ठीक करने की बात की है तो इसका मतलब है कि उस समय द्विजों की क़ानूनी व्यवस्था में कमियाँ-ही-कमियाँ थीं। आख़िर, तलाक़ के रूप में क़ानूनी समाधान के रहते कोई व्यक्ति मारपीट की तरफ़ क्यों जायगा?

इसी तरह, बाबासाहेब का पहला कथन कि बुद्ध ने अपने अनुयायियों के लिए कोई पृथक् क़ानूनी व्यवस्था खड़ी नहीं की सही तो है, पर स्पष्ट नहीं। अगर इसमें आये हुए, शब्द अनुयायियों का सम्बन्ध गृहस्थ उपासकों से है तो बाबासाहेब का कथन बिलकुल सही है लेकिन, सच तो यह है कि गृहस्थ उपासक[36] के अनुयायी नहीं थे। उन्हें ज़्यादा-से-ज़्यादा बुद्ध और उनके भिक्षुओं का सेवक और शुभचिन्तक कहा जा सकता है। बिना घर-परिवार छोड़े और भिक्षु बने कोई बुद्ध का धार्मिक अनुयायी नहीं हो सकता था। भिक्षु ही उनके वास्तविक अनुयायी थे। ऐसे में, अगर भिक्षु के धार्मिक अनुयायी थे तो उनके लिए बुद्ध ने विनय पिटक के रूप में पूरी-की-पूरी क़ानूनी व्यवस्था खड़ी की थी। तब, बाबासाहेब का यह कहना सही नहीं है कि बुद्ध ने अपने अनुयायियों के लिए कोई क़ानूनी व्यवस्था नहीं खड़ी की। अगर अनुयायियों से बाबासाहेब का तात्पर्य गृहस्थ उपासकों से था तो उनका यह कहना ही ग़लत था कि बुद्ध ने उनके

लिए कोई क़ानूनी व्यवस्था खड़ी नहीं की—इसलिए कि ऐसा करना बुद्ध की स्कीम में ही नहीं था। वे इसके लिए पैदा ही नहीं हुए थे। अर्हत और सम्यक् सम्बद्ध होने का उद्‌देश्य ही तब पूरा होता है जब घर-गृहस्थी छोड़ी जाय। राजा मिलिन्द के प्रश्नों का उत्तर देते हुए भिक्षु नागसेन ने कहा—"महाराज! गृहस्थ रहना अर्हत के अनुकूल नहीं। इसी से गृहस्थ अर्हत होते ही या तो प्रव्रजित हो जाता है या परिनिर्वाण पा लेता है।"[37] इसी तरह, मंगल बुद्ध ने कहा—"मैं बुद्ध होऊँगा मुझे गार्हस्थ्य से क्या प्रयोजन? प्रव्रजित होता हूँ...।"[38] एक ज़रूरी शर्त के रूप में गृह-त्याग की पूरी पृष्ठभूमि तैयार की गयी है जब बुद्ध के पैदा होने पर ब्राह्मणों ने कहा—"देव! यह कुमार महापुरुषों में पाये जानेवाले इनके बत्तीस (32) लक्षणों से सम्पन्न हैं, जिनके पुरुष शरीर में पाये जाने पर उस पुरुष की दो ही गतियाँ होती हैं, अन्य (तीसरी) नहीं। (1) यदि वह गृहस्थ धर्म के पालन में रहता है तो...सात रत्नों से युक्त चक्रवर्ती राजा या (सम्राट्) होता है। ...(2) और यदि वह घर छोड़कर बेघर हो प्रव्रजित हो (संसारत्याग, संन्यास ले) तो वह धर्मसाधना करता हुआ सम्यक्सम्बुद्ध बन जाता है।"[39] अगर, बुद्ध को गृहस्थों के लिए कोई क़ानूनी व्यवस्था खड़ी करनी होती तो वे चक्रवर्ती सम्राट् बनते, प्रव्रजित हो अर्हत या सम्यक् सम्बद्ध नहीं।

बुद्ध के सारी स्त्री-जाति के बुरा बताने पर क्या कहा जाय? एक पुरुष होने के नाते बुद्ध को यह पूरा हक़ है कि वे स्त्री को अपने ढंग से समझें और उसे लेकर अपनी कोई राय बनायें। हो सकता है, स्त्रियों को लेकर बुद्ध का अनुभव बुरा ही रहा हो लेकिन ठीक इसके विपरीत, पुरुषों को लेकर एक स्त्री का अनुभव भी ऐसा ही बुरा हो सकता है—तब क्या किया जाय? इस समस्या को कैसे समझा जाय? यहाँ प्रव्रजित बुद्ध अपनी राय रखने के लिए स्वतन्त्र हैं, लेकिन समूची स्त्री-जाति को बुरी बताने पर सदाचारी बुद्ध जार पुरुषों के लपेटे में आ गये हैं। पकड़े जाने पर हर जार पुरुष स्त्री को चरित्रहीन बताकर ही अपना बचाव करता है। ठीक ऐसा ही व्यवहार एक जारिणी स्त्री को चरित्रहीन बताकर ही अपना बचाव करता है। ठीक ऐसा ही व्यवहार एक जारिणी स्त्री भी करती है। पकड़े जाने पर वह भी पुरुष को चरित्रहीन बताकर ही अपना बचाव करती है। दोषारोपण करना जारों की फ़ितरत है। ऐसे दोषारोपण हिन्दू परिवारों में आम बात है। इस प्रवृत्ति को डॉ. धर्मवीर ने अपनी पुस्तक 'तीन द्विज हिन्दू स्त्रीलिंगों का चिन्तन' में सही पकड़ और दर्ज किया है—"मेरा पति बिगड़ा हुआ है तो मैं क्यों न बिगड़ूँ?"[40] जार-जारणियों का यह तकियाकलाम है लेकिन एक आजीवक होने के नाते इसे कैसे समझा जाय? इसे यूँ समझा जाय कि जिस चरित्रहीनता को लेकर बुद्ध सारी स्त्री-जाति को बुरी बता रहे हैं उसमें अकेले स्त्री ही शामिल नहीं, एक पुरुष भी शामिल है। यह अकेले का गेम नहीं। इनमें से किसी एक के अभाव में जारकर्म की प्रक्रिया पूरी नहीं होती। जारकर्म विकसित हुई मानव सभ्यता में असभ्यता का एक अवशेष है। यह अब तक इसलिए चला आ रहा है कि इसमें स्त्री और पुरुष दोनों शामिल हैं।

सन्दर्भ-सूची

1. सिद्धार्थ गौतम का सोलहवाँ वर्ष पूरा हो चुका था। उसके माता-पिता भी उसकी शादी के लिए वैसे ही चिन्तित थे। भगवान् बुद्ध और उनका धर्म, डॉ. भीमराव अम्बेडकर, अनुवादक, डॉ. भदन्त आनन्द कौसल्यायन, **बुद्धभूमि प्रकाशन, नागपुर, बुद्धवर्ष**–2541–1997–14 मूल स्रोत–"Siddhartha Gautma had completed his sixteenth year, His parents also were equally anxious to get him married, ...thereafter the marriage took place. Both Suddhodana and Dandpani were happy. So were Yashodhara and Mahaprajapati. The Buddha and his Dhamma."Babasaheb Dr. B.R. Ambedkar, Samyak Prakashan, 32/3, Paschim Puri, New—110063-08, 1st Samyak Edition : 2010 (Buddhist Era 2555), p. 31-2.
2. सुभद्र! उनतीस वर्ष की आयु में मैं 'क्या कुशल है'–इस बात की खोज में निकला था, तब से आज इक्यावन वर्ष हुए।

   एकूनतिंसो बयसा सुभद्द, यं पब्बजिं किंकुसलानुएसी। वस्सानि पंचास समाधि कानि, यतो अहं पब्बजितो, सुभद्द।

   सुत्तपिटके दीघनिकायपालि (हिन्दीअनुवादसहितो), वाल्यूम–2, सम्पादक एवं अनुवादक, स्वामी द्वारिकादासशास्त्री, बौद्धभारती, एस 10/6ए-2ए, मक़बूल आलम रोड, ज़िला जेल के सामने, वाराणसी–221002, अभिनव संस्करण : 2009, पृ. 403.
3. असालोकित्थियो नाम, वेला तासं न विज्जति। सारत्ता च पगब्भा च, सिखी सब्बधसो यथा।। ता हित्वा, पब्बजिस्सामि, विवेकमनुब्रूहयन्ति।। जातक अट्ठकथा, (मूल पालि के साथ हिन्दी-अनुवाद), जातक प्रथम भाग, आधार अनुवाद, भदन्त आनन्द कौसल्यायन, संशोधन-सम्पादन, डॉ. शिवशंकर त्रिपाठी, हिन्दी साहित्य सम्मेलन, प्रयाग, 12 सम्मेलन मार्ग, इलाहाबाद–211003, संस्करण प्रथम : 2006, पृ. 376.
4. अम्म! यथा जालसिखाय सिखीति सङ्ख गतो। अग्नि नाम गूथगतादिभेदं असुचिम्पि सप्पिमधुफाणितातिभेदं सुचिम्पि इट्ठम्पि अनिट्ठम्पि यं यदेव लभति सब्बं घसति खादति तस्मा सब्बघसोति बुच्चति। तथेव ता इत्थियोपि हत्थिमेण्डगोमेण्डादयो वा होन्तु वा होन्तु हीनजच्चा हीनकम्मन्ता खत्तियादयो वा होन्तु उत्तामकम्मन्ता हीनुक्कट्ठभावं अचिन्तेत्वा लोकस्सादवसेन किलेससन्थवे उप्पन्ने यं यं लभन्ति सब्बमेव सेवन्तीति...। वही, पृ. 376.
5. ता हित्वां...सब्बघससिखीसदिसा होन्ति। तस्मा सिखी सब्बघसो तथा तथावेताति वेदितब्बा। वही, पृ. 376.
6. मया चेसा मरीची च, सोकोरोगो चुपद्दवो। खरा च बन्धना चेता, मच्चुपासो गुहासयो।। तासु यो विस्ससे पोसो, सो नरेसु नराधमो ति। वही, पृ. 376.

7. भिक्खु! इत्थियो नाम असा असतियो लामिका पच्छिमिका। त्वं एवरूपं लामिकं इत्थं निस्साय कस्मा उक्कण्ठितोति...। वही, पृ. 372.
8. वही, पृ. 376.
9. यं ब्राह्मणो अवादेसा वीणं सम्मुखवेठितो। अण्डभूता भता भरिया, तासु को जातु विस्ससेति। वही, पृ. 382.
10. सब्बा नदी वंकगता सब्बे कट्ठमया बना। सब्बित्थियो करे पापं लभमाना निवातकेति। वही, पृ. 378.
11. वही, पृ. 377.
12. पदुट्ठचित्ता अहितानुकम्पिनी, अञ्ञेसु रत्ता अतिमञ्जते पतिं, धनेन कीतस्सवधाय उस्सुका। या एवरूपा पुरिसस्स भरिया, वधका च भरियाति च सा पुवच्चति।
   यं इत्थिया विन्दति सामिको धनं, सिप्पं वाणिज्ज कसिं अधिट्ठहं, अप्पम्पि तस्स अपहातुमिच्छति।
   या एवरूपा पुरिसस्स भरिया, चोरी च भरियाति च सा पवुच्चति।
   अकम्मकामा अलसा महग्घसा, फरुसा च चण्डी च दुरुत्तावादिनी, उट्ठायकानं अभिभुय्य वत्ताति। या एवरूपा पुरिसस्स भरिया, अय्या च भरियाति च सा पवुच्चति।।
   यासब्बदा होति हितानिनुकम्पिनी, माताव पुत्तं अनुरक्खते पतिं, ततो धनं सम्भतमस्स रक्खति।
   या एवरूपा पुरिसस्स भरिया, भगिनी च भरियाति च सापवुच्चति।।
   याचीध दिस्वान पतिं पमोदति, सखी सखारंव चिरस्समागतं, कोलेय्यका सीलवती पतिब्बता।
   या एवरूपा पुरिसस्स भरिया, सखी च भरियाति च सा पवुच्चति।।
   अक्कुद्धसन्ता वधदण्डतज्जिता, अदुट्ठचित्ता पतिनो तितिक्खति, अक्कोधना भत्ततु वसानुवत्तिनी एवरूपा पुरिसस्स भरिया, दासी च भरियाति च सा पवुच्चति। जातक अट्ठकथा, (मूल पालि के साथ हिन्दी-अनुवाद), जातक तण्तीय भाग, आधार अनुवाद, भदन्त आनन्द कौसल्यान संशोधन-सम्पादन, डॉ. शिवशंकर त्रिपाठी, हिन्दी साहित्य सम्मेलन, प्रयाग, 12 सम्मेलन मार्ग, इलाहाबाद–211003, प्रथम संस्करण : 2006 पृ. 81-2.
13. याचीध भरिया वधकाति वुच्चति, चोरीति अय्याति च या पवुच्चति। दुस्सीलरूपे फरुसा अनादरा, कायस्स भेदा निरयं वजन्ति ता। याचीध माता भगिनी सखीति च, दासीति भरियाति च या पवुच्चति। सीले ठीतत्ता चिररत्तसंवुता, कायस्स भेदा सुगतिं वजन्ति ता ति।। वही, पृ. 83.
14. वही, पृ. 81-2.
15. तं खो पनानंद, इत्थिरतनं रञ्ञो महासूदस्सनस्स पुबुट्ठायिनी अहोसि पच्छानिपातिनी किङ्करपटिस्साविनी मनापचारिनी पियवादिनी। तं खो पनानन्द, इत्थिरतनं राजानं महासुदस्सनं मनसा पि नो अतिचरी, कुतो पन कायेन! रञ्ञो, आनन्द... सुत्तपिटके

दीघनिकायपालि (हिन्दीअनुवादसहितो), वाल्यूम–2, सम्पादक एवं अनुवादक, स्वामी द्वारकादासशास्त्री, बौद्धभारती, एस 10/6ए-2ए, मक़बूल आलम रोड, ज़िला जेल के सामने, वाराणसी–221 002, अभिनव संस्करण : 2009, पृ. 425-6.

16. तीणिमानि, भिक्खवे, पटिच्छन्नानि आवहन्ति, नो विवटानि। कतमानि तीणि? मातुगामो, भिक्खवे पटिच्छन्नो आवहति, नो विवटोः ब्राह्मणानं, भिक्खवे, मन्ता पटिच्छन्ना आवहन्ति, नो विवटाः मिच्छादिट्ठि, भिक्खवे, पटिच्छन्ना आवहति, नो विवटा। इमानि खो, भिक्खवे तीणि पटिच्छन्नानि आवहन्ति, नो विवटानि। सुत्तपिटके अंगुत्तारनिकायपालि, हिन्दीअनुवादसहिता, प्रथम भाग, बौद्धभारतीग्रन्थमाला–45, सम्पादक, एवं अनुवादक, स्वामी द्वारकादासशास्त्री, बौद्धभारती, पंचशील, एस 10/6ए-2ए, मक़बूल आलम रोड, (ज़िला जेल के सामने) वाराणसी–221 002, अभिनव संस्करण–2009, पृ. 37.

17. बाल्ये पितुर्वशे तिष्ठेत्पाणिग्राहस्य यौवने। पुत्राणां भर्तरि प्रेते न भजेत्स्त्री स्वतन्त्रताम्।। प्राचीन भारत में क्रान्ति और प्रतिक्रान्ति, भारतरत्न बाबा साहेब डॉ. बी. आर. अम्बेडकर, अनुवाद एवं सम्पादन, डॉ. सुरेन्द्र अज्ञात, सम्यक् प्रकाशन, 32/3, क्लब रोड, पश्चिमपुरी, नयी दिल्ली–110 063, प्रस्तुत संस्करण : 2012 (बुद्धाब्द 2556), पृ. 222-3.

मूल स्रोत–मनुस्मृति (भाषा टीका), टीकाकार पं. जनार्दन झा, सिद्धार्थ बुक्स, 'चन्दन सदन' सी-263 ए, गली नं. 9, हरदेवपुरी, शाहदरा, दिल्ली–110 093, संस्करण : 2011, पृ. 210.

18. जातक अट्ठकथा, (मूल पालि के साथ हिन्दी अनुवाद), जातक द्वितीय भाग, आधार अनुवाद, भदन्त आनन्द कौसल्यायन, संशोधन-सम्पादन, डॉ. शिवशंकर त्रिपाठी, हिन्दी साहित्य सम्मेलन, प्रयाग, 12 सम्मेलन मार्ग, इलाहाबाद–211 003, प्रथम संस्करण : 2006, पृ. 37.

19. महाराज! एतेसं दोसो। देवी अत्तनो रुचि कारापेसि। निरपराधा एते। तस्मा एसं खमथ। तस्सापि दोसो नत्थि। इत्थियो नाम मेथुनधम्मेन अतित्ता, जातिसभावो हि एस। एतासं खमितब्बयुत्तकमेव होति। तस्मा एतिस्सापि खमथाति नानप्पकारेन राजानं सञ्ञपेत्वा चतुट्ठिपि जने तञ्च बालं मोचापेत्वा सब्बेसं यथासकानि ठानानि दापेसि। एव ते सब्बे मोचेत्वासकट्ठाने पतिट्ठापेत्वा...। वही, पृ. 41.

20. यदा नदी च पन्थो च, पानागारं सभा पपा। एवं लोकित्थियो नाम, नासं कुज्झन्ति पण्डिताति। जातक अट्ठकथा, (मूल पालि के साथ हिन्दी-अनुवाद), जातक प्रथम भाग, आधार अनुवाद, भदन्त आनन्द कौसल्यायन, संशोधन-सम्पादन, डॉ. शिवशंकर त्रिपाठी, हिन्दी साहित्य सम्मेलन, प्रयाग, 12 सम्मेलन मार्ग, इलाहाबाद–211 003, प्रथम संस्करण : 2006, पृ. 392.

21. वही, पृ. 81-2.

22. थेरीगाथा की स्त्रियाँ और डॉ. अम्बेडकर, डॉ. धर्मवीर, वाणी प्रकाशन, 21-ए, दरियागंज, नयी दिल्ली–110 002, प्रथम संस्करण : पृ. 39.

मूल स्रोत–"When the Buddha differed from the Vedic Brahmins, his differences was hinted to matters of creed. The Buddha did not propound a separate legal system for the own followers; he left the legal system as it was."

Dr. Babasaheb Ambedkar : Writings and Speeches, Vol. 14, part two, Edited by Vasant Moon, Education Department, Govt. of Maharashtra, Bombay—400 032, 1st Edition, 6 December, 1995, p. 887.

23. जातक अट्ठकथा, (मूल पालि के साथ हिन्द-अनुवाद), जातक द्वितीय भाग, आधार अनुवाद, भदन्त आनन्द कौसल्यायन, संशोधन-सम्पादन, डॉ. शिवशंकर त्रिपाठी, हिन्दी साहित्य सम्मेलन, प्रयाग, 12 सम्मेलन मार्ग, इलाहाबाद–211 003, प्रथम संस्करण : 2006, पृ. 69.

24. तात! त्वं इतो पट्ठाय तस्सा सप्पिखीररसादीनि मा अदासि। गोमुत्ते पन पञ्चपण्णानि तिफलादीनि च पक्खिपित्वा कुथेत्वा नवतम्बलोहभाजने पक्खिपित्वालोहगन्धं गाहापेत्वा रज्जुं वा योत्तां वा रुक्खलतंवा गहेत्वा इदं ते रोगस्स अनुच्छविकं भहेसज्जं इदं वा पिव उट्ठाय व तया भुत्तभत्तस्स अनुच्छविकं कम्मं करोहीति...। वही, पृ.71.

25. सचे भेसज्जं न पिवति अथ नं रज्जुया वा योत्तेन वा लताय वा कतिची पहारे पहरित्वा केसेसु गहेत्वा आकड्ढित्वा कप्परेन पोथेय्यासि। तं खणञ्ञेव उट्ठायकम्मं करिस्सतीति। वही पृ. 71.

26. भार्या पुत्रश्च दासश्च प्रष्योभ्राता च सोदरः। प्राप्तापराधास्ताड्याः स्यू रज्ज्वा वेणुदलेन वा।। प्राचीन भारत में क्रान्ति और प्रतिक्रान्ति, भारतरत्न बाबासाहेब डॉ. बी. आर. अम्बेडकर, अनुवाद एवं सम्पादन, डॉ. सुरेन्द्र अज्ञात, सम्यक् प्रकाशन, 32/3, क्लब रोड, पश्चिमपुरी, नयी दिल्ली–110 063, प्रस्तुत संस्करण : 2012 (बुद्धाब्द 2556), पृ. 224.

मूल स्रोत–**मनुस्मृति** (भाषा टीका), टीकाकार पं. जनार्दन झा, सिद्धार्थ बुक्स, 'चन्दन सदन' सी-263 ए, गली नं. 9 , हरदेवपुरी, शाहदरा, दिल्ली–110 093, संस्करण : 2011 पृ. 340.

27. पञ्चहि खो,गहपतिपुत्ता, ठानेहि सामिकेन पच्छिमा दिसा भरिया पच्चुपट्ठातब्बा–(1) सम्माननाय (2) अनवमानननाया (3) अनतिचरियाय। (4) इस्सरियवोस्सग्गेन। (5) अलङ्कारानुप्पादानेन। सिगालोवाद सुत्त, अनुवाद, भदन्त डॉ. स्वरूपानन्द महाथेरो, सम्यक् प्रकाशन, 32/3, क्लब रोड, पश्चिमपुरी, नयी दिल्ली–110 063, प्रथम संस्करण : 2010 (बुद्धाब्द 2555), पृ. 38-9.

28. याचीध भरिया वधकाति वुच्चति, चोरीति अय्याति च या पवुच्चति। दुस्सीलरूपे फरुसा अनादरा, कायस्स भेदा निरयं वजन्ति ता। जातक अट्ठकथा, (मूल पालि के साथ हिन्दी-अनुवाद), जातक तृतीय भाग, आधार अनुवाद, भदन्त आनन्द कौसल्यायन, संशोधन-सम्पादन, डॉ. शिवशंकर त्रिपाठी, हिन्दी साहित्य सम्मेलन, प्रयाग, 12 सम्मेलन मार्ग, इलाहाबाद–211 003, प्रथम संस्करण : 2006, पृ. 83.

29. नैता रूपं परीक्षन्ते नासां वयसि संस्थितिः। सरूपं वा विरूपं वा पुमानित्येव भुञ्जते। प्राचीन भारत में क्रान्ति और प्रतिक्रान्ति, भारतरत्न बाबासाहेब डॉ. बी. आर. अम्बेडकर, अनुवाद एवं सम्पादन, डॉ. सुरेन्द्र अज्ञात, सम्यक् प्रकाशन, 32/3, क्लब रोड, पश्चिमपुरी, नयी दिल्ली–110 063, प्रस्तुत संस्करण : 2012 (बुद्धाब्द 2556), पृ. 221.

    मूल स्रोत–मनुस्मृति (भाषा टीका), टीकाकार पं. जनार्दन झा, सिद्धार्थ बुक्स, 'चन्दन सदन' सी-263 ए, गली नं. 9, हरदेवपुरी, शाहदरा, दिल्ली–110 093, संस्करण : 2011, पृ. 366.

30. पौश्चल्याच्चलचित्ताच्च नैस्नेह्याच्च स्वभावतः। रक्षिता यत्नतोऽपीह भर्तृष्वेता विकुर्वते। भारत प्राचीन भारत में क्रान्ति और प्रतिक्रान्ति, भारतरत्न बाबासाहेब डॉ. बी. आर. अम्बेडकर, अनुवाद एवं सम्पादन, डॉ. सुरेन्द्र अज्ञात, सम्यक् प्रकाशन, 32/3, क्लब रोड, पश्चिमपुरी, नयी दिल्ली–110 063, प्रस्तुत संस्करण : 2012 (बुद्धाब्द 2556), पृ. 221.

    मूल स्रोत–मनुस्मृति (भाषा टीका), टीकाकार पं. जनार्दन झा, सिद्धार्थ बुक्स, 'चन्दन सदन' सी-263 ए, गली नं. 9, हरदेवपुरी, शाहदरा, दिल्ली–110 093, संस्करण : 2011, पृ. 366.

31. तथेव ता इत्थियोपि हत्थिमेण्डगोमेण्डादयो वा होन्तु हीनजच्चा हीनकम्मन्ता खत्तियादयो वा होन्तु उत्तामकम्मन्ता हानुक्कट्ठभावं अचिन्तेत्वा लोकस्सादवसेन किलेससन्थवे उप्पन्ने यं यं लभन्ति सब्बमेव सेवन्तीति...।

    जातक अट्ठकथा, (मूल पालि के साथ हिन्दी-अनुवाद), जातक प्रथम भाग, आधार अनुवाद, भदन्त आनन्द कौसल्यायन, संशोधन-सम्पादन, डॉ. शिवशंकर त्रिपाठी, हिन्दी साहित्य सम्मेलन, प्रयाग, 12 सम्मेलन मार्ग, इलाहाबाद–211 003, प्रथम संस्करण : 2006, पृ. 376.

32. शूद्रो गुप्तमगुप्तं वा द्वैजातं वर्णमावसन्। अगुप्तमङ्गसर्वस्वैर्गुप्तं सर्वेण हीयते 374।। मनुस्मृति (भाषा टीका), टीकाकार पं. जनार्दन झा, सिद्धार्थ बुक्स, 'चन्दन सदन' सी-263 ए, गली नं. 9, हरदेवपुरी, शाहदरा, दिल्ली–110 093, संस्करण : 2011, पृ. 354.

33. थेरीगाथा की स्त्रियाँ और डॉ. अम्बेडकर, डॉ. धर्मवीर, वाणी प्रकाशन, 21-ए, दरियागंज, नयी दिल्ली–110 002, प्रथम संस्करण : 2005, पृ. 39.

मूल स्रोत–"When the Buddha differed from the Vedic Brahmins, his differences was hinted to matters of creed. The Buddha did not propound a separate legal system for the own followers; he left the legal system as it was." Dr. Babasaheb Ambedkar : Writings and Speeches, Vol. 14, part two. Edited by Vasant Moon, Education Department, Govt. of Maharashtra, Bombay—400 032, 1st Edition, 6 Dececmber, 1995. p. 887.

34. वही, पृ. 39.

मूल स्रोत–"It may be that legal system that then prevailed was a good system; that it has no blemishes and no fautls. So, he did not direct his attention to making any changes in the legal system in consequence of the changes that he introduced in certain religious notions." ibid., pp. 887-88.

35. वही, पृ. 39.

36. 'Buddhist laymen. Those who have faith in Buddhism, revere and serve the three treaures of the Buddha, his teachings, and the Buddhist Order, and observe the five precepts that forbid the killing, stealing, sexual misconduct, lying, and drinking intoricants, yet who do not renounce secular of family ties to liveas monks. Upasaka originally meant to serve or one who serves..." The Soka Gakkai, Dictionary of Buddhism, Motilal Banarsidas Publishers, Private limited, Delhi, First Indian Edition : Delhi, 2009, p. 794-5.

37. विसमं...महाराज, गिहिलिङ्ग विसमेलिङ्गे, लिदुब्बलताय अरहत्तं पत्तो गिही तस्मिं येव दिवसे पब्बजति वा परिनिब्बायति वा...। मिलिन्दपञ्हपालि (मिलिन्द भिक्षु नागसेन सवाद), (समीक्षात्मक भूमिका एवं हिन्दी रूपान्तर सहित), बौद्धभारतीग्रन्थमाला–13, सम्पादक एवं अनुवादक, स्वामी द्वारकादासशास्त्री, बौद्धभारती, एस 10/6ए-2ए, मक़बूल आलम रोड, ज़िला जेल के सामने, वाराणसी–221 002, तृतीय संस्करण : 2006, पृ. 303.

38. अहं किर बुद्धो भविस्सामि, कोमे घरावासेन अत्थो, पब्बजिस्सामीति...। जातक अट्ठकथा, जातक प्रथम भाग, (मूल पालि के साथ हिन्दी अनुवाद), आधार अनुवाद : भदन्त आनन्द कौसल्यायन, संशोधन-सम्पादन : डॉ. शिवशंकर त्रिपाठी, हिन्दी साहित्य सम्मेलन, प्रयाग, 12 सम्मेलन मार्ग, इलाहाबाद–211 003,, संस्करण प्रथम : 2006, पृ. 56.

39. "अयं हि, देव, कुमारो द्वत्तिंसमहापुरिसलक्खणेहि समनागतो, येहि समन्नागतस्स महापुरिस्स द्वेव गतियो भवन्ति अनञ्ञा सचे। खो पन अगारस्मा अनगारियं पब्बजति, अरहं होति सम्मासम्बुद्धो लोके विवटच्छदो।" सुत्तपिटके दीघनिकायपालि (हिन्दी रूपान्तरसहितो) वाल्यूम–2, बौद्धभारतीग्रन्थमाला–35, सम्पादक एवं अनुवादक, स्वामी द्वारकादासशास्त्री, बौद्धभारती, एस 10/6ए-2ए, मक़बूल आलम रोड, ज़िला जेल के सामने, वाराणसी–221 002, अभिनव संस्करण : 2009, पृ. 275.
40. तीन द्विज हिन्दू स्त्रीलिंगों का चिन्तन, डॉ. धर्मवीर, वाणी प्रकाशन, 21-ए, दरियागंज, नयी दिल्ली–110 002, प्रथम संस्करण : 2007, पृ. 24.

साहित्य में सद्गुरु रैदास का स्थान

डॉ. यशवन्त वीरोदय

मध्यकाल का जो 'सन्त-आन्दोलन' और 'सन्त-साहित्य' है, वह एक वैचारिक भूमि पर स्थित है। गौतम बुद्ध ने सामाजिक परिवर्तन का जो आन्दोलन चलाया था, कबीर ने अपने युग में उसे आगे बढ़ाया। शिवकुमार मिश्र के अनुसार, "भक्ति आन्दोलन को मात्र भजन-पूजन के स्तर पर ग्रहण करना ठीक नहीं है।"[1] मध्यकालीन सन्त-आन्दोलन मूलतः एक सामाजिक-सांस्कृतिक आन्दोलन था, इसको इसी रूप में देखने-परखने का काम आज के इतिहासकार कर रहे हैं।

बक़ौल शिवकुमार मिश्र, "मध्ययुग जैसा कि सामाजिक इतिहास के बीच वह उभरता है और भारत में ही नहीं दुनिया के अन्य देशों में अपनी पहचान बनाता है, अपने प्रत्येक क्रियाकलाप के मूल में धर्म की केन्द्रीय स्थिति को सूचित करता है।"[2] इस तथ्य से यह बात स्पष्ट है कि मध्ययुग में आनेवाला कोई भी जनतान्त्रिक अभियान धर्म के आवरण में ही अपनी अभिव्यक्ति पा सकता था इसीलिए मध्यकाल में 'कबीर-रैदास' आदि सन्त कवि धर्म के आवरण में अपनी सामाजिक-सांस्कृतिक गतिविधियों को अपनी चेतना के द्वारा गति प्रदान करने का काम कर रहे थे। इसमें तत्कालीन राजनीतिक और आर्थिक परिस्थितियाँ सहायक सिद्ध हुईं।

प्रश्न उठता है कि वे कौन-सी राजनैतिक और आर्थिक परिस्थितियाँ थीं जो सामाजिक परिस्थितियों को गति देने का काम कर रही थीं? उत्तर भारत में जिस समय भक्ति-आन्दोलन का विस्तार हो रहा था, उस समय की राजनीतिक परिस्थितियाँ गतिशील नज़र आती हैं। उत्तर-भारत से कई आक्रमणकारी भारत में प्रवेश करते रहे, कुछ ने केवल लूटपाट किया और वापस चले गये, कुछ ने यहाँ अपना शासन भी स्थापित किया। भक्तिकाल के प्रथम भाग में दिल्ली पर तुगलक़ और लोदी वंश के शासकों का राज रहा और द्वितीय भाग में मुग़लवंश के कई शासकों बाबर, हुमायूँ, अकबर, जहाँगीर, शाहजहाँ ने शासन किया।

इस विषय में प्रो. रामशरण शर्मा और प्रो. इरफ़ान हबीब के निष्कर्ष हमारे काम के हैं, "नये शासकों की सत्ता स्थापित होने पर तेरहवीं-चौदहवीं शताब्दी में विलास-सामग्री

और सुविधाओं की माँग बढ़ी, केन्द्रीय सत्ता स्थापित होने पर सड़कों, भवनों का निर्माण तेज़ी से होने लगा, इस विलास सामग्री और सड़कों, भवनों आदि के निर्माण के काम में ज़्यादातर तथाकथित नीची कही जानेवाली जातियों के लोग काम करते थे। इससे इनकी आर्थिक स्थिति बेहतर हुई। आर्थिक स्थिति बेहतर होने पर उनमें सामाजिक मर्यादा की स्वीकृति की भावना पैदा हुई। निर्गुण पन्थ के उदय और उसमें तथाकथित नीची कही जानेवाली जातियों के सन्तों के इतनी अधिक संख्या में आने का यही कारण है। दिल्ली-सल्तनत की स्थापना के साथ सुल्तानों की केन्द्रीयता की नीति और 'इक़्तेदारी प्रथा' से एक ऐसे नवशासक (मुसलमान अमीर) वर्ग का उदय हुआ जो आधिकारिक रूप में राजा पर आश्रित था। स्थानान्तरणीय, परिवर्तनीय भूमि पर पैतृक अधिकार से वंचित एवं अवंशानुगत तथा नगर निवासी और इसीलिए स्थानीय प्रभाव बना पाने में असमर्थ होन के कारण, अपनी मूल प्रवृत्ति में हिन्दू सामन्तवादी से भिन्न था। इस प्रकार के नवशासक वर्ग के उभरने से हिन्दू सामन्तशाही कमज़ोर हुई और भारत में चले आ रहे वर्णधर्मीय सामन्ती समाज-व्यवस्था के दो पाये सामन्त और पुरोहित वर्ग की शक्ति में कमी आयी।"[3]

सामन्तवादी शक्तियों को समाप्त करने के उद्देश्य से जुलाहों, कारीगरों और किसानों की शक्तियाँ उभरीं और उनमें समानता की भावना पनपी। सभी प्राणियों की समानता का सिद्धान्त उस नयी सामाजिक चेतना का द्योतक था, जो सामन्तीय शोषण के विरुद्ध जूझनेवाले किसानों और कारीगरों में फैल रही थी। "वर्ण, सम्प्रदाय तथा धर्मगत बन्धनों की अवहेलना करते हुए मनुष्यमात्र को ईश्वरोपासना का समान अधिकारी घोषित करनेवाली व्याख्याएँ तथा व्यवस्थाएँ देकर इस काल में एक ऐसी विचारधारा पनपी जो समय को देखते हुए क्रान्तिकारी कही जा सकती है।"[4]

शिवकुमार मिश्र के शब्दों में कहें तो, "भारत के सांस्कृतिक इतिहास में पहली बार अन्त्यजों और सताये हुए वर्गों ने अपने सन्त दिये और इन सन्तों ने पहली बार निर्भीक और निश्चिन्त मन से धर्म, वर्ण, जाति और सम्प्रदायगत बन्धनों की चहारदीवारियों को तोड़ते हुए मानव धर्म तथा मानव संस्कृति का नारा बुलन्द किया।"[5] इस आन्दोलन के कुछ नेताओं ने तो मुग़ल आधिपत्य कुशासन तथा सामन्तीय शोषण और उत्पीड़न के विरुद्ध व्यापारियों, कारीगरों और ग़रीब किसानों के संघर्ष का नेतृत्व भी किया। बक़ौल शिवकुमार मिश्र, "प्रायः हम भक्तिकाल के चेतनासम्पन्न सन्त कवियों को, जिन्होंने एक निहायत आक्रान्त समाज में साधारण जन को मानसिक परितृप्ति तथा सन्तोष प्रदान किया, उनकी धार्मिक आस्था को सही सन्दर्भ में न देख पाने के कारण अथवा उनके अन्तर्विरोधों को सही परिप्रेक्ष्य में नहीं विश्लेषित कर पाने के कारण मात्र उनकी धार्मिक सम्पृक्ति के नाते ही हम उन्हें प्रतिगामी तथा पतनशील मान बैठते हैं।"[6] लेकिन हक़ीक़त यह है कि उनके विचार तत्कालीन सन्दर्भों में भी प्रगतिशील थे।

मध्यकालीन सन्त कबीर अपने समय और समाज के बहुत बड़े सचेतक थे। कबीर का मुख्य स्वर विद्रोह का था, यद्यपि वह मूल्यहीन विद्रोही नहीं थे, वे सन्त थे इसलिए सदाचरण पर अधिक बल दिया करते थे। उन्होंने वर्णाश्रम-व्यवस्था, जाति-व्यवस्था पर तीव्र प्रहार करके मनुष्य की उच्चता और नीचता का मानदण्ड आचरण को माना, वर्ण या जाति को नहीं।

कबीर ने नया ज्ञान रचा था। कबीर का यह नया ज्ञान **'कागद की लेखी'** नहीं **'अनभै साँचा'** की उपज है। काग़ज़ पर लिखा ज्ञान झूठा हो सकता है किन्तु अनुभव से उत्पन्न ज्ञान कभी मिथ्या नहीं हो सकता है। कबीर का जो 'अनभै साँचा' है वह 'चार्वाक दर्शन' के अनुभववाद तथा बौद्ध धम्म की तर्कणा पक्ष के नज़दीक है। गौतम बुद्ध ने कहा था कि किसी बात को इसलिए नहीं मानना चाहिए कि वह किसी धर्मग्रन्थ में लिखी हुई है या परम्परा में प्रचलित है बल्कि उसे तर्क की कसौटी पर परखना चाहिए, यदि सत्य खरा उतरे तो उसे मानना चाहिए, अन्यथा नहीं। कबीर भी सामाजिक रूढ़ियों को तर्क की कसौटी पर कसते हैं तो पाते हैं कि इन रूढ़ियों से मुक्ति **'ज्ञान की आँधी'** से ही हो सकती है।

कबीर की नज़र में 'कागद की लेखी' झूठ, भ्रम और षड्यन्त्र रचनेवाली है। इसके कारण लोगों के मन की गहरी परत में भ्रम उत्पन्न होता है—

मैं कहता आँखिन की देखी, तू कहता कागद की लेखी
मैं कहता सुरझावन हारी, तू राखा उरझाय रे।

शायद इसीलिए कबीर वेद-पुराण आदि ग्रन्थों के बारे में कहते हैं—"कबीर पढ़िवा दूरि करि, पुस्तक देइ बहाइ" पोथी पढ़नेवाले समाज को कबीर 'ढाई आखर प्रेम' पढ़ने की सलाह दे रहे हैं—

पोथी पढ़ि-पढ़ि जग मुवा, पंडित भया न कोय
ढाई आखर प्रेम का, पढ़ै सो पंडित होय।

कबीर का **'नया ज्ञान'** या जो **'ज्ञान की आँधी'** है वह धार्मिक पाखण्ड, आडम्बर, ढोंग-ढकोसला, भाग्यवाद, पुनर्जन्म-फल, स्वर्ग-नरक, जातिवाद, अन्धविश्वास, अवतारवाद, पुरोहितवाद, पूजा-पाठ, तीर्थाटन, माला-नमाज के साथ-साथ इनको रचने और इनके जाल में फँसानेवालों सभी को ख़ारिज करता है।

कबीर के ही समकालीन 'सन्त रैदास' भी चली आ रही पराधीनता को पाप बताते हैं (पराधीनता पाप है जनि लेहु रे मीत) और वर्ण-व्यवस्था, जाति-व्यवस्था और जन्म के आधार पर उच्चता का घोर विरोध करते हैं—

"रैदास एक बूँद सो, सबही भयो वित्थार
मूरख है जो करत है, बरन अबरन विचार"[7]

सन्त रैदास ने चारों वर्णों की शब्दावली के अर्थ एवं आशय को समझने का प्रयास किया है जो मनुस्मृति के अर्थ एवं आशय से भिन्न है। प्रसिद्ध दलित चिन्तक डॉ. धर्मवीर ने इसके आशय को स्पष्ट करते हुए कहा है कि, "रैदास की इन चारों वर्णों की परिभाषाएँ, मनुस्मृति में दी गयी शब्दों की परिभाषाओं से पूरी तरह भिन्न हैं।" उदाहरणार्थ—

ब्राह्मण कौन है?

पढ़ना, पढ़ाना, यज्ञ करना, यज्ञ कराना, दान देना, दान लेना ये छह कर्म ब्राह्मणों के रचे।

—मनुस्मृति, 1-88

ऊँच कुल के कारणे, ब्राह्मण कोय न होय,
जो जानहै ब्रह्म आत्मा, रैदास कह ब्राह्मण सोय।

x x x

काम क्रोध मद लोभ तजि, करत धरम का कार।
सोई ब्राह्मण जानहि, कहि रैदास विचार।

—"रैदास"

क्षत्रिय कौन है?

प्रजा की रक्षा, दान देना, यज्ञ करना, पढ़ना और विषयों में न लगना ये क्षत्रिय के कर्म संक्षेप में बताये।

- मनुस्मृति, 1-89

दीन दुखी के हेत जो वारे अपने प्रान,
रैदास उह नर सूर को सच्चा क्षत्री जान।

—"रैदास"

वैश्य कौन है?

पशुओं की रक्षा, दान देना, यज्ञ करना, पढ़ना, व्यापार, ब्याज और खेती के ये कर्म वैश्य के बनाये।

-मनुस्मृति 1-90

साँची हाटी पैठ कर सौदा साँचा देई,
तकरी तोल साँच की रैदास वैस है सोई।

—"रैदास"

शूद्र कौन है?

प्रभु ने शूद्र को एक ही कर्म कहा है कि वह इन तीन वर्णों की निष्कपट होकर सेवा करे।

मनुस्मृति 1-91

"रैदास जो अति पवित्त है, सोई सूदर जान
जौ कुकरमी असुधजन तिन्हहि न सूदर मान।"[8]

—"रैदास"

इसमें देखा जा सकता है कि जहाँ मनुस्मृति ने ब्राह्मण के कर्म पढ़ने और पढ़ाने के बताये हैं तो वहीं रैदास ने उनके काम, क्रोध, मद और लोभ को तजने के चारित्रिक

बल पर ज़ोर दिया है। क्षत्रिय के बारे में मनुस्मृति ने कहा है कि उसका कर्म प्रजा की रक्षा है, लेकिन रैदास ने कहा उसका कर्म दीन-दुःखियों की रक्षा का है, मनुस्मृति ने वैश्यों के लिए दान, यज्ञ, व्यापार, ब्याज और खेती उसके कर्मों में गिनाये हैं। लेकिन रैदास का विचार है कि वैश्य वही है जो सच्ची तराजू पर सच्चा सौदा दे। जहाँ मनुस्मृति ने शूद्र का एकमात्र कर्म बाक़ी तीनों वर्णों की सेवा बताया है, वहाँ रैदास ने कहा है कि शूद्र वही है जो सबसे अधिक पवित्र है। यहाँ यह ध्यान देना ज़रूरी है कि सन्त रैदास वर्ण-व्यवस्था का समर्थन नहीं कर रहे हैं, उन्होंने वर्ण-व्यवस्था का शब्दावली का इस्तेमाल तो किया है, लेकिन वे मात्र ब्राह्मण, क्षत्रिय, वैश्य और शूद्र की परिभाषा बता रहे हैं, जो जन्म के आधार पर नहीं हैं, क्योंकि उन्होंने स्पष्ट कहा है कि–

''ऊँच कुल के कारणे ब्राह्मण कोय न होय।''

ब्राह्मण वही है जो–

''काम क्रोध मद लोभ तजि, करत धरम का कार''

रैदास ने इस बारे में अन्तिम बात भी कह डाली है–

''ऐसा चाहूँ राज मैं जहाँ मिलै सबन को अन्न
छोट बड़ो सब सम बसै, रैदास रहे प्रसन्न।''[9]

निर्गुणियों की शब्दावली में 'राम' शब्द बार-बार आया है, लेकिन कबीर या रैदास के राम 'दशरथ सुत' नहीं हैं। कबीर ने कहा है कि–

''दशरथ सुत तिहुँ लोक बखाना,
राम नाम का मरम है आना।''

तुम लोग दशरथ सुत का तीनों लोक में बखान करते हो। क्या राम-नाम के वास्तविक मरम को जानते हो? रैदास भी कबीर के स्वर-में-स्वर मिलाते हुए कहते हैं कि हमारा जो राम है वह दशरथ का पुत्र नहीं है–

''रैदास हमरो राम जी, दशरथ करि सुत नाहिं।''

x x x

''राम कहत सब जग भुलाना, सो यह राम न होई।''

डॉ. नामवर सिंह की एक महत्त्वपूर्ण पुस्तक है 'दूसरी परम्परा की खोज' जिसमें कबीर के बारे में कुछ नये पक्षों का उद्घाटन हुआ है, अब तक के विद्वानों की यह धारणा थी कि कबीर 'धर्म-सुधारक' के रूप में अपने समय में आते हैं लेकिन नामवर जी ने इस अवधारणा को अपनी इस पुस्तक में ख़ारिज कर दिया है। नामवर जी कहते हैं कि, ''विद्रोही कवि इस मामले में पूरी तरह सतर्क थे कि उन्हें समाज-सुधारक समझने का भ्रम न हो।''[10]

शुक्ल जी ने अपने इतिहास में एक तरह से इस बात का समर्थन किया था कि "पाश्चात्यों ने इन्हें (कबीर आदि निर्गुणिया सन्तों को) जो धर्म-सुधारक की उपाधि दी है।" वह उचित ही है। द्विवेदी जी आचार्य शुक्ल के इस मत से सहमत नहीं हैं, वे कहते हैं कि, "जो लोग कबीरदास को हिन्दू-मुस्लिम धर्मों का सर्व-धर्म समन्वयकारी सुधारक मानते हैं वे क्या चाहते हैं, ठीक समझ में नहीं आता। कबीर का रास्ता बहुत साफ़ था। वे दोनों को शिरसा स्वीकार कर समन्वय करनेवाले नहीं थे। समस्त ब्राह्याचारों के जंजालों और संस्कारों को विध्वंस करनेवाले क्रान्तिकारी थे, समझौता उनका रास्ता नहीं था। इतने बड़े जंजाल को नाहीं कर सकने की क्षमता मामूली आदमी में नहीं हो सकती।"[11]

अपनी बात को और स्पष्ट करते हुए वे आगे कहते हैं कि, "सबकी विशेषताओं को रखकर मानव मिलन की साधारण भूमिका नहीं तैयार की जा सकती। जातिगत, कुलगत, धर्मगत, संस्कारगत, विश्वासगत, शास्त्रगत, सम्प्रदायगत बहुतेरी विशेषताओं के जाल को छिन्न करके ही वह आसन तैयार किया जा सकता है, जहाँ एक मनुष्य दूसरे मनुष्य से मनुष्य की हैसियत से ही मिले।"[12] नामवर सिंह, द्विवेदी जी के इस विचार को क्रान्तिकारी मानते हुए कहते हैं कि, "स्पष्टतः यह क्रान्तिकारी दृष्टिकोण है, जिसमें गाँधीवादी 'सार-संग्रह' और समन्वय के सुधारवादी कार्यक्रम का विरोध निहित है, भारतीय साहित्य की यह दूसरी परम्परा है।"[13] यहाँ नामवर सिंह जिसे भारतीय साहित्य की दूसरी परम्परा बता रहे हैं वह केवल आचार्य हजारीप्रसाद द्विवेदी के साहित्य के बारे में सही है, इसे कबीर के साहित्य पर लागू नहीं किया जा सकता, क्योंकि कबीर मूलतः साहित्य की पहली परम्परा (आदि परम्परा) के व्यक्ति हैं, जिसे प्रतिरोध की परम्परा भी कहा जा सकता है।

मैंने इसे प्रतिरोध की परम्परा इसलिए कहा है कि भारतीय समाज में वर्चस्व और प्रतिरोध की दो धाराओं को देखा जा सकता है, प्रतिरोध की यह परम्परा प्राचीनकाल से लेकर मध्यकाल तक और इसके आगे भी जारी है। चार्वाक और बुद्ध ने प्रतिरोध की जिस परम्परा को जन्म दिया कबीर और रैदास ने उसे आगे बढ़ाया है।

प्रसिद्ध मार्क्सवादी विचारक एवं कवि मुक्तिबोध ने भक्ति आन्दोलन को उच्चवर्गों के ख़िलाफ़ निम्न वर्गों तथा जातियों के आवश्यक विद्रोह के रूप में देखा-परखा है। उनके अनुसार, "समूचे भक्ति आन्दोलन के मूल में जनता का दुःख-दर्द ही है और उन दुःखों को बड़ी जीवन्त मानवीयता के साथ उभारने उससे एकमेक होकर सामने आने में ही भक्ति आन्दोलन की शक्ति को देखा जा सकता है।"[14] मुक्तिबोध जनता के जिस दुःख-दर्द की बात यहाँ कर रहे हैं, कबीर उसको अच्छी तरह जानते हैं, इसीलिए वे रात को उठकर रोते भी हैं—

सुखिया सब संसार है, खावै अरु सोवै।
दुखिया दास कबीर है जागै अरु रोवै।।

'कबीर' दुनिया में व्याप्त असमानता, शोषण एवं दलन की परम्परा से टकराकर कभी-कभी निराश हो जाते हैं, इसीलिए दुःखी हैं। कबीर जानते हैं कि व्यवस्था शोषितों के लिए आजीवन कष्टदायी है, एक 'शेर' के माध्यम से कहें तो–

उम्र भर रेंगते रहने की सज़ा है जीना,
एक दो दिन की अज़ीयत हो तो कोई सह ले।

–'साहिर लुधियानवी'

कबीरदास की उक्ति की गम्भीरता अगाध है बक़ौल विश्वनाथ त्रिपाठी, "सांसारिकता में लिप्त लोग सुखी हैं, सन्तुष्ट हैं, वे खाते हैं और टाँग फैलाकर सोते हैं। यह टाँग फैलाकर सोना उनके सन्तोष का लक्षण नहीं है, उनकी अज्ञानता और अमानवीयता का लक्षण है। जिस संसार में इतना दुःख, विषमता और अन्याय हो वहाँ सन्तुष्ट होकर सोना पशुता है।"[15] विश्वनाथ त्रिपाठी के अनुसार इन पंक्तियों में जागना ज्ञान का प्रतीक है। जो ज्ञानी है वह संसार या परिवेश की विषमता से परिचित और द्रवित हैं। यहाँ सांसारिक विषमता की पीड़ा जागने और रोने की क्रिया व्यक्त कर देती है–

"दुखिया दास कबीर है जागै अरु रोवै"

कबीर की पीड़ा को एक 'शेर' के माध्यम से अच्छी तरह समझा जा सकता है–

समझेगा कौन जागती आँखों के कर्ब को,
मैं अपने हादिसे का अकेला गवाह हूँ

–'वशर नवाज़'

कबीर को नींद क्यों नहीं आ रही है? कबीर की जागती आँखों की पीड़ा का राज़ क्या है? यह कबीर से अच्छी तरह कोई नहीं जान सकता है। जाति और धर्म के दो पाटों के बीच समाज का दलित, मज़दूर और कामगार तबका पिस-पिसकर खत्म हो रहा है–

चलती चक्की देख के, दिया कबीरा रोय।
दुइ पाटन के बीच में, साबुत बचा न कोय।।

बक़ौल शिवकुमार मिश्र, "आज हम आस्था की बात करते हैं, अस्मिता की बात करते हैं, अकुण्ठित मानव चेतना की बात करते हैं और समकालीन परिवेश में उसे न पाकर हताश व निराश होते हैं, अनुकूल परिवेश कबीर और रैदास का भी नहीं था, इस अर्थ में कि व्यवस्था उनके समय में बहुत मीठी बनकर लोगों पर अपने नागपाश फेंक रही थी लेकिन क्या कारण है कि कबीर, सिर पर कफ़न बाँधकर, अपना घर फूँककर सरे बाज़ार खड़े हो जाते हैं और दूसरों को भी आमन्त्रित करते हैं।"[16] वे लुकाठी लिये सरे बाज़ार गुहार लगा रहे हैं–

कबिरा खड़ा बाजार में लिये लुकाठी हाथ।
जो घर जारे आपना, चले हमारे साथ।।

वस्तुतः देखा जाय तो—सन्त आन्दोलन संसार से मुक्ति का नहीं जाति से मुक्ति का आन्दोलन था ताकि आम लोग पशु के दर्जे से ऊपर उठकर इन्सान होने का दर्जा पा सकें। सन्त समुदाय संसार-विरोधी नहीं बल्कि जाति-विरोधी था। सन्त कबीर, सन्त रैदास भरा-पूरा पारिवारिक-सामाजिक जीवन जीनेवाले थे। उन्होंने अपनी सोच और कार्य से कभी संसार को नकारा नहीं अपितु संसार में रहते हुए इन्सान को अपमानित और पीड़ित करनेवाली व्यवस्था को ही नकारा।

इस प्रकार हम कह सकते हैं कि मध्यकाल का यह 'कबीर-रैदास युग' प्रतिगामी न होकर प्रगतिशील है, उनके विचारों ने हिन्दी साहित्य में जड़ता को तोड़ते हुए प्रगतिशील दर्शन की नींव डाली थी। 'चार्वाक' और 'बौद्ध दर्शन' का अनुभववाद और यथार्थवाद ही सन्त साहित्य के मूल में है। कबीर और रैदास ने 'तर्कशक्ति' और 'अनभै साँचा' को इसी वेद-विरोधी नास्तिक सम्प्रदाय की परम्परा से प्राप्त किया था। भक्ति उनके लिए सत्य, ज्ञान, विवेक का प्रतीक थी, कबीर और रैदास ने मध्यकाल में जो सामाजिक-सांस्कृतिक आन्दोलन खड़ा किया आधुनिक हिन्दी दलित साहित्य उससे प्रभावित है। आधुनिक हिन्दी दलित साहित्य के लिए ज़मीन मध्यकाल में कबीर और रैदास ने ही तैयार की थी, आधुनिक दलित साहित्यकार 'श्यामलाल शमी' तो अपनी कविता में दलित साहित्यकारों को कबीर और रैदास जैसी ही साहित्य सर्जना करने की सलाह देते हैं—

अपनी 'बानी' कह रैदासा
अपनी 'साखी' बोल कबीरा
खरी-खरी
सच्ची, अक्खड़
पैनी, अनगढ़-सी
लाग लपेट बिना
सपाट पर,
मन की उजली
इस भाषा में निहित जागरण
ज्ञान-मार्ग का यही समीरा।''[17]

सन्दर्भ-सूची

1. भक्ति-आन्दोलन और भक्तिकाव्य : शिव कुमार मिश्र : अभिव्यक्ति प्रकाशन, इलाहाबाद, 1999, पृ. 6.
2. वही, पृ. 12.
3. हिन्दी साहित्य का संक्षिप्त इतिहास : विश्वनाथ त्रिपाठी : एन. सी. ई. आर. टी.—1986, पृ. 13.

4. भक्ति आन्दोलन और भक्तिकाव्य': शिव कुमार मिश्र : अभिव्यक्ति प्रकाशन, इलाहाबाद, संस्करण 1999, पृ. 20.
5. वही, पृ. 20.
6. वही, पृ. 14.
7. सन्त रविदास एक अद्‌भुत व्यक्तित्व : माता प्रसाद : 'अम्बेडकर इन इण्डिया': फरवरी-मार्च, 2000, पृ. 17.
8. सन्त रैदास का निर्वण सम्प्रदाय : डॉ. धर्मवीर : संगीता प्रकाशन, शाहदरा, दिल्ली, संस्करण 1999, पृ. 55.
9. वही, पृ. 33.
10. दूसरी परम्परा की खोज : नामवर सिंह—राजकमल प्रकाशन, नयी दिल्ली, 1997, पृ. 54.
11. कबीर : हजारीप्रसाद द्विवेदी : संस्करण 1999, पृ. 147.
12. वही, पृ. 147.
13. दूसरी परम्परा की खोज : नामवर सिंह : राजकमल प्रकाशन, नयी दिल्ली 1999, पृ. 55.
14. भक्ति आन्दोलन और भक्ति काव्य : शिव कुमार मिश्र : अभिव्यक्ति प्रकाशन, इलाहाबाद, 1999, पृ. 6.
15. कबीर : विद्रोह के मूल्य : विश्वनाथ त्रिपाठी : आजकल-अप्रैल, 1999, पृ. 12.
16. भक्ति आन्दोलन और भक्तिकाव्य : शिव कुमार मिश्र : अभिव्यक्ति प्रकाशन, इलाहाबाद, 1999, पृ. 7.
17. 'दलित सौन्दर्यशास्त्र' (कविता) : श्यामलाल शमी : हंस : अगस्त, 2004, पृ. 190.

दलित सन्त आन्दोलन की पगध्वनि

सूरज बड़त्या

सर्वप्रथम हमें साहित्य के उद्‌देश्य पर बात कर लेनी चाहिए। ऐसा करने पर हमें बात को आगे बढ़ाने में सुविधा रहेगी। अनेक विद्वानों ने साहित्य के उद्‌देश्य को अपने-अपने तरीक़े से बताने का प्रयास किया है। हालाँकि, प्रेमचन्द का मानना है कि, "साहित्य समाज के आगे चलनेवाली मशाल है।" यानी कि साहित्य समाज के लिए एक प्रकार से मार्गदर्शन का कार्य करता है। उसे दिशा देता है। इस अर्थ में साहित्य समाज को गति देने का कार्य करता है। साहित्य हमेशा एक ऐसी मूल व्यवस्था को सामने रखता है जिसमें परिवर्तन की चेतना भी हो। हालाँकि ज्याँ कॉक्टों का कहना है कि, "कविता के बिना काम नहीं चल सकता, लेकिन मैं यह नहीं बता सकता कि उसका काम क्या है।"[1]

साहित्य और कला के उद्‌देश्य को लेकर पूरी दुनिया के पैमाने पर ही बहस चली है। हम उस बहस के विस्तार में न जाते हुए इतना ही कर सकते हैं कि कुछ मूलभूत बिन्दुओं को रेखांकित करें। हालाँकि प्रश्न जितना सरल है उत्तर उतना ही कठिन भी है। मुझे लगता है कि साहित्य अपने समय की अन्यायी व्यवस्था के प्रतिकार और नयी और बेहतर दुनिया बनाने की ख़्वाहिश और सपने बुनने की शब्दबद्ध प्रक्रिया का नाम है। इसमें तत्कालीन समय की वास्तविकता का उद्‌घाटन भी होता है, प्रतिरोध भी होता है और नवनिर्माण के बीज भी साथ में होते हैं। इसी अर्थ में मुझे कभी भी रीतिकालीन साहित्य, साहित्य की कसौटी पर खरा नहीं उतरता दिखा। क्या कोई भी धार्मिक कथाएँ या किसी बीमारी से सम्बन्धी पुस्तक, बाज़ार के उत्पाद का प्रचार करनेवाला लेख, वर्चस्ववादी सत्ता-संस्कृति का गुणगान करनेवाली किताबें, स्तुति गान, सनातन परम्पराओं, रीति-रिवाज़ों और ऐयाशियों का पाठ साहित्य की श्रेणी में आयेगा? इसी अर्थ में धर्म का प्रचार या प्रतिक्रियावादी धार्मिक मूल्यों को नये अन्दाज़, नयी भाषा में लिखकर प्रस्तुत करना भी किसी मूल्यवान् साहित्य के अन्तर्गत नहीं आना चाहिए। किसी भी साहित्य पर धर्म की केंचुली चढ़ी हो तो उसे हम समय की सीमा मानकर रेखांकित

कर सकते हैं और अन्तर्वस्तु के आधार पर उसका मूल्यांकन किया जा सकता है लेकिन उसमें भी देखना पड़ेगा कि उसकी अन्तर्वस्तु में वे कौन से मानवीय मूल्य हैं या तत्कालीन व्यवस्था के प्रतिरोधी मूल्य हैं जिनसे उस लेखन या लेखक की अर्थवत्ता स्थापित होती है।

इसमें भी हमें 'बेहतर' का चुनाव तो करना ही होगा। इसीलिए मध्यकाल में भक्ति साहित्य की सगुण धारा के समानान्तर हमें सन्त साहित्य अपनी भाषा, अन्तर्वस्तु, मानवीय मूल्य, प्रतिरोधी तेवर और सीधे श्रम से जुड़ाव होने के कारण हिन्दी साहित्य का 'स्वर्ण युग' महसूस होता है। अधिकांश सन्त सीधे श्रम से जुड़े हैं, समाज को गति देनेवाली उत्पादन प्रक्रिया के अंग हैं। अगर सीधे-सीधे कहें तो यह भी आश्चर्य है कि सभी सन्त, शूद्र और अन्त्यज जाति से सम्बन्धित हैं, क्यों? क्या यह महज़ संयोग है? जैसा कि एंगेल्स ने कहा कि 'श्रम ही विकास की धुरी है।' इस अर्थ में यह केवल श्रम करनेवालों का साहित्य नहीं बल्कि दलितों-श्रमिकों का साहित्य है। यह एक प्रतिरोधी मूल्य संस्कृति (दलित संस्कृति चेतना) के स्थापन का भी साहित्य है। यह एक अर्थ में एक बड़ा दलित साहित्यिक-सामाजिक आन्दोलन भी है जिसने न केवल उत्तरी भारत को प्रभावित किया बल्कि पश्चिमी और एक हद तक दक्षिणी भारत को भी प्रभावित किया था।

मध्ययुग में जब हम सन्त साहित्य की बात करते हैं तो उसमें हमें केन्द्र के रूप में कबीर नज़र आते हैं। इसलिए सन्त साहित्य के विवेचन की शुरुआत हम कबीर से करना चाहेंगे। अपनी बात को प्रारम्भ करने के लिए हम रामधारीसिंह 'दिनकर' के विचार को सामने रखेंगे क्योंकि कोई भी विचार एकाएक प्रस्फुटित नहीं होता बल्कि पहले से चलती आती वैचारिक निरन्तरता का ही प्रस्फुटन होता है। कबीर भी कहीं एकाएक आकाश से अवतरित होकर ब्राह्मणवाद और वैदिक कर्मकाण्डों की आलोचना नहीं करने लगे थे बल्कि प्रतिरोधी मूल्य संस्कृति के बीज उन्हें विरासत में मिले थे। यह कहकर हम कबीर की भूमिका को गौण करने का प्रयास नहीं कर रहे। क्योंकि समकालीन प्रतिरोधी मूल्य संस्कृति को धारण करने की क्षमता भी साहसी और महान् व्यक्तित्व में ही होती है। इसीलिए कबीर महान् और क्रान्तिद्रष्टा हैं कि उन्होंने अन्यायी सत्ता से बिना डरे न केवल उन परिवर्तनकारी मूल्यों को धारण किया बल्कि दलित-शोषित जनता को भी जाग्रत करने का बीड़ा उठाया। वह कौन-सी मूल्यवान् विरासत थी जिसे कबीर ने धारण किया, हम 'दिनकर' के विचार के माध्यम से यहाँ उसकी चर्चा करना समीचीन समझते हैं। 'दिनकर' ने 'संस्कृति के चार अध्याय' नामक अपनी पुस्तक में बताया है कि, ''इस देश में वेद-विरोधी लोगों का दल बहुत बड़ा हो गया और जो बातें मुसलमानों के आगमन के बाद कबीर, दादू, नानक ने कही उन उपदेशों का सिक्का बौद्ध सन्त (सिद्ध लोग) जनता के मन पर पहले ही (सातवीं, आठवीं-नौवीं

सदियों में) बिठा चुके थे। जिसने सिद्धों के पद पढ़े हैं, वह त्रिकाल में भी यह नहीं मान सकता कि नानक, कबीर, दादू के प्रादुर्भाव का एकमात्र कारण इस्लाम था। इस्लाम और सूफ़ियों का प्रभाव इन सन्तों पर अवश्य पड़ा किन्तु उनके वास्तविक पूर्वज मुस्लिम सूफ़ी नहीं प्रत्युत बौद्ध सरणि के सिद्ध सन्त थे जिन्होंने धर्म को ब्राह्याचार पर उतने ही भीषण प्रहार किये थे, जितने भीषण प्रहार आगे चलकर निर्गुणिया सन्त ने किये। कबीर की बहुत-सी बातों में हम सिद्धों की उक्तियों की आवृत्ति पाते हैं।"[2]

उपर्युक्त कथन में देखा जा सकता है कि हम जिस सकारात्मक मूल्य पद्धति की निरन्तरता की बात कर रहे हैं उसकी जड़ें कहाँ से होती हुई सन्त साहित्य तक आती हैं। सन्त आन्दोलन ने कैसे दलित चेतना के विकास में महत्त्वपूर्ण योगदान दिया उस पर यहाँ हम बात करना चाहेंगे। इसमें हम सबसे पहले कबीर से अपनी बात शुरू कर रहे हैं।

कबीर

अन्य आलोचक समीक्षकों की भाँति हम कबीर के जन्म सम्बन्धी विवाद और अन्य बहस के मुद्दों पर नहीं जायेंगे। हम यह बताना चाहते हैं कि वह कौन से विरासत में मिले मूल्य थे जिन्हें कबीर और उनके सहयोगियों रैदास, दादू, पीपा, नानक आदि ने आगे बढ़ाया। कबीर जब अवतरित हुए उस समय दलित-शोषित जनता ब्राह्मणों-पण्डों की वैचारिक संगोष्ठियों तथा मुल्लाओं की बेहया इबारतों के नीचे दबी हुई बहुत ही मुश्किल से जीने लायक़ ही ज़िन्दगी बसर कर रही थी। दलितों के साथ तो अन्याय सहने की एक पूरी परम्परा थी और ब्राह्मणों-पण्डों के पास अन्याय करने की परम्परा थी। दलितों को मन्दिरों में जाने की आज़ादी नहीं थी। ऐसा मान लिया गया था कि जहाँ भी वे जायेंगे वह स्थान उनके जाने से अपवित्र हो जायगा। इसलिए कहीं भी उनका सम्मान और अधिकार सुरक्षित नहीं था। दलित, ग़रीब, अशिक्षित जनता में इतनी जागृति नहीं आयी थी कि वह ईश्वर की कपोल-कल्पित अवधारणा को न मानें। फिर अन्दाज़ा लगायें कि आज हम तकनीकों और विज्ञान के युग में जी रहे हैं। आज भी हम ईश्वर की सत्ता को नकारने का साहस नहीं कर पाते तो उस समय की दबी-कुचली जनता की हालत क्या रही होगी। बहरहाल, कबीर ने देखा कि जो 'भक्त' है वह समाज में सम्मान पाता है। वह जहाँ कहीं भी निकलता है उसे इज़्ज़त की नज़र से देखा जाता है। कबीर देख रहे थे कि सगुण ईश्वर तो मन्दिर में विराजमान है और मन्दिर में दलित जा नहीं पायेंगे। ऐस में वे एक 'निर्गुण ईश्वर' का यूटोपिया रचते हैं। यह 'निर्गुण ईश्वर' का सृजन सम्भवतः इसीलिए होता है। यह केवल एक नया पद मात्र नहीं है बल्कि इसे हम ऐसे देखें कि यह बनी-बनायी, स्थापित, पारम्परिक अवधारणा का खण्डन है इसे कोई छोटी बात न समझें। ऐसे समय में जब दलित ताक़तवर नहीं कमज़ोर हैं, अकेले हैं, कोई उनके साथ नहीं है। कबीर एक पूरी सांस्थानिक सत्ता को

न केवल चुनौती दे डालते हैं बल्कि उसके समानान्तर एक नयी अवधारणा का प्रतिपादन कर देते हैं। यह है दुस्साहसी युगद्रष्टा का कमाल।

हिन्दी के आलोचक श्यामसुन्दरदास इसे मात्र 'आध्यात्मिक श्रेणी' कहकर हलका न करें। ठेठ सामाजिक और आधारभूत वास्तविकता से और मूल्यांकन से यह सिद्ध किया जा सकता है कि यह 'निर्गुणवाद' दलित-दमित, ग़रीब जनता के जीने का साधन बनता है और सदियों से अपमानित व हाशिये पर रहे दलित समुदायों में 'समानता' और सम्मान का भाव जाग्रत करने की प्रेरणा देता है। जब ब्राह्मण भक्त है और समाज में सम्माननीय है तो ऐसे में जब दलित भी भक्त हो जायगा, बराबर हो जायगा। उसमें (दलितों में) भीतर से बराबरी की चेतना का संचार हो और वह 'कर्मफलवाद' को नकारकर अपने सम्मान के बारे में सोचे यह थी 'निर्गुण ईश्वर' की परिकल्पना। यह था कबीर का योगदान। यह केवल सामान्य स्तर पर नहीं था बल्कि दार्शनिक स्तर पर था। चूँकि 'सगुण ईश्वर' की अवधारणा वैदिक दर्शन के आधार पर स्थापित, परिचालित और व्याख्यायित थी, उसका जवाब उसके समानान्तर कोई दार्शनिक पदावली या ढाँचा देकर ही की जा सकती थी।

एक अर्थ में मुझे यह भी लगता है कि निर्गुण भक्ति या निर्गुण ईश्वर की अवधारणा का प्रतिपादन करके कबीर सगुण ईश्वर को मन्दिरों की क़ैद से भी मुक्त कराते हैं। चूँकि पण्डों-पुरोहितों ने सर्वव्यापी ईश्वर को मन्दिर की चौहद्दियों में क़ैद कर डाला था। जहाँ केवल उन्हीं की मर्ज़ी से मन्दिर में आने-जाने की इन्सान को अनुमति थी। इसलिए मेरी नज़र में एक प्रकार से निर्गुण ईश्वर की परिकल्पना में, ईश्वर की मन्दिरों-चौहद्दियों से मुक्ति की भी अवधारणा थी।

इसे ऐसे कहा जाना चाहिए कि जिस प्रकार रोमिला थापर ने बुद्ध के बारे में कहा है कि बुद्ध ने एक 'वैकल्पिक' दार्शनिक भक्ति की पदावली का निर्माण किया था। चूँकि उनके केन्द्र में दलित जनता थी इसीलिए यह पदावली इतनी दुरूह नहीं थी कि वह समझ में न आये। हालाँकि कुछ आलोचकों ने 'निर्गुण' उपासना-पद्धति पर रहस्यवाद का आरोप लगाने का भरसक प्रयास किया और कबीर को भी रहस्यवादी कहा। एक हद तक वे इसमें क़ामयाब भी हुए। लेकिन इसमें इन विद्वान् आलोचकों के आशय को समझना ज़रूरी है कि उन्होंने ऐसा क्यों किया होगा? हालाँकि ऐसा नहीं कि कबीर में रहस्य का झीना पर्दा दिखायी नहीं देता। वह है लेकिन विद्वान् आलोचकों को उसके होने के कारण बताने चाहिए थे जो कि उन्होंने नहीं बताये। मेरी समझ में इसके रहस्यवादी प्रतीत होने के कारण बहुत साफ़ और स्पष्ट हैं। स्थापित भक्ति की अवधारणा 'सगुण पद्धति' लम्बे समय से चली आती अवधारणा थी जिसकी भली-भाँति व्याख्या हो चुकी थी। लेकिन 'निर्गुण उपासना पद्धति' एकदम नयी थी। इसकी अभी व्याख्या होने की गुंजाइश थी। कबीर की उलटवाँसियों का सामाजिक विवेचन और

सामाजिक सन्दर्भों के उनकी अर्थ सहित व्याख्या होनी बाक़ी थी। वह न तो उस समय के व्याख्याकारों के लिए सम्भव था और न ही कम-से-कम ब्राह्मणवादी दृष्टिकोणों के व्याख्याकारों के लिए आज सम्भव है। इसीलिए व्याख्या और विवेचन न होने के कारण 'निर्गुण ईश्वर' पर विद्वान् आलाचकों ने रहस्यवाद का आरोप लगा दिया। कबीर की छोड़िये, मध्ययुग में ऐसा आरोप आसानी से लगाना सम्भव था लेकिन आज के आधुनिक युग के विद्वान् आलोचकों को आप क्या कहेंगे जब वे अपनी पीड़ा और वेदना को अभिव्यक्ति देनेवाली महादेवी वर्मा की कविताओं में भी रहस्यवाद ढूँढ़ लेते हैं। दरअसल उनकी आलोचना का चश्मा ब्राह्मणवाद और पुरुष संस्कारों से परे जाकर किन्हीं गम्भीर सामाजिक सन्दर्भों को उद्घाटित करने की सम्भावनाएँ खो चुका है।

यहाँ पर उल्लेखनीय है कि कबीर ने इसके अलावा ब्राह्मण को अपना गुरु मानने से भी इन्कार कर दिया था। उन्होंने स्पष्ट रूप से लिखा है कि ब्राह्मण गुरु है जगत् का साधु का गुरु नाहिं। ऐसा कहने का साहस क्या उनके समय में कोई कर पाया? यह उस पूरी ब्राह्मणवादी सांस्थानिक सत्ता को चुनौती थी जो मनु की संहिता के अनुसार ब्राह्मण को सबका गुरु बताती आ रही थी। उनके अनुसार, 'जगत्' का गुरु ब्राह्मण हो सकता था। लेकिन यह 'जगत्' क्या है? सम्भवतः कबीर ने बहुत ही सोच-समझकर शब्दों का इस्तेमाल किया है। चूँकि जगत् की अवधारणा वैदिक दर्शन के अनुसार ईश्वर द्वारा बनी है। ईश्वर ने जगत् को बनाया है। यह जगत् ईश्वर निर्मित अवधारणा है। इसमें भी सगुण ईश्वर का ही सारा किया-धरा है। इसीलिए कबीर जब 'निर्गुण ईश्वर' बना लेते हैं और सगुण को पूरी तरह ख़ारिज कर देते हैं तो वे जगत् को भी नहीं मानते। इसीलिए वे ब्राह्मण को जगत् का गुरु कहते हैं लेकिन अपना यानी साधु का नहीं। वे जगत् शब्द के स्थान पर समाज शब्द पर बल देते हैं। ऐसा नहीं है कबीर केवल एक धर्मनिरपेक्ष समाज का सपना देखनेवाले इन्सान थे। ज़्यादातर प्रगतिशील चिन्तकों ने उन्हें पहला धर्मनिरपेक्ष कवि तक कह उनके भीतर के दलित (जुलाहे) की पीड़ा, अस्मिता को दबाने का सचेतन प्रयास किया है। लेकिन वे एक बार नहीं बल्कि बार-बार अपने जुलाहा होने की बात करते हैं। विद्वान् आलोचक उन्हें विधवा ब्राह्मणी की जारज सन्तान कहकर अन्ततः ब्राह्मण सिद्ध कर देना चाहते हैं। कबीर बार-बार ब्राह्मणों के आडम्बरों पर 'श्रमणों' की तरह कटाक्ष करते हैं—

कहि कबीर मोहि अचरज आवै
कौआ खावू पितर क्यूँ पावै?

वह कहते हैं कि जब इन्सान जीवित होता है तो उस सताते हैं। लेकिन उसके मरने के बाद पिण्डदान करते हैं। इसीलिए, श्राद्धकर्म और पिण्डदान पर ही वह सवाल खड़ा करते हैं। वह कहते हैं कि भोजन कौआ खा जाता है फिर वह मरे आदमी यानी मृत पूर्वजों को कैसे मिलता है। यह है कबीर के चिन्तन की तार्किक परिणति जो सीधे

'श्रमण तर्क प्रणाली' और 'बुद्ध के चिन्तन' से जुड़ती है। कबीर ने भी निश्चित रूप से छुआछूत का दंश सहा होगा। वे लगातार अनुभव की प्रामाणिकता पर बल देते हैं। वेदों की सत्ता को नकारते हैं। पुराणों को ख़ारिज करते हैं। क्योंकि वेद और पुराणों में बने नियम और संहिताओं के आधार पर ही तो दलितों का शोषण हुआ है। अगर उन्होंने छुआछूत का दंश न झेला होता तो क्या वह ऐसा कह पाते–

छोतहि ते उपजा सब संसारा।

यानी कि तुम हमारे साथ छुआछूत का व्यवहार करते हो लेकिन यह नहीं जानते कि बिना छूत या स्पर्श के, यानी बिना दो प्राणियों (स्त्री-पुरुष) के मिलन से व्यक्ति की उत्पत्ति नहीं होती। वे निपट मूर्ख, अज्ञानी ब्राह्मणों को ऐसे समझा रहे हैं। इस सन्दर्भ में डॉ. धर्मवीर कहते हैं कि, ''ब्राह्मणवादी समीक्षकों ने कबीर के दर्शन और सामाजिक सन्देश के प्रति तनिक भी सम्मान नहीं बरता। उन्होंने कबीर की नहीं बल्कि भीतर रामानन्द ब्राह्मण को बिठाकर उसकी प्रशंसा की है। मूल कबीर से ये भी बचते हैं।''[3]

हिन्दी के सवर्ण आलोचक कबीर के साथ न्याय नहीं कर पाये थे। न उनके काव्य के साथ न ही उनके विचारों के साथ। इसी में एक हैं अयोध्यासिंह उपाध्याय 'हरिऔध'। इन्होंने कबीर पर कबीर वचनावली नामक पुस्तक लिखी है। उसमें एक स्थान पर यह कहते हैं कि, ''धर्मग्रन्थों को बुरा कहना, आडम्बरों की ओट में धर्म साधना की सुन्दर पद्धतियों की भी निन्दा करना स्वाधीन चिन्तन नहीं है। उसका यह काम नहीं है कि उनका मटियामेट कर दे और उनके स्थान पर कोई उससे निम्न कोटि की पद्धति इत्यादि भी स्थापन न करके समाज को उच्छृंखल कर दे।''[4]

इस सम्बन्ध में डॉ. धर्मवीर आगे कहते हैं कि, ''इस प्रकार देखा जा सकता है कि कबीर की बुराई करने में हरिऔध जी ने कोई कसर बाक़ी नहीं छोड़ी। मज़े की बात यह है कि इन बुराइयों में वे कबीर की एक बात भी मानने को तैयार नहीं हैं। अपने वर्णाश्रम धर्म को शूद्र और ब्राह्मण के अन्तर से पूर्ण सुरक्षित रखते हुए वे उसकी प्रशंसा में लिखते हैं, ''वैदिक धर्म में अधिकारी भेद है, इसलिए यह पात्र के अनुसार धर्म की व्याख्या करता है।''[5] यहाँ याद दिलाया जा सकता है कि वैदिक धर्म का यह अधिकारी भेद वही है जिसके बारे में ब्रह्मसूत्र के अध्याय 1-3-33 से लेकर 1-1-39 तक के सूत्रों में कबीर के सम्बन्ध में बहुचर्चित रामानन्द समेत वेदान्त के सारे आचार्यों ने यह सिद्ध किया है कि शूद्र वेद के अध्ययन का अधिकारी नहीं है। यदि वह ऐसी कुचेष्टा करता है तो स्मृतियों के विधान लागू करके उसके कानों में गर्म शीशा डाला जाता है और उसकी जिह्वा काट ली जाती है।

हरिऔध जी जो लिखते हैं यह उनकी बात है लेकिन इस समय उनसे दो प्रश्न पूछे जा सकते हैं–

1. कबीर अपने साहित्य में कहाँ शालीन नहीं हैं?

2. क्या है जो कबीर के दर्शन में असंगत है?

पहले प्रश्न के उत्तर में हरिऔध जी कहते हैं कि कबीर ने यह और ऐसी अन्य साखियाँ क्यों रच दीं?

सुरनर मुनिजन औलिया यह सब उरली तर।
अलह राम की गम नहीं तहँ घर किया कबीरा।[6]

हरिऔध जी की दृष्टि में इस प्रकार के वचनों में कबीर घमण्डी हो गये हैं। वे पूछते हैं कि कबीर देवताओं, मुनिजनों और औलियों से बड़े और परे कैसे हो गये हैं? दूसरे प्रश्न के उत्तर में हरिऔध जी कहते हैं कि कबीर को ऐसा कहने का क्या अधिकार था?

ब्रह्मा, विष्णु महेसर कहिए इन सिर लागी कोई।
इनहिं भरोसे मत कोई रहियो इनहूँ मुक्ति न पाई।[7]
चार वेद षट शास्त्रऊ और दस अष्ट पुरान।
आथा दे जग बाधियाँ तीनों लोक भुलान।[8]
जोग जज्ञ, जप संयमा तीरथ व्रत दाना।
नवधा वेद किताब है झूठे का बाना।[9]
माया ते जल ऊपजै मन तै दस अवतार।
ब्रह्मा विष्णु धोखे गये भरम परम्परा संसार।[10]

हरिऔध उपाध्याय जी के इस कथन को कि कबीर अपनी इन रचनाओं में गैर-शालीन और असंगत हैं, थोड़ा ग़ौर से देख लिया जाय। तुलना के लिए संस्कृत के प्राचीन शास्त्रों और स्मृतियों को उद्धृत न करके कबीर की इन उक्तियों के सामने उनके बाद के अवधी भाषा के कवि तुलसीदास की रचनाओं को रखा जा सकता है। इस मामले में कबीर से तुलसी की तुलना इसलिए भी ठीक रहेगी क्योंकि यह कहा जाता है कि तुलसी ने मर्यादा पुरुषोत्तम राम तथा रामकथा के अन्य पात्रों का आदर्श निर्माण किया है। पर क्या तुलसी के नीचे लिखे पद साहित्यिक भाषा में शालीन कहे जायेंगे?

पूजिअ बिप्र सील गुन हीना,
सूद्र न गुन गन ग्यान प्रबीना।
सापत ताड़त परुष कहंता,
बिप्र पूज्य अस गावहिं संता।[11]
जे बरनाधम तेलि कुम्हारा,
स्वपच किरात कोल कलवारा।
ते विप्रन्ह सन पाँव पुजावहिं,

उभय लोक निज हाथ नसावहिं।
सूद्र द्विजन्ह उपदेसहिं ग्याना,
मेलि जनेऊ लेहिं कुदाना।[12]
बादहिं सूद्र द्विजन्ह सन,
हम तुम्ह ते कछु घाटि।
जानइ ब्रह्म सो बिप्रबर,
आँख देखावहि डांटि।।
सूद्र करहिं जप तप ब्रत नाना,
बैठि बरासन कहहिं पुराना।।[13]

एक बार पुनः पूछा जा सकता है कि क्या इन उद्धरणों को संसार के किसी भी प्राचीन या अर्वाचीन साहित्य में शालीन और संगत कहा जा सकेगा? कबीर ब्राह्मण को तनिक-सी बात कह देते हैं तो वे ग़ैर-शालीन और असंगत हो जाते हैं लेकिन तुलसी शूद्रों और नारियों को निर्दयी और असभ्य कहकर पशुओं और ढोरी की तरह खेतों में और हवेलियों में पिटवा रहे हैं, वे तब भी शालीन और संगत बचे रह जाते हैं? शीलरहित और दुर्गुणी व्यक्ति के पैर पुजवाना तथा गुणों और ज्ञान की खान व्यक्ति का रात-दिन सभा-समाज में अपमान करवाना किस दुनिया और समाज की शालीनता और संगतता कही जा सकती है? हरिऔध उपाध्याय को कबीर की यह बात बहुत खलती और चुभती है जब कबीर कहते हैं कि ब्राह्मण आज तक किसी के काम नहीं आया। लेकिन यदि हरिऔध उपाध्याय 'उपाध्याय' न होकर कोई तेली, कुम्हार, किरात, कोल, कलवार आदि शूद्रों में से कोई एक नर या नारी होते तो उन्हें तुलसी की शालीनता और संगतता का ठीक-ठीक पता चल सकता था। "श्रमिक समाज और नारी की दृष्टि से तुलसी विश्व के साहित्यिक इतिहास में सबसे ज़्यादा असभ्य, बर्बर और दुश्मन कवि हैं।"[14]

यहाँ उपर्युक्त आलोचक की बातों से एक हद तक सहमत हुआ जा सकता है। चूँकि हम पहले ही स्पष्ट कर चुके हैं कि हिन्दी का सन्त साहित्य ही है जो नया, विद्रोही और प्रतिरोधी मूल्य संस्कृति को वहन करनेवाला दिखायी देता है। यह सही मायने में ब्राह्मणवाद के ख़िलाफ़ दलितों की आवाज़ बनकर उभरता है। यह आवाज़ कोई दबी हुई धीमी आवाज़ नहीं है बल्कि एक प्रकार का नगाड़ा है। मुझे तो यहाँ तक कहने में कोई संकोच नहीं है कि सन्त साहित्य और सगुण भक्ति साहित्य दो अलग-अलग धाराएँ ही नहीं हैं बल्कि दो तरह की वैचारिकी-संस्कृति है। एक न्याय के मूल्यों को सामने लाती है दूसरी ब्राह्मणवादी अन्यायी मूल्यों की साहित्यिक अभिव्यक्ति हैं। सगुण साहित्य जहाँ ब्राह्मणवादी वैचारिकी और मूल्य-व्यवस्था का पोषक है वहीं सन्त साहित्य दलित चेतना और ब्राह्मणवाद विरोधी वैचारिकी से प्रेरित है।

सूरदास गोपियों के माध्यम से निर्गुण के ख़िलाफ़ एक लम्बा अभियान चलाते हैं और तुलसी गाली-गलौज पर उतर आते हैं। कबीरदास सारी ज़िन्दगी दलितों-शूद्रों की तरफ़ से लड़ते रहे, मठों के ख़िलाफ़ आवाज़ बुलन्द करते रहे, उनके मरने के बाद उन्हें ब्राह्मणी का पुत्र बना दिया गया और उसके नाम से मठों का निर्माण किया गया। आगे कुछ बड़बोलेपन और विद्वत्ता की झोंक में डॉ. धर्मवीर का कहना है कि, "कबीर की पुनरावृत्ति हर समय हुई है। इस युग में ईसाइयत के प्रभाव के कारण डॉ. अम्बेडकर की कहानी ने जन्म लिया है। यदि कबीर भारत में मुसलमानी आगमन की देन थे तो डॉ. अम्बेडकर ईसाइयत के प्रभाव का परिणाम हैं। कबीर के समय में कबीर के मुक़ाबले का बहुश्रुत और ज्ञानी-ध्यानी व्यक्ति पैदा नहीं हुआ तो डॉ. अम्बेडकर ने अपने युग में अपने बराबर के पढ़े-लिखे किसी दूसरे व्यक्ति को जन्म नहीं लेने दिया। यह भी अचरज की बात नहीं है कि कबीर डॉ. अम्बेडकर के आध्यात्मिक गुरु थे और वे ख़ुद कबीरपन्थी समुदाय में पैदा हुए थे। इस प्रकार, कबीर का चिन्तन कहीं लुप्त नहीं हो गया है बल्कि वह डॉ. अम्बेडकर के रूप में पूर्ण रूप से सुरक्षित है। डॉ. अम्बेडकर ने कबीर के इस चिन्तन को और भी व्यापक आयाम देकर बौद्ध धर्म की महान् वेद-विरोधी परम्परा से जोड़ दिया है।"[15]

उपर्युक्त विचार से पूरी तरह सहमत नहीं हुआ जा सकता जिसमें उन्होंने आचार्य रामचन्द्र शुक्ल की बात को आगे बढ़कर विस्तार दिया है। शुक्ल जी ने बताया था कि कबीर मुसलमानों के आगमन की देन हैं तो डॉ. धर्मवीर ने बताया कि डॉ. अम्बेडकर ईसाइयत की देन हैं। यानी कि दोनों ही दलित चेतना और सैद्धान्तिकी को निर्मित करनेवाले चिन्तक दो धर्मों की देन हैं। यानी कि अपनी परिस्थितियों का उसमें कोई लेना-देना नहीं है। जब यहाँ मुसलमानों का आगमन हुआ तो उन्होंने दलितों के जीवन-स्तर को बेहतर बनाने के लिए क्या कुछ ऐसे सुधारवादी कार्य किये थे जिनमें दलितों की स्थिति बेहतर हुई। या उन्होंने दलितों के भीतर कुछ शिक्षा का प्रसार-प्रचार किया? इतिहास के पन्नों को पलटने से ऐसा तो कोई भी साक्ष्य हमारे सामने नहीं आता। इसलिए कबीर न तो किसी धर्म की उपज थे और न किसी ब्राह्मण रामानन्द के शिष्यत्व की उपज। वे शोषणकारी धर्म के विरोध की उपज थे और दलितों की समस्याओं और अन्यायों से बने थे। उन्हें न तो किसी ने बनाया और न ही किसी ब्राह्मणी-विधवा ने पैदा किया। उन्हें अगर किसी ने बनाया और पैदा किया तो वह थी नाथों-सिद्धों और 'श्रमणों' की ब्राह्मणवाद-विरोधी चेतना। इसी तरह डॉ. अम्बेडकर भी किसी ईसाइयत की उपज कम-से-कम नहीं थे। यदि ईसाइयत में कोई ऐसी चेतना या विटामिन होता तो अगले सौ साल में एक भी डॉ. अम्बेडकर जैसा व्यक्ति दलितों के भीतर से पैदा क्यों नहीं हुआ? हाँ, इस्लाम की तुलना में ईसाइयत में मानवीय गुण अधिक हैं, शिक्षा के भी अवसर दलितों को उपलब्ध कराये लेकिन डॉ. अम्बेडकर को

आगे तक लाने में अगर किसी का महान् योगदान था तो वे थे शाहू जी महाराज। इसलिए डॉ. अम्बेडकर भी यहाँ की परिस्थितियों की ही उपज थे। कबीर ने समूची ब्राह्मणवादी व्यवस्था पर जैसे सवालों की झड़ी लगा दी थी। कोई जवाब नहीं था ब्राह्मणवाद पोषक साहित्यकारों और चिन्तकों के पास। न तब था और न ही आज है और शायद ही भविष्य में होगा। वे अभी तक के समस्त अन्यायों के, ब्राह्मणवादी उत्पीड़न के समाजशास्त्र को साफ़ समझ रहे थे। इसीलिए वे ऐसे शास्त्रसम्मत बातों को कैसे अपनी तर्कपूर्ण उक्तियों से ख़ारिज करते हैं यह देखना चाहिए...

गर्भ बास में कुल नहि जाती।
ब्रह्म बिन्द ते सब उतपाती।।
जो तू ब्राह्मण ब्राह्मणी जाया।
तौ आन बाट काहे नहिं आया।।
तुम कत ब्राह्मण हम कत शूद्र।
हम कत लोह् तुम कत दूध।।

उपर्युक्त पंक्तियों से साफ़ स्पष्ट है कि कबीर ब्राह्मण के समान अछूत (दलित) शब्द को रखकर तुलना कर रहे हैं। यहाँ यह भी बताना समीचीन होगा कि ब्राह्मण और दलित केवल दो शब्द मात्र नहीं हैं बल्कि दो अलग-अलग वैचारिकी, दुनिया और समाज को परिलक्षित करते हैं। यह है कबीर की क्रान्तिकारी और ऐतिहासिक चेतना। कबीर या कहना चाहिए कि सन्तों के यहाँ दलित चेतना ब्राह्मणवादी चेतना की तरह ठहरी हुई नहीं है बल्कि वह गतिमान् और तार्किक पद्धति पर आधारित चेतना है। कबीर पूछते हैं कि यदि सभी को ईश्वर ने ही जन्म दिया है तो गर्भ में कोई जाति और कुल क्यों नहीं होता? इसके अलावा तर्क भी करते हैं कि यदि माँ के गर्भ में ही बच्चे की भी जाति तय हो जाती है तो जन्म की प्रक्रिया एक जैसी क्यों है? ब्राह्मण और दलित के पैदा होने की प्रक्रिया में भी भिन्नता होनी चाहिए, लेकिन ऐसा नहीं है। इस आधार पर हम यह भी कहना चाहते हैं कि कबीर ने एक प्रकार से लोकतर्क प्रणाली का भी विकास किया। तर्कों को दार्शनिक ऊँचाइयों से निकालकर एकदम से आम बोलचाल की भाषा, कहावतों और उक्तियों में ला खड़ा किया। यह नयी प्रकार की लोकतर्क प्रणाली थी जिसके विकास का श्रेय भी सन्तों को ही दिया जाना चाहिए।

अतः यह स्पष्ट हो जाता है कि अपनी 'अस्मिता' को लेकर उनमें कहीं भी कोई डर या हीनता नहीं थी। बिना डरे, हिचकिचाये, पूरे सौ आना आत्मविश्वास के साथ वे अपने को दलित (जुलाहा) बताते हैं लेकिन साथ ही वे यह बताने से भी नहीं चूकते कि—

हिंदू कहूँ तो मैं नहीं मुसलमान भी नाहिं।[16]

यह है सन्त कबीर की क्रान्तिकारी दलित चेतना की पराकाष्ठा जहाँ वे दोनों ही सत्ता-शाली धर्मों और उनकी मूल व्यवस्था को नकारने का साहस कर पाते हैं। कबीर के पश्चात् अब हम दूसरे सन्त कवि रैदास पर चर्चा करेंगे।

रैदास

कबीर और रैदास के सम्बन्ध के बारे में कहा जा सकता है कि कबीर रैदास के छोटे भाई थे। वे रैदास को बहुत ही प्रिय थे। कबीर ने रैदास को पूरा महत्त्व दिया है। यह एक समय में दो समानधर्मी भाइयों की महान् जोड़ी थी जो संसार ने अब तक देखी है। कबीर और रैदास के बीच बहुत ही सीधा सम्बन्ध था। यह सम्बन्ध केवल भाईचारे के आधार पर ही नहीं बल्कि वैचारिक धरातल पर भी था। दोनों में ही एक प्रकार से वैचारिक समानता थी। दोनों की ही चिन्ता उस समय की दलित जनता थी, उनकी वेदना थी। दोनों के सरोकार बहुत ही स्पष्ट थे। दोनों ही ब्राह्मणवादी सत्ता के अन्याय को सहन करते हुए बड़े हुए थे। इसलिए दोनों ही सचेतन रूप से ब्राह्मणवादी सत्ता के नखदन्तों से केवल अपनी ही मुक्ति के लिए संघर्षरत नहीं थे बल्कि अपने समूचे दलित समुदाय के लिए चिन्तित थे। वे पहचान चुके थे कि जाति की समाप्ति के बिना मुक्ति सम्भव नहीं है। वे यह भी जानते थे कि दलित जाति ही श्रम करनेवाला समुदाय है। वह स्वयं भी चर्मकार समुदाय से सम्बन्धित थे। इसलिए वे स्पष्ट रूप से कहते हैं कि—

धरम करम जानै नहीं मन मह जाति अभिमान
ऐ सोउ ब्राह्मण सो भलो रैदास श्रमिकहु जान

वे जान गये थे कि जो लोग जाति-धर्म के फेर में पड़े हैं वे कुछ नहीं करते। समाज में वह परजीवी वर्ग है जो जाति के आधार पर कोरा घमण्ड करता है। वे श्रम नहीं करते। वे केवल जाति और धर्म के आधार पर सत्ता चलाते हैं। उनका समाज के विकास में कोई योगदान नहीं है। वे केवल दूसरे के श्रम का शोषण करना जानते हैं। इसी व्यवस्था के तो ख़िलाफ़ थे रैदास। आधुनिक युग के समाज परिवर्तन और मीमांसा के क्षेत्र में अपना योगदान देनेवाली जोड़ी मार्क्स-एंगेल्स से क्या किसी मायने में कम थी यह अपनी दलित-सन्तों की जोड़ी। मार्क्स और एंगेल्स मिलकर जहाँ शोषणकारी समाज और वर्ग के विरुद्ध सर्वहारा को संगठित कर रहे थे, सर्वहारा की मुक्ति की सैद्धान्तिकी तैयार कर रहे थे, क्या कबीर और रैदास उनसे चार सौ साल पहले भारत में ब्राह्मणवाद के ख़िलाफ़ वही लड़ाई नहीं लड़ रहे थे? लेकिन धर्म का रूप लेकर ब्राह्मणवाद यहाँ अधिक मज़बूत था। ज़रा रैदास और कबीर के इन पदों को सामने रखकर देखें और विचार करें कि उनकी चिन्ता और चिन्तन से मार्क्स-एंगेल्स की चिन्ता और चिन्तन में कितनी समानता है। रैदास कहते हैं कि—

पराधीनता पाप है जान लेहु रे मीत।
'रैदास' पराधीन सो कौन करे है प्रीत।।
पराधीन को दीन क्या पराधीन बेदीन।
'रैदास' पराधीन को सबही समझे हीन।।

आगे कैसे समाज को कल्पना करते हैं रैदास यह देखा जाना चाहिए,

ऐसा चाहूँ राज मैं,
जहाँ मिलै सबन को अन्न।
छोट बड़ो सब सम बसैं
'रैदास' रहैं प्रसन्न।।

यह है रैदास के आदर्श समाज की कल्पना। यह कौन-सा समाजवाद है ज़रा मार्क्सवादी विचार करें। यहाँ कौन-सी अध्यात्म और धर्म की चादर चढ़ी है इन पंक्तियों पर। और यह मार्क्सवाद के बाद नहीं आया है, यह मार्क्स की सैद्धान्तिकी से लगभग चार सौ साल पहले की उद्घोषणा है रैदास की। क्या किसी सवर्ण विचारक या साहित्यकार की चिन्ता और चिन्तन में शामिल हैं ये सब बातें? यह चेतना और विचार आज भी प्रासंगिक हैं और तब तक क़ायम रहेंगे जब तक इस संसार में एक भी इन्सान भूखा है। केवल 'भूख' के लिए चिन्ता नहीं है बल्कि चिन्ता ग़ैर-बराबरीवाले समाज को लेकर भी उतनी ही तीव्र है। समानता की एक बड़ी कल्पना है। क्या यह दार्शनिक रूसो के बाद की परिकल्पना है। कृपया सवर्ण विचारक इस पर ज़रा ग़ौर फ़रमायें। ऐसे में कबीर की चिन्ता क्या रैदास की चिन्ता से अलग है? इसे भी हम देख सकते हैं कि अपने समय में कबीर क्यों इतने व्याकुल, परेशान और चिन्तित हैं—

सुखिया सब संसार है खावै अरु सोवै।
दुखिया दास कबीर है जागै अरु रोवै।।

क्यों रो रहे हैं कबीर। क्यों उन्हें नींद नहीं आती? समाज जब पूरी तरह से परेशान है ऐसे में क्या कोई भी संवेदनशील इन्सान चैन की नींद सो पायेगा। कबीरदास कहते हैं कि—

साईं इतना दीजिए, जामे कुटुम समाय।
मैं भी भूखा न रहूँ, साधु न भूखा जाय।।

ज़्यादा नहीं चाहिए। वे जानते हैं कि ज़्यादा आने पर और ज़्यादा की इच्छा होगी। इसलिए जितनी आवश्यकता उतनी पूर्ति। यह है रैदास और कबीर का दिव्य स्वप्न। दोनों के सपने एक-से हैं इसलिए मुक्ति का पथ भी एक है और शोषण की जड़ें भी वे जानते हैं इसीलिए दोनों ब्राह्मणवाद और सामन्तवाद के ख़ात्मे के लिए संघर्षरत हैं। इसी संघर्ष में वे नये मूल्यों और सौन्दर्यशास्त्र की निर्मिति भी साथ-साथ करते हैं। कुछ दलित आलोचकों ने मूल्यांकन करते हुए सन्त-साहित्य को पुनर्जागरण काल की संज्ञा दी है। इसमें डॉ. तेजसिंह प्रमुख हैं। उनका कहना है कि, "कबीर दलित पुनर्जागरण के पहले बड़े कवि हैं तो रैदास दूसरे बड़े कवि हैं। बाक़ी सभी सन्त दलित कवि भी दलित पुनर्जागरण के ही कवि हैं जो सगुण चिन्तन-परम्परा के समानान्तर निर्गुण दलित-चिन्तन-परम्परा को आगे बढ़ाते हैं। बुद्ध के समय का जन-जागरण सही अर्थों

में दलितों का जागरण है जो तत्कालीन सामाजिक, आर्थिक परिस्थितियों की देन है। बुद्ध के विचारों से ही सबसे पहले दलितों को कुछ राहत मिली।"[17] इसको आगे बढ़ाते हुए कहते हैं कि, "आधुनिक युग में ज्योतिबा फुले ने सामाजिक-आर्थिक चिन्तन में दलित पुनर्जागरण को एक पुख़्ता आधार प्रदान किया जो स्वामी अछूतानन्द और डॉ. अम्बेडकर द्वारा दलित आन्दोलन के रूप में एक सदी का लम्बा सफ़र तय करके हम तक पहुँचता है। इसलिए आज का दलित आन्दोलन इसी दलित पुनर्जागरण की देन ही नहीं है बल्कि उसका अभिन्न हिस्सा भी है। सही मायने में आज का दलित-चिन्तन पुनर्जागरण की इसी लम्बी परम्परा में ही विकसित हुआ है।"[18]

उपर्युक्त कथन हमारी उसी मान्यता की पुष्टि करता है कि दलित-चेतना का प्रारम्भ बौद्ध-युग से होता है और वहीं से अपनी ऊर्जा और ताक़त की निरन्तरता को लेते हुए नाथ-सिद्धों की धमनियों में प्रवाहित हुए जुलाहे कबीर की 'झीनी-झीनी चदरिया' और रैदास के भ्रातृत्व की परिकल्पना में आकर अँटता है। इसकी निरन्तरता में कहीं ठहराव नहीं है। बल्कि सकारात्मक मूल्यों और प्रतिरोधी दलित-चेतना और संस्कृति को सँजोता हुआ यह फुले की बगिया से फूल चुनकर अम्बेडकर को नयी दृष्टि देता है जिससे उन्हें नयी दुनिया बनाने और खुले आकाश में उड़ने की ताक़त मिलती है। लेकिन जब डॉ. तेजसिंह सन्त साहित्य आन्दोलन को पुनर्जागरण की संज्ञा देते हैं तो यहाँ उनसे हमारी असहमति बनती है। इसमें वे बौद्ध-युग को जागरण और सन्त-युग को पुनर्जागरण कहते हैं। यानी दलितों के बीच एक जागरण बौद्ध-युग में हो चुका था लेकिन बीच के काल में उसकी निरन्तरता नहीं बनी। एक प्रकार से वे कहना चाहते हैं कि दलित-चेतना के विकास की प्रक्रिया में बौद्ध-युग और सन्त-युग के बीच का काल दलित-चेतना का अवसान या फिर अन्धकार-युग था। ध्वनित लगभग यही होता है। लेकिन क्या ऐसा था? यहाँ दो बातें हम पूछना चाहते हैं कि पुनर्जागरण का अर्थ क्या है? दूसरा यह है कि जब हम यह मान लेते हैं कि जागरण के बाद पुनः जागृति आयी तो क्या उन दोनों के बीच सुषुप्तावस्था थी? हम पहले प्रश्न पर आते हैं। पुनर्जागरण का अर्थ होता है कि पहले दलित जागृत या जागरूक अवस्था में थे। पुनर्जागरण से यह भी ध्वनित होता है कि हम जागृति के उस पुराने युग के मूल्यों की ओर फिर से जाना चाहते हैं। उन मूल्यों में सकारात्मक मूल्य भी हैं और नकारात्मक मूल्य भी। पुनर्जागरण में कुछ-कुछ पुनरुत्थान जैसी बातें ध्वनित होती हैं। इसलिए हमारी दृष्टि में इसे नवजागरण तो कहा जा सकता है लेकिन पुनर्जागरण नहीं। दूसरा, यदि हम बौद्ध-युग को जागरण और इसे पुनर्जागरण कहते हैं तो बौद्ध-युग और सन्त साहित्य के बीच नाथों-सिद्धों से होकर आयी निरन्तरता को काट देते हैं क्योंकि जागरण और पुनर्जागरण के बीच हम सुषुप्तावस्था की अवधि की ओर भी इशारा करते हैं। ऐसे में नाथों-सिद्धों एवं श्रमण परम्परा का क्या होगा? ब्राह्मण-विरोधी उनके अभियान और योगदानों का क्या होगा?

बहरहाल, अब आते हैं रैदास के योगदान पर और दलित-चेतना के विकास में उनकी भूमिका पर। रैदास ने अपने युग में यह समझ लिया था कि 'जाति' मानवता के लिए एक बहुत बड़ा कलंक है। जाति एक ऐसी बाधा है जो एक इन्सान को दूसरे इन्सान से किसी भी तरह का प्यार, प्रीति भरा सम्बन्ध नहीं बनाने देती। जाति मानवीय मूल्यों का क्षरण करती है। जाति ही है जो इन्सान को ग़ैर-सामाजिक बनाती है। इस अर्थ में ब्राह्मणवादी वैचारिकी समाज में ग़ैर-सामाजिक दृष्टि के बीज अंकुरित करती है। इसीलिए सारा सन्त साहित्य इसके प्रतिरोध और नये मूल्यों के आधार पर टिका हुआ है। रैदास कहते हैं कि–

जात-जात में जात है, ज्यों केलन के पात।
रैदास न मानुष जुड़ सके, त्यों लौं जात न जात।।

सन्त कवियों में यह प्रतिरोधी चेतना कहाँ से पैदा हुई? एकाएक क्या हुआ था मध्ययुग में कि सगुण स्थापित भक्ति धारा के विरोध में न केवल एक नयी उपासना-पद्धति का सृजन हुआ बल्कि नाई, जुलाहा, चर्मकार, धोबी इत्यादि दलित जातियाँ अपनी मुक्ति के लिए उठ खड़ी हुईं। क्या यह सगुण भक्ति धारा के विरोध में निर्गुण सन्तों की प्रतिक्रियात्मक कार्रवाई थी? यह एकाएक नहीं हुआ बल्कि हज़ारों साल के दमन से शोषित जातियाँ धीरे-धीरे मुक्त होना चाहती थीं। एक समानान्तर दलित-चेतना की धारा थी जो प्रवहमान् थी और मौक़ा पाकर वह अपने मज़बूत रूप में पूरी ऊर्जा के साथ कबीर और रैदास जैसे सेनानायक के साथ मैदान में उतर आयी थी। इसमें कबीर अगर वर्चस्ववादी सत्ता की प्रकृति को समझकर उसकी जड़ों में मट्ठा डालने का काम कर रहे थे तो रैदास इस जंग के लिए रणनीति बना रहे थे। इसीलिए रैदास के काव्य में विद्वानों को याचना, वेदना और केवल प्रीति नहीं देखनी चाहिए। युद्ध में जब एक हमला करता है तो दूसरा सुरक्षा कवच का काम करता है। रणनीति बनाता है। सबकी भूमिकाएँ अलग-अलग होती हैं। इसीलिए जब विद्वान् रैदास पर यह आरोप लगाते हैं कि उनमें कबीर जैसी मारक क्षमता नहीं है तो उन्हें इसी अर्थ में इसे समझना चाहिए। इसीलिए रैदास के यहाँ शिकायत भी है, वेदना-पीड़ा भी है और एक आदर्श, जातिमुक्त, समानतावाले समाज की स्पष्ट रूपरेखा भी है। कभी-कभी रैदास राम-रहीम में मेल-मिलाप करानेवाले भी समझे जाते हैं। जैसे उनकी यह पंक्ति देखें–

मन्दिर मस्जिद एक है, इन महँ अंतर नाहिं।
रैदास राम-रहमान का, झगड़उ कोऊ नाहिं।।
रैदास हमारा राम जोई, सोई है रहमान।
काबा कासि जानि यहि, दोऊ एक समान।।

यहँ वह एक इन्सान और दूसरे इन्सान में समानता की बात कर रहे हैं। असमानता चाहे धर्म के आधार पर हो या जाति के आधार पर हो या आर्थिक आधार पर, रैदास

सबके विरोधी हैं। रैदास के यहाँ जो मूल भाव है वह है 'छोट-बड़ो सब सम बसै'। यानी कि समाज के भीतर समानता होनी ही चाहिए।

रैदास के बारे में विचार करते हुए दलित चिन्तक एन. सिंह का कहना है कि 'रैदास ने वर्ण-व्यवस्था और जाति-व्यवस्था का विरोध किया। वहीं पर उन्होंने इसकी नयी व्याख्या भी प्रस्तुत की। उनकी दृष्टि में ब्राह्मण ऊँचे कुल में जन्म लेने के कारण नहीं होता, बल्कि ब्राह्मण वह है जिसमें ब्रह्मात्मा विद्यमान है...

ऊँच कुल के कारणे, ब्राह्मण कोय न होय,
जो जानहै ब्रह्म आत्मा, रैदास कह ब्राह्मण सोय।

क्षत्रिय कौन?

दीन दुखी के हेत जो वारे अपने प्रान,
रैदास उह नर सूर को सच्चा क्षत्री जान।

वैश्य कौन?

साँची हाटी पैठ कर सौदा साँचा देई,
तकरी तोल साँच की रैदास वैस है सोई।

शूद्र कौन?

''रैदास जो अति पवित्त है, सोई सूदर जान
जौ कुकरमी असुधजन तिन्हहि न सूदर मान।''

यह है रैदास की इन सामाजिक जाति श्रेणियों की एक नयी व्याख्या।''[19]

सन्त रैदास का अपने समय और समाज पर इतना अधिक प्रभाव था कि मीराँ भी उनकी शिष्या बनी थीं। सन्तों का प्रभाव चारों तरफ़ फैल चुका था। उत्तर प्रदेश में कबीर-रैदास सक्रिय थे तो पंजाब में गुरुनानक कबीर से प्रभावित होकर जाति-पाँति का विरोध कर समाज को आपसी भाईचारे का सन्देश दे रहे थे। बन्धवगढ़ में मलूकदास थे, गुजरात में दादू दयाल। सुन्दरदास ने राजस्थान के द्यौसा नामक जगह से ब्राह्मण विरोधी कबीर-रैदास की परम्परा को आगे बढ़ाया। इनके अलावा दलित सन्तों का प्रभाव सूफ़ियों-सन्तों पर भी पड़ा और उन्होंने समाज को लोक-कथाओं के माध्यम से प्रेम और मानवता का पाठ पढ़ाया।

सन्तों की इसी परम्परा का प्रभाव उस समय के प्रख्यात लेखकों से लेकर व्यापक समाज पर भी जान पड़ता है। उनके द्वारा लिखी गयी पंक्तियाँ जिस अर्थ में आयी हैं वह तब भी प्रासंगिक थीं और आज भी प्रासंगिक हैं। इसीलिए सन्त साहित्य केवल साहित्य की दृष्टि से ही प्रासंगिक नहीं है बल्कि समाज की दृष्टि से कहीं अधिक महत्त्वपूर्ण है। सगुण साहित्य तो केवल राम और कृष्ण की कथाओं से आम जनता के

हृदय में उतरा, यह कौन-सी बड़ी बात थी। बड़ी बात तो यह थी कि स्थापित मूल्यों, सत्ता का विरोध करते हुए सूक्तियाँ, पद, विश्लेषण वाक्य जनता के हृदय में कैसे उतारा जाय। सगुण भक्ति धारा न तो शासक वर्ग, वर्चस्वशाली शोषित मूल्यों का विरोध करती है और न ही किसी वर्ग का। राम और कृष्ण किस वर्ग से ताल्लुक़ रखते हैं ज़रा ये देखें। तुलसी-सूर को कब शासक वर्ग के अन्याय का सामना करना पड़ा। कभी किसी ब्राह्मण समुदाय में किसी कारणवश दुत्कार दिया गया होगा तुलसी को। लेकिन क्या इससे तुलसी का विरोध सारे ब्राह्मण कर रहे थे ऐसा मान लें? तुलसी और सूर उस समय भी ब्राह्मण समुदाय के हृदय में राज कर रहे थे और आज भी कर रहे हैं। तुलसी और सूर का साहित्य न उस समय शासक वर्ग के विरोध का साहित्य बन पाया और न ही अब बन सकता है। क्या तुलसी और सूरदास आज कहीं से भी प्रासंगिक नज़र आते हैं? मैं तो यहाँ तक कहना चाहता हूँ कि एक तरफ़ आप रख दें सन्त साहित्य को और दूसरी तरफ़ रख दें हिन्दी का पूरा सवर्ण साहित्य। और चुनने दें न्यायशाली मूल्यों को आम जनता को। शर्तिया बात है कि सन्त साहित्य ही भारी पड़ेगा पूरे सवर्ण साहित्य पर। अगर प्रगतिशील आलोचक भी बौद्धिक ईमानदारी और जाति संस्कारों से बाहर निकलकर देखेंगे तो पूरे हिन्दी साहित्य में एकमात्र सन्त साहित्य ही आपको मिलेगा जो कि श्रम करनेवाले कारीगरों, बुनकरों, दस्तकारों, चर्मकारों का साहित्य है। क्या है किसी प्रगतिशील आलोचक में इतना साहस कि वह साहित्य के खुले मैदान में खड़ा होकर कहे कि यह यह बात ग़लत है? गुज़ारिश सिर्फ़ इतनी है कि यूरोप के मानवतावादी साहित्य को उद्धृत करने की बजाय पहले अपने सन्त साहित्य का तो ठीक से मूल्यांकन कर लें। अभी तो इतिहास के मूकनायकों ने सिर्फ़ सवाल खड़े किये हैं। शुक्र मानिये कि अभी आपकी थोड़ी-बहुत सत्ता बची है जो आपके इन्सान बने रहने को लेकर है या मुरली मनोहर प्रसाद सिंह जैसे हमसफ़र-प्रगतिशील आलोचकों के कारण है। अगर मूकनायकों ने जवाब तलाशने शुरू किये तो सोच लेना कि फिर बे-भाव पड़ेंगे, वे आपके कहे से भी आपकी लाख प्रगतिशीलता और मानवीयता को नहीं माननेवाले। रैदास के काव्य को शिकायती और याचना का साहित्य कहने में थोड़ा सुधार कर लें और उन्हें पुनः पढ़ लें। रैदास क्या कहते हैं इसे भली-भाँति समझ लें। उनकी प्रासंगिकता भारतीय समाज में कम-से-कम तब तक बनी रहेगी जब तक भारत से जाति-प्रथा समाप्त नहीं हो जाती और भाई-चारा, समता क़ायम नहीं हो जाती। रैदास कहते हैं कि—

जाति पाति के फेर मेंहि, उरझि रहइ सभ लोग।
मानुषता कूरवात हुई, रविदास जात का रोग।।

जिस जाति को हम स्वस्थ समाज के लिए एक रोग मानते हैं क्या उसे आज से लगभग छह सौ साल पहले रैदास ने नहीं पहचान लिया था। उनमें इतनी समझ तब

थी, कबीर की भाँति वह सब-कुछ जान चुके थे। यह तो हमारे हिन्दी के मूर्द्धन्य आलोचकों का कमाल था कि उन्होंने अपने साहित्य में किसी को चार पन्ने, तो किसी को एकाध पृष्ठ में समेटकर ही आत्मतुष्टि और साहित्य में मोक्ष पा लिया। अभी तो सन्धान शुरू हुआ है। थोड़ा ठहर जाइये। आगे-आगे देखिये कि इस शुक्लवादी और द्विवेदीवादी आलोचना और रामविलास शर्मा तथा तुलसी के समाज का क्या हश्र करने जा रहे हैं ये कबीर के वारिस। ये बतायेंगे आपके इतिहास-साहित्य और आलोचना की सही दृष्टि। यह आपको वह उचित स्थान देंगे जिसके आप सही उत्तराधिकारी हैं। वह 'पाहन पूजै' का परजीवी साहित्य नहीं होगा, वह श्रम करनेवालों का 'झीनी-झीनी बीनी चदरिया' जैसा बुना साहित्य होगा। अभी तो सगुण साहित्य के ब्राह्मणवादी मन्दिर ढहे हैं। अभी 'कागद की लेखी' की आलोचना को 'आँखिन देखी' की मूल्यांकन की भट्ठी में चढ़ने तो दीजिये। अभी तो दलित ही सवाल पूछ रहे हैं। जब स्त्रियाँ भी पूरी ताक़त के साथ सवाल पूछने उतरेंगी तो क्या होगा उसका अन्दाज़ा भी नहीं लगाया जा सकता।

कबीर के बाद रैदास से होकर यह दलित-चेतना और ब्राह्मणवाद-विरोधी धारा धर्मदास से होती हुई गुरुनानक तक जाती है। उन्होंने पंजाब में एवं पंजाबी तथा खड़ीबोली में कबीर मत का प्रचार किया। इन्हें सिख सम्प्रदाय का आदिगुरु भी माना जाता है। सिख धर्म पर भी काफ़ी हद तक निर्गुण सन्तों का सीधा प्रभाव पड़ा। सिख धर्म के पवित्र ग्रन्थ 'गुरु-ग्रन्थ साहिब' में सन्तों की बानियों को संकलित किया गया है। इसका दूसरा बड़ा उदाहरण है कि 'गुरु' उनके यहाँ भी एक बड़ा ही सम्माननीय पद है जो ईश्वर के समानान्तर कबीर द्वारा ही सृजन किया हुआ जान पड़ता है। जैसे कबीर ने 'निर्गुण ईश्वर' का यूटोपिया दिया था उसी प्रकार उन्होंने 'गुरु' पद को भी अपने गम्भीर और ख़ास आर्थ में सृजित किया होगा जिसे गुरुनानक और बाद में सिख धर्म ने अपना लिया। इसी अर्थ में इसे रैदास ने भी अपनाया था। या फिर नाथों और सिद्धों की परम्परा से होता हुआ सन्त साहित्य तक आया है। इस तरह हम देखते हैं कि सन्त मत और साहित्य का अब तक के ठहरे हुए साहित्यिक और सामाजिक आन्दोलन में एक युगान्तरकारी-ऐतिहासिक योगदान रहा। रैदास के अलावा सन्त मत के तीसरे महत्त्वपूर्ण कवि हैं दादू दयाल। थोड़ा संक्षेप में हम दादू पर भी दृष्टिपात करेंगे।

दादू दयाल

दादू पर विचार करते हुए हम आचार्य रामचन्द्र शुक्ल से बात प्रारम्भ करेंगे। शुक्ल जी अपने हिन्दी साहित्य के इतिहास में कहते हैं कि, "यद्यपि सिद्धान्त की दृष्टि से दादू कबीर के मार्ग के ही अनुयायी हैं पर उन्होंने अपना एक अलग पन्थ चलाया, जो दादू पन्थ के नाम से प्रसिद्ध हुआ। दादूपन्थी लोग इनका जन्म संवत् 1601 में गुजरात के अहमदाबाद नामक स्थान में मानते हैं। इनकी जाति के सम्बन्ध में भी मतभेद है। कुछ लोग उन्हें गुजराती ब्राहाण मानते हैं और कुछ लोग मोची या धुनिया।

कबीर साहब की उत्पत्ति कथा से मिलती-जुलती दादू दयाल की उत्पत्ति कथा भी दादूपन्थी लोग कहते हैं। उनके अनुसार दादू बच्चे के रूप में साबरमती नदी में बहते हुए लाहीराम नामक एक नागर ब्राह्मण को मिले थे। चाहे जो हो, अधिकतर ये नीची जाति के ही माने जाते हैं।''[20]

उपर्युक्त कथन में शुक्ल जी ने एक बात तो ईमानदारी से स्वीकार की है कि सिद्धान्ततः वे कबीर मत के ही अनुयायी थे। लेकिन आगे वे उनके जन्म को लेकर एक प्रकार की भ्रान्ति ज़रूर फैलाते हैं कि समाज में दो प्रकार के मत प्रचलित थे उनकी जाति को लेकर। वे यह बताना नहीं भूलते कि उन्हें ब्राह्मण भी माना जाता है और मोची या धुनिया भी। जबकि यह पूरी तरह से स्पष्ट है कि सन्त आन्दोलन में अधिकांश तथाकथित निम्न जाति के ही लोगों का समावेश था। यह हो सकता है कि कुछ मानवीय मूल्य से प्रेरित ब्राह्मण या तथाकथित उच्च जाति के लोग भी सन्तों के आन्दोलन से प्रभावित होकर उनके अनुयायी बने हों लेकिन उन्होंने कोई सक्रिय भूमिका निभायी हो इसके उदाहरण कम हैं। ग़ौर फ़रमाइये, ब्राह्मणों ने कबीर को विधवा ब्राह्मणी का पुत्र माना, रैदास को पूर्व जन्म का ब्राह्मण माना और अपने नीच कर्मों के कारण उसे चमार जाति में जाना पड़ा। और फिर दादू के बारे में भी एक कथा प्रचलित कर दी गयी कि वे जाति से ब्राह्मण थे। क्या है इन सबके बीच अन्तःसम्बन्ध? क्या कारण रहे होंगे कि इन तीनों का ही सम्बन्ध तथाकथित उच्च जाति के साथ जोड़कर बताया गया। हमें लगता है कि इन सन्तों ने उस समय की स्थापित चिन्तनधारा, सत्ता और संस्कृति की जड़ों को बुरी तरह से हिलाकर रख दिया। कितना तिलमिलाये होंगे वह। नहीं बस चला तो इन्हें अपने में शामिल करने के लिए ब्राह्मण ही बना डाला। यह ठीक ऐसा है कि जब बौद्धधर्म के विरोध के पश्चात् भी ब्राह्मण जाति इसका कुछ नहीं बिगाड़ पायी तो उन्होंने महात्मा बुद्ध को भी विष्णु का ही अवतार घोषित कर दिया। यानी कि विरोधी दर्शन, चिन्तन, व्यक्ति की अस्मिता और भिन्नता को भी मिटाकर अपने में शामिल कर लो तो विरोधी मूल्यों का धीरे-धीरे अपने-आप ही शमन हो जायगा। ये थीं इनकी चालाकियाँ। इसीलिए ये सन्तों के बीच आपस में 'एकसूत्रता' और 'निरन्तरता' न तो कभी भी देख पाते हैं और न ही बता पाते हैं। सम्भवतः इसीलिए आचार्य रामचन्द्र शुक्ल दादू दयाल को कबीर के विचारों से अलगाते हुए कहते हैं कि, ''दादू की बानी में यद्यपि उक्तियों का वह चमत्कार नहीं है जो कबीर की बानी में मिलता है पर प्रेमभाव का निरूपण अधिक सरस और गम्भीर है। कबीर के समान खण्डन और वाद-विवाद में इन्हें रुचि नहीं थी।''[21]

यह है एक सन्त को दूसरे सन्त से अलगाने की नाकाम साज़िश। कबीर की उक्तियाँ उन्हें चमत्कार नज़र आती हैं, वहाँ उन्हें प्रेम नज़र नहीं आता। जिसे वह चमत्कार कह रहे हैं क्या उन बानियों की गम्भीरता को समझ पाये थे वे। न तो आचार्य

शुक्ल सन्त साहित्य को समझ पाये थे और न मार्क्सवादी आलोचक डॉ. रामविलास शर्मा। उन्होंने तो उद्घोषणा ही कर दी कि, "तुलसीदास से अधिक ज्ञानी कवि उस युग में दूसरा नहीं है। कबीर बहुत बड़े भक्त हैं और सूरदास जायसी के सौन्दर्य-प्रेमी कवि।"[22] अब पाठक ही कबीर और तुलसी को सामने रखकर तय कर सकता है कि कौन भक्त है और ज्ञानी? रामविलास शर्मा यह कहकर सारे सन्त साहित्य को ख़ारिज कर देते हैं जबकि यह सही मूल्यांकन नहीं है। परन्तु हम बताना चाह रहे हैं कि सारे सन्त कवियों का मूल भाव था जाति-व्यवस्था का सीधे-सीधे विरोध, मानवतावाद का पक्ष और एक बेहतर समाज की परिकल्पना। यह मूलगामी भाव की निरन्तरता कबीर से लेकर दादू के शिष्यों तक मिलती है। दादू दयाल भी इससे अछूते नहीं हैं। कबीर की तरह दादू की भी एक पंक्ति है—

हरि को भजै सो हरि का होई।
नीच ऊँच अंतर नहीं कोई।।

और कबीर क्या कहते हैं—

जाति-पाँति पूछे नहिं कोई।
हरि को भजै सो हरि का होई।।

इन दोनों ही पंक्तियों में भावसाम्य है, चेतनासाम्य है। भाव और समझ की यह निरन्तरता अभी सन्त कवियों में एक समान है। सभी सन्त कवि दलित एवं पिछड़ी जातियों से सम्बन्धित थे। जाति का दंश सभी भोग रहे थे। कबीर सभी सन्त कवियों के 'गुरु' थे। उन्होंने ही प्रतिरोधी संस्कृति, मानव-मूल्य और विरोध के स्वर को मुखर किया था। इसीलिए कबीर-सा भाव हमें दादू के यहाँ भी परिलक्षित होता है। दादू दयाल ने गुजरात में जाति-विरोधी भावना और मानव-मूल्यों की अलख जगायी। यह विचारणीय और उल्लेखनीय है कि कहाँ बनारस (काशी) और कहाँ गुजरात। यानी कि सन्तों के मूल्यों की उद्घोषणा व्यापक भारतीय समाज में सुनायी पड़ रही थी। इसीलिए सन्त मत का प्रचार सारे देश में हुआ। ब्रजरंजन पाण्डेय आलोचना पत्रिका के अपने एक लेख में इसका महत्त्व बताते हुए कहते हैं कि, "निर्गुण भक्ति की लगभग सभी परम्पराएँ निम्न जातीय शिल्पियों से सम्बद्ध थीं। कबीर जुलाहे थे। सन्त सेना नाई जाति में पैदा हुए थे। सन्त कमाल जुलाहे कबीर के पुत्र थे। धर्मदास बनिया जाति में उत्पन्न हुए थे। दादू दयाल बनिया जाति में जन्मे थे। बूला साहब कुर्मी थे और सन्त गुलाब साहब हलवाई का काम करते थे। दीन दरवेश लोहार थे। बिहारवाले दरिया दास मुसलमान थे। कश्मीर की महिला सन्त लल्ला मेहतर जाति की थीं। जबकि महाराष्ट्र के नामदेव छीपी नामक जाति में पैदा हुए थे। निर्गुण सन्तों की पूरी जमात इस प्रकार निम्न वर्णी और निम्न वर्गीय थी जिनका व्यापक प्रभाव शिल्पी जातियों और श्रमिक वर्ग पर पड़ा था।"[23]

उपर्युक्त कथन से स्पष्ट है कि सभी सन्त तथाकथित निम्न जाति से थे। यह बात लेखक ने बहुत ही ईमानदारी से स्वीकारी है। लेकिन वह प्रमुख बात जिस ओर उन्हें ध्यान देना चाहिए या जिससे वह बड़ी ही चतुराई से बचते हुए निकल गये, देखे जाने योग्य है। उन्होंने यह तो बताया कि इन सन्तों का प्रभाव शिल्पी जाति और श्रमिक वर्ग पर पड़ा। लेकिन वे दलित जातियों पर इनके सीधे प्रभाव को पता नहीं क्यों स्वीकार नहीं कर पाये। वे शिल्पी जातियाँ कहते हैं लेकिन 'दलित जातियाँ' नहीं कहते। वे यह भी नहीं बता पाते कि सभी सन्त कवियों में दलित-चेतना का समावेश था और इसी कारण उनके भीतर संघर्ष करने का साहस और सत्ता के साथ आँख-में-आँख डालकर देखने का आत्मविश्वास था। आधी-अधूरी जानकारी देकर मूलगामी बात को या तो वह जान-बूझकर दबा गये या फिर उन्हें सन्त साहित्य पूरी तरह से समझ में ही नहीं आ पाया। एक अन्य बात भी है जिससे लेखक ब्रजकुमार पाण्डेय सामने रखते हैं, "भक्ति आन्दोलन के दौर में जन्मे सन्त मत की भी अपनी सीमा थी। उनके लक्ष्य हक़ीक़त नहीं बन सके, उनके संघर्ष भावनात्मक और वैचारिक सीमा को तोड़ नहीं सके। वह जीवन की क्षणभंगुरता के सिद्धान्त के प्रभाव से अलग नहीं हो सके। वह यह नहीं समझ सके कि सामाजिक विषमता और सामाजिक अन्याय के कारण प्रभुत्वमूलक सामाजिक-राजनीतिक वर्गों में निहित है।"...इसके आगे वे कहते हैं, "दूसरी ओर इस्लाम और ईसाई दोनों धर्मों ने दलितों का हिन्दू धर्म से धर्मान्तरण कराकर उनकी न तो धार्मिक और न ही सांस्कृतिक समस्या को ही हल किया। वे तो दलितों के इतिहास, संस्कृति और मातृभाषा को मिटाकर अपने इतिहास, संस्कृति और भाषा को लाद रहे थे। इस्लाम और ईसाई मत में धर्मान्तरित दलितों की न तो आर्थिक समस्याएँ हल हुईं और न ही उनकी सामाजिक समस्याएँ ही।"[24]

उपर्युक्त मत में सन्त मत का मूल्यांकन करते हुए मुख्य रूप से दो महत्त्वपूर्ण सवालों को उठाया गया है। पहले सवाल के अनुसार सन्त मत या साहित्य अपने मिशन में क़ामयाब नहीं हो सका। उसका कारण लेखक महोदय 'भावनात्मक संघर्ष' मानते हैं। साथ ही वे यह भी बताते हैं कि जिस सामाजिक विषमता और अन्याय को सन्त अपने काव्य के माध्यम से उद्‌घाटित कर रहे थे उसके कारणों को वे नहीं समझ पाये। लेकिन क्या यह सही है? इस पर ग़ौर किया जाना है। पहली बात तो यह है कि दलित सन्त काव्य एक बेहतर समाज के लिए सपने बुनने का काव्य था। वह भावनात्मक भी था यह बात एकदम सही है। लेकिन, क्या वह केवल भावनात्मक था? सभी सन्त श्रम करनेवाले तबकों से सम्बन्धित थे। 'वे माँग के खाइबो मसीत तले सोइबो' कहनेवालों का काव्य था। उनकी सीमा थी तो केवल धर्म की झीनी चादर जिसको फाड़कर वे बाहर नहीं निकल पाये थे। लेकिन ऐसा नहीं था कि सामाजिक विषमता और अन्याय की जड़ों को वे समझ नहीं पाये थे। अगर उसके कारणों को उन्होंने न समझा होता तो ब्राह्मणवाद के ख़िलाफ़, उसके अन्यायी मूल्यों के ख़िलाफ़, उनके शास्त्रों

के ख़िलाफ़ और उसकी भाषा के ख़िलाफ़ उन्होंने सीधा प्रहार न किया होता। अपने अनुभवों से वे जान गये थे कि जाति-व्यवस्था को बनाये रखने में मुख्य भूमिका ब्राह्मणवादी वैचारिकी की है। सन्त जान गये थे कि इस वैचारिकी का प्रतिनिधि ब्राह्मण है। सन्तों को यह भी भली-भाँति पता चल गया था कि इस वैचारिकी की रीढ़ वेद-पुराण है और वास्तविकता को छुपाने के लिए इन्होंने संस्कृत भाषा का सहारा लिया हुआ है। क्या बिना वस्तुस्थिति को समझे, कारणों को जाने कोई ऐसा विरोध कर पायेगा? यह माना जा सकता है कि उनके द्वारा देखा गया बेहतर समाज का यूटोपिया असफल हो गया। लेकिन क्या उनकी लड़ाई बेअसर रही? क्या उनका संघर्ष पराजित हुआ? वे असफल थे लेकिन बेअसर और पराजित नहीं थे। असफलताएँ सबक देती हैं और पराजय निराशा पैदा करती है। कम-से-कम इसे समझना चाहिए।

दूसरा सवाल श्रीमान् पाण्डेय का धर्मान्तरण को लेकर था। उनका कहना था कि इस्लाम और ईसाइयत में जाकर दलितों ने अपनी संस्कृति, भाषा और इतिहास खो दिया। लेकिन उन्हें यह समझना चाहिए कि जब दो संस्कृति और वैचारिकी आपस में मिलती हैं तो एक-दूसरे को प्रभावित करती हैं। वे मिश्रित होती हैं। इसलिए भारत का इस्लाम और ईसाइयत दुनिया में किसी भी देश से भी ज़्यादा बेहतर स्थिति में है और इसका कारण दलित-चेतना ही है जिसने दोनों धर्मों को बेहतर बनाया है। यह अलग बात है कि ब्राह्मणवादी वैचारिकी के कारण वहाँ भी जाति-व्यवस्था क़ायम रही। आज उत्तर भारत की बहुत-सी दलित जातियाँ हैं जो धर्मान्तरित होकर अलग-अलग हैं लेकिन पूजा-पद्धति, त्योहार और पहनावे से आज भी एक जैसी हैं। जैसे मेहतर और हेला, हलालख़ोर, क़साई, लोहार, नाई इत्यादि। अगर किसी ने अपनी भाषा, संस्कृति, इतिहास खोया है तो वह सवर्ण जाति ही है। क्योंकि सवर्ण जब लालच में धर्मान्तरित हुए तो उन्होंने अपने को पूरी तरह बदला। इसके साथ ही उन्होंने उस धर्म में जाति-व्यवस्था को भी बनाये रखा और आज के पठान या जॉन कल के ब्राह्मण या क्षत्रिय ही तो हैं। इस पर गोपाल गुरु और कांचा इलैया ने आधुनिकता के आईने में दलित पुस्तक के अपने लेख में विस्तार से बताया है। कहने का मतलब यही है कि सन्त साहित्य ने सर्वप्रथम हिन्दी साहित्य की दिशा का ही निर्धारण पहली बार नहीं किया बल्कि मानवीय मूल्यों और प्रतिरोधी संस्कृति का समावेश भी साहित्य में पहली बार किया। यह हिन्दी साहित्य में प्रबल दलित चेतना थी और अगर आगे इसका विकास हो पाया होता तो आज हिन्दी साहित्य की धारा ही दूसरी होती। लेकिन निर्गुण सन्त स्थापित वैचारिकी सत्ता, धर्म और जाति से टकराये थे इसलिए उनका सामूहिक विरोध हुआ। मुझे तो यहाँ तक भी लगता है कि साहित्य में रीतिकाल का आना इसी सन्त साहित्य की धारा को रोकने का भोंड़ा प्रयास था जिसकी नींव कुछ हद तक सूरदास ने और बाक़ी बची क़सर तुलसी ने पूरी की थी। कृष्णकाव्य से प्रभावित होकर ही तो साहित्य में रीतिकाल आया होगा। क्या कभी किसी सवर्ण चिन्तक ने यह सोचने और

बताने का साहस किया? मुझे लगता है कि हिन्दी के प्रबुद्ध चिन्तकों को इस ओर भी ध्यान देना चाहिए कि एक तरफ़ हिन्दी साहित्य का 'स्वर्ण युग' सन्त साहित्य और ठीक उसके आगे रीतिकालीन जैसा शास्त्रसम्मत एवं नंगे मूल्यों का साहित्य। क्या यह भी ब्राह्मणवादी वैचारिकी और साज़िश का परिणाम तो नहीं था? इसलिए सन्त साहित्य और आन्दोलन का दलित-चेतना, संघर्ष, साहित्य और आन्दोलन में युगान्तरकारी और ऐतिहासिक महत्त्व है। यह दलित-चेतना के विकास में एक ऐसा पड़ाव है जो दलित-चेतना के साथ-साथ सभी मानवीय मूल्यों और समूहों को जो कि उत्पीड़ित हैं वाणी देता है। जैसे-जैसे समय गुज़रेगा इसका महत्त्व और बढ़ेगा।

सन्दर्भ-सूची

1. कला की ज़रूरत, अंर्स्ट फिशर, अनुवाद : रमेश उपाध्याय, प्रथम हिन्दी संस्करण, 1990.
2. संस्कृति के चार अध्याय : रामधारीसिंह 'दिनकर'।
3. कबीर के आलोचक : डॉ. धर्मवीर, भूमिका से, द्वितीय संस्कारण, 1997.
4. कबीर वचनावली : अयोध्यासिंह उपाध्याय 'हरिऔध', संस्करण, 1916, पृ. 70.
5. वही, पृ. सं. 71.
6. वही, पृ. सं. 57.
7. वही, पृ. सं. 58.
8. वही, पृ. सं. 58.
9. वही, पृ. सं. 57.
10. वही, पृ. सं. 58.
11. कबीर साहित्य की प्रासंगिकता, सम्पादक : विवेक कुमार दास, संस्करण, 1978, पृ. सं. 153.
12. वही, पृ. सं. 154.
13. वही, पृ. सं. 154.
14. कबीर के आलोचक : डॉ. धर्मवीर, पृ. सं. 35-38.
15. वही, पृ. सं. 41.
16. कबीर : डॉ. सत्येन्द्र का लेख, संस्करण 2002, पृ. सं. 201.
17. अपेक्षा पत्रिका : सम्पादक : डॉ. तेजसिंह, अप्रैल-जून 2003, भूमिका से, पृ. सं. 1.
18. वही, पृ. सं. 1.
19. वही, पृ. सं. 18.
20. हिन्दी साहित्य का इतिहास : आचार्य रामचन्द्र शुक्ल : नवीन संस्करण, 2002, पृ. सं. 50.
21. वही, पृ. सं. 50.
22. परम्परा का मूल्यांकन : रामविलास शर्मा, (भूमिका से) तीसरी आवृत्ति, 2002.
23. आलोचना : प्रधान सम्पादक : नामवर सिंह, अप्रैल 2005 पृं. सं. 60.
24. वही, पृं. सं. 61.

परकटे परिन्दों की दास्तान

(विशेष सन्दर्भ : हिन्दी की दलित स्त्रियों की आत्मकथाएँ)

डॉ. प्रीति सागर

बीसवीं सदी के उत्तरार्द्ध में वैश्विक और भारतीय पटल पर कई महत्त्वपूर्ण परिवर्तन दृष्टिगोचर होते हैं जैसे सोवियत रूस का विघटन, भूमण्डलीकरण, उदारवाद, उत्तर-आधुनिकता आदि। इन सबका प्रभाव साहित्य पर भी पड़ा। अस्सी के दशक में हिन्दी साहित्य में वर्णगत विशेषण को आधार बनाकर एक नये साहित्य ने दस्तक दी, जिसे कालान्तर में दलित साहित्य के रूप में पहचान और प्रतिष्ठा मिली। दलित साहित्य में लगभग सभी प्रमुख साहित्यिक विधाओं में साहित्य रचा जा रहा है, लेकिन आत्मकथा इनमें प्रमुख है। हिन्दी दलित साहित्य में आत्मकथा लेखन की शुरुआत मराठी प्रभाव से हुई। 'अस्मितादर्श' पत्रिका के सन् 1976 के दीपावली विशेषांक में चर्चित मराठी लेखकों के आत्मकथ्य प्रकाशित हुए थे। इन आत्मकथ्यों की प्रेरणा से कालान्तर में स्वतन्त्र रूप से दलित आत्मवृत्त लिख गये। मराठी दलित आत्मवृत्तों की तर्ज़ पर ही हिन्दी में भी दलित आत्मकथाएँ लिखी जाने लगीं। मोहनदास नैमिशराय की 'अपने-अपने पिंजरे', ओमप्रकाश वाल्मीकि की 'जूठन', माता प्रसाद की 'झोंपड़ी से राजभवन', सूरजपाल चौहान की 'तिरस्कृत' और 'सन्तप्त', श्यौराज सिंह 'बेचैन' की 'मेरा बचपन मेरे कन्धों पर', तुलसीराम की 'मुर्दहिया' और 'मणिकर्णिका' आदि में सदियों से दलित, पीड़ित लोगों की मौन व्यथा को मुखरित किया गया है लेकिन हिन्दी में दलित स्त्रियों की आत्मकथाओं की परम्परा क्षीण रही। समाज के निचले पायदान पर स्थित दलितों को साहित्य में अपनी बात कहने का अवसर देर से मिला लेकिन दलित समाज की आधी आबादी ने यह अधिकार और भी देर से पाया और आत्मकथा लेखन के क्षेत्र में तो बहुत देर से अपनी आमद दर्ज की।

भारतीय सामाजिक व्यवस्था के दो महत्त्वपूर्ण आधार स्तम्भ हैं—वर्ण-व्यवस्था और पितृसत्तात्मक व्यवस्था। वर्ण-व्यवस्था ने समाज की मानवीयता का क्षरण किया है। वर्ण-व्यवस्था के अन्तर्गत दलित, समाज के निचले पायदान पर स्थित पीड़ित और शोषित वह व्यक्ति है जो जाति के कारण सामाजिक प्रतिष्ठा एवं मानवीय गरिमा पाने के

अधिकार से वंचित है। "पितृसत्ता एक सामाजिक घटना है, हज़ारों सालों से चली आयी ऐसी व्यवस्था जिसमें स्त्री की अधीनस्थता सर्वविदित है। पितृसत्ता ने स्त्री को अपने ज्ञान की वस्तु बनाया। उसे साधन के रूप में प्रयुक्त किया—उसके नाम, रूप, जाति, गोत्र सब अपने सन्दर्भ में परिभाषित किये। स्त्री का यह अमानवीकरण दलित के अमानवीकरण से कहीं ज़्यादा सूक्ष्म है क्योंकि दलित पुरुष भी पितृव्यवस्था का सदस्य है और अपने पुरुषोचित अहंकार के कारण स्त्री के शोषण और उत्पीड़न से बाज़ नहीं आता।"[1] इस तरह स्त्री की स्थिति भारतीय समाज में दलित से भी बदतर है। इस व्यवस्था को ध्यान में रखते हुए एक दलित स्त्री की स्थिति की कल्पना कीजिये जो वर्ण-व्यवस्था और पितृसत्तात्मक व्यवस्था के दो पाटों में पिसती है। बीसवीं सदी के अन्तिम एवं इक्कीसवीं सदी के पहले दशक में अपनी अस्मिता एवं आत्मविकास हेतु आत्मनिर्णय पाने का अधिकार माँगती दलित स्त्री ने भी साहित्यिक अभिव्यक्ति को साधन के रूप में ग्रहण किया। उपर्युक्त कालावधि में हिन्दी में दो दलित स्त्रियों की आत्मकथाएँ प्रकाश में आयीं। इनमें पहली है, परमेश्वरी प्रकाशन, दिल्ली से सन् 1999 में प्रकाशित कौसल्या बैसन्त्री की 'दोहरा अभिशाप' और दूसरी दस वर्ष बाद सन् 2009 में वाणी प्रकाशन, दिल्ली से प्रकाशित सुशीला टाकभौरे की 'शिकंजे का दर्द'। ये दोनों आत्मकथाएँ जीवन के तथ्यों और घटनाओं का ब्यौरा भर नहीं हैं वरन् भारतीय समाज के दो महत्त्वपूर्ण आधार स्तम्भों—वर्ण-व्यवस्था और पितृसत्तात्मक व्यवस्था की व्याख्या और पड़ताल भी हैं। इन दोनों व्यवस्थाओं ने दलित स्त्री के निजी, सामाजिक एवं सार्वजनिक जीवन को प्रभावित कर उन्हें कितना कुण्ठित किया है, इसको समझने के लिए ये आत्मकथाएँ महत्त्वपूर्ण हैं। इन आत्मकथाओं में दलित स्त्रियाँ समाज से संवाद स्थापित करते हुए कई महत्त्वपूर्ण प्रश्न उठाती हैं और भारतीय समाज में दलित स्त्री एवं उसके समाज की यथार्थ तस्वीर एक स्त्री की दृष्टि से सामने लाती हैं। एक दलित, "स्त्री की आत्मकथा समाज और परिवार की उन भीतरी सच्चाइयों से साक्षात्कार है जिनकी चुभन जूते की कील की तरह सिर्फ़ पहननेवाला जानता है।"[2]

कौसल्या की आत्मकथा 'दोहरा अभिशाप' दलित होने के कारण जीवन के हर क्षेत्र में जूझने, सम्मानजनक जीवन जीने का अधिकार पाने की कोशिशों का विवरण तथा वैवाहिक जीवन में पति से प्राप्त पीड़ा और उसी पीड़ा में जिजीविषा तलाशने का उपक्रम है। कौसल्या ने आत्मकथा की भूमिका में ही यह स्पष्ट कर दिया है कि वह लेखिका नहीं है लेकिन समाज से मिले घात-प्रतिघातों ने उसके संवेदनशील मन को झकझोरा है और कई लोगों के प्रेरित करने पर वह अपनी आत्मकथा को पन्नों पर उतारने का साहस सँजो पायी है। कौसल्या के शब्दों में, "मैं लेखिका नहीं हूँ, न साहित्यिक लेकिन अस्पृश्य समाज में पैदा होने से जातीयता के नाम पर जो मानसिक यातनाएँ सहनी पड़ीं इसका मेरे संवेदनशील मन पर असर पड़ा, मैंने अपने अनुभव खुले मन से लिखे हैं।"[3] तथा "अपने भोगे हुए यथार्थ को शब्दों में उतारने के द्वन्द्व की पीड़ा में जीवन के 63 वर्ष बीत गये।"[4] कौसल्या की जीवन-यात्रा का यह बयान उनके भावात्मक एवं

सांसारिक जीवन के विभिन्न पहलुओं को उभारते हुए, दलित स्त्री के मन, सोच, अनुभूति और अस्मिता के विविध पहलुओं तक विस्तृत होता जाता है। अपनी इस कथा में कौसल्या ने अपनी नानी और माँ का जीवन, अपने बचपन और युवावस्था की कतिपय छवियाँ तथा उच्चशिक्षित सामाजिक कार्यकर्त्ता की पत्नी बनने के बाद वैवाहिक जीवन के कटु अनुभवों को भी प्रकट किया है। लेखिका के जीवनानुभवों के साथ-साथ तत्कालीन सामाजिक, राजनीतिक गतिविधियाँ भी दर्ज हुई हैं।

सुशीला की आत्मकथा 'शिकंजे का दर्द' उस शिक्षित महिला की गहन पीड़ा है जो जातिभेद के दंशों से और पितृसत्ता के कोड़ों से फूट पड़ी है, "मेरा दर्द उस शिक्षित, सम्मानित दलित का दर्द है जो पी-एच.डी. प्राप्त कॉलेज की प्राध्यापिका होने के बाद भी जाति के रोज़गार के नाम से जानी जाती है, मेरी आत्मकथा मेरी वेदना का दस्तावेज़ हैं।"[5] यह एक ऐसी स्त्री का बयान है जो दुःख और कष्टों से भरे जीवन को जीते हुए कभी पराजित नहीं हुई। हर विषम परिस्थिति से संघर्ष करते हुए जीवन को सार्थक बनाने की, जीवन के नये अर्थ तलाशने की प्रक्रिया जारी रही। मध्य प्रदेश के बानापुरा में जन्मी सुशीला का बचपन, ग़रीबी, सामाजिक उपेक्षा और शिक्षा-प्राप्ति के लिए संघर्ष में बीता। बेमेल विवाह के बाद पति और ससुराल पक्ष से अनेक कष्ट पाते हुए भी लेखिका ने उच्च शिक्षा प्राप्त की तथा समाज की रुग्ण और अन्ध-मानसिकता के ख़िलाफ़ अलख जगाने की कोशिश की। 'दोहरा अभिशाप' और 'शिकंजे का दर्द' ये दोनों आत्मकथाएँ एक व्यक्ति के साथ-साथ स्वातन्त्र्योत्तर भारतीय सामाजिक जीवन का यथार्थ और पड़ताल भी हैं। यह एक ऐसा समाज है जहाँ जातिगत भेदभाव एवं अस्पृश्यता अभी भी क़ायम है। संवैधानिक प्रावधानों ने तो दलितों को अस्पृश्यता से मुक्त कर दिया लेकिन समाज के मन से यह भावना ख़त्म नहीं हो सकी है। ये आत्मकथाएँ समाज को यह सच स्वीकार करने के लिए बाध्य करती हैं कि भले ही समय की तेज़ रफ़्तार में हम स्वयं को इक्कीसवीं सदी में खड़ा हुआ पाते हैं लेकिन समाज के अधिकांश वर्ग का मानस आज भी पुरानी जकड़बन्दियों से मुक्त नहीं हो सका है। जाति और पितृसत्ता की ज़ंजीरों में जकड़ी स्त्री गरिमापूर्ण मानवीय जीवन पाने के लिए क्या-क्या संघर्ष करती है, ये दलित आत्मकथाएँ इसी का बयान हैं। दोनों आत्मकथाओं में जाति के आधार पर थोपी गयी वर्जनाओं तथा पितृसत्तात्मक व्यवस्था द्वारा निर्धारित स्त्री मानदण्डों के प्रति अस्वीकार तथा इन दोनों व्यवस्थाओं तले कुचले जाने का दर्द है। दोनों स्त्रियाँ वर्ण-व्यवस्था और पितृसत्तात्मक संस्कृति में रचे-बसे समाज की मनोवृत्ति और उसमें अपनी स्थिति की पड़ताल करते हुए सामाजिक परिवर्तन की आकांक्षा रखती हैं। सुशीला का मानना है, "इस वेदना-पीड़ा से छुटकारा तभी मिलेगा जब समाज की मानसिकता बदलेगी, जब पूरी समाज-व्यवस्था बदलेगी।"[6] सुशीला मानती है कि, "दलित उत्पीड़न के रूप में भी दलित पुरुषों की अपेक्षा दलित नारी वर्णभेद, जातिभेद के अपमान-तिरस्कार के साथ अन्याय, शोषण और हिंसा अधिक सहती है। मेरा जीवन भी इस दोहरे-तिहरे सन्ताप से पीड़ित रहा।"[7]

स्त्री चाहे किसी भी क्षेत्र में अपनी विशिष्ट पहचान बना चुकी हो, उसकी पहचान से परे वह केवल एक स्त्री है और दलित स्त्री के आगे तो 'दलित' विशेषण भी जुड़ा है इसलिए दलित से सम्बद्ध सभी सामाजिक वर्जनाएँ झेलना भी दलित स्त्री की नियति बन जाता है। समाज में अपनी जातिगत स्थिति का चित्रण करते हुए सुशीला लिखती हैं, "गाँव में बामन-बनियों का ही वर्चस्व था। हमारी जाति के लोग डरे-सहमे, शोषित-पीड़ित जीवन जीते थे, हम उनके लिए अस्पृश्य अछूत थे।"[8] गाँव में जातिभेद की कट्टरता इतनी अधिक थी कि, "हमारी जाति का कार्यक्षेत्र और हर बात में सीमा-रेखाएँ निश्चित थीं।"[9] जीवन में हर स्तर पर भेद-भाव व्याप्त था, "सवर्ण लड़कियों के खेल अलग थे। उनके खेल में भव्यता और सम्पन्नता रहती थी। हमारे खेल दौड़-भाग के रहते।"[10] "रोज़ी-रोटी कमाने के लिए मेहनत-मज़दूरी का काम करने ग़रीब पिछड़े वर्ग के लोग भी आते थे परन्तु वे जातिभेद के आधार पर स्वयं को बड़ा और ऊँचा मानते। पिता और भाइयों का छुआ वे कभी नहीं खाते थे।"[11] यहाँ तक कि, "कोढ़ जैसी बीमारी से पीड़ित लोग भी हमें अछूत मानकर छुआछूत करते।"[12] कौसल्या एक प्रसंग का उल्लेख करती हैं। घर ख़र्च के लिए उनकी माँ चूड़ियाँ, कुंकुम, शिकाकाई बेचती थीं। सवर्ण महिलाएँ भी उनसे सामान ख़रीदतीं लेकिन, "जब वे चूड़ियाँ हाथ में डलवाने माँ के पास आती थीं तब पुरानी साड़ी पहनती थीं और चूड़ियाँ पहनने के बाद स्नान कर लेती थीं। माँ अछूत हैं, यह वे जानती थीं। माँ को बुरा लगता था परन्तु पैसे के लिए वह अपमान सह लेती थीं।"[13] किराने की दुकान पर, "नौकर सामान की पुड़िया बनाकर दूर से टोकरे में फेंक देते थे। अनाज ऊपर से टोकरे में डाल देते। हिसाब होने पर माँ काग़ज़ के नोट ज़मीन पर रख देती। नौकर नोट गिनकर सेठ जी को देते थे। हिन्दू महाजनों के कुओं और नल से हम पानी नहीं भर सकते थे। मेरे भाई और पिता दूर रेलवे के बड़े बम्बे से पानी भरकर लाते। उसे से हम खाना पकाना, पीना, नहाना और कपड़े धोने का काम करते थे। कुएँ की हौज का पानी गाय, बैल और भैंस पीते थे मगर हम कुएँ के पास नहीं जा सकते थे।"[14] जातिगत भेद-भाव गाँव की गलियों से बहते हुए स्कूल की आबो-हवा में घुल चुका था क्योंकि अध्यापक के रूप में प्रतिष्ठित व्यक्तित्व उसी समाज के वासी थे जो मानव-मानव के बीच भेद-भाव की भावना को मन से निकाल नहीं सका है। "स्कूल के शिक्षक गाँव के सवर्ण हिन्दू महाजनों का बहुत सम्मान करते थे, उसी प्रकार उनके बच्चों को भी मान-सम्मान देते। अछूत बच्चे उपेक्षा के पात्र रहते।"[15] इसी तरह कौसल्या लिखती हैं, "हमारे स्कूल के शिक्षकों को अस्पृश्यों के प्रति कोई खास दिलचस्पी नहीं थी।"[16] मनुष्य को समानता का पाठ पढ़ानेवाले अध्यापक व्यावहारिक जीवन में बिलकुल विपरीत आचरण करते। "कक्षा में ब्राह्मण, बनिये के बच्चों को सबसे आगे बैठाया जाता था। पिछड़ी जाति के बच्चों को पीछे बैठाया जाता, अछूत बच्चे सबसे पीछे अलग बैठते थे। कक्षा में यह श्रेणी वर्गीकरण जैसा था इससे हमें अपने वर्ण और जाति का आभास हमेशा रहता था।"[17] इस व्यवस्था में किसी तरह का फेरबदल स्वीकार्य नहीं था, लेखिका आगे लिखती हैं, "बच्चे कक्षा में टाटपट्टी की लम्बी पट्टी बिछाकर बैठते थे। एक दिन न जाने क्या

सोचकर मैं कक्षा में गुरु जी के टेबिल के सामने तीसरे क्रमांक पर बैठ गयी। पढ़ाते समय छगन गुरु जी ने मेरी तरफ़ गुस्से से देखकर कहा था—"सुशीला तुम आगे क्यों बैठी हो? तुम्हें सबसे पीछे बैठना चाहिए। ...गुरु जी के भय से काँपते हुए मैं अपना बस्ता लेकर पीछे बैठ गयी थी। मेरे प्रति जातिभेद के कारण उपेक्षा का भाव था।"[18] स्कूल में अध्यापकों, कर्मचारियों एवं सहपाठियों से उपेक्षा ही मिलती, "सबके मन में मेरे लिये एक निश्चित दूरी थी। मैं नहाकर साफ़-सुथरे कपड़े पहनकर स्कूल जाती थी फिर भी स्कूल के बच्चों, अध्यापकों और चपरासी के लिए अछूत ही थी फिर भी मैं देखती थी, सवर्ण घरों के स्कूल से लौटे बच्चों पर घर के बाहर ही पानी छिड़क दिया जाता था।"[19] संवैधानिक प्रावधानों के कारण अछूतों को शिक्षा प्राप्त करने का अधिकार तो मिल गया लेकिन वर्ण-व्यवस्था के अलग-अलग पायदानों पर प्रतिष्ठित लोगों द्वारा दलितों को निरन्तर उनके यथार्थ और हैसियत का अहसास कराया जाता है। सुशीला इस सम्बन्ध में लिखती हैं, "मेरी कक्षा में एक सुशीला जैन थी, हाजिरी लेते समय मुझे सुशीला हरिजन पुकारा जाता। तब मुझे अपनी जाति का आभास होता था ...उस समय यह शासकीय आदेश था, किसी अछूत बच्चे को उनकी जाति के नाम से न पुकारकर हरिजन कहा जाये। 'हरिजन' शब्द सुनकर ज़्यादा शर्म आती थी।"[20] कौसल्या अपने स्कूली जीवन का विवरण देते हुए लिखती हैं कि पाँचवीं कक्षा की फ़ीस माफ़ करने के लिए बाबा को हेड मिस्ट्रेस के पैरों में गिड़गिड़ाना पड़ा लेकिन दलित होने के कारण, "बाबा ने हेड मिस्ट्रेस के चरणों के पास अपना सिर झुकाया दूर से, क्योंकि वे अछूत थे। अब भी इस बात की याद आते ही बहुत व्यथित हो जाती हूँ। अपमान महसूस करती हूँ। जाति-पाँति बनानेवाले का मुँह नोचने का मन करता है। अपमान का बदला लेने का मन करता है।"[21] यही अपमान, उपेक्षा और व्यवस्था के प्रति आक्रोश दलितों के शिक्षा से पलायन का कारण बनता है, सुशीला की मँझली बहन के शिक्षित न हो पाने के कारणों में घर के काम और छोटे भाई-बहनों की देखभाल की ज़िम्मेदारी ही नहीं वरन्, "स्कूल में उपेक्षा, अपमान और बात-बात में मिलनेवाली सज़ा के कारण वह चौथी कक्षा से आगे नहीं पढ़ सकी।"[22] जाति-व्यवस्था के विरुद्ध दलितों के आक्रोश को कुचलकर उन्हें यथास्थिति में रहने के लिए मज़बूर किया जाता है। सुशीला ने अपने भाई का उदाहरण प्रस्तुत है, "मैट्रिक होशंगाबाद के 'नर्मदा महाविद्यालय' के विज्ञान विभाग में ऐडमिशन करवाया। कॉलेज के लड़कों को पता चला, शंकर लाल घाँवरी किस जाति का है? रैगिंग के बहाने उन्होंने शंकर को बहुत सताया। शंकर भैया बहुत परेशान हो गये, तब उन्होंने कॉलेज के लड़कों को बहुत पीटा। क्या ग़लत किया था? एक परम्परा को तोड़ा था। हमेशा हम ही मार क्यों खाते रहें? हम भी उन्हें मार सकते हैं, मगर यह अपराध माना गया। इसके बाद वे कॉलेज में नहीं रह सके थे, अपने घर बानापुर लौट आये थे वे कभी पछताते थे, कभी अपने भविष्य के लिए रोते थे। माँ, पिता जी और नानी उसके लिए कुछ नहीं कर सके थे, क्योंकि शंकर ने दुस्साहस के साथ परम्परा को तोड़कर सवर्ण लड़कों को पीटा था। कॉलेज के प्राध्यापक और प्राचार्य सभी उससे ख़फ़ा थे। शंकर की शिक्षा, उसका भविष्य उससे छीन लिया गया। तब वे

अकेले क्या करते? हताश होकर रोज़गार की तलाश में भटकना पड़ा अन्त में होशंगाबाद में एक पेपर मिल के क्वार्टर की पुताई का काम करने लगे।''[23] जातिभेद के ये संस्कार समाज में इतनी गहराई से बैठे हैं कि शिक्षा प्राप्त कर रहे बच्चे भी इनकी गिरफ़्त से नहीं छूट पाते। जंगला नाम की आदिवासी (गोंड) लड़की ने कौसल्या को उसके घड़े से पानी लेने पर डाँटा था। ''घड़े को क्यों छू दिया? अब हमें घड़ा फेंकना पड़ेगा।''[24] यह लड़की कौसल्या की बड़ी बहन जनाबाई की सहेली और तीसरी कक्षा तक पढ़ी थी। विवाह के बाद उच्च शिक्षित एवं सरकारी सेवारत पति के साथ कई स्थानों पर रहते हुए कौसल्या को जातिभेद के दंश सहने पड़े। कौसल्या लिखती हैं, ''निरसा जाने से पहले ही हमारी जाति वहाँ पहुँच गयी थी हम दलित समाज के हैं यह वह (चपरासी) जान गया था। बहुत छूतछात माननेवाला था। छोटी जातिवाला साहब है इसलिए न वह हमारे घर का काम करेगा न हमारा छुआ खाना खायेगा, पर डटा रहेगा हमारे घर।''[25] और, ''एक वर्ष बाद हम लोगों का तबादला आसनसोल हो गया। यहाँ भी हमारी जाति पहुँच गयी।''[26] सुशीला ने भी ऐसे अनेक प्रसंगों का उल्लेख किया है, जहाँ बार-बार उसे उसकी जाति का अहसास कराया गया, ''बरामदे से मैंने देखा और सुना, पड़ोसिन भिखारी से हमारे घर की ओर इशारा करके कह रही थी—''महाराज जी, इस घर की भिक्षा नहीं लेना। यहाँ जमादारिन रहती है।''[27] ऐसे अनगिनत प्रसंगों ने सुशीला को यह मानने के लिए विवश कर दिया कि जाति कभी नहीं जाती। सुशीला के परिवार को बहुत मुश्किल से एक अच्छी बस्ती में महेन्द्र कामरेड का साधारण घर कई शर्तों के साथ ऊँचे दाम के किराये पर मिला। ''एक बार माँ और पिता जी आये थे। आते ही घर के अन्दर चले गये। तीन दिन वे अन्दर ही रहे, फिर चुपचाप वापस चले गये। कितना आतंक था मोहल्लेवालों का? बेचारे हर समय डरे-सहमे रहे। न ज़ोर से बोले, न हँसे, सिर झुकाकर आये और चले गये उन्हें चिन्ता थी, ''कहीं उनके बेटी दामाद किसी परेशानी में न पड़ जायें? यदि जाति के कारण उन्हें इस घर से निकाला गया तो वे कहाँ जाकर रहेंगे?''[28] इसी मकान में सास की मृत्यु हो जाने पर मकान मालकिन ने लाश को तुरन्त कहीं और ले जाने के लिए कहा। पास-पड़ोस का कोई व्यक्ति संवेदना तक प्रकट करने नहीं आया जबकि इस घटना के कुछ दिन पूर्व मोहल्ले के बनिये दुकानदार ने पालतू बीमार कुत्ते की देखभाल करने के कारण दुकान नहीं खोली तो मोहल्ले के लोग कुत्ते का हाल-चाल पूछने दुकानदार के घर गये। सुशीला इस व्यवस्था की भर्त्सना करते हुए लिखती हैं, ''हिन्दू धर्म में नदी, पहाड़, पेड़-पौधे, गाय, साँप आदि सभी को महत्त्व और सम्मान दिया जाता है लेकिन अछूत मनुष्यों को कोई स्थान नहीं, कोई सम्मान नहीं। उनके लिए कोई दया-संवेदना नहीं।''[29] चौथी कक्षा में सीतावर्डी की भिडे कन्या पाठशाला में प्रवेश लेनेवाली कौसल्या (जहाँ कोई अस्पृश्य लड़की नहीं थी) छुआछूत के दर्द को समझने लगी थी, ''मैं अस्पृश्य हूँ, इसका मुझे बहुत दुःख होता और मैं हीनता महसूस करती थी। कोई मुझे मेरी जाति न पूछ बैठे, इसका मुझे सदैव डर रहता था।''[30] जातिगत हीनताबोध की शिकार होने के कारण कौसल्या बचपन से स्वयं को खेलकूद आदि में भाग लेने से रोकती रही और कई क्षेत्रों में

प्रस्फुटित हो सकनेवाली प्रतिभा सामने नहीं आ सकी। वह लिखती हैं, "मैंने स्कूल के किसी कार्यक्रम जैसे खेलकूद, नाटक वगैरह में कभी भाग नहीं लिया। मुझमें हीनता की भावना भरी थी। मैं अस्पृश्य हूँ यह भावना मेरे मन से जाती ही नहीं थी।"[31]

इस जातीय उत्पीड़न के साथ दलित स्त्री का दूसरा शोषण पितृसत्तात्मक व्यवस्था द्वारा किया जाता है। एक सामान्य दलित स्त्री का जीवन बचपन से ही यातनामय होता है। बचपन से ही उस पर कई बन्दिशें और बोझ डाल दिये जाते हैं। घर के कामों में हाथ बँटाना, छोटे भाई-बहनों को सँभालना आदि। दलित स्त्रियों के मार्ग में एक बाधा है वह सामाजिक मानसिकता जो स्त्री के स्वतन्त्र अस्तित्व को नकारती है और विवाह को जीवन का लक्ष्य तथा ससुराल को ही उसका वास्तविक घर घोषित करती है। सुशीला के माता-पिता का भी मानना था, "लड़कियें तो चिरेयाँ हैं, समय आते ही उड़कर परदेस चली जायेंगी। लड़कियें उनकी ससुराल की अमानत हैं, पाल-पोसकर उन्हें लौटा देंगे।"[32] उनके व्यक्तित्व का गढ़न भी ऐसे किया जाता है जिससे वे हर परिस्थिति में निभा लें। लड़कियों से कहा जाता, "अभी नख़रे बता रही है, बाद में पराये घर (ससुराल) जायेगी तब कैसे करेगी? मानो लड़कियों को कष्ट और दुःख की भट्टी में पका-पकाकर कष्ट सहने के लिए तैयार किया जाता हो।"[33] सुशीला को आदर्श लड़की बनाने के लिए शुरू से ही अनेक बन्दिशें लगायी गयीं, "छठवीं कक्षा के बाद मेरे सब प्रकार के खेलों पर रोक लगा दी गयी थी। घर के काम करो और पढ़ाई करो यही आदेश रहता था।"[34] और, "मुझे एक आदर्श लड़की के रूप में ढालने का उनका ढाँचा सदियों पुराना था। मैं लड़की हूँ इसलिए मुझ पर अनेक बन्दिशें लगायी गयीं—हँसो मत, गाओ मत, बोलो मत, हर बात की मनाही थी। किसी बात का उलटा जवाब, नकारात्मक या विरोधी जवाब, नहीं देना, नये अनजान लोगों से अकेले में नहीं मिलना, अकेले में कभी भी किसी अनजान लड़के या पुरुष से बातें नहीं करना, अपनी नज़रें हमेशा नीचे रखना, झुककर चलना, तर्क-वितर्क नहीं करना, ऐसी अनेक बातें थीं जो प्रतिदिन के आदेश और आज्ञा के रूप में आदत बन गयी थी।"[35]

भारतीय समाज में विवाह स्त्री को एक व्यक्ति पर निर्भर बना देता है। सभी अवहेलनाओं को झेलते हुए भी स्त्री उसी पुरुष के साथ रहने के लिए विवश होती है। वैवाहिक जीवन में पदार्पण करते ही सुशीला सामाजिक कुरीति अनमेल विवाह का शिकार हुई। 6 मार्च, 1974 को सुशीला का विवाह नागपुर के सुन्दरलाल टाकभौरे से हो गया। दोनों की उम्र में लगभग बीस वर्ष का अन्तर था हालाँकि सुशीला ने इसे अपना भाग्य समझकर स्वीकार कर लिया लेकिन एक सामान्य पति-पत्नी में जो प्यार होता है, उसकी कसक सुशीला के मन में कई बार उठती थी। "रिक्शे में किसी दम्पति को बहुत नज़दीक बैठे देखती, उन्हें कन्धे या पीठ पर हाथ रखे देखती तो मन में हूक जैसी उठती थी। मेरे पति मेरे साथ इतने नज़दीक क्यों नहीं रहते? वे मुझसे प्यार का ऐसा व्यवहार क्यों नहीं करते? इसका मुझे दुःख लगता था। टाकभौरे जी मेरे साथ हमेशा दूरी रखते थे जैसे हम पति-पत्नी नहीं, अपरिचित दो लोग एक साथ रहने लगे हैं।"[36]

वैवाहिक सम्बन्धों में स्त्री की गरिमा का प्रश्न हमेशा से प्रासंगिक रहा है। शिक्षित कौसल्या ने उच्च शिक्षित और सामाजिक कार्यकर्त्ता देवेन्द्र कुमार से विवाह के लिए इसलिए पहल की ताकि वह शिक्षित और सामाजिक कार्यों में रुचि रखने के कारण अच्छा जीवन-साथी साबित होगा। पुरुषप्रधान समाज में विवाह की पहल पुरुष का अधिकार माना जाता है इसलिए देवेन्द्र ने कौसल्या को हमेशा इस बात का ताना दिया कि उसने शादी के फ़ैसले के सम्बन्ध में पहल की। कौसल्या को अक्सर सुनना पड़ता, "तुम्हें कोई नहीं मिला, इसलिए तुमने मेरे साथ शादी की, तू ही मेरे पीछे पड़ी थी।"[37] विवाहोपरान्त कौसल्या देवेन्द्र के पतिरूप और व्यवहार से हमेशा आहत रही, "जब देवेन्द्र कुमार अपने गाँव बिहार जाता तब एक काग़ज़ पर इतने पैसे दूध के, इतने सब्ज़ी के, इतने राशन के और चालीस रुपये तुम्हारी पगार लिखकर रख देता, जैसे मैं वहाँ इनके घर की नौकरानी हूँ।"[38] देवेन्द्र के अहंकारपूर्ण व्यवहार ने कौसल्या की अस्मिता को कभी मान नहीं दिया, "देवेन्द्र कुमार सिर्फ़ अपने ही घेरे में रहनेवाला आदमी है। गर्म मिज़ाज और ज़िद्दी। अपने मुँह से कहता है कि मैं बहुत शैतान आदमी हूँ। उसने मेरी इच्छा, भावना, ख़ुशी की कभी कद्र नहीं की। बात-बात पर गाली, वह भी गन्दी-गन्दी और हाथ उठाना। मारता भी बहुत क्रूर तरीक़े से। देवेन्द्र कुमार को पत्नी सिर्फ़ खाना बनाने और उसकी शारीरिक भूख मिटाने के लिए चाहिए थी...पैसे देवेन्द्र कुमार अलमारी के ताले में बन्द रखता और रोज़ दूध और सब्ज़ी के पैसे देता था। गिनकर, कभी-कभी देना भूल जाता।"[39] कौसल्या ने ऐसे अनेक प्रसंग दर्ज किये हैं जिनमें देवेन्द्र कौसल्या को परेशानी में छोड़कर, बिना कोई आर्थिक सम्बल दिये अपने काम पर चला गया। पाँचवें बच्चे के जन्म पर देवेन्द्र की तटस्थता और अहंकारपूर्ण रवैया पति और पिता के रूप में देवेन्द्र को कठघरे में खड़ा करता है। "ऑपरेटर अस्पताल के दफ़्तर में गया। तब उन्होंने 200/- रुपये का बिल दिया। उसने मुझसे आकर कहा कि साहब ने मुझे सिर्फ़ तीस रुपये दिये हैं तीन रुपये रोज़ के हिसाब से, दस दिन का कमरे का किराया, बस। मैं बहुत दुःखी हो गयी। माँ भी घर चली गयी थी। यहाँ छुट्टी होने पर आया, सफ़ाई कर्मचारी सभी बख़्शीश माँगते हैं, उन्हें कुछ पैसे देने ही पड़ते हैं और मेरे पास एक फूटी कौड़ी भी नहीं थी।"[40] आर्थिक रूप से आत्मनिर्भर न होना, बच्चों का भविष्य एवं माता-पिता को कष्ट न देने की इच्छा के चलते कौसल्या ने हर विषम स्थिति से समझौता किया लेकिन अन्तिम परिणति वैवाहिक जीवन से अलगाव के रूप में सामने आयी।

स्त्रियों को दोयम दर्जे का नागरिक बनाने की शुरुआत परिवार से होती है। परिवार की संरचना में स्त्री की भूमिका बहुत महत्त्वपूर्ण होने पर भी उसे कोई अधिकार नहीं दिये जाते। सुशीला भी इस पुरुष मानसिकता का शिकार हुई। सुशीला की प्रतिभा और योग्यता का ससुराल में अपने स्वार्थ के लिए दोहन किया गया। उसे बी.एड. करवाया गया ताकि मायके में ही रहनेवाली विवाहित ननद के परिवार का भरण-पोषण किया जा सके। बी.एड. करने के बाद भी सुशीला को पति के दबाव में मातृसेवा संघ में 150/- रुपये प्रतिमाह की नौकरी करनी पड़ी। बाद में शिक्षिका के पद पर कार्यरत होने

पर भी घर में मान-सम्मान नहीं मिला। सुशीला लिखती हैं, "पति का प्यार और ससुराल का सुख-संसार मेरे लिये सपना बनकर रह गये थे।"[41] परिवार और समाज में पुरुष के बरअक्स स्त्री का दोयम दर्जा सामाजिक मनोभूमि में रूढ़ हो चुका है। इसलिए स्त्रियों की प्रतिभा और पहचान हमेशा पुरुषों के लिए ग्रन्थि बन जाती है और पुरुष द्वारा स्त्री को उसकी औक़ात याद दिलाने या मानसिक रूप से दिवालिया बनाने का सिलसिला शुरू हो जाता है। सुशीला भी पति एवं ससुराल पक्ष द्वारा प्रताड़ित की गयीं। वे लिखती हैं, "मैं एक सतर्क नौकरानी की तरह हर काम के लिए तुरन्त हाजिर रहती थी।"[42] और वे मुझसे अक़्सर कहते थे—"तू मेरे सामने कुछ भी नहीं है। तेरी औक़ात सिर्फ़ एक बर्तन माँजनेवाली नौकरानी के बराबर है...गुस्से में कभी कुछ कहती तो ऐसे समय मुझे यही सुनना पड़ता—"तेरा मुँह गन्दगी का गटर है, जब भी मुँह खोलती है, गटर की गन्दगी उगलती है। उस समय लगता ही नहीं था कि यह मेरा पति है। पति क्या ऐसा दुश्मन होता है? गुस्सा क्या सिर्फ़ उन्हें ही आता है? मुझे नहीं आता? गुस्सा आने पर मैं क्या एक-दो बात भी नहीं बोल सकती?"[43] सुशीला की आत्मकथा में घरेलू हिंसा के अनगिनत प्रसंग हैं, "मेरे साथ घर में मार-पीट, गाली-गलौज सब-कुछ हुआ, बाल पकड़कर खींचना, लातों से मारना, गर्दन पर मुक्के बनाकर मारना, पीठ पर घूँसे मारना मैंने सब-कुछ सहा। बेंत के निशान कई दिनों तक मेरे शरीर पर रहते थे।"[44] सुशीला की विडम्बना देखिये कि, "जो संघर्ष घर से बाहर, दूसरों के साथ करना पड़ा, वैसा ही संघर्ष घर में अपनों से भी करना पड़ा।"[45] सुशीला का दर्द यह था कि उनकी इच्छा का ससुराल में कोई मान नहीं था बल्कि यह कहना ठीक होगा कि वहाँ उसकी इच्छा को पूछनेवाला ही कोई नहीं था। सुशीला लिखती हैं, "मैं दो-दो घण्टा बरामदे में अकेली चुपचाप रोती रहती। दुःख के कारण खाना नहीं खाती, ननद बन्द कमरे में अपने बच्चों के साथ खाती रहती। हँसती-गाती रहती, आराम करती रहती। माँ अपनी बेटी को अच्छे से खिलाती, उसके बच्चों को सँभालती। मुझे कोई नहीं पूछता था कि मैं क्यों रो रही हूँ, मुझे क्या दुःख है। मैंने खाना क्यों नहीं खाया?"[46] आर्थिक रूप से आत्मनिर्भर होने पर भी सुशीला के कमाये धन को ख़र्च करने का अधिकार उसके पति ने अपने पास रखा। वे लिखती हैं, "उन्होंने यह नीति अपना ली थी—अपने वेतन का हिसाब कभी नहीं बताते थे, मेरा वेतन पूरा ले लेते थे, मुझे पता ही नहीं चलता, कहाँ क्या ख़र्च हो रहा है। वे चाहते थे, मैं अपना वेतन हमेशा उन्हें देती रहूँ, कभी कोई हिसाब न माँगूँ—ऐसा न होने पर मैं घर में हिंसा का शिकार बनती। छोटी-सी बात होते ही छड़ी उठा लेते, वे छड़ी हमेशा छिपाकर रखते थे।"[47] और, "मेरी तनख़्वाह लेने कामठी सेण्ट्रल कोऑपरेटिव बैंक टाकभौरे जी ही जाते थे...मैं प्रतिदिन उनसे बस किराये के पैसे माँगती थी।"[48] भारतीय सामाजिक व्यवस्था में समस्त घरेलू कार्य स्त्री के ज़िम्मे माने जाते हैं लेकिन उस परिश्रम की कोई गणना नहीं होती। सुशीला ने भी एक ऐसे प्रसंग का उल्लेख किया है, "उस दिन स्कूल जाते समय टाकभौरे जी लिखा हुआ कुछ काग़ज़ ढूँढ़ रहे थे। मैंने उनसे पूछा और मैं भी ढूँढ़ने लगी। वे स्कूल चले

गये..."मैं उन्हें काग़ज़ दूँगी तब वे कितने ख़ुश हो जायँगे...इस बात की प्रेरणा से मैं सुबह ग्यारह बजे से शाम छह बजे तक एक-एक जगह पर बार-बार वह काग़ज़ खोजती रही। मगर वह नहीं मिला। शाम को टाकभौरे जी आये तब मैंने निराशा के साथ कहा—"वह काग़ज़ तो नहीं मिला।" उन्होंने हँसते हुए मुझे देखा और कहा—"वह तो तभी मिल गया था। मैं उसे लेकर स्कूल गया था।" मैंने कहा—"आपने बताया क्यों नहीं? मैं पूरा दिन उसे ढूँढ़ती रही।" उन्होंने कहा—"तो क्या हुआ? तुम्हें काम ही क्या था?...क्या दिन-भर घर का काम कोई काम नहीं होता।"[49] ससुराल में सास, ननद और पति से अपमानित और प्रताड़ित रही सुशीला अपनी आत्मकथा में पूछती हैं, "क्या पति के सामने पत्नी का कोई स्थान नहीं होता? ससुराल में बहू की स्थिति क्या इतनी नगण्य होती है? स्त्री की स्थिति इस तरह पद-दलित रहती है? स्त्री इतना अपमान, इतनी पीड़ा क्यों सहती है?"[50] आर्थिक शोषण, घरेलू एवं मानसिक हिंसा की शिकार सुशीला भी बच्चों की ख़ातिर पति से अलग होने का निर्णय नहीं ले पाती और परिस्थितियों के आगे विवश होकर स्वयं को ही उस वातावरण में ढाल लेती है। "स्त्रियाँ अपने को अपने पुरुषों के मन के अनुकूल ढालें, यही पितृसत्ता का स्त्री के लिए पहला और आख़िरी पाठ है, सबसे आदिम और अधुनातन भी।"[51] सामाजिक और नैतिक संस्कारों के कारण प्रायः स्त्रियाँ यही करती हैं। कौसल्या और सुशीला दोनों ही मानसिक घुटन का शिकार रहीं। क्योंकि देवेन्द्र कुमार और सुन्दरलाल टाकभौरे ने कभी भी अपने व्यवहार में परिवर्तन करने की या समझौता करने की पृष्ठभूमि तैयार नहीं की क्योंकि ये दोनों उस कोटि के समाज-सुधारक और अम्बेडकरवादी हैं जिनकी कथनी-करनी में साम्य नहीं है। "ये अम्बेडकरवादी एक तरफ़ नारेबाज़ी के बीच मनुस्मृति का दहन करने के साथ हिन्दू देवी-देतताओं को गाली देते हैं, दूसरी तरफ़ अपने ही घर में अपनी ही पत्नियों के साथ और अपने ही श्रद्धापुरुष अम्बेडकर के चित्र की छाया में मनु की आचार-संहिता का पूरा-पूरा पालन करते हैं। दलित नारी अभी भी ऐसे कथित दलित क्रान्तिकारियों के बीच पिस रही है।"[52]

इन आत्मकथाओं में दलित और स्त्री होने का दर्द साथ-साथ चलता है। दोनों स्त्रियाँ उन अनुसूचित जातियों से सम्बद्ध हैं जिन्हें समाज ने सदियों से डर-डरकर घुटनपूर्ण जीवन जीने के लिए विवश किया है। इन आत्मकथाओं के अधिकांश पुरुष पात्रों में व्यवस्था से भय और यथास्थिति बनाये रखने की क़वायद है। उनमें स्वयं को निर्दोष मानने और हर बात के लिए अपने नियन्त्रण में रह सकनेवाली औरत को दोषी सिद्ध करने की पारम्परिक समझ भी मौज़ूद है। दोनों स्त्रियाँ असहनीय स्थितियों में जिजीविषा बनाये रखती हैं और यह सिद्ध करती हैं कि उत्पीड़न के विरोध में उठायी गयी आवाज़ ही मुक्ति के द्वार खोलेगी, पितृसत्ता और जाति-व्यवस्था का दंश झेलते हुए भी दोनों स्त्रियाँ समाज में अपनी सार्थक उपस्थिति दर्ज करती हैं। उनमें अपमान के विरुद्ध आक्रोश और सम्मान की चाह है। सवर्ण समाज से ही नहीं वरन् दलित समाज से भी वे स्वयं को मनुष्य के रूप में पहचाने जाने की माँग उठा रही हैं। उनकी भावनाओं और

विचारों को सुनने-गुनने और समझने की ज़रूरत हैं। इसलिए सुशीला और कौसल्या पारिवारिक सदस्यों की नाराज़गी मोल लेकर भी अपने अनुभवों को समाज से साझा करने का ख़तरा उठाती हैं। सुशीला लिखती हैं, "माँ अक्सर मुझसे कहती है—जात-पाँत, छुआछूत और गाली-अपमान की बातें बताकर तुम अपना कौन-सा सम्मान बढ़ाती हो? शर्म नहीं आती है तुम्हें? अपने भूतकाल पर मुझे शर्म ज़रूर आती है मगर इस तरह नहीं कि मैं उसे छिपाऊँ। हमारा शोषण और अपमान करनेवालों का भण्डाफोड़ होना चाहिए।"[53] कौसल्या लिखती हैं, "पुत्र, भाई, पति सब मुझ पर नाराज हो सकते हैं, परन्तु मुझे तो स्वतन्त्रता चाहिए कि मैं अपनी बात समाज के सामने रख सकूँ। मेरे जैसे अनुभव और भी महिलाओं को आये होंगे परन्तु समाज और परिवार के भय से अपने अनुभव समाज के सामने उजागर करने से डरतीं और जीवन-भर घुटन में जीती हैं। समाज की आँख खोलने के लिए ऐसे अनुभव सामने आने की ज़रूरत है।"[54] ये आत्मकथाएँ उन दलित स्त्रियों के लिए खुला आमन्त्रण है जो अपनी दर्द-भरी कहानियाँ सीने में ज़ब्त किये आतंकित जीवन बिता रही हैं। दलित साहित्य में दलित स्त्री की सक्रिय उपस्थिति और अभिव्यक्ति निश्चित ही सम्पूर्ण दलित समाज की स्त्रियों के अस्तित्व को जानने-समझने में सहायक सिद्ध होगी।

सन्दर्भ-सूची

1. औरत : अस्तित्व और अस्मिता : अरविन्द जैन : भूमिका से : प्रभा खेतान : पृ. सं. 14.
2. कथाजगत् की बाग़ी मुस्लिम औरतें : सं. राजेन्द्र यादव : बेज़ुबानी ज़ुबान हो जाये : पृ. सं. 16.
3. दोहरा अभिशाप : कौसल्या बैसन्त्री, पृष्ठ 8.
4. वही, पृ. सं. 7.
5. शिकंजे का दर्द : सुशीला टाकभौरे, मनोगत, पृ. सं. 7.
6. वही, पृ. सं. 7.
7. वही, पृ. सं. 7.
8. वही, पृ. सं. 13.
9. वही, पृ. सं. 12.
10. वही, पृ. सं. 59.
11. वही, पृ. सं. 67.
12. वही, पृ. सं. 60.
13. दोहरा अभिशाप : कौसल्या बैसन्त्री, पृ. सं. 64.
14. शिकंजे का दर्द : सुशीला टाकभौरे, पृ. सं. 45-46.
15. वही, पृ. सं. 17.
16. दोहरा अभिशाप : कौसल्या बैसन्त्री, पृ. सं. 54.
17. शिकंजे का दर्द : सुशीला टाकभौरे, पृ. सं. 14.
18. वही, पृ. सं. 21-22.
19. वही, पृ. सं. 14-15.
20. वही, पृ. सं. 43.
21. दोहरा अभिशाप : कौसल्या बैसन्त्री, पृ. सं. 47.
22. शिकंजे का दर्द : सुशीला टाकभौरे, पृ. सं. 12.

23. वही, पृ. सं. 75.
24. दोहरा अभिशाप : कौसल्या बैसन्त्री, पृ. सं. 88.
25. वही, पृ. सं. 102.
26. वही, पृ. सं. 103.
27. शिकंजे का दर्द : सुशीला टाकभौरे, पृ. सं. 161.
28. वही, पृ. सं. 170.
29. वही, पृ. सं. 47.
30. दोहरा अभिशाप : कौसल्या बैसन्त्री, पृ. सं. 41.
31. वही, पृ. सं. 53.
32. शिकंजे का दर्द : सुशीला टाकभौरे, पृ. सं. 13.
33. वही, पृ. सं. 108.
34. वही, पृ. सं. 59.
35. वही, पृ. सं. 105.
36. वही, पृ. सं. 148.
37. दोहरा अभिशाप : कौसल्या बैसन्त्री, पृ. सं. 105.
38. वही, पृ. सं. 105.
39. वही, पृ. सं. 104.
40. वही, पृ. सं. 119.
41. शिकंजे का दर्द : सुशीला टाकभौरे, पृ. सं. 148.
42. वही, पृ. सं. 203.
43. वही, पृ. सं. 194-195.
44. वही, पृ. सं. 190.
45. वही, पृ. सं. 200.
46. वही, पृ. सं. 142.
47. वही, पृ. सं. 190.
48. वही, पृ. सं. 193.
49. वही, पृ. सं. 144-145.
50. वही, पृ. सं. 139.
51. ज्ञान का स्त्रीवाद पाठ : सुधा सिंह, पृष्ठ सं. 300.
52. दोनों गालों पर थप्पड़ : मोहनदास नैमिशराय : आधुनिकता के आईने में दलित, सम्पादक अभय कुमार दुबे, पृ. सं. 241.
53. शिकंजे का दर्द : सुशीला टाकभौरे, पृ. सं. 286.
54. दोहरा अभिशाप : कौसल्या बैसन्त्री, पृ. सं. 08.

डॉ. प्रीति सागर
एसोशिएट प्रोफ़ेसर,
हिन्दी एवं तुलनात्मक सहित्य विभाग,
साहित्य विद्यापीठ,
महात्मा गाँधी अन्तरराष्ट्रीय
हिन्दी विश्वविद्यालय,
गाँधी हिल्स, वर्धा-
442 001, महाराष्ट्र
मोबाइल नम्बर–08055290238
ईमेल- psagarhv@gmail.com

दलित साहित्य की अवधारणा और हिन्दी साहित्य

प्रो. मुश्ताक़ अली

जहाँ तक दलित साहित्य की अवधारणा का सवाल है तो इस सम्बन्ध में आज भी दलित साहित्यकारों एवं ग़ैर-दलित साहित्यकारों में कशमकश जारी है। दरअसल, दलित साहित्यकार आज भी मानते हैं कि दलितों की पीड़ा का आख्यान दलित ही कर सकता है क्योंकि 'जाके पाँव न फटे बिवाई, सो क्या जाने पीर पराई', लेकिन ग़ैर-दलित लेखकों का मानना है कि बिना बिवाई फटे भी उसके दुःख-दर्द और पीड़ा को महसूस किया जा सकता है और सहानुभूतिपूर्वक उसका वर्णन भी किया जा सकता है। यानी स्वानुभूति और सहानुभूति का द्वन्द्व आज भी जारी है। मशहूर मार्क्सवादी आलोचक डॉ. नामवर सिंह ने लोकतन्त्र की परिभाषा 'ऑफ़ द पीपुल, बाई द पीपुल एण्ड फ़ॉर द पीपुल' की तर्ज़ पर स्वीकार किया है कि दलित साहित्य वह है जो दलितों द्वारा, दलितों के बारे में और दलितों के लिए लिखा गया है जो केवल अम्बेडकरवाद से प्रभावित है, उसमें न गाँधीवाद की मिलावट है और न ही मार्क्सवाद की। लेकिन दूसरे मार्क्सवादी आलोचक डॉ. मैनेजर पाण्डेय, नामवर सिंह से कुछ भिन्न मत रखते हैं। उनकी नज़र में दलित साहित्य को दो रूपों में देखा जा सकता है। एक तो दलितों के द्वारा, दलितों के बारे में, दलितों के लिए लिखा गया साहित्य और दूसरा दलितों के बारे में, ग़ैर-दलित लेखकों का साहित्य। बक़ौल मैनेजर पाण्डेय, करुणा और सहानुभूति के सहारे ग़ैर-दलित लेखक भी दलितों के बारे में अच्छा साहित्य लिख सकते हैं, लेकिन सच्चा दलित साहित्य वही है जो दलितों द्वारा अपने बारे में या सवर्ण समुदाय के बारे में लिखा जाता है, क्योंकि ऐसा साहित्य सहानुभूति और करुणा से नहीं, बल्कि स्वानुभूति से उपजा होता है। शायद इसीलिए मशहूर दलित लेखक मोहनदास नैमिशराय का मानना है कि दलित साहित्य दलितों का ही हो सकता है, क्योंकि उन्होंने जो नारकीय उपेक्षापूर्ण जीवन जिया, है वह कल्पना की चीज़ नहीं है। दलित साहित्य में गुस्सा और नफ़रत अनुभूति प्रेरित है। उसे कला के छल की ज़रूरत नहीं है। आज

भी वर्चस्ववादी ताक़तें हमें वंचितों की कोटि में रखना चाहती हैं। दलित साहित्य की पहचान है–चेतना का उगता हुआ सूरज। वही हमारी मुक्ति का सन्देश होगा। दलित साहित्य ज़ख़्मी लोगों का दस्तावेज़ है। बक़ौल ओमप्रकाश वाल्मीकि, दलित साहित्य उन लोगों की व्यथा का साहित्य है जिन्होंने अस्पृश्यता का दंश झेला है और झेल रहे हैं। वाल्मीकि के मुताबिक़ जो दलित बस्ती में चार दिन गुज़ार ले, वह वर्ण-व्यवस्था के माने समझ जायगा। उसकी दृष्टि बदल जायगी, उसके सारे मूल्य बदल जायँगे। कुछ ऐसी ही बात कँवल भारती भी करते हैं, क्योंकि वे भी मानते हैं कि दलित साहित्य उन अछूतों का साहित्य है जिन्हें गाँव के बाहर हाशिये पर रखा गया है और उनकी जीवन-शैली के 'कोड' निर्धारित हैं कि उन्हें क्या-क्या नहीं करना है। बाबासाहेब अम्बेडकर के दर्शन से नयी दृष्टि प्राप्त कर लिखा जा रहा है दलित साहित्य जिसमें निषेध, नकार और विद्रोह की भावना भरी हुई है। बक़ौल ताराचन्द खाण्डेकर, दलित साहित्य अन्धश्रद्धा, शब्दप्रामाण्य, ग्रन्थप्रामाण्य, आत्मा, ईश्वर और उस पर आधारित समस्त नैतिकता एवं धर्मसत्ता को अस्वीकार करता है।

हिन्दी दलित साहित्य की जड़ें मराठी में हैं या हिन्दी में हैं, इसको भी लेकर बहुत दिनों तक ऊहापोह बना रहा है। कँवल भारती जैसे लेखक तो उसे हिन्दी साहित्य के आदिकाल से जोड़ते हैं और कहते हैं सिद्ध कवि सरहपाद को हिन्दी का प्रथम कवि माना जाता है। इन्हीं से हिन्दी साहित्य का आदिकाल आरम्भ होता है। लेकिन यह वास्तव में दलित साहित्य का आदिकाल है। इसके बाद जो धारा हिन्दी में हुई वह प्रतिक्रान्ति की धारा है। वर्ण-व्यवस्था के विरोध और सामाजिक परिवर्तन की जो क्रान्ति बुद्ध ने की थी, आदिकाल के सिद्ध कवि इसी क्रान्ति के वाहक थे। इनमें 37 सिद्ध शूद्र थे। कँवल भारती की बातों को यदि रामचन्द्र शुक्ल के कथन से मिलाकर देखें तो इसमें सत्यता नज़र आती है। शुक्ल जी ने 'हिन्दी साहित्य का इतिहास' में लिखा है, "84 सिद्धों में बहुत-से मछुए, चमार, धोबी, डोम, कहार, लकड़हारे, दरज़ी तथा बहुत-से शूद्र कहे जानेवाले लोग थे। अतः जाति-पाँति के खण्डन तो वे आप ही थे।" राहुल सांकृत्यायन ने 'हिन्दी काव्यधारा' में जिन 84 सिद्धों की जीवनियाँ दी हैं, उनसे भी उनकी जातियों और पेशों का पता चलता है। उनमें 18 शूद्र, 1 मछुआ, 2 तँतवा, 1 धोबी, 1 लकड़हारा, 1 लोहार, 1 डोम, 1 चिड़ीमार, 1 कहार, 1 दर्ज़ी, 1 चमार और 4 स्त्रियाँ शामिल हैं। लेकिन इनके अलावा शेष अगड़ी जातियों के सिद्ध हैं जिनमें कुछ वर्ण-व्यवस्था के विरोधी हैं। बक़ौल कँवल भारती, सरहपाद ब्राह्मण थे, पर वर्ण-व्यवस्था के ख़िलाफ़ उन्होंने ज़बर्दस्त विद्रोह किया था। उन्होंने वर्ण के बाहर नीची जाति की शर (तीर) बनानेवाली कन्या से विवाह किया था। इसलिए वह सरह कहलाये। वर्ण-व्यवस्था का विनाश और समता की स्थापना ही दलित साहित्य का लक्ष्य है और आदिकाल के सिद्ध कवि इसी चेतना के संवाहक हैं। सामाजिक परिवर्तन और

सामाजिक न्याय की इसी प्राचीन धारा के समानान्तर ब्राह्मण साहित्य की परम्परा अस्तित्व में आयी, जिसकी मुख्य प्रवृत्तियाँ वर्ण-व्यवस्था के समर्थन की रहीं। यद्यपि आदिकाल में प्रतिक्रान्ति की धारा को गति नहीं मिली, क्योंकि इसके बाद कबीर आदि दलित सन्त कवियों का युग आया, जिन्होंने वर्ण-व्यवस्था और अस्पृश्यता के ख़िलाफ़ अपने विद्रोह को और तेज़ किया, परन्तु इसी युग में ब्राह्मणों द्वारा प्रतिक्रान्ति की धारा स्थापित करने के प्रयास आरम्भ हो गये थे। इनमें रामानन्द अग्रगण्य थे...रामानन्द को लेकर भी साहित्येतिहास में एक तरह का भ्रम है कि वे जात-पाँत में यक़ीन नहीं करते थे, जबकि यह सच नहीं है "जाति-पाँति पूछे नहिं कोई हरि को भजै सो हरि का होई" का सम्बन्ध भक्ति भावना तक सीमित है लेकिन वर्णाश्रम-व्यवस्था के मामले में नहीं। शुक्ल जी ने 'हिन्दी साहित्य का इतिहास' में लिखा है, "भक्ति मार्ग में इनकी उदारता का अभिप्राय यह कदापि नहीं है—जैसा कि कुछ लोग समझा करते हैं कि रामानन्द जी वर्णाश्रम के विरोधी थे। समाज के लिए वर्ण और आश्रम की व्यवस्था मानते हुए वे भिन्न-भिन्न कर्त्तव्यों की योजना स्वीकार करते थे। केवल उपासना के क्षेत्र में उन्होंने सबका समान अधिकार स्वीकार किया।" शायद यही कारण है कि दलित साहित्यकार रामानन्द को कबीर और रैदास का गुरु मानने से इन्कार करते हैं, क्योंकि जब दोनों के बीच कोई वैचारिक समता ही नहीं थी, तब गुरु-शिष्य सम्बन्ध कैसे स्थापित हो सकता था। दलित साहित्यकार यह मानते हैं कि कबीर और रैदास जैसे कवियों की जाति और वर्ण-व्यवस्था के विरोध की धारा के समानान्तर तुलसीदास जैसे ब्राह्मण कवियों की काव्यधारा प्रतिष्ठित होती है जिसे प्रकारान्तर से वर्ण-व्यवस्था के समर्थन और ब्राह्मणवाद के उत्थान की धारा भी कहा जा सकता है। शायद यही कारण है कि शिवकुमार मिश्र जैसे प्रगतिशील लेखकों को भी सगुणोपासक धारा का सामाजिक प्रदेय नहीं के बराबर दिखता है। क्योंकि रूढ़ सामाजिक व्यवस्था से टकराने का प्रयास कोई भी सगुण कवि नहीं करता, यही नहीं पूरे सगुण धारा में एक भी नीची जाति का कवि नहीं है, क्योंकि राम और कृष्ण के दरबार में कोई अछूत प्रवेश भी कैसे कर सकता था।

क़रीब-क़रीब रीतिकाल तक यही सिलसिला चलता है क्योंकि भोग-विलास में डूबे राजाओं-महाराओं को ख़ुश करना ही कवियों का उद्देश्य था। महावीरप्रसाद द्विवेदी ने जून, 1901 की 'सरस्वती' में रीतिकालीन सामन्ती कविता के विरुद्ध 'नायिका भेद' शीर्षक लेख में लिखा, "राज्याश्रय मिलने की देरी, राजाओं को सब प्रकार की नायिकाओं के रसास्वादन का आनन्द चखाने के लिए कवि जी की देरी नहीं। 10 वर्ष की अज्ञात यौवना से लेकर 50 वर्ष की प्रौढ़ा तक का सूक्ष्म-से-सूक्ष्म भेद बतलाकर औ उनके हाव-भाव, विलास आदि की सारी दिनचर्या का वर्णन करके ही कविगण सन्तो नहीं करते थे। दुराचार में सुघरता होने के लिए दूती कैसी होनी चाहिए, मालिन, नाइ

धोबिन इत्यादि में इस काम के लिए कौन सबसे अधिक प्रवीण होती है, इन बातों का भी वे निर्णय करते थे।'' ज़ाहिर है कवियों का उद्‌देश्य सामाजिक भेदभाव, जात-पाँत, छुआछूत, ऊँच-नीच की समस्या को केन्द्र में रखना था ही नहीं। कहने को तो भारतेन्दु-युग को हिन्दी में पुनर्जागरण, नवजागरण जैसे नामों से सम्बोधित किया गया, लेकिन वीरभारत तलवार की 'रस्साकशी' की मानें तो हिन्दी पट्‌टी में नवजागरण आया ही नहीं। उन्होंने तो पूरे युग को हिन्दी बनाम उर्दू, हिन्दू बनाम मुस्लिम और गोरक्षा तक सीमित कर दिया है। फिर दलित लेखन का सवाल ही कहाँ उठता है। महावीरप्रसाद द्विवेदीकालीन 'सरस्वती' में 1914 में हीरा डोम की भोजपुरी कविता 'अछूत की शिकायत' ज़रूर छपी। लेकिन उसके बाद दलित-चेतना की कोई रचना उसमें दिखायी नहीं देती। 'सरस्वती' से अवकाश ग्रहण करने के कई साल बाद द्विवेदी जी ने पं. श्रीराम शर्मा को 21.9.1933 को लिखा था—''ख़ूब लिखिये—कोरियों, चमारों आदि ग़रीबों के चरित लिखकर आत्मा को उन्नत कीजिये। बड़े-बड़े चरित लिखनेवाले तो बहुत हैं, दीन-दुःखियों के जीवन का ख़ाका खींचनेवाले कोई भी नहीं अंग्रेज़ों के मुल्क में तो कीट-पतंगों और पशु-पक्षियों तक के जीवन चरित निकलते हैं।'' पता नहीं द्विवेदी जी और शर्मा जी दोनों ने किसी कोरी या चमार की जीवनी लिखी या नहीं?

छायावादी कवियों में भी किसी कवि को दलित अपना कवि नहीं मान पाते क्योंकि उनमें वर्ण-व्यवस्था और सामाजिक भेदभाव से टकराने की क्षमता नहीं। वे सदियों से चली आ रही सड़ी-गली सामाजिक व्यवस्था में ही भेद-भाव दूर करने की बात करते हैं, लेकिन सामाजिक परिवर्तन की नहीं। प्रसाद, पन्त, महादेवी और निराला में निराला को प्रगतिशील कवि माना जाता है, लेकिन दलित लेखक उन्हें दलित कवि नहीं मानते। वे मानते हैं कि निराला वेदान्ती थे, शंकर के अद्वैत दर्शन से प्रभावित थे और तुलसीदास उनके प्रिय कवि थे जो वर्णाश्रम-व्यवस्था के पोषक थे। रामकृष्ण परमहंस और विवेकानन्द में उनकी घोर आस्था थी। इसे भी दलित लेखकों ने वेदान्त से ही जोड़कर देखा है। दलित लेखकों का आरोप है कि वे ब्राह्मण न होते तो उनको महाकवि के रूप में प्रतिष्ठित नहीं किया जाता।

कँवल भारती ने तो निराला के समकालीन कवि निरंकार देव सेवक का उल्लेख करते हुए लिखा है कि उन्होंने सर्वाधिक क्रान्तिकारी और प्रगतिशील कविताएँ लिखी थीं पर उनका नाम न तो हिन्दी साहित्य के इतिहास में मिलता है न हिन्दी के नामवर आलोचक उनकी चर्चा करते हैं। सेवक जी की अपनी मान्यता थी कि उनमें दो दोष थे जिनके कारण इतिहास लेखकों ने उनकी उपेक्षा की। एक, वह ब्राह्मण नहीं थे और दो, वह कम्युनिस्ट नहीं थे। कम्युनिस्ट निराला भी नहीं थे, परन्तु वह ब्राह्मण अवश्य थे। निराला पर यह भी आरोप है कि 1922 में पंजाब में लाला सन्तराम ने एक 'जात-पाँत तोड़क मण्डल' बनाया और उसके माध्यम से उन्होंने वर्णाश्रम पर करारा

हमला किया, लेकिन निराला ने बजाय उनका समर्थन करने के उस मण्डल का विरोध किया और शंकराचार्य की निन्दा करने के लिए सन्तराम की कड़ी भर्त्सना की। यही नहीं, निराला ने वर्ण-व्यवस्था का ज़बरदस्त पक्ष लेते हुए 'वर्णाश्रम धर्म की वर्तमान स्थिति' पर लम्बा लेख लिखा। दलितों का यह भी कहना है कि निराला की सर्वाधिक प्रशंसनीय कविताएँ 'राम की शक्ति पूजा' और 'तुलसीदास' है जिनका दलित-चेतना की दृष्टि से कोई महत्त्व नहीं। ये दोनों ही कविताएँ ब्राह्मणवाद एवं वर्णाश्रम धर्म की प्रबल समर्थक हैं। निराला की 'वह तोड़ती पत्थर', 'जल्दी-जल्दी क़दम बढ़ाओ', 'चतुरी चमार' और 'कुल्ली भाट' को ज़रूर दलित-चेतना की रचनाएँ मानी जाती हैं। लेकिन दलित लेखक उन्हें दलित-चेतना का कवि मानने को तैयार नहीं, क्योंकि उन्हें लगता है कि जो वर्णाश्रम का पक्षधर हो, ब्राह्मणवाद का हिमायती हो, वह दलित-चेतना का वाहक कैसे हो सकता है? निराला की तरह प्रेमचन्द को भी दलित लेखक अपना नहीं मानते। बस इतना वे ज़रूर मानते हैं कि दलित जीवन पर लिखनेवाले वे पहले कहानीकार थे जिन्होंने अपनी कहानियों में सामाजिक भेदभाव और अस्पृश्यता के सवाल ज़रूर उठाये हैं, लेकिन उनका सम्बन्ध अम्बेडकर की दलित-चेतना से न होकर गाँधीवादी हरिजनोत्थान से है क्योंकि उन्होंने दलित होने की पीड़ा नहीं झेली थी, यानी उनका साहित्य सहानुभूति पर आधारित है, स्वानुभूतिपरक नहीं। अब तो प्रेमचन्द की कुछ कहानियों यथा, 'ठाकुर का कुआँ', 'सद्गति' और 'कफ़न' एवं उनके उपन्यास 'रंगभूमि' पर दलित लेखकों ने अनेक सवाल उठा दिये हैं। उनके हिसाब से दलित पात्रों में जो आक्रोश होना चाहिए, वह प्रेमचन्द के दलित पात्रों में नहीं है। बहरहाल, जो थोड़ी-बहुत कसर रह गयी थी, उसे डॉ. धर्मवीर की नयी पुस्तक 'सामन्त का मुन्शीः प्रेमचन्द' ने पूरी कर दी। धर्मवीर ने लिखा है, "असल में, चमारों के बारे में लिखी गयी प्रेमचन्द की बहुचर्चित कहानी 'कफ़न' में सच का 'एक बटा नौ भाग' ही कहा गया है। कफ़न का 'आठ बटा नौ भाग' अनकहा रह गया है जो प्रेमचन्द के पेट में है। केवल साहित्य की दलित समीक्षा ही उस पूरे आइसबर्ग को बाहर लायेगी। सारी कहानी नये सिरे से स्पष्ट हो जाती यदि प्रेमचन्द इस कहानी की आख़िरी लाइन में दलित जीवन का यह सच लिख देते कि बुधिया गाँव के ज़मींदार के लौंडे से गर्भवती थी। उसने बुधिया से खेत में बलात्कार किया था। तब, शब्द दीपक की तरह जल उठते और सब-कुछ समझ में आ जाता।" (पृष्ठ 17) धर्मवीर ने जो कुछ कहा है, सम्भव है सही हो, लेकिन जो पाठ (Text) में नहीं है, क्या उसे अपनी तरफ़ से जोड़ने का अधिकार उन्हें है भी? यदि है तब तो उसकी समीक्षा ठीक है, लेकिन नहीं है, तब यह उनका अतिरिक्त उत्साह ही माना जायगा। लेकिन धर्मवीर का कहना है कि 'कफ़न' पर से बाहर जाने की ज़रूरत के दो कारण हैं, पहले प्रेमचन्द ने इस कहानी में 'चमार' शब्द का प्रयोग किया है और दूसरा प्रेमचन्द ने घीसू और माधव के व्यवहार की व्याख्या की

है। यदि वे व्याख्या न करते तो समीक्षा में कहानी से बाहर जाने की ज़रूरत नहीं पड़ती। इसके अलावा धर्मवीर ने सारे हिन्दुओं को जारकर्म में यक़ीन रखनेवाला बताने के साथ-साथ ही प्रेमचन्द को अपनी पत्नी के अलावा रखैल रखने को सेक्स का चोर कहा है और अम्बेडकर की कसौटी में उन्हें बुरी तरह फेल बताकर ज़मींदार सिद्ध करने की कोशिश की है। इस पुस्तक में ऐसे ही कई अंश हैं जिनसे नाराज़ होकर डॉ. नामवर सिंह ने इस पुस्तक का लोकार्पण करने से मना कर दिया था और अब धर्मवीर पर चारों तरफ़ से हमले जारी हैं, हों भी क्यों न हिन्दी के सबसे लोकप्रिय लेखक पर उँगली जो उठी है।

यानी पूरे हिन्दी साहित्य के इतिहास पर सरसरी नज़र दौड़ाने के बाद सिद्ध साहित्य के अलावा निर्गुण सन्तों में कबीर और रैदास के बाद सीधे आधुनिक काल में निराला और प्रेमचन्द में ही दलित-चेतना दिखायी देती है। यह और बात है कि दलित लेखकों की दृष्टि में वे दलित लेखक नहीं हैं क्योंकि वह यह मानने को तैयार ही नहीं हैं कि कोई ग़ैर-दलित लेखक भी दलित-लेखन कर सकता है।

समकालीन हिन्दी दलित-विमर्श—हिन्दी में बीसवीं सदी की अन्तिम दहाई में जब हिन्दी दलित साहित्य एवं साथ-साथ चिन्तन की चर्चा शुरू हुई तो अगड़े वर्ग के लेखकों ने उसका विरोध करना शुरू किया। श्री काशीनाथ सिंह ने अगड़ों का मोर्चा सँभालते हुए कहा, ''दलितों पर लिखने के लिए दलित होना आवश्यक नहीं। हिन्दी में दलित लेखक हैं, दलित साहित्य नहीं हैं।'' इसके जवाब में ओमप्रकाश वाल्मीकि ने कहा, ''दलित के नाम पर वाल्मीकि और व्यास ने ब्राह्मणवाद की बात की है। कोई दलित होकर ब्राह्मणवाद की बात करता है तो वह दलित साहित्य का रचयिता कैसे हो सकता है? इसके बाद अगड़े लेखकों ने यह सवाल तो उठाया ही कि दलित साहित्य केवल दलित ही नहीं लिख सकता, बल्कि सवर्ण साहित्यकार भी लिख सकते हैं, यह भी आरोप लगाया कि दलित साहित्य का फोर्ड फाउण्डेशन संचालित कर रहा है। डॉ. अम्बेडकर तो देशद्रोही और 'अंग्रेज़ों के पिट्ठू' थे। डॉ. रामदरश मिश्र जैसे लेखकों ने यहाँ तक कहा कि, ''साहित्य में आरक्षण नहीं चल सकता। दलित साहित्यकारों में साधना का अभाव है जिसके कारण दलित साहित्य कलात्मक नहीं है।'' डॉ. नामवर सिंह ने यह कहा कि, ''मूल पौधा तो मराठी का है, अब हिन्दी में इसकी कलम लगायी जा रही है।'' इसके बाद स्वानुभूति बनाम सहानुभूति का मामला उठाया गया और कहा गया कि 'स्वानुभूति और सहानुभूति' की बात करना दलित साहित्य के सन्दर्भ में व्यर्थ है। दलित साहित्य कोई भी लिख सकता है। इसको पुष्ट करने के लिए दूधनाथ सिंह और अखिलेश ने 'निष्कासन' और 'ग्रहण' लिखकर यह साबित करने की कोशिश की कि वे भी दलित कहानियाँ लिख सकते हैं, लेकिन डॉ. एन. सिंह ने दोनों कहानियों का विश्लेषण करके बताया कि दलित साहित्य की कसौटी पर ये दोनों कहानियाँ खरी नहीं उतरतीं।

बहरहाल इस लम्बी कशमकश के बाद हिन्दी में दलित साहित्य को स्वीकृति मिली, लेकिन अभी भी दलित साहित्यकार स्वानुभूति पर आधारित साहित्य को ही दलित साहित्य मानते हैं। बक़ौल युवा दलित साहित्यकार रामचन्द्र दलित चिन्तक और दलित साहित्यकार उसे माना गया है जो बुद्ध के शील, समाधि और प्रज्ञा का पालन करता हो तथा बाबासाहेब डॉ. अम्बेडकर के विचारों को आधार मानता हो। लेखन, विचार और चिन्तन का प्रयोजन एवं सरोकार समता, स्वतन्त्रता और बन्धुत्व हो। ये कसौटियाँ फ़तवे के तहत नहीं हैं, बल्कि परिवर्तनकामी दृष्टि के लिए अपेक्षित हैं। हिन्दी पट्टी में दलित-चेतना फैलने का विश्लेषण करते हुए रामचन्द्र ने अपने लेख 'समकालीन हिन्दी दलित-विमर्श' में लिखा है कि समकालीन सन्दर्भों में यहाँ के कुछ मुस्लिम और दलित वर्ग (पिछड़ा वर्ग भी) के कर्मचारियों-अधिकारियों की काफ़ी बड़ी संख्या को संगठित करके बी.एस.पी. ने आम जनता को 20वीं सदी के आख़िरी दशकों में गौतम बुद्ध, ज्योतिबा फुले, डॉ. अम्बेडकर तथा अन्य परिवर्तनकामी शक्तियों के मुक्ति के संघर्ष से परिचित कराया। हिन्दी के दलित रचनाकार और चिन्तक इस बात को स्वीकार करें या न करें, परन्तु यह सच है कि हिन्दी में बी.एस.पी. की धौंसभरी दस्तक ने यहाँ पहले से मौज़ूद चेतना की चिनगारी को हवा दी। इस परिस्थिति ने दलित-विमर्श को विस्तार दिया है, संवाद की सक्रियता को बढ़ाया है। डॉ. अम्बेडकर का परिवर्तनकामी मुक्ति आन्दोलन और चेतना की लहर अवसर पाकर गतिशील हुई है। यद्यपि हिन्दी में राजनीतिक दस्तक को दलित-विमर्श का एकमात्र आधार नहीं माना जा सकता, उत्तर भारत में बी.एस.पी. के उदय से पूर्व बुद्ध और डॉ. अम्बेडकर का साहित्य पढ़े-लिखे दलितों के बीच पहुँच चुका था। चेतना की लहर पहले से गतिमान् थी और रचनाकर्मी भी मौज़ूद थे। लेकिन ग़ैर-दलित चिन्तक और मीडियाकर्मी चेतनाशील दलित रचनाकारों को कोई ख़ास तवज़्ज़ो नहीं दे रहे थे। किन्तु अब स्थिति बदली है। 'पावर पॉलिटिक्स' ने संवाद की स्थिति को मज़बूत किया है। विगत डेढ़-दो दशकों में बड़ी संख्या में दलित साहित्यकार सामने आये हैं और उनकी पुस्तकें प्रकाशित हुई हैं। वैचारिक पुस्तकों में दलित साहित्य का सौन्दर्यशास्त्र (शरण कुमार लिम्बाले), दलित साहित्य का सौन्दर्यशास्त्र (ओमप्रकाश वाल्मीकि), दलित डायरी (चन्द्रभान प्रसाद), कबीर के आलोचक, कबीर के कुछ और आलोचक, सूत न कपास, कबीर और रामानन्द : किंवदन्तियाँ, कबीर : बाज़ भी कपोत भी पपीहा भी, डॉ. हजारीप्रसाद द्विवेदी का प्रक्षिप्त चिन्तन और सन्त रैदास का निवर्ण सम्प्रदाय, सामन्त का मुन्शी प्रेमचन्द, प्रेमचन्द की नीली आँखें, ख़सम ख़ुशी क्यों होय (डॉ. धर्मवीर), सन्त रैदास एक विश्लेषण, दलित कविता का संघर्ष, स्वामी अछूता नन्द और हिन्दी नवजागरण, दलित-विमर्श की भूमिका (कँवल भारती), लोकतन्त्र में भागीदारी का सवाल दलित-विमर्श की भूमिका (जयप्रकाश कर्दम), दलित साहित्य में सामाजिक-सांस्कृतिक चेतना, हिन्दी

दलित पत्रकारिता पर अम्बेडकर का प्रभाव, उत्तरशती के हिन्दी उपन्यासों में दलित-विमर्श, उत्तरशती के हिन्दी कथा साहित्य में दलित-विमर्श (डॉ. श्यौराज सिंह 'बेचैन'), हिन्दी उपन्यासों में दलित वर्ग (कुसुम मेघवाल), इक्कीसवीं सदी में अम्बेडकर (डॉ. रघुवीर सिंह), दलित कहाँ जायें (जियालाल आर्य), अम्बेडकर विरोधियों के चक्रव्यूह में (मोहनदास नैमिशराय), दलित साहित्य सृजन के सन्दर्भ में (डॉ. चमनलाल), स्वतन्त्रता-संग्राम के दलित क्रान्तिकारी (मोहनदास नैमिशराय), निम्नवर्गीय मेरा दलित-चिन्तन, दलित साहित्य के प्रतिमान (डॉ. एन. सिंह), दलित साहित्य : सृजन के सन्दर्भ, दलित साहित्य रचना और विचार (पुरुषोत्तम सत्यप्रेमी), आज का दलित साहित्य (डॉ. तेज सिंह), चिन्तन की परम्परा और दलित साहित्य (श्यौराज सिंह 'बेचैन' एवं डॉ. देवेन्द्र चौबे), दलित दख़ल (सं. डॉ. श्यौराज सिंह, 'बेचैन', डॉ. रजतरानी 'मीनू'), धर्मान्तरण और दलित (सं. जयप्रकाश कर्दम), दलित-विमर्श : सन्दर्भ गाँधी (गिरिराज किशोर), दलित साहित्य की अवधारणा और प्रेमचन्द (सं. सदानन्द शाही), हिन्दी दलित कथा साहित्य, अवधारणा एवं विधाएँ, नवें दशक की हिन्दी दलित कथा कविता (रजतरानी 'मीनू'), हिन्दी दलित कविता : स्वप्न और यथार्थ (विमल थोराट एवं सूरज बड़त्या), मुन्शी प्रेमचन्द और दलित समाज और दलित समाज की कहानियाँ (रत्न कुमार साँभरिया), दलित मुक्ति का प्रश्न और दलित साहित्य (दिनेश राम), आधुनिक साहित्य में दलित-विमर्श (देवेन्द्र चौबे), स्वर और नयी शताब्दी (रमणिका गुप्ता), दलित वीरांगनाएँ एवं मुक्ति की चाह (बद्री नारायण), साहित्य और दलित दृष्टि (मैनेजर पाण्डेय), भारतीय दलित साहित्य आन्दोलन और चिन्तन (बजरंगबिहारी तिवारी) आदि प्रमुख हैं।

वैचारिक पुस्तकों की भाँति कहानी-संग्रहों में पुनर्वास (विपिन बिहारी), समकालीन दलित कहानियाँ (सं. कुसुम वियोगी), चर्चित दलित कहानियाँ (सं. कुसुम वियोगी), दलित महिला कथाकारों की चर्चित कहानियाँ (सं. कुसुम वियोगी), आवाज़ें (मोहनदास नैमिशराय), देवता आदमी (शरणकुमार लिम्बाले), हिस्से की रोटी (शत्रुघ्न कुमार), दलित अन्तर्द्वन्द्व (स्वरूपचन्द बौद्ध), दलित जीवन की कहानियाँ (गिरिराज शरण), सलाम, घुसपैठिये एवं छतरी (ओमप्रकाश वाल्मीकि), सुरंग (दयानन्द बटरोही), हैरी कब आयेगा? (सूरजपाल चौहान), चार इंच की क़लम (कुसुम वियोगी), तीन महाप्राणी (बुद्धशरण 'हंस'), अपना मकान (विपिन बिहारी), आधे पर अन्त (विपिन बिहारी), द्रोणाचार्य एक नहीं (कावेरी), साग और अन्य कहानियाँ (ठाकुरप्रसाद राही), चन्द्रमौलि का रक्तबीज (सत्य प्रकाश), दलित कहानी संचयन (सं. रमणिका गुप्ता), अनुभूति के घेरे, टूटता बहस (सुशीला टाकभौरे), दूसरी दुनिया का यथार्थ (सं. रमणिका गुप्ता), हाशिये के बाहर (सं. रजतरानी 'मीनू'), काले हाशिये पर (सं. डॉ. एन. सिंह), यातना की परछाइयाँ (सं. डॉ. एन. सिंह) आदि प्रमुख हैं।

दलित कहानियों की तरह उपन्यासो में छप्पर (जयप्रकाश कर्दम), पहला खत (डॉ. धर्मवीर), अमर ज्योति (डी. पी. वरुण), बन्धन मुक्त (रामजीलाल सहायक), जस तस भई सबेर (सत्यप्रकाश), हिडिम्ब (एस. आर. हरनोट), उधर के लोग (अजय नावरिया), एक क़स्बे के नोट्स (नीलेश रघुवंशी), मुक्ति पथ (अभय मौर्य), मुक्ति पर्व (मोहनदास नैमिशराय), मिट्टी की सौगन्ध (प्रेम कपाड़िया), प्रस्थान (परदेशीराम वर्मा), डूब जाती है नदी (गुरुचरण सिंह), भूमिपुत्र (राणा प्रताप), नरवानर (शरणकुमार लिम्बाले) आदि प्रमुख हैं।

दलित आत्मकथाएँ भी कम मशहूर नहीं हैं। मराठी में अछूत (दया पवार), अक्करमाशी (शरणकुमार लिम्बाले), जीवन हमारा (बेबी काँबले), उचक्का (लक्ष्मण गायकवाड़), उठाईगीर (लक्ष्मण गायकवाड़), छोरा कोल्हारी का (किशोर शान्तबाई काले), पराया (लक्ष्मण माने), डेराडंगर (दादा साहब मोरे), भूले बिसरे दिन (अरुण खोरे), नरक सफ़ाई (अरुण ठाकुर/मुहम्मद खडस), तराल-अन्तराल (शंकर राव खरात), यादों के पंछी (प्र. ई. सोन काँबले) आदि प्रमुख हैं तो हिन्दी में अपने-अपने पिंजरे दो भाग (मोहनदास नैमिशराय) जूठन, (ओमप्रकाश वाल्मीकि), तिरस्कृत और सन्तप्त (सूरजपाल चौहान), तिरस्कार (के नाथ) दोहरा अभिशाप (कौसल्या बैसन्त्री), मेरा सफर-मेरी मंजिल (डी. आर. जाटव), झोंपड़ी, से राजभवन (माता प्रसाद) बेवक़्त गुज़र गया माली और मेरा बचपन मेरे कन्धो पर (श्यौराज सिंह 'बेचैन') मुर्दहिया और मणिकर्णिका, नागफनी और मेरे जीवन की बाइबिल (रूपनारायण सोनकर), शिकंजे का दर्द (सुशीला टाकभौरे), मेरी पत्नी और भेड़ियाँ (धर्मवीर), छांग्या रूक्ख (बलवीर माधोपुरी), पगडण्डियाँ (बंचित कौर), और अंग्रेज़ी में आई वाज़ एन आउट कास्ट इण्डियन (हजारी), अनटोल्ड स्टोरी ऑफ़ ए भंगी वाइस चान्सलर (प्रो. श्यामलाल) आदि प्रमुख हैं।

आत्मकथाओं की तरह कविताओं के मामले में भी हिन्दी का दलित साहित्य काफ़ी समृद्ध हो चुका था। तब तुम्हारी निष्ठा क्या होती (कँवल भारती), गूँगा नहीं था मैं, तिनका-तिनका आग, बेमानी है आज़ादी, आज का रैदास (जयप्रकाश कर्दम), सदियों को सन्ताप, बस्स! बहुत हो चुका, शब्द झूठ नहीं बोलते, अब और नहीं (ओमप्रकाश वाल्मीकि), एकलव्य (माता प्रसाद), आग और आन्दोलन (मोहनदास नैमिशराय), सतह से उठते हुए चेतना के स्तर, दर्द के दस्तावेज़ (डॉ. एन. सिंह), यातना की आँखें (दयानन्द बटोही), सुनो ब्राह्मण, मुझे गुस्सा आता है (मलखान सिंह), हार नहीं मानूँगा (ईश कुमार गंगानिया), टुकड़े-टुकड़े दंश व्यवस्था के विषधर (कुसुम वियोगी), हीरामन, किनारे भी मँझधार भी, कपिला (डॉ. धर्मवीर), क्रौंच हूँ मैं, नयी फ़सल (श्यौराज सिंह 'बेचैन'), नियति नहीं यह मेरी (सुदेश तनवर), शब्द थके ज़रूर हैं (चिरंगी लाल कटारिया), सवालों का सूरज, दखल देती कविता (पुरुषोत्तम सत्यप्रेमी), अनुभूति से अभिव्यक्ति तक (विपिन बिहारी), पदचाप (रजनी तिलक), बिरसा (जियालाल आर्य),

पुश्तैनी पीड़ा (तेजपाल सिंह तेज), दलित पचासा (एस. आर. विद्रोही), अम्बेडकर शतक, सिन्धुघाटी बोल उठी (सोहनपाल सुमनाक्षर), प्रयास, क्यों विश्वास करूँ (सूरजपाल चौहान), कामरेड से बातचीत, जनपथ (जयप्रकाश लीलवान), पहचान, ग़ुलामी से मुक्ति (अरुण कुमार अरुणदीप), संसद् तो सवर्ण है, ख़ामोश बुन रही है ख़तरा, दिल्ली का सपना, सत्तावन साल लम्बा सवाल (नवेन्दु महर्षि), प्रेरणा, खाइयाँ (कावेरी), 'औरत नहीं है मज़बूर, तुमने उसे कब पहचाना' स्वाति बूँद और खारे मोती (सुशीला टाकभौरे) आदि प्रमुख हैं।

वैचारिक एवं सृजनात्मक साहित्य के अलावा दलित-विमर्श से सम्बन्धित निम्न पत्रिकाएँ भी प्रकाशित हो रही हैं : हंस (राजेन्द्र यादव), युद्धरत आम आदमी (रमणिका गुप्ता), दलित साहित्य, पश्यन्ती (जयप्रकाश कर्दम), अपेक्षा (तेज सिंह), अम्बेडकर इन इण्डिया (दयानाथ निगम), दलित टुडे, मूक नायक, आश्वस्त (डॉ. तारा परमार), सामाजिक न्याय सन्देश, बयान (मोहनदास नैमिशराय), भारत अश्वघोष (डॉ. तुलसीराम), बहुरि नहिं आवना (दिनेश राम), दलित अस्मिता (विमल थोराट), पूर्व देवा (अवन्तिका प्रसाद मर्मट) आदि। इसके अलावा भी बहुतेरे दलित लेखकों ने हिन्दी साहित्य की विभिन्न विधाओं में कई पुस्तकें लिखी हैं।

●

हिन्दी सिनेमा में दलित स्वर

दीपक कुमार पाण्डेय

हिन्दी सिनेमा में दलित स्वर का प्रश्न दो रूपों में हमारे समक्ष उपस्थित होता है। पहला, दलित किस रूप में हिन्दी सिनेमा में चित्रित हुआ है? उसके प्रति निर्देशकों का रवैया क्या और कैसा रहा है? उसका भोगा हुआ यथार्थ कितनी प्रामाणिकता और ईमानदारी से चित्रित हुआ है? दूसरा, हिन्दी फ़िल्मों के निर्माण के विविध चरणों में दलितों की क्या भूमिका रही है? निर्देशक से लेकर अभिनेता तक किसी भी रूप में क्या वे कहीं और हैं यदि हैं तो उनकी स्थिति क्या है?

हिन्दी साहित्य, इतिहास, समीक्षात्मक पुस्तकों और सिनेमा में दलित समाज हाशिये पर रहा है और एक लम्बे सिनेमाई सफ़र में उसका स्वर कभी-कभार सुनायी पड़ता है, किन्तु बीसवीं सदी के लोकतान्त्रिक उभारों ने हाशिये पर पड़े दलित समुदाय को क्या अपने अधिकारों और आत्मसम्मान के लिए आगे आने का अवसर प्रदान किया है?

आमतौर पर साहित्य, सिनेमा, पत्रकारिता, संगीत और कलाओं में दलित प्रतिनिधित्व कम ही रहता है। फ़िल्मों के नाम से ही पता चलता है कि सवर्ण मानसिकता की ग़ुलामी से अभी हमारा हिन्दी सिनेमा बाहर नहीं निकला है। यहाँ तक कि उनके नामों से भी सवर्ण मानसिकता की झलक दिखायी पड़ती है, मसलन राकेट सिंह सेल्समैन ऑफ़ द इयर, सिंह इज़ किंग, मंगल पाण्डे, भाई ठाकुर, अर्जुन पण्डित, राजपूत, जस्टिस चौधरी, क्षत्रिय, पण्डित और पठान ये कुछ उदाहरण हैं जिनसे पता चलता है कि हमारे फ़िल्म मेकरों के मस्तिष्क में क्या चल रहा होता है। क्या दलित हमारे समाज का अंग नहीं हैं? अगर हैं तो फ़िल्मों में क्यों नहीं दिखते और अगर दिखते भी हैं तो हमेशा की तरह पीड़ित, शोषित, दमित और दलित ही क्यों दिखते हैं? सिनेमा में क्या दिखाया जा रहा है यह महत्त्वपूर्ण नहीं है, बल्कि कैसे दिखाया जा रहा है यह महत्त्वपूर्ण है और इसी से देखनेवाले की मानसिकता का पता चलता है। हिन्दी सिनेमा में ऐसी कई फ़िल्में हैं, जिनका कथानक तो दलित रहा है लेकिन उस पर भी बम्बइया लटकों-झटकों का गहरा प्रभाव रहता है। हिन्दी में प्रतिवर्ष बननेवाली फ़िल्मों की संख्या तक़रीबन

200-250 हैं। आज तक हिन्दी सिनेमा में, दलितों, पिछड़ों की किसी भी रूप में महत्त्वपूर्ण भूमिका की तलाश करने पर, नाना पाटेकर, शैलेन्द्र, किशोर कदम, श्रीराम लागू, राजपाल यादव, दादा कोड़के के अतिरिक्त कोई अन्य नाम नहीं मिलता।

जहाँ तक दलित पृष्ठभूमि और उसके जीवन यथार्थ पर निर्मित सैकड़ों फ़िल्मों में प्रस्तुति स्वरूप का सवाल है तो इसे हम दो रूपों में देख सकते हैं। एक, जहाँ दलित मात्र सन्दर्भों में उपस्थित होते हैं और सिनेमा उनके पक्ष में पॉजिटिव रहता है यथा : प्रेमरोग (1982), ग़ुलामी (1985), बँटवारा (1989), लगान (2001), लगे रहो मुन्ना भाई (2006), राजनीति (2010), साला खड़ूस (2016) इत्यादि। दूसरा, जहाँ दलित केन्द्रीय भूमिका में सामने आ रहा है जैसे—"अछूत कन्या (1936), अछूत (1940), बूट पालिश (1954), सुजाता (1959), अंकुर (1973), मन्थन (1976), आक्रोश (1980), सद्‌गति (1981), पार (1984), दामुल (1985), दीक्षा (1991), बैण्डिट क्वीन (1994), समर (1998), बवण्डर (2000), अम्बेडकर (2000), बनारस (2006), आक्रोश (2010), पीपली लाइव (2010), आरक्षण (2011), खाप (2011), शूद्रा द राइजिंग (2012) और मसान (2015)।"[1]

इन फ़िल्मों में से कुछ ही फ़िल्में दलित यथार्थ को पूरी प्रामाणिकता और ईमानदारी के साथ प्रकट करती हैं। दलितों के पक्ष को, उनके प्रतिरोध को प्रखरता से रूपायित, प्रदर्शित करनेवाली फ़िल्में हैं—सत्यजीत रे की 'सद्‌गति', गोविन्द निहलानी की आक्रोश प्रियदर्शन की 'आक्रोश', श्याम बेनेगल की 'अंकुर', 'मन्थन' और 'समर', प्रकाश झा की 'दामुल' व 'आरक्षण', गौतम घोष की 'पार', अरुण कौल की 'दीक्षा', शेखर कपूर की 'बैण्डिट क्वीन', जगमोहन मूँदड़ा की 'बवण्डर', संजीव जायसवाल की 'शूद्रा-द-राइजिंग', केतन मेहता की 'माँझी द माउण्टेन मैन' और नीरज घेवान की 'मसान' इत्यादि ये फ़िल्में दलितों के विरोध, प्रतिरोध और उनके शोषण को प्रखरता के साथ प्रदर्शित करती हैं। वैसे तो दलित समस्या पर पहली फ़िल्म थी हिमांशु राय की 'अछूत कन्या' (1936), जिसके विषय में जवरी मल्ल पारख का मानना है, "इसके पीछे पूना पैक्ट (1932) का प्रभाव था।"[2] तीस के दशक की बाम्बे टाकीज़ द्वारा निर्मित सुपरहिट फ़िल्म 'अछूत कन्या' एक अछूत स्त्री की कहानी है। वह दलित स्त्री कस्तूरी (देविका रानी) जो गाँव के एक ब्राह्मण प्रताप (अशोक कुमार) से प्यार करती है। प्रताप भी उससे प्रेम करता है। किन्तु हिन्दू समाज इस रिश्ते को मान्यता देने के लिए तैयार नहीं है। कस्तूरी का विवाह सजातीय युवक से कर दिया जाता है। एक दिन मेले में कस्तूरी और प्रताप की मुलाक़ात से कस्तूरी का पति ईर्ष्या से भर उठता है। वह प्रताप पर जानलेवा हमला करता है। लड़ते-लड़ते दोनों रेलवे क्रासिंग तक जा पहुँचते हैं। कस्तूरी दोनों को छुड़ाने की कोशिश में ट्रेन के नीचे आ जाती है। इस तरह कस्तूरी अपने जीवन का बलिदान कर देती है ताकि समाज में ऊँची और नीची समझी जानेवाली जातियों में सन्तुलन बना रहे।

चालीस के दशक में दलित बिम्ब को रेखांकित करनेवाली फ़िल्म 'अछूत' रिलीज़ हुई। गाँव के कुएँ से पानी न भर पाने के कारण लक्ष्मी का पिता ईसाई बनने पर मज़बूर हो जाता है। लक्ष्मी की माँ धर्म छोड़ने के लिए तैयार नहीं है। इसी बीच लक्ष्मी शहर में रहनेवाले एक व्यापारी परिवार के शरण में चली जाती है। लक्ष्मी शहर से गाँव आकर देखती है कि गाँव में अभी भी छुआछूत बरक़रार है। वह अपने दोस्त राम की सहायता से दलितों को एकजुट करती है। गाँव के उच्च जातियों को लक्ष्मी का यह क्रियाकलाप रास नहीं आता। लक्ष्मी को जेल भी जाना पड़ता है किन्तु उसके संघर्षों से सवर्ण समाज की जड़ें हिल जाती हैं। अन्त में गाँव के मन्दिर में सभी जातियों को प्रवेश की अनुमति मिल जाती है। इसी प्रकार पचास के दशक में विमल राय की फ़िल्म 'सुजाता' जिसमें अछूत लड़की (नूतन) और ब्राह्मण लड़के (सुनील दत्त) की प्रेम कहानी है, किन्तु इस फ़िल्म में विमल राय ने ब्राह्मण लड़के 'अजीत' और अछूत लड़की 'सुजाता' के विवाह को फ़िल्माकर बड़ा भारी जोखिम उठाया था लेकिन मशहूर दलित कथाकार मोहनदास नैमिशराय इस फ़िल्म को दलित अस्मिता की कहानी नहीं मानते हैं। इसके बारे में उनका मानना है कि, "विमल राय ने एक दलित लड़की की समस्या का हल गाँधीवादी नज़रिये से किया है, जो दलित विमर्श की दृष्टि से महत्त्वपूर्ण नहीं है। दलित-विमर्श किसी से दया की भीख माँगने में विश्वास नहीं करता, वह दलित स्वाभिमान की बात करता है। पूरी फिल्म में दलित-चेतना नज़र नहीं आती यहाँ अजीत का चरित्र उल्लेखनीय है जो पुरुष होने के बावज़ूद दलित स्त्री शोषण के विरुद्ध है।"[3]

1970 के दशक के आस-पास यथार्थवादी सिनेमाकारों ने दलित समाज की समस्याओं को अपना कथानक बनाया और भारतीय समाज में व्याप्त जातिवादी जटिलताओं को सूक्ष्मता से चित्रित करने की कोशिश की। ग़ौरतलब है कि दलित पैन्थर आन्दोलन का प्रारम्भ भी लगभग इसी समय हुआ जिसके फलस्वरूप सामाजिक-सांस्कृतिक परिवर्तन की एक बड़ी लहर पैदा हुई। सुजाता पारमिता का मानना है, "हिन्दी सिनेमा में भी इसका गहरा प्रभाव दिखायी पड़ा और श्याम बेनेगल ने हिन्दी में और गिरीश कर्नाड ने कन्नड़ में कई महत्त्वपूर्ण फ़िल्में बनायीं।"[4] इसी समय सार्थक सिनेमा के माध्यम से हमारे सामने समाज के चेहरे, शोषितों के सच्चे दर्द और शोषकों की ज्यादतियों को व्यक्त करनेवाले ओमपुरी, स्मिता पाटिल, शबाना आजमी, पंकज कपूर, नसीरुद्दीन शाह, रघुवीर यादव और आमोल पालेकर जैसे अदाकारों के अभिनय को हमने जाना। इस सिनेमा की देश-भर में प्रशंसा हुई। "जीवन-संघर्ष, प्रताड़ना, झुंझलाहट, प्रेम, प्रतिवाद, अभाव, ख़ुशियाँ, श्याम बेनेगल की फ़िल्मों में किरदारों और चरित्रों से जिस तरह व्यक्त होती है, दरअसल गम्भीरता से कहा जाय तो वे सर्व और सभ्य समाज जो हमारे बीच पारम्परिक रूप से समृद्ध कैनवास पर अवस्थित है, उसको अपना गिरेबा न झाँकने के लिए विवश करती है।"[5] श्याम

बेनेगल के निर्देशन में बनी फ़िल्म 'अंकुर' (1974) में भी एक अछूत विवाहित औरत लक्ष्मी (शबाना आज़मी) और एक ज़मींदार पुत्र सूर्या (अनन्तनाग) के रिश्ते को फ़िल्माया गया है। फ़िल्म के नायक की शादी बचपन में हो जाती है। उसे अपनी बीबी के गौने का इन्तज़ार है। उसके घर पर काम करनेवाली एक सुन्दर दलित युवती (लक्ष्मी) से उसे प्रेम हो जाता है। उनके बीच शारीरिक सम्बन्ध बनता है जिससे लक्ष्मी माँ बन जाती है। इसके बाद प्रारम्भ होता है सवर्ण मानसिकता का खेल। निर्देशक ने इस फ़िल्म में एक विचारोत्तेजक कहानी के ज़रिये दलितों के सामाजिक हालात का सूक्ष्म परीक्षण किया है।

8वें दशक में कथाकार प्रेमचन्द की चर्चित कहानी 'सद्गति' पर बनी फ़िल्म 'सद्गति' भी उल्लेखनीय है। यह फ़िल्म दुक्खी (ओमपुरी) नामक एक दलित व्यक्ति की कहानी है जो अपनी बेटी की शादी के लिए प्रयासरत है इसके लिए वह पण्डित (मोहन अगाशे) से शुभ मुहूर्त्त पूछने जाता है, तो अवसर का लाभ उठाते हुए पण्डित घासीराम, दुक्खी से घर का कामकाज करवाने लगता है। अन्त में उसे अपने घर की लकड़ी चीरने का काम सौंप देता है। भूखा दुक्खी (ओमपुरी) लकड़ी चीरते-चीरते मर जाता है। अब दलित का शव पण्डित के लिए एक बड़ी समस्या बन जाती है। अत्याचार के विरोध में कोई भी दलित इस शव को हाथ नहीं लगाता तब पण्डित घासीराम को मज़बूरी में यह काम स्वयं करना पड़ता है। इस फ़िल्म के माध्यम से निर्देशक ने सामाजिक सच्चाई को दर्शाने में काफ़ी हद तक सफलता प्राप्त की है। इस सन्दर्भ में विनोद दास ठीक कहते हैं, "सत्यजीत राय हिन्दू समाज में व्याप्त ब्राह्मणवादी उपनिवेश के भयंकर, घिनौने और अमानवीय चेहरे को बेनक़ाब करते हैं। जातिभेद पर आधारित इस फ़िल्म में वे सबसे अधिक बेबाक और विस्फोटक रूप में आते हैं।"[6]

बीमार दुखिया का कुल्हाड़ी से लकड़ी चीरना, घासीराम का पूजा-पाठ के नाम पर आडम्बर, अन्तिम दृश्य में दुक्खी की शव को दूर तक घसीटता पण्डित घासीराम दर्शकों को गहराई से प्रभावित करता है।

1984 में प्रदर्शित गौतम घोष की फिल्म 'पार' भी दलित-विमर्श के लिए उल्लेखनीय कृति है। दलित वर्ग का उत्पीड़न, शोषण और दमन जिस अन्दाज़ में दिखाया गया है वह प्रामाणिक प्रतीत होता है। इस फ़िल्म में एक दलित दम्पति नौरंगिया नसीरुद्दीन शाह) एवं रमा (स्मिता पाटिल) के जीवन-संघर्ष की गाथा है। फ़िल्मकार ने फ़िल्म के माध्यम से पलायन की समस्या को भी दिखाया है। 'पार' में दलित वर्ग का शोषण-दमन एवं उनकी असहायता उसी चरम पर है जो जीवन व युग की कटु वास्तविकता रही है। उत्पीड़न व बेबसी के अलावा फ़िल्म निर्देशक के पास भी कुछ न था और मानना पड़ेगा कि इसे इस सशक्त माध्यम ने यथार्थपरक ढंग से दिखाया है। विषम परिस्थितियों में सुअरों को हुगली नदी पार करवाने का काम नौरंगिया और उसकी पत्नी

रमा को मिलता है किन्तु इस काम में रमा का गर्भपात हो जाता है। यानी इस जीवन में तो कुछ नहीं मिला और उलटे भावी पीढ़ी तक को नष्ट कर दिया इस क्रूर व्यवस्थातन्त्र और इसके कुटिल संचालकों ने। दलित जीवन के पास कुछ न होने से प्रारम्भ होकर कुछ पाने की कोशिश में सब-कुछ (वर्तमान भविष्य) को गँवाने की लहूलुहान यात्रा का दस्तावेज़ है 'पार'। बक़ौल मोहनदास नैमिशराय, "यूँ तो कई एक फ़िल्मों में प्रसंगतः एवं ज़रूरतन संगति के तौर पर, दलित जीवन चित्रित हुआ है परन्तु केवल दलित जीवन पर ही केन्द्रित फ़िल्मों में चार ऐसी हैं जो इस चेतना का प्रतिनिधित्व करती हैं—'पार', 'दामुल', 'आक्रोश' एवं 'समर'। कालक्रम चेतना को बाद में भी कर दें, तो अपने कथ्यगत सरोकारों की चेतना की सोपान-दर-सोपान की यात्रा का यही क्रम होगा।"[7]

प्रकाश झा के निर्देशन में बनी फ़िल्म 'दामुल' (1984) में भी उच्च जातियों द्वारा किये गये अत्याचार को दिखाया गया है। अत्याचार की प्रतिक्रिया में हिंसा इस फ़िल्म में केन्द्रत की गयी है। इस फ़िल्म में दलित वर्ग की विवशता का वह चरम दिखाया गया है जिसके कारण दलित वर्ग गाँव से बाहर शहर जाकर कमा नहीं पाते। रात को चुपचाप भागते हुए दलित को लाठी के बल पर रोक दिया जाता है। व्यक्ति के मूल अधिकारों के हनन को प्रकाश झा ने बख़ूबी फ़िल्म में प्रदर्शित किया है। गोविन्द निहलानी के निर्देशन में बनी आक्रोश (1980) में शोषण के ख़िलाफ़ सरकारी वकील (नसीरुद्दीन शाह) ने दलित (ओमपुरी) का केस लड़ने का फ़ैसला किया। केस भी दलित स्त्री के बलात्कार का यानी शोषण का था। वकील को भी घर से लेकर बाहर तक प्रताड़ित किया जाता है। ऐसी विकट परिस्थिति में दलित युवक उस जड़ को ही ख़त्म कर देता है जो बेइज़्ज़ती का कारण है। झगड़े की जड़ को ही समाप्त कर दिया। इस सन्दर्भ में मोहनदास नैमिशराय का मत है—"पार में विकल्प की खोज में गाँव से शहर का जो प्रयास एक खाई से दूसरी खोह में गिरना सिद्ध हुआ था। 'दामुल' में पलायन तक को सील्ड कर देने पर भी विरोध की भनक तक न उठी थी अब अन्दर-ही-अन्दर सुलग उठी है। यह है गोविन्द निहलानी की दलित चेतना, जो विरोध की दृष्टि देती है—कठोर यथार्थ को बदलने की दृष्टि केस के जरिये।"[8] दलित प्रश्न, अस्मिता, अस्तित्व को केन्द्र में रखकर अरुण कौल ने 'दीक्षा' (1991) फ़िल्म बनायी। 'दीक्षा' फ़िल्म एक ब्राह्मण गुरु और उसकी पुत्री की कहानी है। गुरुकुल में गुरु का प्रिय शिष्य दलित कोगा (नाना पाटेकर) भी रहता है। कोगा दलित होते हुए भी धर्मशास्त्रों को समझने की चाह रखता है। अचानक गुरु की ग़ैर हाजिरी में उनकी पत्नी गर्भवती हो गयी। गुरु के लौटने पर घटश्राद्ध (जीवित व्यक्ति का श्राद्ध) का फ़ैसला किया जिसके फलस्वरूप शिष्यों में विद्रोह की आग भड़क उठी। कोगा को अब दीक्षा की ज़रूरत नहीं रह गयी और उसने आश्रम छोड़ दिया। 'सद्गति' की तरह 'दीक्षा'

भी ब्राह्मणों के कर्मकाण्डीय जीवन पर प्रश्नचिह्न लगाती है। कल्पना आज़मी ने 'रुदाली' (1993) फ़िल्म बनायी, जो ऐसे दलित औरत की कहानी है, जिसका पेशा ऊँची जाति के लोगों के मरने पर रोने का है।

दस्यु सुन्दरी फूलन देवी के जीवन को आधार बनाकर शेखर कपूर ने 'बैण्डिट क्वीन (1994) फ़िल्म बनायी। बैण्डिट क्वीन मल्लाह जाति की लड़की फूलन की वास्तविकता के विरोध में बन्दूक़ उठाती है और डकैत बन जाती है। यह किसी दलित उत्पीड़ित के वास्तविक जीवन पर बनी सम्भवतः पहली फ़िल्म थी, सीमा विश्वास के अभिनय ने फ़िल्म को ऐतिहासिक बना दिया। बी. ए. रंगा के निर्देशन में बनी 'गिद्ध' (1994) में सवर्ण समाज के ढकोसले के द्वारा दलितों पर लादी गयी देवदासी प्रथा एवं वेश्यावृत्ति को फ़िल्माया गया है। इसके बाद सार्थक सिनेमा के भगीरथ के रूप में विख्यात श्याम बेनेगल ने 'समर' (1998) फ़िल्म बनायी जो दलित बिम्ब को प्रदर्शित करनेवाली एक नवीनतम प्रस्तुति थी। बक़ौल श्याम बेनेगल, समर में कुछ ऐसे लोग थे जो पेशेवर कलाकार नहीं थे। कुछ-कुछ भूमिकाएँ ऐसे लोगों ने उसमें की थी। ख़ैर अगर फ़िल्म की बात करें तो यह फ़िल्म म.प्र. के कुल्ला गाँव में घटित सच्ची घटना पर आधारित है। दलित बहुल कुल्ला गाँव में एक हैण्डपम्प लगाया गया जिसका सर्वाधिक विरोध राजपूत जाति के सरपंच और उसके सहयोगियों ने किया। कुल्ला गाँव में दलित शोषण का इतिहास काफ़ी पुराना है। बात-बात में उन्हें पीटना, शारीरिक यातना देना, कोड़े लगाना आदि रोज़ के दलित जीवन का हिस्सा है। 'समर' को यथार्थवादी बनाने के लिए निर्देशक ने इसका फ़िल्मांकन इसी गाँव में किया था। इस प्रकार श्याम बेनेगल ने सिनेमा के परम्परागत मूल्यों को तोड़ने की कोशिश की किन्तु दलित जीवन पर बनी अन्य फ़िल्मों की तरह 'समर' भी दलितों के प्रति शहरी, सवर्ण समाज के सहानुभूति का प्रतीक ही बन पायी। इस सन्दर्भ में जयप्रकाश कर्दम का कहना समीचीन प्रतीत होता है—"भारतीय समाज में चिन्तन की हर गाड़ी जाति के स्टेशन से बचकर निकलती है, जब कि दलितों की सारी समस्याओं के मूल में सबसे बड़ा कारक जाति है। दलितों के प्रति करुणा दिखाकर वह 'अछूत कन्या', 'अछूत', 'बूट पालिश, और 'सद्गति' जैसी फ़िल्मों का निर्माण तो करना है, किन्तु जिस तल्ख़ी और शिद्दत से जाति के प्रश्न को उठाये जाने की ज़रूरत है उस तरह से नहीं उठाता।"[9] वहीं इस सन्दर्भ में जबरीमल्ल पारख का कहना है कि 'अंकुर', 'मन्थन', 'बैण्डिट क्वीन' (जयप्रकाश कर्दम ने इन्हें महत्त्वपूर्ण फ़िल्म माना है)। 'समर', 'पार', 'दामुल', 'आक्रोश' और 'दीक्षा', इन फ़िल्मों की विशेषता यह है कि ये फ़िल्में दलितों के सवाल को व्यापक सामाजिक परिप्रेक्ष्य में रखकर देखती है। ये थोड़े-से फ़िल्मकार हैं, जिन्होंने दलित अधिकार तथा सामाजिक न्याय के प्रति अपनी जागरूकता का परिचय देकर सामाजिक दायित्व की पूर्ति की है।"[10]

भारतीय समाज में अपना एकाधिकार जमाये हुए उच्च वर्ग के लोग किसी भी हद तक जा सकते हैं। दलित बस्तियों को जला देना, दलित स्त्रियों के साथ सामूहिक बलात्कार, उच्च जाति की लड़की से प्रेम करने पर खुलेआम दण्डित करना यह भी आज के भारत का यथार्थ है। सामूहिक बलात्कार पर केन्द्रित जगमोहन मूँदड़ा की फ़िल्म 'बवण्डर (2002) प्रदर्शित हुई। जिसमें सामूहिक बलात्कार की शिकार राजस्थान की दलित महिला भँवरी देवी (नन्दितादास) की पीड़ा, शोषण, अपमान और क़ानूनी अन्याय की कहानी है। जाति-व्यवस्था में ब्राह्मण ही नहीं, अपितु पिछड़ी जातियों के लोग भी दलितों का शोषण करते हैं। इस सवाल को 'बवण्डर' में बख़ूबी उठाया गया है।

प्रकाश झा की फ़िल्म 'आरक्षण' (2011) तक आते-आते फ़िल्मों में दलित विषय का स्वरूप काफ़ी अलग हो जाता है। यह एक होनहार दलित युवक दीपक (सैफ़ अली ख़ान) की दास्तान है। कॉलेज के प्रिन्सिपल प्रभाकर आनन्द (अमिताभ बच्चन) की बेटी (दीपिका पादुकोण) उससे प्रेम करती है। सवर्ण की बेटी और दलित युवक चूँकि यह फ़िल्म 21वीं सदी की है इसलिए इसमें दलित युवक की हालत अलग है। फ़िल्म का ताना-बाना कोचिंग क्लासेस के इर्द-गिर्द घूमता है। शिक्षा के व्यापारीकरण पर केन्द्रित फिल्म का नाम 'आरक्षण' रखना फ़िल्म मेकर की मानसिकता को ज़रूर उजागर करता है। फिर भी कई प्रदेशों में इसका दलित समाज द्वारा विरोध किया गया। वैसे वर्ष 2012 में आयी संजीव जायसवाल की फ़िल्म 'शूद्रा द राइजिंग' को दलित दृष्टिकोण से एक सार्थक फ़िल्म माना जा सकता है। शूद्र की उत्पत्ति किस प्रकार हुई, उनके जीवन-संघर्ष का चित्रण, सामाजिक संरचना को प्रदर्शित करना इस फ़िल्म का प्रबल पक्ष है। पिछले वर्ष युवा फ़िल्म मेकर नीरज घेवन की फ़िल्म 'मसान' (2015) भी दलित-विमर्श पर एक जरूरी फ़िल्म है। फ़िल्म का निर्माण वाराणसी और इलाहाबाद की पृष्ठभूमि पर हुआ है। एक शूद्र जाति के लड़के (दीपक) का प्रेम एक उससे ऊँची जाति की लड़की के साथ होता है किन्तु बस दुर्घटना में लड़की की मृत्यु हो जाती है। लड़का-लड़की आपस में विवाह नहीं कर पाते हैं। नयी सोच और नये दौर का अन्त तो हुआ है लेकिन फ़िल्म में आक्रोश की जगह विडम्बना ने ले ली है। सुप्रसिद्ध फ़िल्म 'माँझी दी माउण्टेन मैन', केतन मेहता के निर्देशन में बनी। इस फ़िल्म में माँझी (नवाजुद्दीन सिद्दीकी) और उसकी पत्नी (राधिका आप्टे) के असाधारण प्रेम को प्रदर्शित किया गया है। यह फ़िल्म एक ऐसे दलित के अभूतपूर्व साहस, त्याग, समर्पण, प्रेम और कर्मठता की कहानी है जो निरन्तर 22 वर्षों तक एक पहाड़ तोड़ता है और सड़क का निर्माण करता है क्योंकि सड़क न होने की वजह से उसकी पत्नी की पहाड़ से गिरकर मृत्यु हो जाती है। माँझी की साहस गाथा के साथ फ़िल्म में उच्च जाति के लोगों का दलितों पर किये गये जानलेवा अत्याचार जैसे—दुष्कर्म, बस्ती जला देना, उन्हें अस्पृश्य समझना इत्यादि चित्रित हुआ है। यह फ़िल्म दलित त्रासदी का वास्तविक चित्रण करती है।

कुछ ऐसी भी फ़िल्में हैं जो दलित जीवन को थोड़ा-बहुत संस्पर्श ज़रूर करती है। उनमें प्रमुख रूप से 'लगान' जिसका एक प्रमुख पात्र 'कचरा' जो कि दलित है एक हाथ मुड़ा हुआ और कथित तौर पर नायक भुवन (आमीर ख़ान) की दया पर निर्भर है। प्रकाश झा के निर्देशन में बनी 'राजनीति' (2010) में अजय देवगन को एक दलित पात्र के रूप में उभारा गया है जो दलितों के पक्ष को बख़ूबी रखता है। ऐसी ही 'पीपली लाइव', 'खाप' और 'साला खड़स' (2016) जैसी फ़िल्में हैं। हाल ही में प्रदर्शित फ़िल्मों में नये निर्देशकों के बावज़ूद दलित दुनिया का और उसके दुःख का शतांश भी हिन्दी सिनेमा में अभी तक चित्रित नही हुआ है। इस परिप्रेक्ष्य में प्रमोद मीणा का कहना तर्कसंगत जान पड़ता है, "फ़िल्मों के प्रमुख चरित्रों में जिस प्रकार जातीय धार्मिक विविधता का लोप दिखायी देता है, ठीक वैसे ही हिन्दी फ़िल्मों में काम करनेवाले पुरुष, स्त्री अभिनेताओं में भी ऊँची जातियों के हिन्दुओं का वर्चस्व साफ़ नज़र आता है। पिछड़े, दलित और आदिवासी अभिनेता-अभिनेत्रियों का प्रतिनिधित्व फ़िल्म उत्पादन के स्तर पर नहीं दिखायी देता है।"[11] ख़ैर हिन्दी सिनेमा के दुनिया में बड़े परिवर्तन हुए, नये विचार के निर्माता एवं निर्देशक भी पर्दे पर आये। परिदृश्य भी काफ़ी बदला है फिर भी इस बदले परिदृश्य में दलितों का अनुपात वही पुराना है, पर्दे पर भी पर्दे के पीछे भी अब हिन्दी सिनेमा जाति-प्रथा पर प्रहार कर रहा है। सिर्फ़ तकनीक के बेहतर हो जाने से फ़िल्म उद्योग का भला नहीं होनेवाला है कथानक के साथ होनेवाले प्रयोगों के लिहाज़ से हिन्दी फ़िल्म जगत् को अभी एक लम्बा रास्ता तय करना है।

सन्दर्भ-सूची

1. माँझी द माउण्टेन मैन (2015) https://www.wikipedia.org
2. हिन्दी सिनेमा का समाजशास्त्र : जबरीमल्ल पारख : भूमिका : पृ. स. 17.
3. फ़िल्मों मे दलित अस्मिता और सवाल : मोहनदास नैमिशराय : आजकल : अक्टूबर, 2015 : पृ. स. 14.
4. दलित महिलाएँ : सं. एस. विक्रम : जाति-प्रथा पर आधारित हिन्दी फ़िल्मों मे दलित स्त्री (लेख) : सुजाता पारमिता : नटराज प्रकाशन : नयी दिल्ली : पृं. सं. 9.
5. सार्थक सिनेमा आन्दोलन के भगीरथ : सुनील मिश्र : आजकल : जनवरी 2008 : पृ. सं. 42.
6. भारतीय सिनेमा का अन्तःकरण : विनोद दास : मेधा बुक्स : नयी दिल्ली : पृ. सं. 23.
7. फ़िल्मों में दलित अस्मिता और सवाल : मोहनदास नैमिशराय : आजकल : अक्टूबर 2015 : पृ. सं. 45.
8. वही आजकल : अक्टूबर 2015 : पृ. सं. 45.
9. मुँह चुराता है : जयप्रकाश कर्दम : सिनेमा के सौ बरस : वर्तमान साहित्य : अगस्त-दिसम्बर 2002 : पृ. सं. 306.
10. हिन्दी सिनेमा का समाजशास्त्र : जबरीमल्ल पारख : भूमिका : पृ. सं. 17.
11. परदे पर जातीय पूर्वग्रह : प्रमोद मीणा : जनसत्ता : 27 सितम्बर, 2015.

सहयोगी लेखक

1. माता प्रसाद (पूर्व राज्यपाल, अरुणाचल प्रदेश) कवि और आलोचक

पता—मोहल्ला-शेखपुरा, पोस्ट-कचहरी, जिला—जौनपुर, 222002 मो.नं. 9415207155

प्रमुख कृतियाँ—दलित जाति सम्बन्धी लोकगीत, हिन्दी काव्य में दलित काव्यधारा, दिग्विजयी रावण (प्रबन्धकाव्य), एकलव्य (खण्डकाव्य), झोंपड़ी से राजभवन (आत्मकथा), दलित साहित्य की दशा और दिशा इत्यादि।

2. कँवल भारती—प्रगतिशील अम्बेडकरवादी-समाजवादी विचारक। कवि, आलोचक, पत्रकार।

पता—भारती निवास, सी-260/6, नयी आवास-विकास कॉलोनी, गंगापुर रोड, सिविल लाइन्स, रामपुर—244901, उ. प्र., मो. नं. 09412871013

रचनाकर्म—ईश्वर, ब्रह्मा और आत्मा, डॉ. अम्बेडकर : एक पुनर्मूल्यांकन, सन्त रैदास : एक विश्लेषण, दलित-विमर्श की भूमिका, दलित चिन्तन में इस्लाम, दलित साहित्य की अवधारणा, हिन्दी क्षेत्र की दलित राजनीति और साहित्य, राहुल सांकृत्यायन और डॉ. अम्बेडकर, दलित साहित्य और विमर्श के आलोचक, दलित कविता का संघर्ष इत्यादि।

3. डॉ. जयप्रकाश कर्दम—वरिष्ठ आलोचक एवं सम्पादक 'दलित साहित्य' (वार्षिकी)

पता—बी-634, डी. डी. ए. फ्लैट्स, ईस्ट ऑफ लोनी रोड, दिल्ली-110093, मो. नं. 09871216298

रचनाकर्म—छप्पर (उपन्यास), गूँगा नहीं था मैं, तिनका, तिनका आग, बस्तियों से बाहर (काव्य-संग्रह), दलित-विमर्श साहित्य के आईने में, इक्कीसवीं सदी में दलित आन्दोलन-साहित्य एवं समाज चिन्तन, बौद्ध धर्म के आधार स्तम्भ, जाति : एक विमर्श इत्यादि।

4. डॉ. सुशीला टाकभौरे : कवयित्री एवं कथाकार

पता—शील-2, गोपालनगर, तीसरा बस स्टॉप, नागपुर—22 महाराष्ट्र, मो. नं. 09422548822

रचनाकर्म—स्वाति बूँद और खारे मोती (काव्य-संग्रह), यह तुम भी जानो (काव्य-संग्रह), तुमने उसे कब पहचाना (काव्य-संग्रह), हिन्दी साहित्य के इतिहास में नारी

(विवरण), परिवर्तन जरूरी है (लेख संग्रह), टूटता वहम (कहानी-संग्रह), अनुभूति के घेरे (कहानी-संग्रह), संघर्ष (कहानी-संग्रह), रंग और व्यंग्य (नाटक संग्रह), नंगा सत्य (नाटक संग्रह), शिकंजे का दर्द (आत्मकथा)

5. ईश कुमार गंगानिया—कवि, सम्पादक और आलोचक

पता—बी-912 एम. आई. जी. फ्लैट्स ईस्ट ऑफ लोनी रोड, चित्रकूट, शाहदरा दिल्ली—110093, मो. नं. 09868583257

रचनाकर्म—हार नहीं मानूँगा, एक वक़्त की रोटी (काव्य-संग्रह), अम्बेडकरवादी साहित्य-विमर्श, अम्बेडकरवादी साहित्य के प्रतिमान, आजीवक कल, आज और कल, अस्मिताओं के संघर्ष में दलित समाज, अन्ना आन्दोलन : भारतीय लोकतन्त्र को चुनौती, अम्बेडकरवाद एक सामाजिक विमर्श और मुख्यधारा के आईने में अम्बेडकरवादी साहित्य इत्यादि।

6. प्रो. श्यौराज सिंह 'बेचैन'—कवि एवं शिक्षक, आलोचक

पता—आचार्य हिन्दी विभाग, दिल्ली विश्वविद्यालय, दिल्ली-07

आवास—1/122 वसुन्धरा, गाज़ियाबाद-201012, मो. नं. 09718371808

रचनाकर्म—क्रौंच हूँ मैं, नयी फसल कुछ अन्य कविताएँ, चमार की चाय (काव्य-संग्रह), सामाजिक न्याय और दलित साहित्य, उपन्यास साहित्य में दलित समस्या और समाधान, हिन्दी पत्रकारिता में दलित उवाच, अम्बेडकर, गाँधी और दलित पत्रकारिता, मीडिया उत्तर-आधुनिक अस्पृश्यता के दौर में, मेरा बचपन मेरे कन्धों पर (आत्मकथा), भरोसे की बहन (कहानी-संग्रह) इत्यादि।

7. प्रो. कालीचरण 'स्नेही'—कवि, शिक्षक एवं आलोचक

पता—आचार्य हिन्दी विभाग, लखनऊ विश्वविद्यालय, लखनऊ।

आवास—203, शिक्षक आवास (द्वितीय परिसर) लखनऊ विश्वविद्यालय, सीतापुर रोड, जानकीपुरम, लखनऊ—226021, मो. नं. 9415548256

रचनाकर्म—हिन्दी साहित्य में दलित अस्मिता, पं. बनारसीदास चतुर्वेदी : व्यक्तित्व और कृतित्व, सर्वेश्वर और उनका साहित्य, डॉ. भीमराव अम्बेडकर, शताब्दी सन्दर्भ, आधुनिक बुन्देली काव्य, आरक्षण अपना-अपना, जयभारत-जयभीम (साखियाँ) यू. जी. सी. द्वारा मेजर प्रोजेक्ट स्वीकृत हिन्दी दलित साहित्य का इतिहास लेखन।

8. प्रो. रामचन्द्र—आलोचक, शिक्षक

पता—आचार्य (हिन्दी) भारतीय भाषा केन्द्र जे. एन. यू. नयी दिल्ली—110067, मो. नं. 09968293185

रचनाकर्म—(1) प्रेमचन्द की दलित विषयक कहानियाँ : संवेदना और सरोकार
(2) दलित साहित्य : आशय, आन्दोलन और अवधारणा
(3) चार सम्पादित पुस्तकें प्रकाशित

9. डॉ. बजरंगबिहारी तिवारी—भारतीय दलित आन्दोलन और साहित्य के गम्भीर अध्येता के रूप में चर्चित

पता—उप-आचार्य हिन्दी विभाग, देशबन्धु कालेज (दिल्ली विश्वविद्यालय कालकाजी) नयी दिल्ली—110019

आवास—फ्लैट नं. 204, दूसरी मंजिल, मकान नं. टी.-134/1 बेगमपुर, नयी दिल्ली—110017

रचनाकर्म—जाति और जनतन्त्र, दलित उत्पीड़न पर केन्द्रित, दलित साहित्य : एक अन्तर्यात्रा, भारतीय दलित साहित्य आन्दोलन और चिन्तन, बांग्ला दलित साहित्य : सम्यक् अनुशीलन भारतीय साहित्य : एक परिचय (सम्पादित) इत्यादि।

वर्ष 2004 से दिल्ली से प्रकाशित हिन्दी मासिक 'कथादेश' में दलित प्रश्न शीर्षक स्तम्भ लेखन।

10. डॉ. रजतरानी 'मीनू'—शिक्षिका एवं आलोचक

पता—प्रभारी हिन्दी विभाग, कमला नेहरू महाविद्यालय (दिल्ली विश्वविद्यालय) नयी दिल्ली—110049

आवास—1/122, वसुन्धरा, गाजियाबाद (उ. प्र.) 201012 मो. नं. 09911043588

रचनाकर्म—नवें दशक की हिन्दी दलित कविता, हिन्दी दलित कविता, हाशिये से बाहर, दलित कथा साहित्य अवधारणा और विधाएँ इत्यादि।

11. डॉ. दिनेश राम—शिक्षक, सम्पादक और आलोचक

पता—सहायक आचार्य, शहीद भगतसिंह महाविद्यालय (दिल्ली विश्वविद्यालय, दिल्ली) शेख सराय फेज-2 नयी दिल्ली—70

आवास—J-5 यमुना अपार्टमेण्ट होली चौक देवली नयी दिल्ली—80 मो. नं. 09868701556

रचनाकर्म—दलित मुक्ति का प्रश्न और दलित साहित्य, समकालीन हिन्दी कहानी और अम्बेडकरवादी आन्दोलन, बहुरि नहिं आवना पत्रिका के सम्पादक।

12. डॉ. यशवन्त वीरोदय—शिक्षक और आलोचक

पता—सहायक आचार्य, डॉ. शकुन्तला मिश्रा राष्ट्रीय पुनर्वास विश्वविद्यालय मोहान रोड, लखनऊ—226017

आवास–501, 5th फ्लोर, टाइप-4, प्रोफ़ेसर रेजीडेन्स, डॉ. शकुन्तला मिश्रा राष्ट्रीय पुनर्वास विश्वविद्यालय, मोहान रोड, लखनऊ–226017 मो. नं. 945310149

प्रमुख कृतियाँ–हिन्दी साहित्य की मुख्यधारा, दलित शिखरों के साक्षात्कार

13. सूरज बड़त्या–सहायक आचार्य दयालबाग एजुकेशनल इन्स्टीट्यूट (डीम्ड यूनिवर्सिटी) पता–सी-97, रामा पार्क, उत्तम नगर, नयी दिल्ली–1100 मो. नं. 0981438166, 09761111623

रचनाकर्म–दलित साहित्य का पक्ष-प्रतिपक्ष, सत्ता संस्कृति और दलित सौन्दर्यशास्त्र तथा बाबू मंगूराम और आदि धर्म आन्दोलन। भारतीय दलित साहित्य का विद्रोही स्वर (सम्पादित) प्रभुत्व एवं प्रतिरोध, भारतीय दलित कहानियाँ (सम्पादित)

14. डॉ. प्रीति सागर–उपाचार्य हिन्दी एवं तुलनात्मक साहित्य विभाग महात्मा गाँधी अन्तरराष्ट्रीय हिन्दी विश्वविद्यालय वर्धा–442001 (महाराष्ट्र) मो. नं. 08055290238

15. प्रो. मुश्ताक़ अली–आचार्य एवं पूर्व विभागाध्यक्ष, हिन्दी विभाग, इलाहाबाद विश्वविद्यालय, इलाहाबाद–211002

आवास 15 LIG ADA COLONY म्योराबाद इलाहाबाद।

मो. न. 9453089608

रचनाकर्म–प्रयोजन मूलक हिन्दी, चिन्तामणी प्रकाश, समक्ष शीर्षक से प्रेमचन्द के कहानियों का अनुवाद।

●